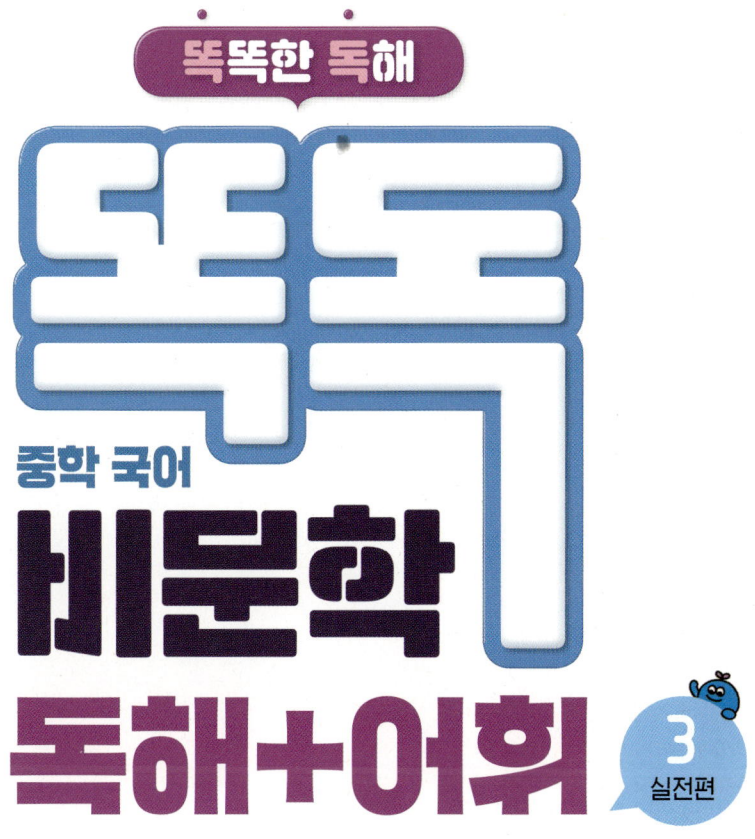

똑똑한 독해

똑독

중학 국어

비문학

독해＋어휘

3
실전편

STAFF

발행인 정선욱

퍼블리싱 총괄 남형주

개발 김태원 김한길 신영한 김성준 육인선

기획·디자인·마케팅 조비호 김정인 강윤정

유통·제작 서준성 신성철

똑똑 중학 국어 비문학 독해+어휘 3 실전편 202010 제1판 1쇄 202408 제1판 4쇄

펴낸곳　이투스에듀(주) 서울시 서초구 남부순환로 2547

전화　1599-3225

등록번호　제2007-000035호

ISBN　979-11-6598-124-2 [53700]

똑독 중학 국어 비문학 독해+어휘는

비문학 독해력과 어휘력을 함께 기를 수 있는 독해력 향상 훈련서입니다.

 **『똑독 중학 국어 비문학 독해+어휘』로 '독해 기술'을 기를 수 있습니다.**

다양한 주제와 제재의 지문을 매일매일 읽으며 정확한 독해를 습관화하여 독해 능력을 체화할 수 있는 도서입니다. 문단별 핵심 내용을 요약하는 활동으로 꼼꼼한 읽기 능력을 키울 수 있습니다.

 『똑독 중학 국어 비문학 독해+어휘』로 '독해 연습'을 할 수 있습니다.

교과서 내용과 연계한 지문을 수능 국어 영역으로 구분하여 중학생 수준에 맞는 지문으로 부담 없이 독해 훈련을 할 수 있는 도서입니다. 수능형 및 서술형 문제를 포함한 다양한 유형의 문제로 독해력을 완성시킬 수 있습니다.

 『똑독 중학 국어 비문학 독해+어휘』로 '어휘력'을 향상시킬 수 있습니다.

비문학 지문을 읽기 전 자신의 어휘력을 확인해 볼 수 있는 '어휘 미리보기'와 지문을 읽은 후 어휘의 의미와 쓰임을 확인할 수 있는 '어휘 완성하기', 마지막으로 '수능형 어휘 TEST'로 어휘 심화 학습까지 단계별 학습을 통해 어휘력을 기를 수 있는 도서입니다. 지문과 관련된 어휘 학습을 통해 어휘력과 독해력을 함께 성장시킬 수 있습니다.

 **『똑독 중학 국어 비문학 독해+어휘』로 '배경지식'을 쌓을 수 있습니다.**

도덕/사회/역사/과학/기술·가정/음악/미술 등 국어 외의 교과 영역에 대한 읽기 자료를 통해 교과별 배경지식을 쌓을 수 있는 도서입니다. 타 교과의 기초 배경지식을 쌓아두면 어떤 비문학 지문이 나오더라도 더 빠르고 쉽게 이해할 수 있습니다. 그리고 이 배경지식을 바탕으로 한 논술형 글쓰기 연습을 통해 논술은 물론 타 교과의 수행평가에 대비할 수 있습니다.

이 책의 구성과 특징

독해력과 어휘력을 모두 키우는 똑똑 비문학 독해

❶ 비문학 지문 분석 및 문제 풀이로 독해력 키우기

교과 내용과 연계한 지문과 실전 문제 풀이

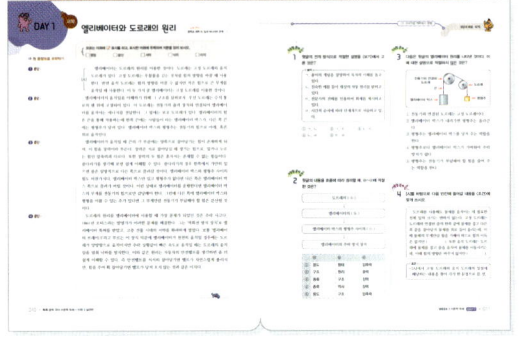

- **지문 독해**
  중학교 전 교과의 내용과 100% 연계된 지문을 읽으며 비문학 독해 실력을 기르고 교과에 관한 배경지식까지 쌓을 수 있습니다.

- **수능형 / 서술형 실전 문제 풀이**
  수능형 객관식 문제를 풀며 지문을 제대로 이해하였는지 확인하면서 수능 실전 감각을 익히고, 서술형 문제를 통해서는 수행평가 및 서술형 내신 문제도 대비할 수 있습니다.

배경지식으로 사고력 키우기

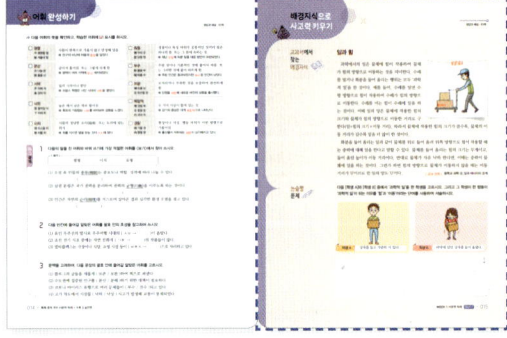

- **교과서에서 찾는 배경지식**
  내용과 관련해 교과서에 수록된 배경지식을 살펴봄으로써 지문 이해도를 높이고 타 교과 영역에 관한 지식을 쌓을 수 있습니다.

- **논술형 문제**
  논술형 문제를 통해 주제에 관한 자신의 생각을 작성해 보며 비판적 사고력을 향상시킬 수 있고, 논술 및 수행평가에 대비할 수 있습니다.

❷ 단계별 어휘 학습으로 어휘력 키우기

어휘 미리보기

- **어휘 미리보기**
  독해에 앞서 지문에 나온 중요 어휘를 미리 확인하고, 독해 과정에서 어휘의 뜻을 추론해 볼 수 있습니다.

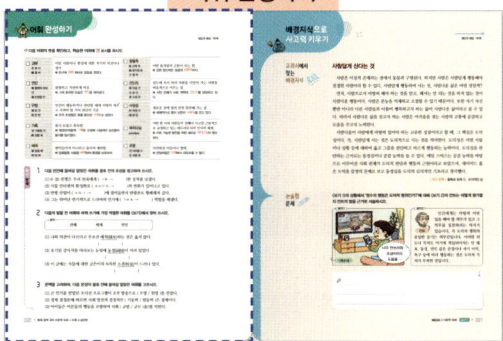

어휘 완성하기

- **어휘의 의미와 쓰임 확인하기**
  어휘의 뜻풀이와 예문을 통해 어휘의 의미와 쓰임을 확인하고 각
  어휘의 정확한 의미를 익힐 수 있습니다.

- **어휘 문제 풀이**
  확인한 어휘를 간단한 문제 풀이를 통해 확실히 학습할 수 있습니
  다.

어휘 심화하기

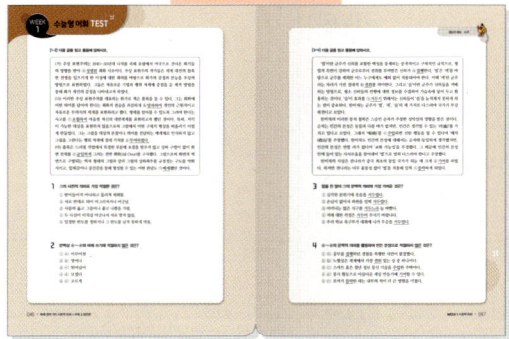

- **수능형 어휘 TEST**
  한 주의 마지막 학습으로 지문에서 나온 어휘를 수능형 문제로 익
  혀 어휘 심화 학습은 물론 수능에 대비할 수 있습니다.

정답과 해설

- **정답과 해설**
  상세하고 정확한 해설을 통해 지문과 문제에 대해 더욱 쉽고 명확
  하게 이해할 수 있습니다.

이 책의 차례와 학습 계획표

 똑똑! 비문학 독해력+어휘력 **4주 완성 학습 계획**

1. 1주일에 6일! 계획성 있게 책을 풀어 똑똑한 독해 실력을 키워 보세요!

2. 1주일 학습은 '독해 기술 습득을 위한 실전 문제 풀이+수능형 어휘 TEST'로 구성되어 있습니다.

3. 나의 페이스에 맞게 계획을 세우고, 실제로 공부한 날을 '학습일'에 적어 보세요.

4. 그날의 학습 이해도에 체크해 보고, 이해도가 '😐'라면 복습해 보세요.

● 책속책 | 정답과 해설

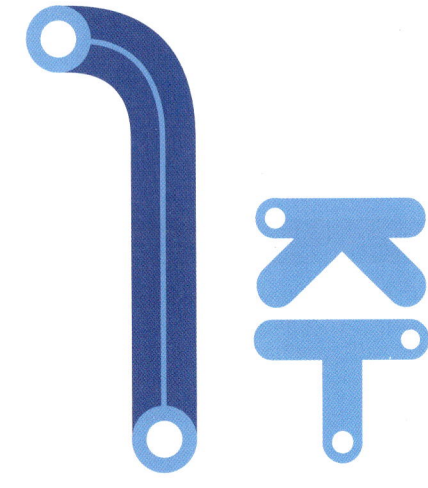

1주

비문학 독해

이번 주에
배울 내용이야!

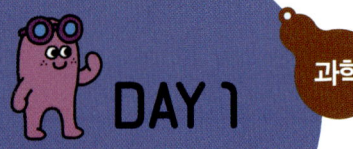

DAY 1

과학

엘리베이터와 도르래의 원리

| 교과 연계 |
중학교 과학 ③_일과 에너지의 관계

>> 한 문장으로 요약하기

❶ 문단 :

❷ 문단 :

❸ 문단 :

❹ 문단 :

{ 모르는 어휘에 ☑ 표시를 하고, 표시한 어휘에 주목하여 지문을 읽어 보시오.

☐ 평형　　☐ 분산　　☐ 서막　　☐ 낙하　　☐ 이치

[A]
엘리베이터는 도르래의 원리를 이용한 것이다. 도르래는 고정 도르래와 움직 도르래가 있다. 고정 도르래는 우물물을 긷는 것처럼 힘의 방향을 바꿀 때 사용한다. 반면 움직 도르래는 힘의 방향을 바꿀 수 없지만 작은 힘으로 큰 무게를 움직일 때 사용한다. 이 두 가지 중 엘리베이터는 고정 도르래를 이용한 것이다.

엘리베이터의 움직임을 이해하기 위해 그 구조를 살펴보자. 우선 도르래는 수직 통로의 맨 위에 고정되어 있다. 이 도르래는 전동기의 출력 장치와 연결되어 엘리베이터를 움직이는 에너지를 전달한다. 그 옆에는 보조 도르래가 있다. 엘리베이터의 힘은 끈을 통해 작용하는데 한쪽 끈에는 사람들이 타는 엘리베이터 박스가, 다른 쪽 끈에는 평형추가 달려 있다. 엘리베이터 박스와 평형추는 전동기의 힘으로 아래, 혹은 위로 움직인다.

엘리베이터가 움직일 때 끈의 각 부분에는 양쪽으로 잡아당기는 힘이 존재하게 되며, 이 힘을 장력이라 부른다. 장력은 서로 잡아당길 때 생기는 힘으로, 밀거나 누르는 힘인 압축력과 다르다. 또한 장력의 두 힘은 혼자서는 존재할 수 없는 힘들이다. 줄다리기를 생각해 보면 쉽게 이해할 수 있다. 줄다리기의 경우 한쪽에서 가만히 있으면 줄은 일방적으로 다른 쪽으로 끌려갈 것이다. 엘리베이터 박스와 평형추 사이의 힘도 마찬가지다. 엘리베이터 박스만 있고 평형추가 없다면 다른 쪽은 엘리베이터 박스 쪽으로 끌려가 버릴 것이다. 이런 상태로 엘리베이터를 운행한다면 엘리베이터 박스의 무게를 전동기의 힘으로만 감당해야 한다. 그런데 다른 쪽에 엘리베이터 박스와 평형을 이룰 수 있는 추가 있다면 그 무게만큼 전동기가 부담해야 할 힘은 분산될 것이다.

도르래의 원리를 엘리베이터에 이용할 때 가장 문제가 되었던 것은 추락 사고다. 1861년 오티스라는 발명가가 이러한 문제를 해결한다. 그는 '역회전 방지 장치'로 엘리베이터 특허를 받았고, 고층 건물 시대의 서막을 화려하게 열었다. 보통 '엘리베이터 브레이크'라고 부르는 이 장치 덕분에 엘리베이터가 천천히 움직일 경우에는 도르래가 양방향으로 움직이지만 추락 상황같이 빠른 속도로 움직일 때는 도르래의 움직임을 멈춰 낙하를 방지한다. 이와 같은 원리는 자동차의 안전벨트를 생각하면 좀 더 쉽게 이해할 수 있다. 즉 안전벨트를 서서히 잡아당기면 벨트가 자연스럽게 풀리지만, 힘을 주어 확 잡아당기면 벨트가 당겨 오지 않는 것과 같은 이치다.

수능형 문제

1 윗글의 전개 방식으로 적절한 설명을 〈보기〉에서 고른 것은?

〈보기〉
ㄱ. 용어의 개념을 설명하여 독자의 이해를 돕고 있다.
ㄴ. 친숙한 예를 들어 대상의 작동 원리를 밝히고 있다.
ㄷ. 전문가의 견해를 인용하며 화제를 제시하고 있다.
ㄹ. 시간적 순서에 따라 단계적으로 서술하고 있다.

① ㄱ, ㄴ   ② ㄱ, ㄷ   ③ ㄴ, ㄷ
④ ㄴ, ㄹ   ⑤ ㄷ, ㄹ

수능형 문제

2 윗글의 내용을 흐름에 따라 정리할 때, ⓐ~ⓒ에 적절한 것은?

```
도르래의 ( ⓐ )
↓
엘리베이터의 ( ⓑ )
↓
엘리베이터 박스와 평형추 사이의 ( ⓒ )
↓
엘리베이터의 추락 방지 장치
```

	ⓐ	ⓑ	ⓒ
①	용도	형태	압축력
②	구조	원리	중력
③	종류	구조	장력
④	종류	역사	장력
⑤	용도	구조	압축력

수능형 문제

3 다음은 윗글의 엘리베이터 원리를 나타낸 것이다. 이에 대한 설명으로 적절하지 <u>않은</u> 것은?

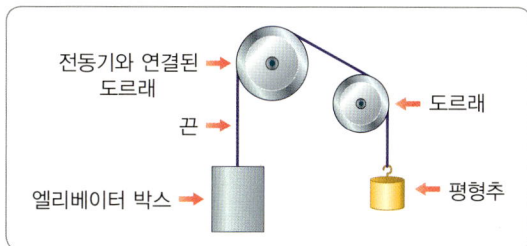

① 전동기와 연결된 도르래는 고정 도르래이다.
② 엘리베이터 박스가 내려가면 평형추는 올라간다.
③ 평형추는 엘리베이터 박스를 당겨 주는 역할을 한다.
④ 평형추보다 엘리베이터 박스가 가벼워야 추락 방지가 쉽다.
⑤ 평형추는 전동기가 부담해야 할 힘을 줄여 주는 역할을 한다.

서술형 문제

4 [A]를 바탕으로 다음 빈칸에 들어갈 내용을 〈조건〉에 맞게 쓰시오.

　도르래를 사용해도 물체를 움직이는 데 필요한 전체 일의 크기는 변하지 않는다. 고정 도르래는 도르래와 연결된 줄의 한쪽 끝에 물체를 걸고 다른 쪽 끝을 잡아당겨 물체를 위로 들어 올리는데, 이때 물체의 무게만큼 힘을 가해야 하므로 힘의 이득은 없지만 (　　　　). 또한 움직 도르래는 도르래에 물체를 걸고 줄을 움직여 물체를 이동시키는데, 이때 힘의 방향은 바꾸지 않지만 (　　　　).

〈조건〉
• [A]에서 고정 도르래와 움직 도르래의 장점에 해당하는 내용을 찾아 각각 한 문장으로 쓸 것.

매체 언어의 유형과 특성

| 교과 연계 |
중학교 국어 ①-2_매체 언어의 특성

모르는 어휘에 ☑ 표시를 하고, 표시한 어휘에 주목하여 지문을 읽어 보시오.

☐ 유형　　☐ 부수　　☐ 보완　　☐ 복합적　　☐ 경향

>> 한 문장으로 요약하기

❶ 문단 :

❷ 문단 :

❸ 문단 :

❹ 문단 :

❺ 문단 :

❻ 문단 :

　우리는 서로 얼굴을 마주 보고 대화를 나누기도 하고, 신문, 잡지, 책 등에서 정보를 얻기도 한다. 또 방송이나 인터넷을 통하여 소식을 듣거나 전하기도 한다. 이것을 의사소통이라 하며, 의사소통은 매체를 통하여 이루어진다. 이때 매체에 사용되는 언어를 매체 언어라고 한다. 매체의 유형 및 발달을 고려하여 매체 언어를 음성 언어, 문자 언어, 영상 언어, 통신 언어로 나누어 그 특성을 살펴보자.

　음성 언어는 말소리에 의하여 청각적으로 전달된다. 음성 언어는 주로 같은 시간과 공간에 함께 있는 사람들 사이에서 사용되어 왔다. 전화나 라디오, 녹음기의 등장으로 음성 언어의 이러한 시·공간적인 제약은 극복되었지만, 여전히 음성 언어는 얼굴을 마주하고 사용되는 경우가 많다. 그래서 말의 내용 못지않게 말소리의 높낮이, 크기, 속도 등 언어에 부수되는 요소뿐만 아니라 표정이나 자세, 몸짓 등 언어 외적인 요소도 매우 중요하다.

　문자 언어는 문자에 의하여 시각적으로 전달된다. 음성 언어는 말을 하는 순간에 곧 사라지기 때문에 사람들은 말을 기록하여 남기는 방법을 궁리하게 되었고, 그 결과로 만들어진 것이 문자이다. 문자 언어는 주로 같은 시간과 공간에 함께 있지 않은 경우에 사용되므로, 표정이나 태도, 혹은 말소리의 높낮이나 크기는 전달하기 어렵다. 때문에 문장 부호를 쓰거나 글자의 크기와 모양에 변화를 주어 이런 한계를 보완해 왔다.

　영상 언어는 영상 매체에 사용되는 언어이다. 영상 언어는 음성 언어나 문자 언어에 비해 복합적인 성격을 띤다. 예를 들어 텔레비전 프로그램에는 영상뿐만 아니라 음성 언어의 요소인 말소리, 표정, 몸짓 등이 나타나고, 동시에 문자 언어의 요소가 화면 속에 자막으로 나타나기도 한다. 이를 통해 영상 언어는 영상만으로는 전달할 수 없는 정보를 좀 더 분명하게 전달할 수 있다.

　통신 언어는 인터넷 통신이나 휴대 전화 등 통신 매체에 사용되는 언어로 가장 나중에 등장하였는데, 음성 언어, 문자 언어, 영상 언어의 요소가 다양하게 결합되어 있다. 예를 들어 그림이나 사진이 문자와 결합되거나 동영상과 사진 혹은 문자가 결합되어 한 화면에 나타난다. 누구나 이러한 통신 언어를 활용하여 정보를 전달하는 주체가 될 수 있고, 또 정보에 대한 자신의 의견을 실시간으로 표현할 수도 있다.

　매체 언어는 ㉠복합적인 성격을 띠는 방향으로 발달해 왔으며, 이러한 경향은 앞으로도 계속 유지될 것이다. 그러므로 이를 활용하는 의사소통의 방법도 더욱 다양해질 것으로 보인다.

1 윗글의 집필 의도로 가장 적절한 것은?

① 매체의 특성을 분석하기 위하여
② 매체 언어의 특성을 설명하기 위하여
③ 영상 언어의 문제점을 비판하기 위하여
④ 통신 언어의 전망과 가능성을 제시하기 위하여
⑤ 음성 언어와 문자 언어의 관계를 밝히기 위하여

2 윗글을 바탕으로 다음 자료를 탐구한 것으로 적절하지 않은 것은?

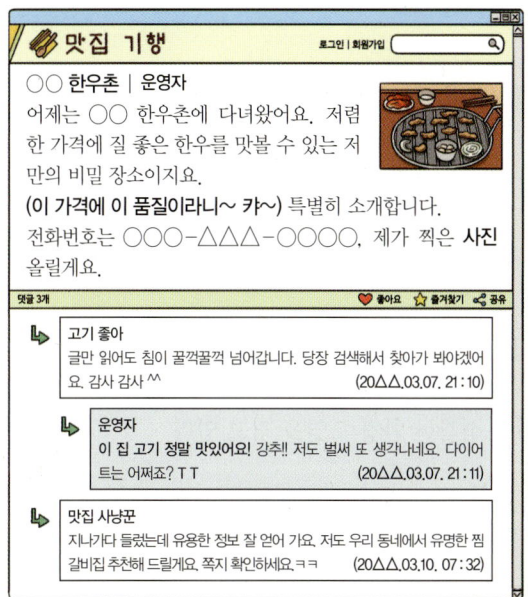

① 의사소통 내용을 기록하여 남길 수 있는 매체 언어가 사용되었군.
② 이미지와 문자를 결합하여 한 화면에 제시함으로써 정보를 전달하고 있군.
③ 매체의 발달 과정을 고려할 때 가장 나중에 등장한 매체 언어가 사용되었군.
④ 음성 언어에 부수되는 요소나 외적인 요소를 문자를 활용하여 보완하려고 하였군.
⑤ 사람들이 동일한 시간과 공간에 있을 때만 의사소통이 가능한 매체 언어가 사용되었군.

3 ㉠을 뒷받침할 수 있는 예로 적절하지 않은 것은?

① '보이는 라디오'는 방송 현장을 촬영하여 영상과 음성을 동시에 제공한다.
② 블로그에 글을 쓸 때 움직이거나 소리를 내는 언어 표현을 다양하게 첨부할 수 있다.
③ 메신저를 이용하면 상대방의 얼굴을 보는 동시에 대화창에서 문자로 대화를 주고받을 수 있다.
④ 국제회의에서는 발표자가 자국어로 말한 내용을 동시 통역사가 즉시 각 나라 언어로 통역하여 전달한다.
⑤ 멀티 메일 기능을 사용하면 받는 사람이 사진과 글을 한 화면으로 보며 재생되는 음악을 들을 수 있다.

4 윗글을 바탕으로 음성 언어와 문자 언어의 차이점을 다음과 같이 정리할 때, 빈칸에 들어갈 알맞은 말을 각각 쓰시오.

> 음성 언어는 주로 같은 시간과 (   )에 함께 있는 사람들 사이에서 사용되며 말을 하는 순간 곧 사라지지만, 문자 언어는 주로 같은 시간과 공간에 함께 있지 않은 경우에 사용되며 (   )하여 남길 수 있다.

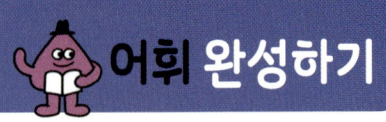
>> 다음 어휘의 뜻을 확인하고, 학습한 어휘에 ✅ 표시를 하시오.

☐ 평형 平 평평할 평 衡 저울대 형	사물이 한쪽으로 기울지 않고 안정해 있음. 예 친구의 비난에 마음의 평형을 잃었다.	☐ 유형 類 무리 유 型 모형 형	성질이나 특징 따위가 공통적인 것끼리 묶은 하나의 틀. 또는 그 틀에 속하는 것. 예 재난 유형에 따른 맞춤 대응 방안이 마련되었다.
☐ 분산 分 나눌 분 散 흩을 산	갈라져 흩어짐. 또는 그렇게 되게 함. 예 병력이 여러 지역에 분산 배치되었다.	☐ 부수 附 붙을 부 隨 따를 수	주된 것이나 기본적인 것에 붙어서 따름. 또는 그러한 것에 붙어 따르게 함. 예 주된 안건은 통과되었지만 부수된 안건이 남았다.
☐ 서막 序 차례 서 幕 장막 막	일의 시작이나 발단. 예 프랑스 혁명은 시민 시대의 서막을 열었다.	☐ 보완 補 도울 보 完 완전할 완	모자라거나 부족한 것을 보충하여 완전하게 함. 예 단점을 보완해 새로운 버전의 상품을 출시했다.
☐ 낙하 落 떨어질 낙 下 아래 하	높은 데서 낮은 데로 떨어짐. 예 폭포의 거침없는 낙하를 바라보며 감동을 느꼈다.	☐ 복합적 複 겹칠 복 合 합할 합 的 과녁 적	두 가지 이상이 합쳐 있는 것. 예 감기의 증상은 대개 복합적으로 나타난다.
☐ 이치 理 다스릴 이 致 이를 치	사물의 정당한 조리(條理). 또는 도리에 맞는 취지. 예 죄를 지으면 벌을 받는 것이 이치에 맞다.	☐ 경향 傾 기울 경 向 향할 향	현상이나 사상, 행동 따위가 어떤 방향으로 기울어짐. 예 출산율이 저하되는 경향이 심각해지고 있다.

확인 문제

1 다음의 밑줄 친 어휘와 바꿔 쓰기에 가장 적절한 어휘를 〈보기〉에서 찾아 쓰시오.

┌─〈보기〉─────────────────────┐
│   평형   이치   유형   │
└───────────────────────────┘

(1) 소설 속 인물의 종류(種類)는 중요도나 역할, 성격에 따라 나눌 수 있다.
( )
(2) 삼권 분립은 국가 권력을 분리하여 권력의 균형(均衡)을 이루도록 하는 것이다.
( )
(3) 인간은 자연의 순리(順理)를 거스르며 살아온 결과 심각한 환경 오염을 겪고 있다.
( )

2 다음 빈칸에 들어갈 알맞은 어휘를 괄호 안의 초성을 참고하여 쓰시오.

(1) 유인 우주선의 발사로 우주여행 시대의 (ㅅㅁ →)이 올랐다.
(2) 조선 전기 시조 중에는 자연 친화적 (ㄱㅎ →)의 작품들이 많다.
(3) 멀티플렉스는 극장이나 식당, 쇼핑 시설 등이 (ㅂㅎㅈ →)으로 자리하고 있다.

3 문맥을 고려하여, 다음 문장의 괄호 안에 들어갈 알맞은 어휘를 고르시오.

(1) 블로그의 글들을 새롭게 (보존 / 보완)하여 책으로 펴냈다.
(2) 수도권에 집중된 인구를 (분산 / 분해)하기 위한 대책이 필요하다.
(3) 코로나 바이러스 유행으로 여러 문제들이 (부수 / 전수)되고 있다.
(4) 고가 차도에서 시설물 (낙하 / 낙상) 사고가 발생해 교통이 통제되었다.

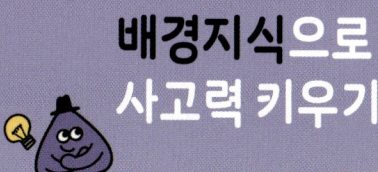

배경지식으로 사고력 키우기

교과서에서 찾는 배경지식

일과 힘

과학에서의 일은 물체에 힘이 작용하여 물체가 힘의 방향으로 이동하는 것을 의미한다. 수레를 밀거나 화분을 들어 올리는 행위는 모두 '과학적 일'을 한 것이다. 예를 들어, 수레를 밀면 수평 방향으로 힘이 작용하여 수레가 힘의 방향으로 이동한다. 수레를 미는 힘이 수레에 일을 하는 것이다. 이때 일의 양은 물체에 작용한 힘의 크기와 물체가 힘의 방향으로 이동한 거리로 구

한다(일=힘의 크기×이동 거리). 따라서 물체에 작용한 힘의 크기가 클수록, 물체의 이동 거리가 길수록 일을 더 많이 한 것이다.

화분을 들어 올리는 일과 같이 물체를 위로 들어 올려 위쪽 방향으로 힘이 작용할 때는 중력에 대해 일을 한다고 말할 수 있다. 물체를 들어 올리는 힘의 크기는 무게이고, 들어 올린 높이가 이동 거리이다. 반대로 물체가 자유 낙하 한다면, 이때는 중력이 물체에 일을 하는 것이다. 그런가 하면 힘의 방향으로 물체가 이동하지 않을 때는 이동 거리가 '0'이므로 한 일의 양도 '0'이다.

| 교과 연계 | **중학교 과학 ③**_일과 에너지의 관계

논술형 문제

다음 [학생 A]와 [학생 B] 중에서 '과학적 일'을 한 학생을 고르시오. 그리고 그 학생이 한 행동이 '과학적 일'이 되는 이유를 '힘'과 '이동'이라는 단어를 사용하여 서술하시오.

학생 A   상자를 들고 가만히 서 있다.

학생 B   바닥에 있던 상자를 들어 올렸다.

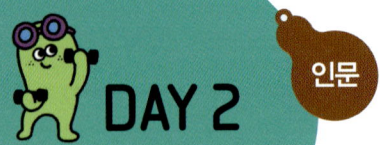

칸트의 윤리학

모르는 어휘에 ☑ 표시를 하고, 표시한 어휘에 주목하여 지문을 읽어 보시오.

☐ 견해   ☐ 연민   ☐ 규범   ☐ 가혹   ☐ 배제

>> 한 문장으로 요약하기

❶ 문단 :

❷ 문단 :

❸ 문단 :

❹ 문단 :

❺ 문단 :

대개 사람들은 동정심을 인간이 가지고 있는 일반적인 감정이라 생각하고, 동정심이 많은 사람을 도덕적으로 선한 사람이라고 여긴다. 맹자는 남의 어려운 처지를 동정하여 불쌍하게 여기는 마음을 측은지심이라고 하였다. 그리고 이를 도덕적 가치를 판단하는 근거로 삼았다. 데이비드 흄도 인간은 본성적으로 동정심을 가지고 있으며 이것이 도덕성의 근거가 된다고 하였다.

그러나 칸트는 이러한 일반적인 견해와는 다른 입장을 보였다. 그에 따르면 도덕적 가치를 판단하는 기준은 동정심이 아닌 이성에 바탕을 둔 '의무 동기'이어야 한다. 의무 동기에 따라 행동한다는 것은 도덕적 의무감과 자신의 의지에 따라서 올바르게 행동하는 것이다.

칸트는 인간에게는 마땅히 따라야 할 의무가 있으며 순수한 이성을 가지고 그 의무를 실천하려는 의지가 있다고 보았다. 그리고 그것이 도덕적으로 가장 중요하다고 생각했다. 아무리 그 결과가 좋다 하더라도 의무 동기에서 벗어난 어떠한 의도나 목적도 그 행위에 개입되어서는 안 된다는 것이다. 따라서 칸트가 보기에 동정과 연민, 만족감 같은 감정이나 자기 이익, 욕구, 기호 등에 따라 행동한다면 그것은 도덕적 가치가 부족한 것이 된다.

예를 들어 보자. '갑'이라는 사람이 빚진 돈을 갚기 위해 채권자를 찾아가는 길에 곤경에 처한 이웃을 만났다. 이웃의 고통을 본 '갑'은 연민과 동정의 감정이 생겨나 자기가 가지고 있던 돈을 그 이웃을 돕는 데 사용하였다. ㉠칸트는 이러한 '갑'의 행위는 의무 동기에 따른 것이 아니기 때문에 도덕적으로 정당한 행위로 평가받을 수 없다고 하였다. '갑'은 연민의 감정에 빠져서, 마땅히 채권자에게 돈을 되갚아야 한다는 규범과 의무를 따르지 않았기 때문이다.

이러한 칸트의 견해에 대해 일부에서는 '갑'의 행위는 타인을 돕겠다는 순수한 목적에서 나온 것이며 결과적으로 선한 행동이기 때문에, '갑'에 대한 칸트의 평가는 지나치게 가혹하다고 비판하기도 한다. 또 도덕적 의무감에 따른 행위만이 가치가 있다는 칸트의 주장을 인간의 자연적 감정을 지나치게 배제한 것이라고 비판하기도 한다. 그럼에도 불구하고 도덕적 가치에 대한 칸트의 견해는 사람이 가져야 하는 의무와 그에 대한 실천 의지를 다시 생각해 보게 했다는 점에서 그 의의를 찾을 수 있다.

1 윗글의 내용과 일치하지 <u>않는</u> 것은?

① 자신의 의지에 감정, 욕구, 이익 등을 더한 것 이 의무 동기이다.

② 칸트는 도덕적 의무를 지나치게 강조한다는 비 판을 받기도 한다.

③ 칸트는 행위의 동기를 도덕적 가치 판단의 중 요한 요소로 생각한다.

④ 사람들은 일반적으로 동정심이 많은 사람을 선 한 사람이라고 평가한다.

⑤ 데이비드 흄은 인간 본성에 바탕을 둔 동정심 을 도덕성의 근거로 여겼다.

3 윗글을 바탕으로 할 때, 칸트가 도덕적으로 정당하다 고 평가할 만한 것은?

① 자신의 회사를 홍보하기 위하여 자기 회사의 제품을 구호 물품으로 기증한 경우

② 자신과 국가의 명예를 높이기 위해 부상에도 불구하고 올림픽 경기에 참가한 경우

③ 자신의 이익을 위해 공장을 세웠는데 그 공장 이 많은 실업자들에게 일자리를 제공한 경우

④ 이웃을 돕는 것은 인간으로서 마땅히 따라야 할 의무라고 생각하여 구호 활동에 참여한 경 우

⑤ 텔레비전에 소개된 독거노인이 불쌍하게 느껴 져서 그 사람에게 익명으로 후원금을 전달한 경우

2 윗글의 논지 전개 방식으로 가장 적절한 것은?

① 상반된 입장의 두 이론을 절충하면서 논지를 강화하고 있다.

② 각 이론에 제기된 문제점을 반박하면서 대안을 제시하고 있다.

③ 사례를 바탕으로 특정 이론에 대한 새로운 문 제를 제기하고 있다.

④ 시간 순서에 따라 특정한 개념이 형성되어 가 는 과정을 밝히고 있다.

⑤ 일반적 견해와 대비되는 특정 견해를 설명하면 서 그 의의를 밝히고 있다.

4 〈보기〉를 참고할 때 맹자 가 ㉠에 대해 할 수 있는 비 판을 〈조건〉에 맞게 쓰시오.

보기
 '측은지심(惻隱之心)'은 남의 불행을 불쌍히 여 기는 마음, 나아가 그 불행을 남의 일같이 느끼지 않는 마음이다. 이는 곧 동정심으로, 인간은 동정 심이 있기에 타인의 느낌에 공감하며 그 어려움 을 보살필 수 있다.

조건
• 동정심에 대한 맹자의 관점을 밝힐 것.
• '갑'의 행위에 대해 맹자가 할 수 있는 평가를 제시할 것.
• '동정심은 ~(이)다. 따라서 ~ 평가받을 수 있 다.'와 같은 형식으로 쓸 것.

석탄 가스화 복합 발전 기술

모르는 어휘에 ☑ 표시를 하고, 표시한 어휘에 주목하여 지문을 읽어 보시오.

☐ 원동력   ☐ 견인차   ☐ 사양길   ☐ 패러다임   ☐ 오명

» 한 문장으로 요약하기

❶ 문단 :

❷ 문단 :

❸ 문단 :

우리나라 경제 발전의 원동력으로 역할을 다했던 석탄이 새로운 부활을 시도하고 있다. 석탄 산업은 우리나라 산업화의 견인차 역할을 해 왔으나 매장량이 고갈되고, 환경 오염의 주범으로 몰리면서 1980년대부터 사양길에 접어들었다. 그러나 고유가 시대와 기후 변화 협약 등으로 대체 에너지 개발이 에너지 개발의 새 패러다임으로 자리 잡으면서, 석탄 산업은 옛 명성을 되찾기 위해 다시 우리 곁으로 다가오고 있다. 그것도 '환경 오염의 주범'이라는 오명을 벗고 '깨끗한 청정 석탄'으로의 변신을 준비하고 있는 것이다. 이를 가능하게 하는 것이 바로 '석탄 가스화 복합 발전' 기술이다.

기존의 ㉠석탄 화력 발전은 석탄을 태워 발생하는 열로 증기를 발생시켜 증기 터빈을 돌려서 전기를 생산하지만, ㉡석탄 가스화 복합 발전은 먼저 가스화기에서 석탄을 합성 가스로 만든다. 즉, 석탄에 산소와 물을 섞어 고온에서 반응시켜 일산화 탄소 50%와 수소 30%로 이루어진 합성 가스를 만드는 것이다. 그 후, 합성 가스를 연소시켜 가스 터빈을 돌리고 전기를 생산한다. 그리고 가스 터빈에서 방출되는 배기가스의 열을 모아 증기 터빈을 돌려 한 번 더 전기를 생산한다. 이런 과정을 거치면 현재 30% 대인 기존 석탄 화력 발전의 열효율을 40%대로 끌어올릴 수 있을 뿐만 아니라, 이산화 탄소는 35%, 황 화합물은 99% 줄일 수 있다.

[A]
이 시스템은 대략적으로 석탄이나 가스 공급과 관련한 공급부, 가스화 반응이 일어나는 가스화부, 합성 가스의 이용을 위한 정제부, 전력 생산을 위한 발전부와 기타 보조 설비 등으로 나눌 수 있다. 먼저 공급부에서는 석탄을 물, 산소와 함께 투여한다. 다음으로 가스화부에서는 투여된 물질을 10~30기압과 1000도 이상의 환경에서 합성 가스로 전환한다. 그러나 이 합성 가스에는 황이나 분진 등의 불순물이 섞여 있어서 연료로 사용할 수 없으므로 정제부를 거쳐야 한다. 정제 과정에서 나오는 황은 화학 원료로 활용할 수 있으며, 분진도 건축 자재로 쓰이게 된다. 정제부를 거친 합성 가스는 발전부로 보내져서 가스 터빈을 가동하여 전기를 생산한다. 마지막으로 보조 설비를 활용하여 가스 터빈에서 방출되는 배기가스의 열로 수증기를 만들어 증기 터빈을 한 번 더 돌림으로써 고청정, 고효율의 전력을 얻어 낸다. 게다가 기존의 기술로는 회융점*이 낮은 석탄은 발전용으로 쓸 수가 없었는데, 이 시스템에서는 회융점이 낮은 저질 석탄도 사용이 가능해졌다.

• **회융점**: 석탄재가 녹아 액체가 되는 온도.

1 윗글을 신문에 게재한다고 할 때, 제목으로 가장 적절한 것은?

① 우리나라 경제 발전의 원동력
　 — 석탄의 변신은 무죄
② 고유가 시대의 새로운 대안
　 — 석탄을 다양하게 활용하다
③ 석탄 가스화 기술의 발전
　 — 폐기물에서 에너지를 만들다
④ 석탄 가스화 복합 발전의 시대
　 — 우리나라 산업화의 견인차가 되다
⑤ 청정 에너지로 거듭난 석탄
　 — 석탄 가스화 복합 발전 기술로 열다

2 ㉠과 ㉡에 대한 설명으로 적절하지 않은 것은?

① ㉠과 달리 ㉡은 저질의 석탄도 사용할 수 있다.
② ㉠과 달리 ㉡은 터빈을 돌리는 과정이 한 번 더 있다.
③ ㉠에 비해 ㉡은 전기를 생산하는 공정이 더 간단하다.
④ ㉠에 비해 ㉡은 같은 양의 석탄으로 더 많은 에너지를 얻을 수 있다.
⑤ ㉠과 ㉡은 모두 연료의 연소를 통해 에너지를 얻는다.

3 [A]의 공정을 다음과 같이 정리할 때, 적절하지 않은 것은?

①	공급부	주원료인 석탄 외에 산소와 물을 투여한다.
②	가스화부	적정한 압력과 온도를 가하여 합성 가스를 만든다.
③	정제부	연료로 사용하기 위해 불순물을 제거한다.
④	발전부	가스를 태워서 수증기를 만들어 오염물 발생을 줄인다.
⑤	보조 설비	배기가스의 열을 활용하여 전기를 생산한다.

4 윗글에서 석탄 가스화 복합 발전을 '고청정'이라고 평가할 수 있는 근거를 찾아 〈조건〉에 맞게 쓰시오.

┌ 조건 ┐
• 근거는 한 가지만 제시할 것.
• '～ 때문이다.' 형식의 한 문장으로 쓸 것.

_____

_____

어휘 완성하기

정답과 해설 • 05쪽

>> 다음 어휘의 뜻을 확인하고, 학습한 어휘에 ☑ 표시를 하시오.

□ 견해 見 볼 견 解 풀 해	어떤 사물이나 현상에 대한 자기의 의견이나 생각. 예 친구와 견해 차이로 갈등을 겪었다.	□ 원동력 原 근원 원 動 움직일 동 力 힘 력	어떤 움직임의 근본이 되는 힘. 예 강한 정신력은 성공의 원동력이다.
□ 연민 憐 불쌍히 여길 연 憫 민망할 민	불쌍하고 가련하게 여김. 예 그의 초라한 모습은 연민을 자아냈다.	□ 견인차 牽 이끌 견 引 끌 인 車 수레 차	선두에 서서 여러 사람을 이끌어 가는 사람을 비유적으로 이르는 말. 예 시민 단체가 사회 개혁의 견인차를 담당하고 있다.
□ 규범 規 법 규 範 법 범	인간이 행동하거나 판단할 때에 마땅히 따르고 지켜야 할 가치 판단의 기준. 예 우리 조상들은 효를 중요한 규범으로 삼았다.	□ 사양길 斜 비낄 사 陽 볕 양	새로운 것에 밀려 점점 몰락해 가는 중. 예 세계적으로 종이 신문이 사양길을 걷고 있다.
□ 가혹 苛 가혹할 가 酷 심할 혹	몹시 모질고 혹독함. 예 탐관오리들의 가혹한 수탈에 시달리던 농민들이 봉기를 일으켰다.	□ 패러다임 paradigm	어떤 한 시대 사람들의 견해나 사고를 근본적으로 규정하고 있는 테두리로서의 인식의 체계. 예 지속 가능한 발전을 위한 새로운 패러다임이 필요하다.
□ 배제 排 밀칠 배 除 덜 제	받아들이지 아니하고 물리쳐 제외함. 예 일회용품 사용을 배제하여 환경을 보호하자.	□ 오명 汚 더러울 오 名 이름 명	더러워진 이름이나 명예. 예 친일파들은 오명에서 자유로울 수 없다.

확인 문제

1 다음 빈칸에 들어갈 알맞은 어휘를 괄호 안의 초성을 참고하여 쓰시오.

(1) 6·25 전쟁은 우리 민족에게 (ㄱㅎ →   )한 상처를 남겼다.

(2) 사물 인터넷의 활성화로 (ㅍㄹㄷㅇ →   )의 변화가 일어나고 있다.

(3) 탄광 산업이 (ㅅㅇㄱ →   )에 접어들면서 탄광촌도 황폐해져 갔다.

(4) 그는 뛰어난 연기력으로 드라마의 인기에 (ㄱㅇㅊ →   ) 역할을 해냈다.

2 다음의 밑줄 친 어휘와 바꿔 쓰기에 가장 적절한 어휘를 〈보기〉에서 찾아 쓰시오.

┌─ 보기 ─────────────────────┐
     견해   배제   연민
└────────────────────────────┘

(1) 나와 의견이 다르다고 무조건 배척(排斥)하는 것은 옳지 않다.
                 (   )

(2) 유기된 강아지를 바라보는 눈빛에 동정(同情)이 어려 있었다.
                 (   )

(3) 이 글에는 사물에 대한 글쓴이의 독특한 소견(所見)이 드러나 있다.
                 (   )

3 문맥을 고려하여, 다음 문장의 괄호 안에 들어갈 알맞은 어휘를 고르시오.

(1) 큰 인기를 얻었던 오디션 프로그램이 조작 방송으로 (오명 / 위명)을 얻었다.

(2) 경제 결정론에 따르면 사회 발전의 결정적인 (기동력 / 원동력)은 경제이다.

(3) 아이들은 어른들의 행동을 모방하며 사회 (규범 / 규모)을/를 익힌다.

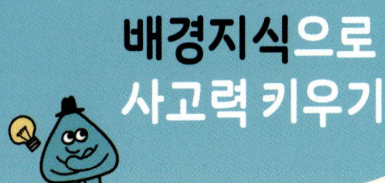

배경지식으로 사고력 키우기

교과서에서 찾는 배경지식

사람답게 산다는 것

사람은 이성적 존재라는 점에서 동물과 구별된다. 하지만 사람은 사람답게 행동해야 진정한 사람이라 할 수 있다. 사람답게 행동하며 사는 것, 사람다운 삶은 어떤 것일까?

먼저, 사람으로서 마땅히 해야 하는 것을 알고, 해서는 안 되는 것을 하지 않는 것이 사람다운 행동이다. 사람은 본능을 억제하고 조절할 수 있기 때문이다. 또한 자기 자신뿐만 아니라 다른 사람들과 더불어 행복하고자 하는 삶이 사람다운 삶이라고 볼 수 있다. 따라서 사람다운 삶을 살고자 하는 사람은 어려움을 겪는 사람의 고통에 공감하고 도움을 주고자 노력한다.

사람다움이 사람에게 마땅히 있어야 하는 고유한 성질이라고 할 때, 그 핵심은 도덕성이다. 즉, 사람답게 사는 것은 도덕적으로 사는 것을 의미한다. 도덕성은 어떤 사물이나 상황 등에 대하여 옳고 그름을 판단하고 바르게 행동하는 능력이다. 도덕성을 판단하는 근거로는 동정심이나 공감 능력을 들 수 있다. 애덤 스미스는 공감 능력을 바탕으로 이루어진 사회 관계가 도덕적 판단과 행동의 근원이라고 보았으며, 데이비드 흄은 도덕을 감정의 문제로 보고 동정심을 도덕의 심리적인 기초라고 생각했다.

| 교과 연계 | 중학교 도덕 ①_ 도덕적인 삶

논술형 문제

〈보기 1〉의 상황에서 '영수의 행동은 도덕적 행위인가?'에 대해 〈보기 2〉의 칸트는 어떻게 평가할지 칸트의 말을 근거로 서술하시오.

〈보기 1〉 -영수네- 너무 안쓰러워 … 조금이라도 도움을 …

〈보기 2〉 칸트: 인간에게는 마땅히 어떤 일을 해야 할 의무가 있고 그 의무를 실천하려는 의지가 있습니다. 즉 도덕적 행위의 유일한 동기는 의무감입니다. 어떠한 의도나 목적도 여기에 개입되어서는 안 돼요. 동정, 연민 같은 감정이나 자기 이익, 욕구 등에 따라 행동하는 것은 도덕적 가치가 부족한 것입니다.

추상 표현주의의 경향

>> 한 문장으로 요약하기

❶ 문단 :

❷ 문단 :

❸ 문단 :

❹ 문단 :

모르는 어휘에 ☑ 표시를 하고, 표시한 어휘에 주목하여 지문을 읽어 보시오.

☐ 사조　　☐ 회의　　☐ 탈피　　☐ 초월　　☐ 정립

　추상 표현주의는 1940~50년대 나치를 피해 유럽에서 미국으로 건너온 화가들의 영향을 받아 성립된 회화 사조이다. 추상 표현주의 작가들은 세계 대전의 참혹한 전쟁을 일으키게 한 이성에 대한 회의를 바탕으로 화가의 감정과 본능을 추상의 방법으로 표현하였다. 그들은 자유로운 기법과 행위 자체에 중점을 둔 제작 방법을 통해 화가 개인의 감정을 나타내고자 하였다.

　이러한 추상 표현주의를 대표하는 화가로 잭슨 폴록을 들 수 있다. 그는 회화에 어떤 의미를 담아야 한다는 회화적 관습을 과감하게 탈피하여 개인의 근원적이고 자유로운 무의식의 세계를 표현하려고 했다. 형태를 알아볼 수 있도록 그려야 한다는 사고를 초월하여 마음껏 자신의 내면세계를 표현하고자 했던 것이다. 특히, 지각이 가능한 대상을 표현하지 않음으로써 그림에서 어떤 구체적 형상을 떠올리기 어렵게 만들었다. 그는 그림을 대상의 본질이나 의미를 전달하는 매개체로 인식하지 않고 그림을 그린다는 행위 자체에 절대 가치를 부여하였다.

　특히, 폴록의 「No. 1」~「No. 32」 연작은 그의 작품 세계를 잘 보여 주는 작품들이다. 그는 이 작품들을 창작하면서, 대상의 외형을 재현하여 그 의미를 드러내려는 기존 방식의 드로잉을 거부했다. 그 대신에 화폭을 바닥에 놓고 막대기나 팔레트 나이프로 에나멜페인트나 래커, 모래를 뿌리는 드리핑 방법을 통해 자유분방하게 자신의 감정을 표현했다. 폴록은 물감을 흘리고 뿌리면서 커다란 화폭을 돌아다니는 액션 페인팅을 통해 자신의 내면세계를 표현했다. 순간적으로 떠올린 영감에 따라 물감을 흘리는 행위를 한다는 그의 말처럼 그의 액션 페인팅은 행위 자체가 중요한 의미를 나타낸다. 폴록에 의하면 화가는 어떤 목적에 통제를 받지 않고 그림을 그리려는 순간의 영감을 통해서 ㉠'능동적 행위'를 하는 것이다. 폴록은 드리핑 작업에서 특정한 부분에 초점을 맞추지 않고 상하 구별이 없이 화면 전체를 균일하게 그리는 전면 회화(All Over)를 구사했다. 그럼으로써 화면과 벽면으로 구별되는 액자 형태의 그림과 달리 그림의 상하좌우를 규정짓는 구도를 약화시키고, 입체감이나 공간감을 통해 형성될 수 있는 어떤 관념도 배제했던 것이다.

　폴록은 새로운 재료를 통한 실험적 기법, 창조 행위의 중요성 등을 강조하여 화가가 의도된 계획에 따라 그림을 그려 나가는 회화 방식을 벗어나려고 하였다. 폴록으로 대표되는 추상 표현주의는 ㉡과거 회화의 틀을 벗어나게 하는 계기를 마련하면서 회화적 다양성을 추구하는 현대 회화의 특성을 정립하는 데 중요한 역할을 하였다.

1 윗글에서 확인할 수 있는 내용이 <u>아닌</u> 것은?

① 잭슨 폴록이 사용한 기법의 특징
② 잭슨 폴록의 작품 경향의 변천
③ 추상 표현주의의 예술적 의의
④ 추상 표현주의의 회화적 경향
⑤ 추상 표현주의의 등장 배경

2 글쓴이의 관점에서 ㉠을 이해한 내용으로 가장 적절한 것은?

① 이성이나 질서를 통해 대상의 근원적 가치를 표현하려는 행위이다.
② 대상의 의미를 전달하는 데 얽매이지 않고 자신을 드러내는 행위이다.
③ 액자 형식의 작품을 통해 화가의 개성을 최대한 반영하려는 행위이다.
④ 기존 방식의 드로잉 기법에 실험적 회화 기법을 접목시키려는 행위이다.
⑤ 새로운 회화 재료를 통해 화폭에 최대한 공간감을 형성하려는 행위이다.

3 윗글을 읽은 학생이 다음의 (가), (나)에 대해 보인 반응으로 가장 적절한 것은?

《(가) 잭슨 폴록의 작업 장면》　《(나) 잭슨 폴록의 작품 「No.1」》

① (가)의 드리핑 행위는 기존의 회화적 관습을 탈피하여 자신의 무의식을 드러내려는 행위로서 의미가 있겠군.
② (가)의 드리핑 행위는 사회의 무질서를 고발하려는 화가의 의도를 드러내는 과정이라고 할 수 있겠군.
③ (나)는 화폭의 중심부에 초점을 두고 화가의 감정과 본능을 담으려는 데 충실한 작품이라고 할 수 있겠군.
④ (나)는 구체적인 형상을 통해 지각이 가능한 대상을 표현한 결과라고 할 수 있겠군.
⑤ (나)는 다양한 소재를 활용하여 입체감을 부각한 작품이라고 할 수 있겠군.

4 윗글에서 알 수 있는 ㉡의 특징을 다음과 같이 정리할 때, 빈칸에 들어갈 알맞은 말을 차례대로 쓰시오.

> 회화에 어떤 (　　　)를 담아야 한다고 보고, 대상의 (　　　)을 (　　　)하여 그 의미를 드러내려고 했다.

법 규정의 적용

모르는 어휘에 ☑ 표시를 하고, 표시한 어휘에 주목하여 지문을 읽어 보시오.

☐ 추상적   ☐ 규정   ☐ 조정   ☐ 관습   ☐ 배상

>> 한 문장으로 요약하기

❶ 문단 :

❷ 문단 :

❸ 문단 :

❹ 문단 :

　　사회 구성원들의 합의에 의해 강제성을 갖도록 만들어진 것이 바로 '법'이다. 복잡한 현실의 구체적인 상황을 모두 반영하여 법률을 만들려면 법은 무한정 길어질 수밖에 없기 때문에 법은 추상적인 규정으로 만들어진다. 그렇기 때문에 법을 현실 사건에 적용하는 과정은 '법률적 삼단 논법'에 의해 이루어진다. '법률적 삼단 논법'이란 추상적인 법 규정은 대전제로, 구체적인 사건은 소전제로 놓고, 법 규정이 그 사건에 적용될 수 있는지 판단하여 결론을 이끌어 내는 것을 말한다.

　　예컨대 A의 노트북 컴퓨터를 B가 몰래 가져가서 사용하다 발각되어 A가 B를 검찰에 고소했다고 하자. ㉠검사는 이 사건이 어떤 법 규정에 해당되는지 검토한 후, 법정에서 B의 행위가 절도죄를 규정한 형법 규정에 해당되므로 형벌을 받아야 한다고 주장한다. 이에 대해 ㉡B의 변호사는 B가 노트북 컴퓨터를 훔쳐 간 것이 아니라 잠시 빌려 쓰려고 했던 것이므로, 검사가 내세운 형법 규정에 해당되지 않는다고 검사와는 다른 주장을 한다. 그러면 법관은 양쪽의 주장을 참고하여 B의 행위에 대해 최종적으로 판단하고, 만약 형법 규정에 해당된다고 판단되면 유죄 판결을 내린다.

　　그런데, 많은 훈련을 거친 법률가들이라 하더라도 어떤 사건에 적용할 수 있는 적당한 법 규정을 찾아내는 일은 결코 쉬운 일이 아니다. 그뿐만 아니라 어떤 사건에 적용될 가능성이 있는 법 규정이 여러 개 발견되는 경우도 있다. 만일 이와 같이 어떤 사건에 적용할 수 있는 적당한 법 규정을 찾지 못하게 되면 어떻게 될까? ㉢이 경우에 형사 재판˙과 민사 재판˙은 서로 다른 결론을 내리게 된다. 국가와 국민이라는 관계를 기반으로 하는 형법에서는, 법률에 미리 범죄와 형벌이 규정되지 않은 경우에는 벌할 수 없다는 죄형 법정주의 원리가 엄격하게 적용된다. 따라서 형사 재판에서는 어떠한 사건에 적용할 수 있는 적당한 법 규정이 발견되지 않으면 법관은 법 규정의 적용을 포기하고 피고인에게 무죄를 선고해야 한다.

　　반면, 기본적으로 대등한 두 당사자를 대상으로 하는 민사 재판에서는 법 규정이 없다고 해서 그 판결을 포기하는 것이 아니라, 최대한 그 사건과 관련된 일반 원칙을 찾아내서 손해와 이익을 공평하게 조정하려고 노력한다. 즉, 법 규정 찾기에 실패해도 관습법이나 건전한 상식을 기준으로 판결을 내리는 것이다. 따라서 형사 재판에서 무죄를 선고받은 자라 하더라도, 어떤 사람에게 손해를 입힌 사실이 분명하다면 민사 재판에서는 피해자의 손해에 대해 배상을 하라고 판결할 수 있는 것이다.

• 형사 재판: 형법의 적용을 받는 사건을 다루는 재판.
• 민사 재판: 개인 사이의 경제적·신분적 생활 관계에 관한 사건을 다루는 재판.

1 윗글을 읽고 알게 된 내용으로 적절하지 <u>않은</u> 것은?

① 형법은 국가와 국민의 관계를 기반으로 형성된 법이다.

② 동일한 사건에 적용시킬 수 있는 법 규정이 여러 개 있을 수도 있다.

③ 많은 훈련을 거친 법률가들도 때로는 법 규정 찾기에 어려움을 느낀다.

④ 민사 재판에서는 관습법이나 건전한 상식도 판결의 기준으로 삼을 수 있다.

⑤ 형사 재판에서는 적당한 법 규정이 없으면 법 규정이 만들어질 때까지 판결을 미룬다.

3 윗글로 보아 '죄형 법정주의'에 담긴 정신으로 가장 적절한 것은?

① 법 없이는 범죄도 없고 형벌도 없다.

② 명백한 범죄 행위는 증명할 필요조차 없다.

③ 법을 적용할 때는 개인의 상황을 고려해야 한다.

④ 법에서는 개인의 이익보다 집단의 이익이 우선이다.

⑤ 누구든지 타인의 행위 결과에 대해서는 책임이 없다.

2 ㉠과 ㉡이 서로 다른 주장을 하게 된 이유로 가장 적절한 것은?

① ㉠만 법률적 삼단 논법을 사용하였기 때문에

② ㉡만 법률적 삼단 논법을 사용하였기 때문에

③ ㉠과 ㉡이 대전제를 서로 다르게 보았기 때문에

④ ㉠과 ㉡이 소전제를 서로 다르게 보았기 때문에

⑤ ㉠이 자신이 세운 대전제를 사건에 적용하지 못했기 때문에

4 ㉢의 이유를 〈조건〉에 맞게 쓰시오.

┌ 조건 ┐
• '이 경우'에 해당하는 내용을 포함할 것.
• 윗글에서 알 수 있는 형사 재판과 민사 재판의 특징을 바탕으로 할 것.
• '~한 경우에 형사 재판은 ~이지만, 민사 재판은 ~이기 때문이다.'의 형식으로 쓸 것.

_____

_____

_____

>> 다음 어휘의 뜻을 확인하고, 학습한 어휘에 ☑ 표시를 하시오.

☐ 사조 思 생각 사 潮 밀물 조	한 시대의 일반적인 사상의 흐름. 예 모더니즘은 1930년대의 문예 사조이다.	☐ 추상적 抽 뽑을 추 象 코끼리 상 的 과녁 적	어떤 사물이 직접 경험하거나 지각할 수 있는 일정한 형태와 성질을 갖추고 있지 않은 것. 예 사람의 마음이나 감정은 추상적인 대상이다.
☐ 회의 懷 품을 회 疑 의심할 의	의심을 품음. 또는 마음속에 품고 있는 의심. 예 계속된 실패로 삶에 대한 회의를 느꼈다.	☐ 규정 規 법 규 定 정할 정	규칙으로 정함. 또는 그 정하여 놓은 것. 예 공식적인 글은 맞춤법 규정에 주의하며 써야 한 다.
☐ 탈피 脫 벗을 탈 皮 가죽 피	일정한 상태나 처지에서 완전히 벗어남. 예 혼란 상태에서 탈피해 질서를 찾았다.	☐ 조정 調 고를 조 停 머무를 정	분쟁을 중간에서 화해하게 하거나 서로 타협 점을 찾아 합의하도록 함. 예 축제에 대한 동아리 간의 의견 차이를 조정했다.
☐ 초월 超 뛰어넘을 초 越 넘을 월	어떠한 한계나 표준을 뛰어넘음. 예 금강산의 아름다움은 상상을 초월했다.	☐ 관습 慣 익숙할 관 習 익힐 습	어떤 사회에서 오랫동안 지켜 내려와 그 사회 성원들이 널리 인정하는 질서나 풍습. 예 제사는 우리 사회의 오래된 관습이다.
☐ 정립 定 정할 정 立 설 립	정하여 세움. 예 새로운 규칙 정립을 위해 회의를 했다.	☐ 배상 賠 물어줄 배 償 갚을 상	남의 권리를 침해한 사람이 그 손해를 물어 주 는 일. 예 친구의 자전거를 망가뜨려 배상을 하게 되었다.

확인 문제

1 문맥을 고려하여, 다음 문장의 괄호 안에 들어갈 알맞은 어휘를 고르시오.

(1) 청소년기는 가치관을 (정립 / 조립)하는 시기이다.

(2) 노사 간 분쟁의 (조정 / 조종)을 위해 정부가 나섰다.

(3) 이 작품은 기존의 틀을 (탈피 / 회피)했다는 평가를 받고 있다.

(4) 명령에 이의를 제기하거나 (회심 / 회의)을/를 품는 것은 용납되지 않았다.

2 다음 빈칸에 들어갈 알맞은 어휘를 괄호 안의 초성을 참고하여 쓰시오.

(1) 이생과 최 씨는 생사를 (ㅊㅇ →   )한 사랑을 이어 갔다.

(2) 상징은 (ㅊㅅㅈ →   )인 개념이나 대상을 구체적인 사물로 나타낸 것이다.

(3) 피해자들은 공권력으로 인한 피해를 국가가 (ㅂㅅ →   )해야 한다고 주장했다.

3 다음의 밑줄 친 어휘와 바꿔 쓰기에 가장 적절한 어휘를 〈보기〉에서 찾아 쓰시오.

┌─ 보기 ─────────────────────────┐
관습   사조   규정
└───────────────────────────────┘

(1) 그는 견문이 풍부하고 새로운 <u>조류(潮流)</u>에 관심이 많았다.

            (   )

(2) 국제 수영 대회에서 첨단 수영복 착용을 제한하는 <u>규칙(規則)</u>이 마련되었다.

            (   )

(3) 전염병 예방을 위해서는 식문화에서 기존의 <u>관행(慣行)</u>을 바꿀 필요가 있다.

            (   )

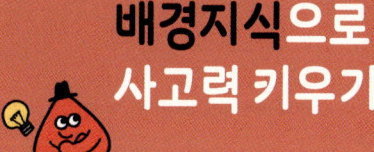

배경지식으로 사고력 키우기

교과서에서
찾는
배경지식

추상 미술

19세기 중반 유럽의 미술은 사실주의적 표현이 주를 이루었다. 현실을 변형하거나 왜곡하지 않고 충실하게 반영하고자 한 것이다. 그런데 20세기 들어 이러한 전통을 거부한 표현주의 미술이 등장하여, 대상의 왜곡이 주제와 내용을 강조하는 수단으로 쓰였다. 추상 미술은 표현주의에서 더 나아가 점, 선, 면, 형, 색 등과 같은 조형 요소로 작품을 형상화하였다.

추상 표현의 방법은 다양하다. 자유로운 선과 색채를 이용하기도 하고, 순수 조형 요소만으로 구성하기도 한다. 대상의 요소를 단순화 또는 변형하는 방법이나 우연한 효과를 이용하는 기법도 나타난다.

미국 작가 루이스의 「평온의 접점」은 물감을 흘렸을 때 번지면서 나타나는 우연한 효과를 보여 준다. 프랭크 스텔라의 「자라마Ⅱ」는 자유로운 선과 색채를 통해 자동차 경주의 느낌을 표현하였는데, 철망을 포함한 다양한 재료의 활용이 특징이다. 추상 표현주의를 대표하는 잭슨 폴록은 기존 방식의 드로잉을 거부하고, 물감을 흘리고 뿌리면서 커다란 화폭을 돌아다니는 액션 페인팅을 통해 자신의 내면세계를 표현하였다.

루이스의 「평온의 접점」

| 교과 연계 | 중학교 미술 ①_미술의 즐거움

논술형
문제

다음은 학생들이 미술 수행 평가로 그림을 그리는 상황이다. 윗글을 참고하여 추상 미술에 가장 가까운 그림을 그리고자 하는 학생을 고르고, 그렇게 생각한 이유를 서술하시오.

> 내가 전달하고자 하는 주제가 분명히 드러나도록 대상을 자세하게 그려야겠어.

> 등산했던 경험을 소재로 그리고 싶어. 그때 찍었던 사진을 참고해 산의 형태를 있는 그대로 표현해야겠어.

> 우리 동네의 느낌을 표현하고 싶어. 밑그림은 그리지 말고 자유롭게 그냥 색깔로만 표현할까?

혜주

상혁

원준

🖉

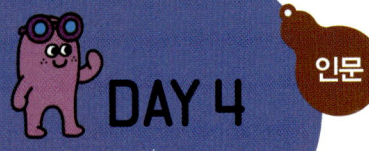

인문학의 중요성

모르는 어휘에 ☑ 표시를 하고, 표시한 어휘에 주목하여 지문을 읽어 보시오.

☐ 화두　　☐ 역설적　　☐ 산물　　☐ 피상적　　☐ 내재적

>> 한 문장으로 요약하기

① 문단 :

　㉠오늘날과 같은 사회적 현실에서 인문학은 그 어느 때보다도 교육적으로 중요하다. 현재 학계와 교육계에서 '인문학의 위기'가 중요한 화두의 하나가 되고 있는 현실이 이를 잘 보여 준다. 그렇다면 ㉡인문학은 왜 중요할까? 흔히 인문학의 도구적 가치를 근거로 인문학의 중요성을 주장한다. 여기서 인문학의 도구적 가치는 경쟁에서 승리하기 위한 도구적 가치와, 개인과 사회의 발전을 위한 도구적 가치로 양분할 수 있다.

② 문단 :

　경쟁에서 승리하기 위해 인문학이 필요하다는 주장은 대략 다음과 같은 논리로 전개된다. 우리는 모두 잘살기를 바란다. 잘살기 위해서는 오늘날 전 세계에서 벌어지는 개인적·집단적·국가적 경제 경쟁에서 이겨야 하는데, 그러려면 갖가지 기술, 특히 과학 기술의 개발 경쟁에서 남들보다 앞서야 한다. 이때 무엇보다 중요한 것이 창의력이다.

③ 문단 :

[A] ┌ 　이렇게 과학 기술의 개발은 역설적이게도 기술이 아니라 창의력의 문제이며, 창의력은 논리적 사고의 기계적 결과가 아니라 논리적으로 설명할 수 없는 상상력의 산물이다. 이 창의적 상상력은 문학 작품의 이해와 감상을 통해 가장 효과적으로 훈련할 수 있다. 왜냐하면 문학 작품 자체가 누군가의 풍부한 상상력이 빚어낸 예술 작품이기 때문이다. └

④ 문단 :

　개인과 사회가 발전하기 위해 인문학이 필요하다는 주장은 다음과 같은 논리로 전개된다. 세계는 날로 복잡해지고 지식과 직업이 급속도로 세분화되며, 생활이 갈수록 바빠진다. 그럴수록 자신의 행동과 사유, 그리고 역사와 사회의 모든 현상을 종합적으로 파악해서 비판하고 개혁할 수 있는 적절한 거리 유지가 필요하다. 문학·역사·철학 등의 인문학 고전들은 이러한 능력을 계발하고 자극하는 데 빼놓을 수 없는 교과서로서, 우리의 지적 능력을 키워 준다.

⑤ 문단 :

　물론 인문학이 위와 같은 도구적 가치를 지닐 수는 있지만, 그것은 우연적이고 피상적인 속성이지 본질적인 것이 아니다. 인문학의 본질적 가치는 내재적 가치, 즉 목적을 위한 수단으로서가 아니라 그 자체가 바로 목적이라는 데 있다. 문학 작품에서 느끼는 감동, 역사 공부를 통해 경험하는 자아의식, 그리고 철학을 통해 배우는 사유의 투명성은 물질 이상으로 인간의 삶을 풍요롭게 해 주는 정신적 양식인 것이다. 이러한 점에서 인문학적 가치야말로 인간을 인간답게 하는 유일한 조건이다. 결론적으로 말해서 인문학이 중요한 이유는, 그것이 추구하는 가치가 곧 인간으로 존재하는 우리 자신의 가치이기 때문이다.

1 윗글에 대한 설명으로 적절한 것은?

① 시간적 흐름에 따른 두 대상의 변화 과정을 대비하고 있다.

② 주요 용어의 개념을 정의하여 논의의 출발점으로 삼고 있다.

③ 두 대상의 공통점과 차이점을 각각 분석하여 제시하고 있다.

④ 대상에 대한 기존의 주장을 제시한 다음에 글쓴이의 견해를 덧붙이고 있다.

⑤ 질문을 연속적으로 던짐으로써 독자 스스로 답을 얻을 수 있도록 유도하고 있다.

2 글쓴이가 ⊙의 근거로 제시한 것을 〈보기〉에서 찾아 바르게 묶은 것은?

> **보기**
>
> ㄱ. 인문학은 인간의 삶을 풍요롭게 해 주는 정신적 양식이기 때문이다.
> ㄴ. 인문학은 그 자체가 목적이라기보다는 목적을 위한 수단이 되기 때문이다.
> ㄷ. 인문학이 추구하는 가치가 인간으로 존재하는 우리 자신의 가치이기 때문이다.
> ㄹ. 인문학은 새로운 과학 기술을 개발하는 데 필요한 논리적 사고력을 길러 주기 때문이다.

① ㄱ, ㄴ   ② ㄱ, ㄷ
③ ㄴ, ㄷ   ④ ㄴ, ㄹ
⑤ ㄷ, ㄹ

3 [A]를 뒷받침하는 사례로 가장 적절한 것은?

① 골프 선수였던 김○○ 선수는 자신의 경험을 살려서 야구 선수가 되기로 마음먹었다고 한다.

② CEO인 이○○ 대표는 중요한 결정을 할 때마다 일상에서 벗어나 여행을 하면서 심사숙고한다고 한다.

③ 조각가인 박○○ 씨는 뼈나 바위 같은 평범한 자연물에서 조각의 구조에 대한 영감을 얻는다고 한다.

④ 기업 창업자인 정○○ 사장은 자주 클래식 음악을 들음으로써 과도한 업무로 인한 스트레스를 풀고 음악 감상 능력도 키운다고 한다.

⑤ 신기술을 개발한 유○○ 교수는 학창 시절에 읽었던 다양한 문학 작품이 새로운 것을 생각해 내는 능력을 증진시키는 데 큰 역할을 했다고 한다.

4 ⓒ에 대해 글쓴이가 생각하는 궁극적인 답을 담은 문장을 찾아 그대로 쓰시오.

_____

_____

두 얼굴을 가진 태풍

모르는 어휘에 ☑ 표시를 하고, 표시한 어휘에 주목하여 지문을 읽어 보시오.

☐ 밀도　　☐ 기류　　☐ 위력　　☐ 파손　　☐ 극성

» 한 문장으로 요약하기

❶ 문단 :

　　저기압의 특징은 공기가 상승한다는 것이다. 저기압은 크게 온대 저기압과 열대 저기압으로 분류되는데, 온대 저기압은 중위도 지방에서 찬 공기가 더운 공기를 밀어 상승시켜 발생하고, 열대 저기압은 저위도 지방에서 고온의 공기가 밀도가 작아 상승하여 발생한다. 특히 열대 저기압 중 중심 풍속이 17m/s를 넘으면 태풍이라고 하는데 지역에 따라 부르는 이름은 다양하다.

❷ 문단 :

　　흔히 '태풍의 눈'이라고 불리는 태풍의 중심에서는 하강 기류가 형성되어 구름이 발생하지 않는다. 하지만 태풍의 중심 부근에서는 공기가 상승하고 강한 바람이 불며, 태풍의 중심에서 멀어질수록 기압이 높아지고 바람의 세기도 약해진다. 그리고 태풍은 그 주변부에서 태풍의 눈을 향해, 북반구에서는 반시계 방향으로,

〈태풍의 모식도〉

남반구에서는 시계 방향으로 바람이 불어 들어와 상승한다. 또한 태풍 중심 부근에는 공기의 상승으로 인한 구름이 만들어져 많은 비가 오게 된다.

❸ 문단 :

　　태풍은 주변으로부터 뜨거운 수증기를 빨아들이며 성장하는데, 지구 온난화의 영향으로 뜨거운 바다가 늘어나 태풍의 위력도 커지게 되었다. 태풍은 주로 공기의 온도가 높고 수증기가 많은 적도 부근에서 발생한다. 단, 적도에서는 지구 자전 효과가 적어 소용돌이가 발생하기 어렵기 때문에 주로 ⓐ위도 5~25도의 바다에서 발생한다.

❹ 문단 :

　　대부분의 태풍은 북반구의 중위도 지방에 이르게 되면 남서풍인 편서풍을 따라 올라온다. 이때 태풍 진행 방향의 오른쪽은 태풍의 바람 방향과 편서풍의 바람 방향이 같아서 더욱 강한 바람이 불기 때문에 위험 반원이라고 한다. 반대로 태풍 진행 방향의 왼쪽은 편서풍의 바람 방향이 태풍의 바람 방향과 반대가 되어서 바람이 약하게 불기 때문에 가항 반원이라고 한다. 특히, 위험 반원에서는 강한 바람이 불고 폭우가 내려 가옥의 파손이나 침수가 나타나기도 한다.

❺ 문단 :

　　하지만 우리가 경험하는 태풍이 미운 짓만 하는 것은 아니다. 어느 해는 태풍이 우리나라를 비켜가 '태풍 없는 해'로 기록되었지만 적조가 유난히 극성을 부린 해이기도 했다. 태풍은 강한 바람으로 피해를 주기도 하지만, 오염 물질을 멀리 날려 버리는 역할도 해 준다. 올해도 우리는 ㉠두 얼굴을 가진 태풍을 만나게 될 것이다.

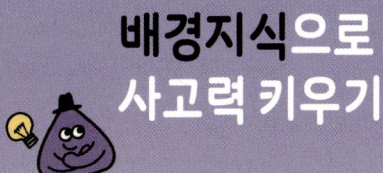

배경지식으로 사고력 키우기

교과서에서 찾는 배경지식

기압과 공기의 이동

기압은 공기가 단위 넓이에 작용하는 힘이다. 공기는 지표에서 높이 올라갈수록 그 양이 줄어들기 때문에 기압 또한 낮아진다. 또한 공기는 기압이 높은 곳에서 낮은 곳으로 이동하는데, 이것이 바로 '바람'이다.

기압은 기온과 관련이 있다. 기온이 낮으면 공기의 밀도가 커져 하강하면서 기압이 높아지고, 기온이 높으면 공기의 밀도 또한 작아져 상승하면서 기압이 낮아진다. 따라서 지표면에 기온 차이가 생기면 기압 차이로 인해 바람이 불게 된다.

따라서 기압은 날씨에 영향을 미친다. 주위보다 기압이 낮은 곳인 저기압에서는 바람이 주변에서 불어 들어오고 공기가 아래에서 위로 올라가는 상승 기류가 생긴다. 이때 상승하는 공기의 온도가 낮아져 공기 중의 수증기가 응결하여 구름이 생기고, 이 영향으로 날씨가 흐려지거나 비가 내린다. 반면에 주위보다 기압이 높은 곳인 고기압에서는 바람이 주변으로 불어 나가고 공기가 위에서 아래로 내려오는 하강 기류가 생긴다. 이때 하강하는 공기의 온도가 높아져 구름이 생기지 않기 때문에 고기압 지역은 날씨가 맑다.

| 교과 연계 | **중학교 과학 ③_날씨의 변화**

논술형 문제

다음을 참고하여 〈그림〉에서 부는 바람의 종류를 밝히고, 그렇게 판단한 이유를 기온과 기압의 관계를 바탕으로 서술하시오.

〈그림〉

바다는 육지보다 천천히 가열되고 천천히 냉각된다. 그래서 낮에는 육지가 바다보다 빨리 가열되어 기압이 바다보다 낮고, 밤에는 바다보다 빨리 냉각되어 기압이 바다보다 높다. 바다에서 육지로 부는 바람은 '해풍', 반대로 부는 바람은 '육풍'이라고 한다.

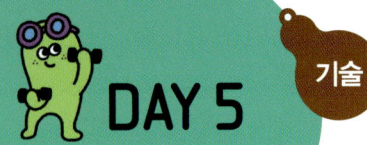

DAY 5 | 기술

모션 캡처 기술

| 교과 연계 |
중학교 기술·가정 ②_정보 통신 기술 시스템의 발달

모르는 어휘에 ☑ 표시를 하고, 표시한 어휘에 주목하여 지문을 읽어 보시오.

☐ 정교   ☐ 부착   ☐ 추출   ☐ 제약   ☐ 변환

» 한 문장으로 요약하기

❶ 문단 :

❷ 문단 :

❸ 문단 :

❹ 문단 :

❺ 문단 :

 모션 캡처(motion capture)는 공간상에서 제작된 영상을 보다 현실적으로 보여 주기 위해 사용되는 기술이다. 이를 통해 만든 영상은 미세한 움직임까지 정교하게 나타낼 수 있는데, 데이터를 뽑아내는 방식에 따라 다음과 같이 구분된다.

 ㉠기계식은 기계 장치를 몸에 부착하여 각 관절 부위의 움직임을 추출하는 방식으로, 설치와 운영이 간편하며 공간의 제약을 받지 않는다. 또한 비교적 정확한 데이터를 획득할 수 있으며 다른 시스템에 비해 장비의 가격도 저렴하다. 그러나 무거운 기계 장치를 부착해야 하므로 자연스러운 움직임에 제약을 받는다.

 ㉡자기식은 송신기로 전자기장을 형성시킨 후, 각 관절에 부착된 센서를 통해 몸의 움직임에 따른 자기장의 변화를 측정하여 위치 데이터를 추출하는 방식이다. 하지만 감지기에 연결된 여러 가닥의 케이블선이 몸에 붙어 있어 움직임에 제약이 있고, 센서가 반응할 수 있는 자기장의 공간도 제한적이다. 또한 주위의 금속 물체에 의해 데이터의 손실이 발생할 우려가 있다.

 ㉢광학식은 신체 부위에 센서를 부착하고 적외선 카메라로 촬영한 후, 그 이미지를 다시 3차원 위치 데이터로 계산하여 추출하는 방식이다. ⓐ광학식 모션 캡처 방식의 데이터를 추출하는 과정은 다섯 단계로 설명할 수 있다. [단계 1]에서는 촬영 공간과 대상의 동작을 고려하여 적외선 카메라를 설치한다. 이 때 표식*이 부착된 구조물을 먼저 중앙에 설치하여 초기 측정을 하는데, 이는 촬영 후에 얻게 될 위치 데이터, 즉 좌표 값을 정확하게 얻기 위해서이다. [단계 2]에서는 대상을 촬영하여 표식에 반사된 좌표 값을 측정하기 위해 표식을 몸에 부착한다. 이 표식은 크기가 작아 위치나 개수에 제한을 받지 않기 때문에 자유로운 동작을 가능하게 한다. [단계 3]에서는 카메라로부터 좌표 값을 뽑아낸다. [단계 4]에서는 이전 단계에서 추출된 2차원적인 좌표 값을 3차원으로 나타낸 후, 좌표 값의 사라진 부분이나 오차가 생긴 부분을 보완 및 수정한다. [단계 5]에서는 좌표 값을 연결하여 뼈대 구조를 가지는 모션 데이터로 변환한다.

 촬영 중 동작에 의해 표식이 가려지면 카메라들이 추적할 수 없게 되어 좌표 값이 사라지는 경우가 생긴다. 때문에 여러 대의 카메라를 활용하여 표식이 가려지는 부분을 최소로 줄여야 한다. 광학식 장비는 가격이 비싸지만, 넓은 공간에서 촬영이 가능하고 정밀한 자료를 수집할 수 있기 때문에 활용도가 높다.

• **표식**: 신체 등에 부착하여 신호를 감지하는 표시물.

1 윗글의 중심 화제로 가장 적절한 것은?

① 모션 캡처의 개념
② 모션 캡처 기술의 전망
③ 모션 캡처의 변천 과정
④ 모션 캡처의 활용 분야
⑤ 모션 캡처의 자료 추출 방식

2 다음은 ⓐ의 다섯 단계를 그림으로 나타낸 것이다. 이를 참고하여 ⓐ를 이해한 내용으로 적절하지 <u>않은</u> 것은?

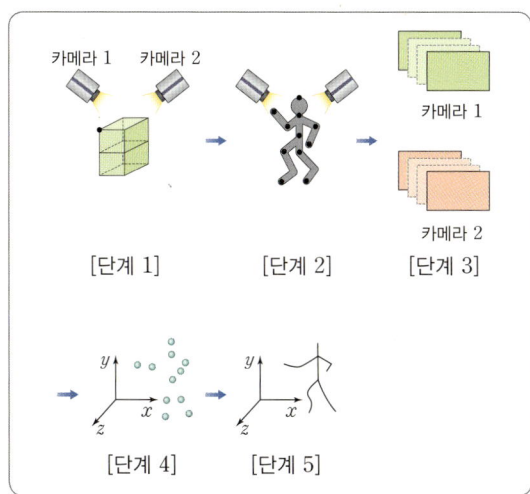

① 동작 중 표식이 가려지는 것을 방지하려면 [단계 1]에서 카메라의 수를 늘려야 한다.
② [단계 2]에서 표식을 부착할 수 있는 곳은 몸의 어느 부위나 가능하다.
③ [단계 3]의 카메라에서 얻어낸 좌표 값을 [단계 4]에서 입체적 좌표 값으로 변환한다.
④ [단계 4]에서 일부 좌표 값을 구할 수 없었다면, 부착된 표식의 크기가 작았기 때문이다.
⑤ [단계 5]에서 좌표 값을 모두 연결하면 뼈대 구조를 지니는 새로운 입체적 형상을 얻을 수 있다.

3 ㉠~㉢에 대한 설명으로 적절하지 <u>않은</u> 것은?

① ㉠은 ㉢보다 장비의 가격이 저렴한 편이다.
② ㉡은 ㉠과 달리 외부 환경에 영향을 받는다.
③ ㉡은 ㉢과 달리 무선 방식으로 데이터를 추출한다.
④ ㉡은 ㉢에 비해 움직임을 측정할 수 있는 공간이 한정되어 있다.
⑤ ㉠과 ㉡은 ㉢에 비해 동작 표현에 제한이 있다.

4 윗글에서 다음 빈칸에 들어갈 내용을 찾아 각각 한 문장으로 쓰시오.

> 모션 캡처는 사람이나 동물, 사물에 센서를 달아 그 움직임 정보를 인식하여 영상 속에 재현하는 기술로, 영화나 게임 등은 물론 의학이나 로봇공학 등 많은 분야에서 활용된다. 그런데 기계식은 (   )는 단점, 자기식은 외부 환경에 민감하고 센서가 반응할 수 있는 (   )는 단점이 있어 영상 분야에서는 이제 거의 쓰이지 않는다.

가격 분산과 효율적 소비

| 교과 연계 |
중학교 사회 ②_경제생활과 합리적 선택

모르는 어휘에 ☑ 표시를 하고, 표시한 어휘에 주목하여 지문을 읽어 보시오.

☐ 지표 ☐ 기인 ☐ 퇴거 ☐ 필연적 ☐ 시사

>> 한 문장으로 요약하기

❶ 문단 :

❷ 문단 :

❸ 문단 :

❹ 문단 :

❺ 문단 :

❻ 문단 :

㉠가격 분산(price dispersion)이란 동일 시점에 동일 제품에 대해 상점마다 가격 차이가 나는 현상을 말한다. 가격 분산이 존재하면 소비자는 특정 품질에 대해 비용을 더 많이 지불할 가능성이 있고 그 결과 구매력은 그만큼 저하된다. 또한 가격 분산이 존재할 때 가격은 품질에 대한 지표가 될 수 없으므로, 만약 소비자가 가격을 품질의 지표로 사용한다면 경제적 위험이 따르게 된다. 가격 분산이 발생하는 원인은 크게 판매자의 경제적인 이유에 의한 요인, 소비자 시장 구조에 의한 요인, 재화의 특성에 따른 요인, 소비자에 의한 요인으로 구분할 수 있다.

첫째, 판매자의 경제적인 이유로는 소매 상점의 규모에 따른 판매 비용의 차이와 소매상인들의 가격 차별화 전략의 두 가지를 들 수 있다. 상점의 규모가 클수록 대량으로 제품을 구매할 수 있으므로 판매 비용이 절감되어 보다 낮은 가격에 제품을 판매할 수 있다. 가격 차별화 전략은 소비자의 지불 가능성에 맞추어 그때그때 최고 가격을 제시함으로써 이윤을 극대화하는 전략을 말한다.

둘째, 소비자 시장 구조에 의한 요인은 소비자 시장의 불완전성과 시장 규모의 차이에서 기인하는 것이다. 새로운 판매자가 시장에 진입하거나 퇴거할 때 각종 가격 세일을 실시하는 것과 소비자의 수가 많고 적음에 따라 가격을 다르게 정할 수 있는 것을 예로 들 수 있다.

셋째, 재화의 특성에 따른 요인으로 하나의 재화가 얼마나 다른 재화와 밀접하게 관련되어 있느냐에 관한 것, 즉 보완재의 여부에 따라 가격 분산을 가져올 수 있다.

넷째, 소비자에 의한 요인으로 가격과 품질에 대한 소비자의 그릇된 인지를 들 수 있다. 소비자가 가격 분산의 정도를 잘못 파악하거나 가격 분산을 과소평가하게 되면 정보 탐색을 적게 하고 이는 가격 분산을 지속시키는 데 기여한다.

[A] {
결론적으로 소비자 시장에서 가격 분산의 발생은 필연적인 것이라 할 수 있다. 이는 소비자가 가격 정보 탐색을 통해 구매 이득을 얻을 수도 있지만 동시에 충분한 정보를 가지고 있지 않은 소비자들은 손실을 볼 수도 있음을 시사한다. 그러면 정보 탐색을 어느 정도 하는 것이 좋은가? 일반적으로 탐색을 함으로써 얻는 총이득이 탐색을 함으로써 소요되는 총비용을 능가할 때까지, 즉 순이득이 보장될 때까지 탐색을 하는 것이 좋다. 이렇게 할 때 가격 분산에 따른 소비자의 피해를 막아 효율적인 소비를 할 수 있게 될 것이다.
}

1 윗글을 통해 추측한 내용으로 적절하지 <u>않은</u> 것은?

① 가격 분산이 큰 제품일수록 가격에 대한 신뢰도는 낮을 것이다.

② 대체할 재화의 유무에 따라 가격 분산이 발생할 수 있을 것이다.

③ 정부의 엄격한 규제가 있으면 가격 분산을 막을 수 있을 것이다.

④ 정보력의 부재는 가격 분산에 따른 소비자의 피해를 키우는 원인이 될 것이다.

⑤ 소비자들은 충실한 정보 탐색을 통해 가격 분산에 따른 구매 이득을 얻을 수 있을 것이다.

2 ㉠에 따른 합리적 소비 행위의 예로 적절한 것은?

① A 문방구에서 점포 정리를 한다는 소식을 듣고 B 문방구보다 300원 더 싸게 색연필을 샀다.

② 요금이 5,000원인 A 미용실 대신 사은품도 함께 주는 B 미용실에서 10,000원에 머리를 잘랐다.

③ 며칠 전 개업해서 라면 한 개당 50원을 싸게 파는 가게가 있었지만 그냥 친구 어머니가 하시는 단골 가게에서 샀다.

④ 최신형 휴대폰으로 바꾸려 했으나 가격이 너무 비싸 망설이다가 신제품의 출시로 인해 가격이 떨어진 후 제품을 구입하였다.

⑤ 대리점과 인터넷을 비교하였더니 두 곳의 가격이 같아서 당장 물건을 받을 수 있는 대리점에서 태블릿 PC를 구입하였다.

3 [A]를 바탕으로 할 때, 〈보기〉에서 가장 효율적인 소비가 이루어진 지점은?

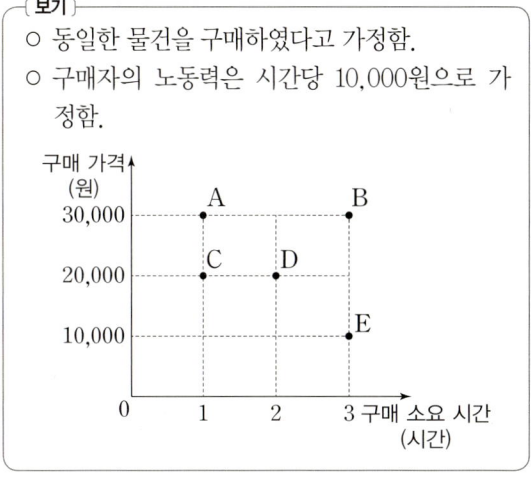

〔보기〕
○ 동일한 물건을 구매하였다고 가정함.
○ 구매자의 노동력은 시간당 10,000원으로 가정함.

① A　② B　③ C　④ D　⑤ E

4 윗글에서 알 수 있는 가격 분산이 발생하는 요인 중, 다음 사례와 관계 깊은 것을 찾아 2어절로 쓰시오.

식빵과 잼은 함께 소비했을 때 효용이 증가하는 재화이다. 따라서 식빵의 수요가 늘면 잼의 수요도 늘고, 식빵의 가격이 상승하면 잼의 수요가 감소한다.

정교 精 정할 정 巧 공교할 교	솜씨나 기술 따위가 정밀하고 교묘함. 예 다이아몬드가 정교하게 세공된 반지	지표 指 가리킬 지 標 표할 표	방향이나 목적, 기준 따위를 나타내는 표지. 예 어머니의 말씀을 삶의 지표로 삼았다.
부착 附 붙을 부 着 붙을 착	떨어지지 아니하게 붙음. 또는 그렇게 붙이거나 닮. 예 새 교복에 이름표를 부착했다.	기인 起 일어날 기 因 인할 인	1. 일이 일어나게 된 까닭. 2. 어떠한 것에 원인을 둠. 예 그의 병은 스트레스에 기인한 것이다.
추출 抽 뽑을 추 出 날 출	전체 속에서 어떤 물건, 생각, 요소 따위를 뽑아냄. 예 이 화장품에는 천연 추출 성분이 담겨 있다.	퇴거 退 물러날 퇴 去 갈 거	있던 자리에서 옮겨 가거나 떠남. 예 수사대는 사건 현장에서 퇴거하기로 했다.
제약 制 절제할 제 約 맺을 약	조건을 붙여 내용을 제한함. 또는 그 조건. 예 사회생활에는 여러 제약이 따른다.	필연적 必 반드시 필 然 그럴 연 的 과녁 적	사물의 관련이나 일의 결과가 반드시 그렇게 될 수밖에 없는 것. 예 도시화는 현대 사회의 필연적인 추세이다.
변환 變 변할 변 換 바꿀 환	달라져서 바뀜. 또는 다르게 하여 바꿈. 예 이 책은 음성 변환 서비스를 통해 들을 수 있다.	시사 示 보일 시 唆 부추길 사	어떤 것을 미리 간접적으로 표현해 줌. 예 낙관적인 시사에 기대감을 품게 되었다.

확인문제

1 다음 빈칸에 들어갈 알맞은 어휘를 괄호 안의 초성을 참고하여 쓰시오.

(1) 그의 얼굴은 마치 (ㅈㄱ →   )한 조각상 같았다.
(2) 방역 수칙을 어긴 외국인에게 강제 (ㅌㄱ →   ) 조치가 내려졌다.
(3) 이 해양 보호 생물은 환경 변화를 감지하는 (ㅈㅍ →   )로 활용된다.
(4) 저출산과 고령화는 (ㅍㅇㅈ →   )으로 경제 활동 인구 비율의 감소를 가져온다.

2 다음의 밑줄 친 어휘와 바꿔 쓰기에 가장 적절한 어휘를 〈보기〉에서 찾아 쓰시오.

┌ 보기 ┐
변환   시사   제약

(1) 세계적인 전염병 확산으로 해외여행에 제한(制限)이 생겼다.
(   )
(2) 이번 정상 회담은 역사적 전환(轉換)을 가져오는 사건이 될 것이다.
(   )
(3) 이 소설은 우리나라 교육 현실의 문제점을 암시(暗示)하고 있다.
(   )

3 문맥을 고려하여, 다음 문장의 괄호 안에 들어갈 알맞은 어휘를 고르시오.

(1) 무작위로 표본을 (인출 / 추출)하여 설문 조사를 진행했다.
(2) 용돈을 벌기 위해 전단지 (부착 / 장착) 아르바이트를 구했다.
(3) 식중독은 대부분 음식물의 부패에 (기인 / 기약)하지만 과식도 원인이 될 수 있다.

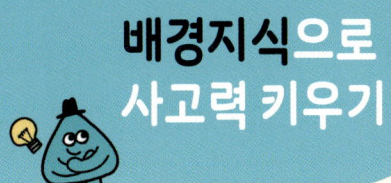

교과서에서 찾는 배경지식

후회 없는 합리적 선택

　인간은 끊임없이 무엇인가를 원하지만 그것을 모두 충족할 수는 없다. 이처럼 인간의 욕구는 무한한 데 비해 이를 충족할 수 있는 자원의 양이 상대적으로 부족한 현상을 자원의 '희소성'이라고 한다. 희소성은 자원의 절대적인 양뿐만 아니라 인간의 욕구 정도에 따라서도 달라진다. 즉 자원의 양이 적더라도 원하는 사람이 없다면 그 자원은 희소하지 않다.

　자원의 희소성으로 인해 개인과 사회는 많은 선택의 문제에 직면한다. 기회비용은 어떤 것을 선택함으로써 포기하는 다른 선택이나 기회의 가치 중 가장 큰 것을 의미한다. 사람마다 선호하는 것이나 필요한 것이 다르기 때문에 기회비용 또한 사람마다 다르다. 따라서 후회 없는 선택을 하기 위해서는 선택으로 인해 발생하는 비용과 편익을 고려해야 한다. 이때 비용은 선택으로 인해 들어가는 돈이나 노력, 시간 등을, 편익은 선택으로 인해 얻게 되는 이익이나 만족감을 뜻한다. '합리적 선택'은 가장 적은 비용으로 가장 큰 편익을 선택하는 것이다.

| 교과 연계 | **중학교 사회 ②_경제생활과 합리적 선택**

논술형 문제

국어 시간에 사용할 공책을 한 권 사려고 한다. 다음 (가)~(다) 중 어떤 방식으로 공책을 구매하는 것이 가장 합리적인 선택인지 고르고, 선택의 이유와 다른 방안의 한계를 함께 서술하시오.(단, 이때 공책의 종류는 동일함.)

(가) 학교 앞 문구점에서는 공책 낱권 하나에 2천 원이다.

(나) 대형 마트에서는 공책이 3권 묶음에 5천 원이다.

(다) 인터넷 쇼핑몰에서는 공책이 10권 묶음에 5천 원~1만 원이다.

음정을 맞추는 능력

모르는 어휘에 ✓ 표시를 하고, 표시한 어휘에 주목하여 지문을 읽어 보시오.

☐ 관대   ☐ 절대적   ☐ 거론   ☐ 면박   ☐ 배후

>> 한 문장으로 요약하기

❶ 문단 :

❷ 문단 :

❸ 문단 :

❹ 문단 :

　음정을 어떻게 생각해야 할까? 음정은 높이가 다른 두 음의 간격으로, 음악을 분석할 때 가장 기본이 되는 측정 단위이다. 음정을 틀리는 것은 글에서 맞춤법을 틀리는 것과 같다. 틀린 글자가 아주 가끔, 우연히 발견되면 대부분 관대하게 보아 넘기곤 한다. 그러나 틀린 글자가 너무 많이 발견되면 글의 내용에도 신뢰가 가지 않는 법이다. 이와 마찬가지로 연주를 할 때 자꾸 틀린 음정을 내는 사람에게는 관대하기 어려우며, 그는 연습을 더 하라는 충고를 받을 것이다.

　초보자에게는 정확한 음정을 제대로 된 속도로 연주하는 일이 매우 어려운 과제이기는 하다. 그래서 초보자들이 그 때문에 고민하는 모습을 우리는 쉽게 본다. 그리고 그 고민이 당연하다고 생각한다. 하지만 어느 정도의 수준 이상이 되면 음정을 맞추는 일은 더 이상 훌륭한 기술에 속하지 않는다. 많은 음악 선생님들이 흔히 말하는 "정확한 음정을 정확한 타이밍에"라고 하는 말이 모든 음악적 요소의 절대적인 잣대는 아니기 때문이다. 음악을 하는 데는 좀 더 많은 것, 즉 단순한 테크닉을 넘어서는 '그 무언가'가 요구된다. 음정을 맞추는 능력은 연주를 하면서 드러내게 되는 음악적 능력의 일부분일 뿐이다.

　그렇다면 도대체 어떤 상황에서 음정 맞추는 일을 거론할 수 있는 것일까? 공개 오디션 프로그램에서 한 심사위원이 가수 지망생에게 "이봐, 자네는 정말 음정을 못 맞추는 구면." 하고 면박을 주었다면 그의 지적은 잘못되었다고 볼 수 있다. 음정 맞추는 일은 피아노, 실로폰, 하프처럼 단지 강도와 음색에 의해서만 소리의 차이가 생기는 악기 연주에 대해 말할 때에 거론할 수 있다. 그러나 노래할 때는 아니다. ㉠바이올린과 같은 현악기를 연주할 때도 아니다. 이 경우에는 연주자가 힘겹게 음을 만들어 내야 한다.

　이 모든 것보다 훨씬 흥미로운 것은 음정 맞추기의 배후에 무엇이 있는가 하는 점이다. 바로 조음(음높이)과 조율(악기의 음높이를 조정하는 일)이다. 피아노 연주자는 조율, 즉 정확한 음높이를 조정하는 일을 피아노 조율사에게 걱정 없이 맡길 수 있다. 그러나 가수나 고정 음이 없는 악기의 연주자는 음높이를 찾는 일을 고되게 연습해야 한다. 바이올린의 경우 왼손으로 10억 분의 1미터까지의 정확한 간격으로 지판을 잡고 나서야 오른손의 활이 정확한 음을 내는 법인데, 이렇게 되기까지는 시간이 오래 걸릴 수 있다. 노래를 부를 때는 문제가 훨씬 더 복잡하다. 가수는 성대를 통해 소리를 내는데, 성대가 늘어져 있으면 소리가 낮게 나오고 긴장되어 있으면 소리가 높게 나오기 때문이다.

1 윗글의 논지 전개 방식에 대한 설명으로 적절하지 <u>않</u>은 것은?

① 대상을 이루는 요소를 나누어 제시하고 있다.
② 화제 제시와 함께 대상의 개념을 정의하고 있다.
③ 다른 대상에 빗대어 개념에 대한 이해를 돕고 있다.
④ 일반적인 생각을 소개한 후 이견을 제시하고 있다.
⑤ 구체적 사례를 제시하여 독자의 이해를 돕고 있다.

2 ㉠의 이유로 가장 적절한 것은?

① 바이올린은 고정된 음이 없기 때문에
② 바이올린은 음정을 느낄 수 없기 때문에
③ 바이올린은 다른 악기의 음높이를 결정하는 기준이기 때문에
④ 바이올린은 다른 악기에 비해 다양한 음을 낼 수 있기 때문에
⑤ 바이올린은 강도와 음색에 의해서만 소리의 차이가 나기 때문에

3 윗글의 글쓴이가 〈보기〉에 대해 보일 반응으로 가장 적절한 것은?

〔보기〕
어떤 사람은 음의 구조를 완전히 암기하여 자유자재로 불러내는 능력을 지니고 있다. 이른바 '절대 음감'이라는 것이다. 그들은 기준이 되는 다른 소리의 도움이 없이도 소리의 높이를 음의 이름으로 파악할 수 있어서 지시에 따라 아무 음이든 정확히 불러낼 수 있다.

① 절대 음감을 지녔다고 하여도 음을 잘 맞추는 것은 아니다.
② 절대 음감은 후천적으로 오랜 교육을 받아도 도달하기가 어렵다.
③ 절대 음감은 악기를 연주하려고 한다면 반드시 갖추어야 할 능력이다.
④ 절대 음감은 타고난 능력을 지니지 않으면 소리의 높이를 파악할 수 없다.
⑤ 절대 음감은 음악적 능력의 일부일 뿐, 음악적 능력을 판단하는 절대적인 기준이 아니다.

4 윗글에서 '음정을 맞추는 일'에 대한 글쓴이의 생각이 드러난 문장을 찾아 그대로 쓰시오.

한비자의 통치 철학

| 교과 연계 |
중학교 도덕 ②_준법과 공익 실현

모르는 어휘에 ✔ 표시를 하고, 표시한 어휘에 주목하여 지문을 읽어 보시오.

☐ 집대성   ☐ 교화   ☐ 융통성   ☐ 각축   ☐ 채택

>> 한 문장으로 요약하기

❶ 문단 :

    한비자는 전국 시대 한나라 사람으로 중국 철학사에서 법가의 집대성자로 알려져 있다. 전국 시대 말 진나라는 한나라를 공격했는데 이로 인해 한나라가 겪어야 했던 전쟁은 매우 비참했다. 이런 상황에서 한비자는 전국 시대 국가들 사이의 세력 균형을 통한 평화가 아니라 통일에 의한 평화를 기대했다. 그는 하나의 강력한 국가가 탄생한다면 더 이상 전쟁이 일어나지 않을 것이고, 강력한 국가가 되려면 강력한 전제 군주가 필요하다고 생각했다. 나아가 전제 군주가 국가를 운영하기 위해서는 '법(法)', '세(勢)', '술(術)'이 필요하다고 주장했다.

❷ 문단 :

    '법'이란 군주가 신하를 포함한 백성을 통제하는 공개적이고 구체적인 규칙으로, 형법적 측면이 강하며 군주로부터 권위를 부여받은 신하가 집행한다. '법'은 '세'를 바탕으로 군주를 제외한 어느 누구에게도 예외 없이 적용되어야 한다. 이때 '세'란 군주라는 자리가 가진 절대적 권위를 의미한다. 그리고 '술'이란 군주가 신하들을 지배하는 방법으로, 평소 신하들의 언행에 대한 정보를 수집하여 가슴속에 넣어 두고 활용하는 것이다. '술'이 효과를 거두기 위해서는 신하들이 '술'을 눈치채지 못하게 하는 것이 중요하다. 한비자는 군주가 '법', '세', '술'의 세 가지로 다스려야 국가가 부강해진다고 보았다.

❸ 문단 :

    ㉠한비자의 이러한 통치 철학은 스승인 순자가 주장한 성악설의 영향을 받은 것이다. ㉡순자는 인간의 본성은 동물과 다를 바가 없지만, 인간은 생각할 수 있는 '려(慮)'를 가지고 있다고 보았다. 그래서 '예(禮)'를 주입하면 선한 행동을 할 수 있다며 '예치(禮治)'를 주장했다. 한비자도 인간의 본성에 대해서는 순자와 동일하게 생각했지만, 인간의 본성은 변할 리가 없다며 '교화 가능성'을 부정했다. 그 때문에 인간의 본성 안에 들어 있는 사사로움을 찾아내어 '법'으로 엄히 다스려야 한다고 주장했다.

❹ 문단 :

    한비자의 사상은 진나라가 중국 최초의 통일 국가가 되는 데 크게 기여를 하였다. 하지만 진나라는 너무 융통성 없이 '법'을 적용해 일찍 몰락하게 되었다. 전국 시대처럼 각국이 전쟁을 일삼으며 각축을 벌이던 시절에는 '법', '세', '술'로써 부국강병을 이루는 것이 필요했지만, 진나라 이후의 통일 왕조에서는 한비자의 사상 대신에 유가 사상을 새로운 통치 철학으로 채택했다. 하지만 유가 사상이 도입된 이후에도 한비자의 법치주의의 영향은 지속되어 중국의 통일 왕조에서 강력한 중앙 집권 체제를 유지하고 발전시키는 데 기여하였다.

1 윗글을 읽고 다음과 같이 내용을 정리하였다. 적절하지 않은 것은?

> 질문 1. 한비자 통치 철학의 등장 배경은?
> ○ 전쟁으로 인한 비참한 상황 ·········· ①
> ○ 통일에 의한 평화 기대 ·········· ②
> 질문 2. 한비자 통치 철학의 실현 방안은?
> ○ '법', '세', '술' ·········· ③
> 질문 3. 한비자 통치 철학의 역사적 평가는?
> ○ 강력한 중앙 집권 체제에 기여 ·········· ④
> ○ 부국강병을 이루지 못한 한계 ·········· ⑤

2 ㉠, ㉡을 비교한 것으로 적절한 것은?

① ㉠과 달리 ㉡은 인간의 본성 안에 사사로움이 있다고 생각했다.

② ㉠과 달리 ㉡은 예를 통한 인간의 교화 가능성을 인정하지 않았다.

③ ㉡과 달리 ㉠은 인간의 본성이 절대 변하지 않는다고 판단했다.

④ ㉡과 달리 ㉠은 성악설을 바탕으로 한 예치를 통치 철학으로 설정했다.

⑤ ㉠과 ㉡ 모두 엄격한 법 적용의 필요성을 주장했다.

3 윗글을 읽고 〈보기〉를 이해한 것으로 가장 적절한 것은?

> ─〔보기〕
> 『삼국지』로 배우는 고사성어
> ### 읍참마속(泣斬馬謖)
> 삼국의 운명을 결정하는 전쟁에서 왕의 명을 받은 제갈량이 위나라를 공격할 무렵의 일이었다. 위나라는 사마의를 보내 방어하도록 하였다. 이에 제갈량이 매우 아끼던 장수 마속이 출정을 자원하면서, 실패하면 목숨을 내놓겠다고 했다. 제갈량은 마속에게 평지에 진을 치라는 명령을 내렸지만 마속은 이를 어기고 산에 진을 쳤다가 대패했다. 제갈량은 눈물을 머금고 군령을 어긴 마속을 처형할 수밖에 없었다. 제갈량의 결정은 엄격한 군율이 살아 있음을 전군에 알리기 위한 선택이었다.

① 제갈량이 마속을 처형한 것은 '법'을 적용한 것이겠군.

② 제갈량이 위나라를 공격한 것은 '법'을 적용한 것이겠군.

③ 제갈량이 마속을 매우 아낀 것은 '세'를 활용한 것이겠군.

④ 제갈량이 평지에 진을 치라는 명령을 내린 것은 '술'을 적용한 것이겠군.

⑤ 제갈량의 공격을 받은 위나라가 사마의를 통해 방어한 것은 '술'을 적용한 것이겠군.

4 윗글을 바탕으로, 한비자가 말한 '법'을 만드는 목적을 한 문장으로 쓰시오.

>> 다음 어휘의 뜻을 확인하고, 학습한 어휘에 ☑ 표시를 하시오.

☐ 관대 寬 너그러울 관 大 클 대	마음이 너그럽고 큼. 예 선생님은 우리들의 실수를 관대하게 용서해 주셨다.	☐ 집대성 集 모을 집 大 클 대 成 이룰 성	여러 가지를 모아 하나의 체계를 이루어 완성함. 예 그간의 연구 활동을 집대성하는 책을 펴냈다.
☐ 절대적 絶 끊을 절 對 대할 대 的 과녁 적	1. 아무런 조건이나 제약이 붙지 아니하는 것. 2. 비교하거나 상대될 만한 것이 없는 것. 예 군대에서 지휘관의 명령은 절대적이다.	☐ 교화 教 가르칠 교 化 될 화	가르치고 이끌어서 좋은 방향으로 나아가게 함. 예 징벌의 목적은 교화에 있다.
☐ 거론 擧 들 거 論 논할 론	어떤 사항을 논제로 삼아 제기하거나 논의함. 예 내 실수가 거론되자 얼굴을 들 수 없었다.	☐ 융통성 融 녹을 융 通 통할 통 性 성품 성	그때그때의 사정과 형편을 보아 일을 처리하는 재주. 예 그는 원칙만을 강조하는 융통성 없는 사람이다.
☐ 면박 面 낯 면 駁 논박할 만	면전에서 꾸짖거나 나무람. 예 약속 시간에 늦어 면박을 당했다.	☐ 각축 角 뿔 각 逐 쫓을 축	서로 이기려고 다투며 덤벼듦. 예 10개 팀이 우승을 놓고 각축을 벌였다.
☐ 배후 背 등 배 後 뒤 후	어떤 일의 드러나지 않은 이면. 예 이 일의 배후에는 음모가 있다.	☐ 채택 採 캘 채 擇 가릴 택	작품, 의견, 제도 따위를 골라서 다루거나 뽑아 씀. 예 변호인은 검찰 측의 증인 채택에 반발했다.

확인 문제

1 문맥을 고려하여, 다음 문장의 괄호 안에 들어갈 알맞은 어휘를 고르시오.

(1) 자신에게는 (관대 / 관철)하면서 남에게만 엄격한 태도를 반성하자.

(2) 지난 회의에서 결정된 사안은 더 이상 (거론 / 결론)의 여지가 없다.

(3) 경찰은 피싱 사기로 체포된 이들의 (배치 / 배후) 조직을 쫓고 있다.

(4) 이 게임의 올림픽 정식 종목 (채택 / 취사) 여부가 관심을 끌고 있다.

2 다음 빈칸에 들어갈 알맞은 어휘를 괄호 안의 초성을 참고하여 쓰시오.

(1) 아이에게는 부모의 보살핌이 (ㅈㄷㅈ →   )으로 필요하다.

(2) 상황에 따라 계획을 적절히 수정하는 (ㅇㅌㅅ →   )이 요구된다.

(3) 성리학은 주희에 의해 (ㅈㄷㅅ →   )되었기에 주자학이라고도 부른다.

3 다음의 밑줄 친 어휘와 바꿔 쓰기에 가장 적절한 어휘를 〈보기〉에서 찾아 쓰시오.

┌─ 보기 ─────────────────────┐
     각축   교화   면박
└──────────────────────────┘

(1) 잘못은 했지만 심하게 타박을 당하니 반발심이 들었다.

(   )

(2) '훈민가'는 백성들을 계도(啓導)할 목적으로 쓴 시조이다.

(   )

(3) 한강 유역은 고구려·백제·신라가 경쟁(競爭)을 벌이던 곳이다.

(   )

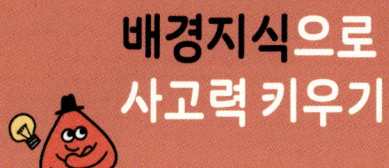

교과서에서
찾는
배경지식

음악의 구성 요소

  음악은 소리를 통해 우리의 감정과 생각을 표현하는 예술로, 음악의 구성 요소에는 박자와 음정 등이 있다. 먼저 박자는 기준 박이 되는 음표가 모여서 음악적인 시간을 구성하는 기본 단위이다. 〈그림 1〉의 숫자 4는 기준 박이며, 숫자 3은 한 마디 안의 박의 수를 의미한다. 음정은 두 음 사이의 간격으로, 단위는 '도'로 표시한다. 〈그림 1〉에서 (가)의 두 음은 같은 위치에 있으므로 1도 음정 관계이며, (나)의 '도'와 '솔'은 5도 음정 관계이다.

  한편 음정과 두 음은 동시에 또는 약간의 시간 차이를 두고 울리는데, 동시에 울리는 음정은 화성적 음정, 이어서 울리는 음정은 선율적 음정이라고 한다. 〈그림 2〉에서 (다)는 동시에 두 음이 수직적으로 쌓여 소리 나는 화성적 음정이고, (라)는 수평적인 음의 배열로 연속해서 소리가 울리는 선율적 음정이다.

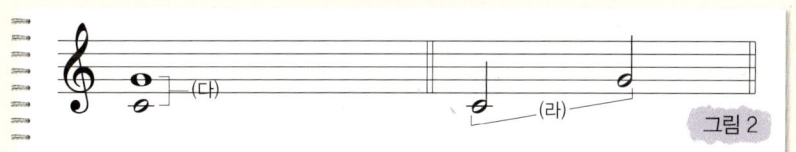

| 교과 연계 | 중학교 음악 ①_음악의 기초

논술형
문제

다음 ㉮, ㉯ 악보를 보고, 두 악보의 음정에 나타난 차이점에 대해 '수평적', '수직적'이라는 단어를 사용하여 서술하시오.

[1-2] 다음 글을 읽고 물음에 답하시오.

(가) 추상 표현주의는 1940~50년대 나치를 피해 유럽에서 미국으로 건너온 화가들의 영향을 받아 ⓐ성립된 회화 사조이다. 추상 표현주의 작가들은 세계 대전의 참혹한 전쟁을 일으키게 한 이성에 대한 회의를 바탕으로 화가의 감정과 본능을 추상의 방법으로 표현하였다. 그들은 자유로운 기법과 행위 자체에 중점을 둔 제작 방법을 통해 화가 개인의 감정을 나타내고자 하였다.

(나) 이러한 추상 표현주의를 대표하는 화가로 잭슨 폴록을 들 수 있다. 그는 회화에 어떤 의미를 담아야 한다는 회화적 관습을 과감하게 ⓑ탈피하여 개인의 근원적이고 자유로운 무의식의 세계를 표현하려고 했다. 형태를 알아볼 수 있도록 그려야 한다는 사고를 ⓒ초월하여 마음껏 자신의 내면세계를 표현하고자 했던 것이다. 특히, 지각이 가능한 대상을 표현하지 않음으로써 그림에서 어떤 구체적 형상을 떠올리기 어렵게 만들었다. 그는 그림을 대상의 본질이나 의미를 전달하는 매개체로 인식하지 않고 그림을 그린다는 행위 자체에 절대 가치를 ⓓ부여하였다.

(다) 폴록은 드리핑 작업에서 특정한 부분에 초점을 맞추지 않고 상하 구별이 없이 화면 전체를 ⓔ균일하게 그리는 전면 회화(All Over)를 구사했다. 그럼으로써 화면과 벽면으로 구별되는 액자 형태의 그림과 달리 그림의 상하좌우를 규정짓는 구도를 약화시키고, 입체감이나 공간감을 통해 형성될 수 있는 어떤 관념도 ㉠배제했던 것이다.

1 ㉠의 사전적 의미로 가장 적절한 것은?

① 받아들이지 아니하고 물리쳐 제외함.
② 서로 반대로 되어 어그러지거나 어긋남.
③ 사물의 옳고 그름이나 좋고 나쁨을 가림.
④ 두 사실이 이치상 어긋나서 서로 맞지 않음.
⑤ 일정한 한도를 정하거나 그 한도를 넘지 못하게 막음.

2 문맥상 ⓐ~ⓔ와 바꿔 쓰기에 적절하지 <u>않은</u> 것은?

① ⓐ: 이루어진
② ⓑ: 벗어나
③ ⓒ: 뛰어넘어
④ ⓓ: 보였다
⑤ ⓔ: 고르게

[3-4] 다음 글을 읽고 물음에 답하시오.

'법'이란 군주가 신하를 포함한 백성을 통제하는 공개적이고 구체적인 규칙으로, 형법적 측면이 강하며 군주로부터 권위를 부여받은 신하가 ⓐ집행한다. '법'은 '세'를 바탕으로 군주를 제외한 어느 누구에게도 예외 없이 적용되어야 한다. 이때 '세'란 군주라는 자리가 가진 절대적 ⓑ권위를 의미한다. 그리고 '술'이란 군주가 신하들을 지배하는 방법으로, 평소 신하들의 언행에 대한 정보를 수집하여 가슴속에 넣어 두고 활용하는 것이다. '술'이 효과를 ㉠거두기 위해서는 신하들이 '술'을 눈치채지 못하게 하는 것이 중요하다. 한비자는 군주가 '법', '세', '술'의 세 가지로 다스려야 국가가 부강해진다고 보았다.

한비자의 이러한 통치 철학은 스승인 순자가 주장한 성악설의 영향을 받은 것이다. 순자는 인간의 본성은 동물과 다를 바가 없지만, 인간은 생각할 수 있는 '려(慮)'를 가지고 있다고 보았다. 그래서 '예(禮)'를 ⓒ주입하면 선한 행동을 할 수 있다며 '예치(禮治)'를 주장했다. 한비자도 인간의 본성에 대해서는 순자와 동일하게 생각했지만, 인간의 본성은 변할 리가 없다며 '교화 가능성'을 부정했다. 그 때문에 인간의 본성 안에 들어 있는 사사로움을 찾아내어 '법'으로 엄히 다스려야 한다고 주장했다.

한비자의 사상은 진나라가 중국 최초의 통일 국가가 되는 데 크게 ⓓ기여를 하였다. 하지만 진나라는 너무 융통성 없이 '법'을 적용해 일찍 ⓔ몰락하게 되었다.

3 밑줄 친 말이 ㉠의 문맥적 의미와 가장 가까운 것은?

① 심각한 분위기에 웃음을 거두었다.
② 손님이 없어서 좌판을 일찍 거두었다.
③ 어머니는 많은 식구를 거두느라 늘 바빴다.
④ 저에 대한 걱정은 거두어 주시기 바랍니다.
⑤ 우리 학교 축구부가 대회에 나가 우승을 거두었다.

4 ⓐ~ⓔ의 문맥적 의미를 활용하여 만든 문장으로 적절하지 <u>않은</u> 것은?

① ⓐ: 공무를 집행하던 경찰을 폭행한 시민이 붙잡혔다.
② ⓑ: 노벨상은 세계에서 가장 권위 있는 상 중 하나이다.
③ ⓒ: 스마트 홈은 첨단 정보 통신 기술을 주입한 주택이다.
④ ⓓ: 봉사 활동으로 아름다운 세상 만들기에 기여할 수 있다.
⑤ ⓔ: 로마가 몰락한 데는 내부의 적이 더 큰 영향을 미쳤다.

2주

비문학 독해

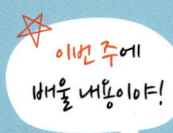
이번 주에 배울 내용이야!

태아의 호흡과 몸의 변화

{ 모르는 어휘에 ☑ 표시를 하고, 표시한 어휘에 주목하여 지문을 읽어 보시오.

☐ 소수   ☐ 배출   ☐ 반발력   ☐ 전환   ☐ 순환

>> 한 문장으로 요약하기

❶ 문단 :

❷ 문단 :

❸ 문단 :

❹ 문단 :

❺ 문단 :

　폐를 통해 산소를 받아들이는 어른과 달리 태아는 태반과 연결된 탯줄을 통해 산소를 받아들인다. 태반의 산소 농도가 낮은데도 태아가 산소를 얻을 수 있는 것은 ㉠'태아형 적혈구' 때문이다. 태아형 적혈구는 산소 농도가 낮은 곳에서도 산소를 받아들이기 쉬운 성질을 가졌다. 이렇게 태반 호흡을 하던 태아가 출생 순간부터 어떻게 폐 호흡을 시작할 수 있을까?

　폐 호흡을 하지 않는 태아의 폐 세포, 즉 폐포(肺胞)는 ㉡폐 서팩턴트라는 분자가 포함된 폐수(肺水)로 가득 차 있다. 이 분자는 물을 튕겨 내는 소수 부분과 물과 친한 친수 부분을 모두 갖고 있다.

　태아가 출생하면서 압력을 받으면 절반 정도의 폐수가 기도를 통해 입으로 배출되며, 첫울음을 울 때 나머지 폐수가 모세 혈관 등으로 밀려난다. 폐수가 제거된 폐포는 풍선과 같아 자연스럽게 줄어들려고 한다. 그러나 폐 서팩턴트˙가 친수 부분을 폐포 쪽으로, 소수 부분을 공기 쪽으로 향한 채 폐포의 안쪽 벽을 둘러싼다. 이때 각 분자의 친수 부분 사이에 서로 전기적인 반발력이 형성되어, 이 힘에 의해 폐포가 찌부러지지 않고 성공적으로 폐 호흡을 할 수 있게 된다.

　폐 호흡이 시작되면서 태아의 심장에는 큰 변화가 일어난다. 태아의 심장은 어른의 심장과 달리 우심방에서 좌심방으로 통하는 '난원공'이라는 문이 열려 있다. 그리고 심장과 폐를 연결하는 혈관에는 태반으로 흐르는 대동맥과 통하는 관이 있다. 이를 동맥관이라 하는데, 심장에서 폐로 가는 혈액을 태반으로 보내는 역할을 한다. 그런데 폐 호흡의 시작과 함께 난원공이 닫히고, 동맥관도 서서히 수축하여 결국 막히면서 어른의 혈액 순환과 같은 방식으로 전환된다.

　어른의 혈액은 좌심실에서 대동맥을 통해 몸 전체로 흐른 뒤 우심방으로 들어온다. 우심방으로 들어온 혈액은 우심실을 거쳐 폐로 이동해서 산소를 받고, 좌심방으로 들어온 후 다시 좌심실로 간다. 그러나 태아는 폐 호흡을 하지 않기 때문에 어른과 다른 혈액 순환이 일어난다. 좌심실에서 대동맥을 타고 나간 혈액은 상반신으로 흐른 뒤 우심실로 들어온다. 이 혈액은 산소를 얻기 위해 동맥관을 통해 태반으로 이동한다. 태반에서 산소를 얻은 혈액은 우심방으로 들어온 후 난원공을 거쳐 좌심방, 좌심실로 이동한다. 결국 난원공과 동맥관은 태반 호흡 때문에 존재하는 것이며 폐 호흡이 시작되면 이들은 기능을 잃어 닫히는 것이다.

• 폐 서팩턴트: 폐수 속에 포함된 분자의 일종인 계면 활성제.

1 윗글의 표제와 부제로 가장 적절한 것은?

① 태아와 엄마의 동행
  – 폐와 심장의 구조를 중심으로
② 끝없는 심장의 진화
  – 혈액 성분의 변화를 중심으로
③ 혈액이 들려주는 생명 이야기
  – 태아형 적혈구의 기능을 중심으로
④ 신생아의 놀라운 적응력
  – 호흡과 심장 구조의 변화를 중심으로
⑤ 생존을 위한 인체의 신비
  – 혈액의 생성 원리와 이동 과정을 중심으로

2 ㉠과 ㉡에 대한 설명으로 적절하지 않은 것은?

① ㉠은 산소 농도가 낮은 곳에서도 산소를 잘 받아들인다.
② ㉠은 태아가 출생하면서 모세 혈관으로 밀려난다.
③ ㉡은 폐포가 찌부러지지 않도록 도와준다.
④ ㉡은 친수 부분과 소수 부분을 모두 갖고 있다.
⑤ ㉠은 태반 호흡에, ㉡은 폐 호흡에 관여한다.

3 〈보기〉는 태아의 혈액 순환과 관련된 기관을 도식화한 것이다. 윗글을 참고할 때, ⓐ~ⓓ에 대한 설명으로 적절하지 않은 것은?

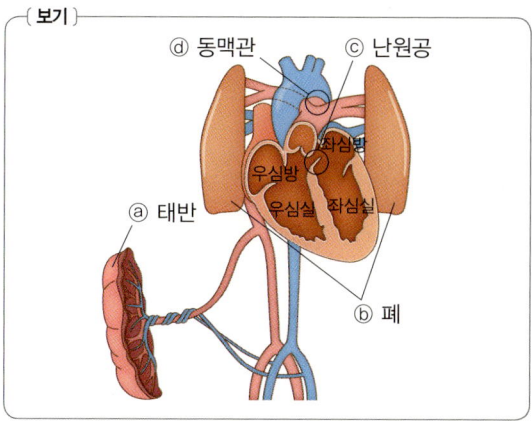

① ⓐ는 어른의 폐와 같이 혈액에 산소를 공급하는 기능을 한다.
② ⓒ, ⓓ 모두 태아가 출생하여 폐 호흡을 하게 되면 그 기능을 상실한다.
③ ⓓ는 우심실로 들어온 혈액을 ⓐ로 내보내는 역할을 한다.
④ 우심방으로 들어온 혈액은 ⓒ를 거쳐 좌심방으로 이동한다.
⑤ ⓑ가 활성화된 후 ⓓ가 ⓒ보다 더 빨리 변화를 일으킨다.

4 윗글에 나타난 어른과 태아의 혈액 순환 과정을 다음과 같이 정리할 때, 빈칸에 들어갈 내용을 차례대로 쓰시오.

- 어른의 혈액 순환 과정: 좌심실 → 대동맥 → 몸 전체 → (   ) → 우심실 → (   ), 산소 공급 → 좌심방 → 좌심실
- 태아의 혈액 순환 과정: 좌심실 → 대동맥 → 상반신 → 우심실 → 동맥관 → (   ), 산소 공급 → 우심방 → (   ) → 좌심방, 좌심실

자아실현의 두 가지 요인

| 교과 연계 |
중학교 도덕 ①_행복한 삶과 자아실현

모르는 어휘에 ☑ 표시를 하고, 표시한 어휘에 주목하여 지문을 읽어 보시오.

☐ 위계질서　　☐ 영위　　☐ 전도　　☐ 소신　　☐ 병폐

» 한 문장으로 요약하기

❶ 문단 :

❷ 문단 :

❸ 문단 :

❹ 문단 :

❺ 문단 :

　소크라테스는 "성찰되지 않은 인생은 살 가치가 없다."라고 했다. 우리의 삶을 성찰해 볼 때, 삶은 단순히 생존하는 데 불과한 것이 아니라 실존하는 것이다. 다시 말해서, 인간의 삶은 자아를 실현하고 각자의 인생을 창조하는 것이다.

　이렇게 삶을 자아실현의 활동으로 볼 때, 자아실현의 성패(成敗)를 좌우하는 중요한 요인으로 두 가지를 들 수 있다. 그 하나는 가치관이며, 다른 하나는 독립성이다. 가치관이란 가치의 올바른 위계질서를 말하며, 독립성이란 인격의 주체적 독립성을 말한다. 이제 이 두 가지 문제를 좀 더 구체적으로 살펴보기로 하자.

　가치에는 물질적 가치와 정신적 가치가 있다. 물질적 가치는 인간의 생존을 유지하는 토대가 되고, 정신적 가치는 인간의 실존을 확보해 주는 토대가 된다. 이런 점에서 인간은 이 두 가지 가치를 모두 필요로 하지만, 그 두 가치가 올바른 질서를 유지할 때 인간다운 삶을 영위할 수 있으며, 사회와 문화가 건전하게 번영할 수 있다. 그렇지 못하고 질서가 거꾸로 될 때 개인의 삶은 불행해지고, 사회와 문화는 타락하고 부패하게 된다.

　그러면 가치의 올바른 위계질서란 어떤 것인가? 그것은 정신적 가치가 상위를 차지하고 물질적 가치가 그 밑에 속하는 질서이다. 이와는 반대로, 물질적 가치가 상위를 차지하고 정신적 가치가 망각되거나 또는 무시되어 버리고 말 때, 쾌락주의와 향락주의가 삶을 지배하고, 그 결과 타락과 부패가 실존적 삶과 사회를 위협하게 된다. 오늘날 우리 사회를 위협하고 있는 근원적 원인은 바로 이 같은 가치 전도(顚倒)이며, 그로 인해 초래된 과소비 및 타락과 부패이다. 따라서 지금 우리 사회에서 시급하게 요청되는 것은 올바른 가치관의 수립이다. 이를 위해서 가정, 학교, 정부 등 전 사회가 최선의 노력을 기울여야 한다.

　또한 우리 사회는 독립성의 결여, 다시 말해서 자신의 소신과 원칙에 의해서 자신의 삶을 선택할 수 있는 주체성의 부재라는 문제도 가지고 있다. 너무나 많은 사람들이 사회와 그 분위기에 순응하기만 할 뿐, 자신의 신념대로 행동하지 못한다. 다른 사람의 눈치만 살필 뿐, 자신에게는 충실하지 못하다. 자극에 반응하는 자아만이 있지 자율적으로 행동하는 자아는 없다. 우리가 이러한 병폐에서 벗어나기 위해서는 주체적 독립성을 회복하고 자각적인 삶을 영위해야 한다.

1 윗글을 통해 알 수 있는 것은?

① 독립성이 결여되면 자신의 소신대로 행동하기 어렵다.

② 현대 사회로 오면서 가치의 전도 현상이 나타나기 시작했다.

③ 소크라테스는 성찰을 통해 자아를 실현할 수 있음을 강조했다.

④ 자신의 신념을 좇는 삶은 다른 사람과의 갈등을 초래하기 쉽다.

⑤ 자아를 실현하기 위해 노력하는 사람들이 우리 사회에 늘어나고 있다.

2 윗글을 쓴 의도를 추리한 것으로 가장 적절한 것은?

① 개인과 사회의 올바른 관계를 살펴서 양자의 조화를 꾀하기 위하여

② 모범적인 사례를 분석하여 바람직한 사회의 모습을 제시하기 위하여

③ 우리 사회가 장차 직면할 문제 상황을 예견하고 이를 예방하기 위하여

④ 우리 사회가 안고 있는 문제점을 진단하고 그 해결책을 모색하기 위하여

⑤ 우리 사회에 잘못 알려진 통념을 바로잡아 건전한 가치관을 정립하기 위하여

3 윗글을 바탕으로 〈보기〉를 이해한 내용으로 적절하지 않은 것은?

〔보기〕

프롬에 의하면 인간에게는 두 가지 종류의 욕구가 있다. 하나는 생존적 욕구요, 다른 하나는 초생존적 욕구이다. 생존적 욕구에는 식욕, 수면욕 등이 속하고, 초생존적 욕구에는 심미적 욕구와 사랑·자유·창조에 대한 욕구 등이 속한다. 프롬에 따르면 생존적 욕구는 인간이 생존하는 데 필요하지만, 이것만으로는 인간의 자아실현, 즉 실존이 가능하지 못하다. 따라서 인간의 실존을 위해서는 초생존적 욕구가 반드시 필요하다.

① 생존적 욕구는 물질적 가치와, 초생존적 욕구는 정신적 가치와 연결된다.

② 개인이 각자의 독립성을 유지하기 위해서는 생존적 욕구보다 초생존적 욕구를 우선시해야 한다.

③ 인간이 자아를 실현하는 실존적 삶을 영위하려면 초생존적 욕구를 충족시키기 위해 노력해야 한다.

④ 생존적 욕구를 추구하는 데만 전념하다 보면 개인의 삶뿐만 아니라 사회 전체도 불행에 빠지게 된다.

⑤ 초생존적 욕구를 생존적 욕구의 상위에 두는 가치관의 위계질서가 확립되지 않으면 자아실현이 어려워진다.

4 윗글에서 다음 설명에 해당하는 내용을 찾아 쓰시오.

인간에게 필요한 두 가치인 물질적 가치와 정신적 가치가 올바른 질서를 유지하지 못하고 거꾸로 된 상황으로, 오늘날 우리 사회를 위협하고 있는 근원적 원인이다. 이로 인해 과소비 및 타락과 부패와 같은 현상이 초래되고 있다.

>> 다음 어휘의 뜻을 확인하고, 학습한 어휘에 ☑ 표시를 하시오.

☐ 소수 疏 소통할 소 水 물 수	물과 접촉을 피하려는 것. 예 '소수'의 성질을 북한어로는 '물꺼림성'이라고 한다.	☐ 위계질서 位 자리 위 階 섬돌 계 秩 차례 질 序 차례 서	관등(官等)이나 직책의 상하 관계에서 마땅히 있어야 하는 차례와 순서. 예 군대에서는 위계질서를 따르는 것이 엄격하게 요구된다.
☐ 배출 排 밀칠 배 出 날 출	안에서 밖으로 밀어 내보냄. 예 재활용 쓰레기는 일반 쓰레기와 분리 배출해야 한다.	☐ 영위 營 경영할 영 爲 할 위	일을 꾸려 나감. 예 누구나 노동을 해야 생활을 영위해 나갈 수 있다.
☐ 반발력 反 돌이킬 반 撥 다스릴 발 力 힘 력	두 물체 사이에 더 멀어지는 방향으로 작용하는 힘. 예 같은 부호를 가지는 두 전하 사이에는 반발력이 작용한다.	☐ 전도 顚 엎드러질 전 倒 넘어질 도	차례, 위치, 이치, 가치관 따위가 뒤바뀌어 원래와 달리 거꾸로 됨. 예 목적과 수단이 전도되지 않도록 해야 한다.
☐ 전환 轉 구를 전 換 바꿀 환	다른 방향이나 상태로 바뀌거나 바꿈. 예 기분 전환을 위해 산책을 했다.	☐ 소신 所 바 소 信 믿을 신	굳게 믿고 있는 바. 또는 생각하는 바. 예 그는 외압에도 소신을 굽히지 않았다.
☐ 순환 循 돌 순 環 고리 환	주기적으로 자꾸 되풀이하여 돎. 예 물은 바다와 땅, 대기권 사이에서 끊임없이 순환한다.	☐ 병폐 病 병 병 弊 폐단 폐	병통(깊이 뿌리박힌 잘못)과 폐단(어떤 일에서 나타나는 옳지 못한 경향)을 아울러 이르는 말. 예 물질주의는 산업화 시대의 주요 병폐이다.

확인문제

1 다음의 밑줄 친 어휘와 바꿔 쓰기에 가장 적절한 어휘를 〈보기〉에서 찾아 쓰시오.

┌─〈 보기 〉──────────────────────┐
│　　　배출　　　　　병폐　　　　　소신　　　│
└──────────────────────────────┘

(1) 자동차는 대기 중으로 많은 오염 물질을 방출(放出)한다.
　　　　　　　　　　　　　　(　　　　　　)

(2) 많은 이들이 자신의 신념(信念)을 지키기 위해 싸우다 목숨을 잃었다.
　　　　　　　(　　　　　　)

(3) 후보자는 우리 사회의 부정부패로 인한 폐해(弊害)를 뿌리 뽑겠다고 강조했다.
　　　　　　　　　(　　　　　　)

2 다음 빈칸에 들어갈 알맞은 어휘를 괄호 안의 초성을 참고하여 쓰시오.

(1) 물과 친화력이 적은 것을 '(ㅅㅅ → 　　　　)', 반대를 '친수'라고 한다.

(2) 두 물체가 서로 밀어내는 힘을 '척력' 또는 '(ㅂㅂㄹ → 　　　　)'이라고 한다.

(3) 이 회사는 (ㅇㄱㅈㅅ → 　　　　)에서 벗어난 개방적, 수평적 조직 문화를 지향한다.

3 다음 문장의 문맥을 고려하여, 괄호 안에 들어갈 알맞은 어휘를 고르시오.

(1) 전기 에너지는 열에너지와 빛 에너지로 (전환 / 반환)된다.

(2) 손발이 저릴 땐 혈액 (교환 / 순환)을 돕는 체조를 하는 게 좋다.

(3) 인간다운 삶을 (영위 / 구사)하기 위해서는 건강이 필수적이다.

(4) 개발을 위해 환경 파괴를 일삼는 것은 본말을 (전도 / 전시)하는 행위이다.

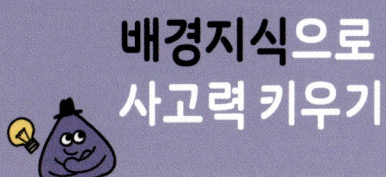
배경지식으로
사고력 키우기

교과서에서
찾는
배경지식

호흡 운동과 폐포의 역할

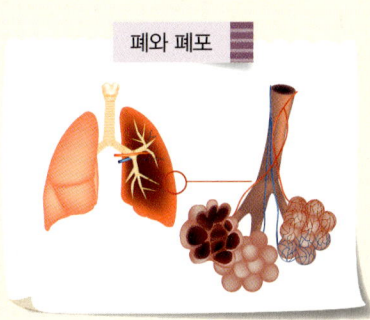

폐와 폐포

인체에서 호흡 운동은 어떻게 이루어질까? 호흡 기관인 폐는 갈비뼈와 가로막으로 둘러싸여 있으며, 갈비뼈와 가로막의 움직임에 따라 그 크기가 변한다. 즉, 숨을 들이쉴 때(들숨)에는 가로막이 내려가고 갈비뼈가 올라가면서 흉강의 부피가 커지는데, 이에 따라 폐의 부피도 커지고, 폐 내부의 압력이 대기압보다 낮아져 공기가 몸 밖에서 폐 안으로 들어온다. 숨을 내쉴 때(날숨)에는 가로막이 올라가고 갈비뼈가 내려가면서 흉강과 폐의 부피가 작아지고, 폐 내부의 압력이 대기압보다 높아져 공기가 폐 안에서 몸 밖으로 나간다.

숨을 들이쉬면 공기가 콧속을 지나 기관과 기관지를 거쳐 폐 속의 폐포로 들어가는데, 폐포를 둘러싼 모세 혈관과 폐포 사이에서 산소와 이산화 탄소가 교환된다. 산소는 폐포에서 모세 혈관으로, 이산화 탄소는 모세 혈관에서 폐포로 이동하여 결과적으로 혈액에 산소가 많아지고, 이산화 탄소는 적어진다. |교과 연계| **중학교 과학 ②_호흡과 배설**

논술형
문제

다음은 고무풍선을 사용하여 호흡 운동 모형을 만드는 과정이다. 완성된 모형에서 고무 막을 잡아당겼을 때 모형의 컵 안 공간과 고무풍선의 부피에 나타나는 변화를 설명해 보고, 이 변화가 들숨과 날숨 중 어느 것과 공통점이 있는지 서술하시오.

① 송곳으로 플라스틱 컵 바닥에 구멍을 뚫는다.

② 구부러지는 빨대 2개를 테이프로 붙이고, 빨대 끝에 고무풍선을 끼운다.

③ ②의 빨대를 ①의 플라스틱 컵에 끼우고 고무찰흙으로 빨대 주위에 공기가 새지 않게 막은 뒤, 큰 고무풍선을 잘라 플라스틱 컵에 씌워 고무 막을 만든다.

④ 완성된 모형의 고무 막을 아래로 잡아당긴다.

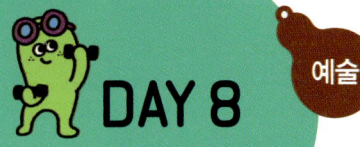

DAY 8 예술

신라 범종의 조형 양식

| 교과 연계 |
중학교 미술 ②_우리나라 미술의 변천

모르는 어휘에 ☑ 표시를 하고, 표시한 어휘에 주목하여 지문을 읽어 보시오.

☐ 전형적   ☐ 양식   ☐ 주조   ☐ 계승   ☐ 쇠퇴

>> 한 문장으로 요약하기

❶ 문단 :

❷ 문단 :

❸ 문단 :

❹ 문단 :

❺ 문단 :

절에서 시간을 알리거나 의식을 행할 때 쓰이는 종을 '범종'이라고 한다. 범종은 불교가 중국에 유입되면서 나타나 우리나라와 일본으로 퍼져 나갔다. 우리나라 범종의 전형적인 조형 양식은 신라에서 완성되었다. 신라에서는 독창적이고 섬세한 조형 양식을 지닌 대형 종을 주조하였는데, 이는 중국이나 일본에서는 만들기 어려운 것이었다. 이러한 종의 조형 양식은 조선 초기를 기점으로 한 ⊙큰 변화 전까지 후대의 범종으로 계승되었다.

신라 종의 몸체는 항아리를 거꾸로 세워 놓은 것과 비슷하게 가운데가 불룩하게 튀어나온 모습이다. 이와 달리 중국 종은 몸체의 하부가 팔(八) 자로 벌어져 있으며, 일본 종은 수직 원통형으로 되어 있다. 범종의 정상부에는 종을 매다는 용 모양의 고리인 '용뉴'가 있는데, 신라 종의 용뉴는 쌍용 형태인 중국 종이나 일본 종과 달리 한 마리 용의 모습을 하고 있다. 그리고 우리나라의 범종에만 용뉴 뒤에 음통이 있다.

신라의 범종에는 섬세한 문양들이 장식되어 있어 중국, 일본 종과 차이를 보인다. 신라 종의 상부와 하부에는 각각 상대와 하대라고 부르는 같은 크기의 문양 띠가 있으며, 불교적 상징물이 장식되어 있다. 상대 바로 아래 네 방향에는 사다리꼴의 '유곽'이 있으며 그 안에 연꽃 봉우리 형상의 유두가 9개씩 있어, 단순한 꼭지 형상의 유두가 있는 일본 종이나 유두와 유곽 모두 존재하지 않는 중국 종과 차이를 보인다. 그리고 가장 불룩하게 튀어나온 종의 정점부에는 당좌(撞座)가 있으며, 이 당좌 사이에는 천인상(天人像)이 장식되어 있어 가로 세로의 띠만 있는 일본 종과 차이가 있다.

고려 시대에는 신라 종의 조형 양식이 미약한 변화 속에서 계승된다. 전기에는 상대와 접하는 종의 상판 둘레에 견대라 불리는 어깨 문양의 장식이 추가되고 유곽과 당좌의 위치가 달라지며, 천인상만 부조되어 있던 자리에 삼존불 등이 함께 나타난다. 그리고 고려 후기로 가면 전기 양식의 견대가 연꽃을 세운 모양으로 변하고, 원나라의 침입 이후 글자 문양 등의 장식이 나타난다. 한편, 범종이 소형화되어 대형 종의 주조 공법은 사라지게 된다.

조선 초기에는 다시 대형 종이 주조되는데, 이때 신라의 주조 공법을 대신하여 중국 종의 공법을 도입한다. 그러면서 중국 종처럼 음통이 없이 쌍용으로 된 용뉴가 등장하며, 당좌가 사라지고, 신라 종의 장식 대신 중국 종의 장식들이 나타난다. 이후 불교 억제 정책에 따라 한동안 범종 제작이 통제되었고, 16세기에 소형 종이 주조되면서 신라 종의 조형 양식이 다시 나타난다. 그 후 여러 양식이 나타나다가 우리나라의 범종은 쇠퇴기에 접어들게 된다.

1 윗글의 내용과 일치하지 <u>않는</u> 것은?

① 고려 시대까지 우리나라의 범종은 외국의 영향을 받지 않으며 신라 종의 조형 양식을 계승하였다.

② 신라 종의 상부와 하부에는 불교적 상징물이 장식되어 있는 동일한 크기의 문양 띠가 있다.

③ 신라 시대부터 범종에 장식되어 있었던 당좌는 조선 시대에 들어와 사라지기도 하였다.

④ 우리나라와 일본에서 범종이 만들어진 것은 중국에서 불교가 전파된 것과 관련이 있다.

⑤ 신라에서는 중국이나 일본과는 다른 주조 공법으로 대형 종을 주조하였다.

2 ㉠이 나타나게 된 이유로 가장 적절한 것은?

① 조선 시대에 불교를 억제하는 정책을 펴면서 범종 제작이 통제되었기 때문이다.

② 고려 시대에 종이 소형화되면서 신라 종의 조형 양식이 전승되지 못했기 때문이다.

③ 중국 종의 주조 공법으로 대형 종을 만들면서 중국 종의 조형 양식을 따르게 되었기 때문이다.

④ 16세기에 범종을 주조할 때 신라 종의 조형 양식을 복원하는 데 한계가 있었기 때문이다.

⑤ 조선 초기에 대형 종을 주조하면서 섬세한 조형 양식을 지닌 신라 종을 따르고자 했기 때문이다.

3 〈보기〉는 신라 시대에 만들어진 범종의 그림이다. 이 범종의 ⓐ~ⓔ와 관련된 설명으로 적절하지 <u>않은</u> 것은?

① 용이 한 마리인 형태의 ⓐ는 쌍용 형태인 중국 종이나 일본 종과 차이가 있다.

② ⓑ는 중국 종이나 일본 종에는 존재하지 않는 신라 종의 독특한 조형 양식에 해당한다.

③ 중국 종에는 ⓒ가 존재하지 않고, 일본 종에 존재하는 것은 ⓒ와 형상이 다르다.

④ 일본 종은 신라 종과 달리 ⓓ의 주변에 가로 세로의 띠가 있다.

⑤ 신라 종은 중국 종이나 일본 종과 달리 몸체의 정점부가 ⓔ 부분보다 불룩하게 튀어나와 있다.

4 윗글을 읽은 학생이 다음과 같은 생각을 떠올렸다고 할 때, 빈칸에 공통적으로 들어갈 말을 쓰시오.

> 우리나라의 범종은 ( )와 관계 깊군. 신라 종의 장식에 ( )적 상징물이 나타나는 것이나, 고려 전기의 종에 삼존불과 같은 ( )적 요소가 장식으로 추가된 것은 범종의 종교적 성격을 보여 주고 있어.

집단 지성의 발현

{ 모르는 어휘에 ☑ 표시를 하고, 표시한 어휘에 주목하여 지문을 읽어 보시오.

☐ 간주　　☐ 발현　　☐ 축적　　☐ 고착화　　☐ 혁신

>> 한 문장으로 요약하기

❶ 문단 :

❷ 문단 :

❸ 문단 :

❹ 문단 :

　과거에는 특별한 능력이 있는 우수한 몇몇만이 지식을 생산할 수 있는 것으로 간주되었고, 대중에 의해 생산되는 지식은 인정되지 않았다. 그러나 현대의 지식은 특정인에 의해 완성된 고정적 지식뿐 아니라, 대중의 경험을 바탕으로 생성되고 수정과 보완이 가능한 유연한 지식까지 포함한다. 이처럼 전문가뿐만 아니라 대중도 생활에서 체험한 지식을 서로 공유하면서 지식 생산에 기여하는 것을 '집단 지성'이라 부른다.

　집단 지성은 어떠한 상황에서 등장했을까? 첫째, 대중 교육의 확산으로 신장된 대중의 지성을 신뢰함으로써 발현될 수 있었다. 대중은 집단 지성에 의해 얼마든지 현명한 판단을 내릴 수 있으며, 때로는 소수 전문가의 판단보다는 다수의 판단이 더 정확할 가능성이 높다. 둘째, 지식과 정보가 자유롭게 소통, 교류될 수 있는 기술적 지원으로 가능해졌다. 현대의 대중들은 대부분 웹을 통해 정보를 축적하고 교류한다. 이때 정보의 긍정적 측면은 수용되고, 정보의 부정적 측면은 개인이나 집단에 의해 시정되어 지식의 정확성과 공정성이 강화된다. 이는 ㉠네트워크적 협업 방식을 기반으로 한 지성이 발현되기 때문이다.

　현대 사회에서는 폐쇄적 구조에서 형성된 고착화된 지식이 아니라, 개방적 구조에서 형성된 실제적이고 유용한 지식이 선호된다. 개방적 구조 속에서는 일반 대중도 집단 지성의 협업을 통해 다양한 능력을 발휘한다. 이러한 집단 협업은 개인들의 개별적 능력을 극대화한다. 이렇게 상호 협력 속에서 집단 협업을 통해 생산된 아이디어는 새롭게 진화해 나가며 혁신적인 아이디어 생태계를 구축한다. 영역을 초월한 상태에서 개인은 또 다른 잠재력을 발휘하게 되는 것이다.

　진정한 집단 지성의 발현을 위해서는 참여자 모두 동등한 권력을 가지고 협업할 수 있는 구조가 형성되어야 한다. 전문가라 해서 그들의 의견이 더 경청되거나 중시될 필요는 없다. 일반 대중도 어떤 분야에서는 전문가와 동일한 지식을 생산할 수 있는 존재이다. 서로를 동등한 존재로 여기고 서로의 말을 경청하고 토론할 때, 상호 존중하는 집단 지성의 기본 전제가 형성된다.

1 윗글의 전개 방식으로 가장 적절한 것은?

① 상반된 견해를 종합하며 절충적 대안을 제시하고 있다.
② 문제의 원인을 다양한 관점에서 유형별로 분석하고 있다.
③ 예상되는 반론에 대해 객관적인 자료를 들어 반박하고 있다.
④ 기존 이론의 장점을 부각하여 새 이론의 단점을 보완하고 있다.
⑤ 중심 화제의 등장 배경을 소개하며 글쓴이의 견해를 밝히고 있다.

2 윗글의 내용에 대해 평가한 것으로 가장 적절한 것은?

① 논거의 적절성을 높이기 위해 전문가가 생산한 지식의 우수성을 언급하고 있군.
② 주장의 타당성을 높이기 위해 웹 기술의 발달 과정을 단계적으로 보여 주고 있군.
③ 주장의 공정성을 확보하기 위해 아이디어 생태계의 한계와 전망을 함께 언급하고 있군.
④ 주장의 설득력을 높이기 위해 협업이 가능한 토대와 그것을 통한 발전 가능성을 제시하고 있군.
⑤ 논의를 균형 있게 전개하기 위해 정보의 대량 유통이 사회에 미치는 부정적 영향을 언급하고 있군.

3 ㉠을 〈자료〉의 관점에서 비판한 내용으로 적절하지 않은 것은?

〔자료〕
　관심이나 가치가 유사한 사람들이 모인 온라인 커뮤니티에서는 객관적 정보에 근거하지 않은 생각이나 감정적 표현이 많이 나타난다. 이는 집단 구성원들의 성향이 유사하여 그 집단 내 구성원의 의견에만 동조하거나 그러한 의견에 쏠림 현상이 일어나 극단화되기 쉽기 때문이다. 이렇게 생산된 지식은 정확성과 공정성을 보장할 수 없고 실생활에도 유용하지 않다.

① 집단 지성의 형성 과정에서 구성원들이 감정에 치우칠 경우, 그 집단은 현명한 판단을 내릴 수 없다.
② 집단 지성으로 형성된 지식이 객관적 정보를 바탕으로 하지 않을 경우, 그 지식은 정확한 지식으로 볼 수 없다.
③ 집단 지성을 통한 의사 결정에서 개인이 집단의 의견에 동조될 경우, 사실에 어긋난 정보라도 시정되기 어렵다.
④ 집단 지성에 의한 지식 형성 과정에서 특정 생각에 의견이 쏠릴 경우, 그 지식은 공정한 지식이라 볼 수 없다.
⑤ 집단 지성이 형성되는 과정에서 유사한 생각이 교류되는 경우, 구성원이 새롭게 접한 지식은 공유가 불가능하다.

4 윗글에서 과거와 다른 현대의 지식의 특성으로 제시된 내용을 찾아 그대로 쓰시오.

_____

_____

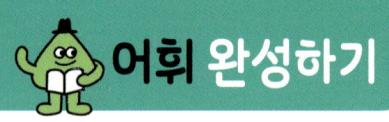
>> 다음 어휘의 뜻을 확인하고, 학습한 어휘에 ☑ 표시를 하시오.

□ 전형적 典 법 전 型 모형 형 的 과녁 적	어떤 부류의 특징을 가장 잘 나타내는 것. 예 홍길동은 전형적인 영웅이다.	□ 간주 看 볼 간 做 지을 주	상태, 모양, 성질 따위가 그와 같다고 봄. 또 는 그렇다고 여김. 예 고양이는 나를 위험한 인물로 간주한 듯 경계했 다.
□ 양식 樣 모양 양 式 법 식	시대나 부류에 따라 각기 독특하게 지니는 문 학, 예술 따위의 형식. 예 로코코 양식은 섬세하면서 우아한 것이 특징이다.	□ 발현 發 필 발 現 나타날 현	속에 있거나 숨은 것이 밖으로 나타나거나 그 렇게 나타나게 함. 예 전염병 증상이 발현되면 즉시 보건소에 연락해야 한다.
□ 주조 鑄 불릴 주 造 지을 조	녹인 쇠붙이를 거푸집에 부어 물건을 만듦. 예 이 종은 구리로 주조한 것이다.	□ 축적 蓄 모을 축 積 쌓을 적	지식, 경험, 자금 따위를 모아서 쌓음. 예 다양한 독서로 지식을 축적했다.
□ 계승 繼 이을 계 承 이을 승	조상의 전통이나 문화유산, 업적 따위를 물려 받아 이어 나감. 예 발해는 고구려를 계승한 나라로 볼 수 있다.	□ 고착화 固 굳을 고 着 붙을 착 化 될 화	어떤 상황이나 현상이 굳어져 변하지 않는 상 태가 됨. 예 남북 분단이 고착화된 지 수십 년이 흘렀다.
□ 쇠퇴 衰 쇠할 쇠 退 물러날 퇴	기세나 상태가 쇠하여 전보다 못하여 감. 예 노화는 기억력의 쇠퇴를 가져온다.	□ 혁신 革 가죽 혁 新 새 신	묵은 풍속, 관습, 조직, 방법 따위를 완전히 바꾸어 새롭게 함. 예 기술 혁신으로 놀라운 신제품을 내놓았다.

확인 문제

1 다음 빈칸에 들어갈 알맞은 어휘를 괄호 안의 초성을 참고하여 쓰시오.

(1) (ㄱㅊㅎ →   )되어 있던 이동 통신 시장에 변화가 일어나고 있다.

(2) 이 매병은 고려 중기 도자기의 (ㅈㅎㅈ →   )인 형태를 보여 준다.

(3) 그는 부당한 방법으로 부를 (ㅊㅈ →   )했다는 의심을 받고 있다.

(4) 이 유물은 고대의 청동기 (ㅈㅈ →   ) 기술을 보여 주어 가치가 높다.

2 다음의 밑줄 친 어휘와 바꿔 쓰기에 가장 적절한 어휘를 〈보기〉에서 찾아 쓰시오.

┌ 보기 ┐
| 계승   쇠퇴   혁신 |

(1) 학생들은 입시 위주 교육 정책의 변혁(變革)을 요구했다.
(   )

(2) 인구 감소에 따라 국력의 쇠잔(衰殘)이 우려되고 있다.
(   )

(3) 우리의 전통문화를 전승(傳承)하고 보존하기 위해 노력해야 한다.
(   )

3 다음 문장의 문맥을 고려하여, 괄호 안에 들어갈 알맞은 어휘를 고르시오.

(1) 석가탑은 신라의 석탑 (공식 / 양식)을 대표하는 작품이다.

(2) 친구의 말실수에 나쁜 뜻은 없었다고 (간주 / 간섭)해 넘어가기로 했다.

(3) 영재 교육을 통해 영재들의 잠재된 가능성을 (발현 / 재현)할 수 있다.

배경지식으로 사고력 키우기

교과서에서 찾는 배경지식

사회 변동과 정보화 시대

현대 사회의 변동 양상은 크게 세 가지로 나누어 볼 수 있다. 먼저, 산업 혁명 이후 공업 중심의 산업 사회로 변화하는 현상인 산업화가 나타나 대량 생산과 대량 소비가 가능해졌다. 그리고 교통과 통신 수단이 발달함에 따라 국경을 넘어 전 세계가 하나의 생활 단위로 통합되어 가는 세계화 현상으로 국가 간 교류가 많아졌다. 이에 따라 세계 여러 나라의 문화를 쉽게 접할 수 있는 것은 물론, 동네 슈퍼마켓에서도 외국에서 생산된 물건을 일상적으로 구할 수 있게 되었다. 마지막으로 정보 통신 기술의 발달로 지식과 정보가 중심이 되어 사회 변화를 이끌어 가는 정보화 현상이 있다.

우리는 컴퓨터나 스마트폰으로 인터넷에 접속하고, 매순간 여러 가지 정보가 매체를 통하여 빠르게 전달된다. 인터넷상 공간은 시간과 공간의 제약을 벗어나 있고, 통신망으로 연결되어 있어 이용자가 전 세계에서 벌어지는 일들을 바로바로 알 수 있다. 또한 나이, 성별, 직업, 인종, 국적 등과 관계없이 다양한 사람들을 만날 수 있다. 뿐만 아니라 자신의 흥미에 따라 원하는 정보를 찾을 수 있고, 어떤 정보를 활용할 것인지 정할 수 있다. 인터넷상 공간에서는 신분을 드러내지 않고 활동할 수 있으므로 현실 공간에서보다 더 자유롭게 의견을 표현하기도 한다.

| 교과 연계 | **중학교 사회 ①_사회의 변동**

논술형 문제

다음 사례에서 알 수 있는 인터넷과 스마트폰의 발달이 가져온 변화를 정리하고, 이와 관계 깊은 사회 변동 양상을 서술하시오.

정의로운 사회에 대한 견해

| 교과 연계 |
중학교 도덕 ②_정의로운 국가

>> 한 문장으로 요약하기

❶ 문단 :

❷ 문단 :

❸ 문단 :

❹ 문단 :

모르는 어휘에 ☑ 표시를 하고, 표시한 어휘에 주목하여 지문을 읽어 보시오.

☐ 보장　　☐ 간섭　　☐ 선천적　　☐ 격차　　☐ 자발적

　　사람들은 누구나 정의로운 사회에 살기를 원한다. 그렇다면 정의로운 사회란 무엇일까? 이에 대해 철학자 로버트 노직과 존 롤스는 서로 다른 견해를 보인다.

　　자유 지상주의자인 노직은 타인에게 피해를 주지 않는 한, 개인의 모든 자유가 보장되는 사회를 정의로운 사회라고 말한다. 개인이 정당하게 얻은 결과를 온전히 소유할 수 있도록 자유를 보장하는 것이 정의라는 것이다. 따라서 개인의 소유에 대해 국가가 간섭하는 것은 소유권이라는 개인의 자유를 침해하는 것이기 때문에 정의롭지 못하다고 주장한다. 그렇기 때문에 노직은 선천적인 능력의 차이와 사회적 빈부 격차를 당연한 것으로 본다. 따라서 복지 제도나 누진세 등과 같은 ㉠국가의 간섭에 의한 재분배 시도에 대해서는 강력하게 반대한다. 다만 빈부 격차를 해소하기 위한 사람들의 자발적 기부에 대해서는 인정한다.

　　롤스는 개인의 자유를 보장하면서도 사회적 약자를 배려하는 사회가 정의로운 사회라고 말한다. 롤스는 정의로운 사회가 되기 위해서는 세 가지 조건을 만족해야 한다고 주장한다. 첫 번째 조건은 사회 원칙을 정하는 데 있어서 사회 구성원 간의 합의 과정이 있어야 한다는 것이다. 두 번째 조건은 사회적 약자의 입장을 고려해야 한다는 것이다. 롤스는 인간의 출생, 신체, 지위 등에는 우연의 요소가 많은 영향을 미칠 수 있다고 본다. 따라서 누구나 우연에 의해 사회적 약자가 될 수 있기 때문에 사회적 약자를 차별하는 것은 정당하지 못한 것이 된다. 마지막 조건은 개인이 정당하게 얻은 소유일지라도 그 이익의 일부는 사회적 약자에게 돌아가야 한다는 것이다. 왜냐하면 사회적 약자가 될 가능성은 누구에게나 있으므로, 자발적 기부나 사회적 제도를 통해 사회적 약자의 처지를 최대한 배려하는 것이 공정하고 정의로운 것이기 때문이다.

　　노직과 롤스는 이윤 추구나 자유 경쟁 등을 허용한다는 면에서는 공통점을 보인다. 그러나 노직은 개인의 자유를 중시하여 사회적 약자의 자연적·사회적 불평등의 해결을 개인의 선택에 맡긴다. 반면에 롤스는 개인의 자유를 중시하는 한편, 사람들이 공정한 규칙에 합의하는 과정도 중시하며, 자연적·사회적 불평등을 복지를 통해 보완해야 한다고 주장한다. 롤스의 주장은 평등의 이념을 확장시켜 복지 국가에 대한 이론적 근거를 마련했다고 할 수 있다.

1 윗글의 서술 방식으로 가장 적절한 것은?

① 상반된 견해에 대한 절충적 대안을 제시한다.

② 두 견해가 서로 인과 관계에 있음을 논증한다.

③ 논의 내용을 종합하여 새로운 문제를 제기한다.

④ 어떤 이론이 다양하게 분화하는 과정을 보여준다.

⑤ 하나의 논점에 대한 두 견해를 소개하면서 비교한다.

2 윗글을 이해한 학생이 롤스의 입장에서 〈보기〉에 대해 제기할 수 있는 비판으로 가장 적절한 것은?

〔보기〕

공리주의자인 벤담은 '최대 다수의 최대 행복'이 정의로운 것이라 주장했다. 따라서 다수의 최대 행복이 보장된다면 소수의 불행은 정당한 것이 되고, 반대로 다수의 불행이 나타나는 상황은 정의롭지 못한 것이다. 벤담은 걸인과 마주치는 대다수의 사람들은 부정적 감정을 느끼기 때문에, 거리에서 걸인을 사라지게 해야 한다고 제안했다.

① 다수의 처지를 배려할 때 사회 전체의 행복이 증가하지 않을까요?

② 문제를 강제로 해결하려고 하기보다는 스스로 해결하도록 맡겨 두어야 하지 않을까요?

③ 감정적 차원에서 사람을 싫어하는 것은 인간적 도리를 지키지 않는 태도가 아닌가요?

④ 대다수의 사람들이 걸인에게 부정적 감정을 느낀다고 판단하는 것은 문제가 있지 않을까요?

⑤ 걸인이 된 것은 우연적 요소에 의한 것일 수도 있는데 그들을 차별하지 않아야 정의로운 것이 아닌가요?

3 윗글의 노직, 롤스가 〈보기〉의 신문 기사를 읽은 후 보일 반응으로 적절하지 않은 것은?

〔보기〕

야구선수 ○○○은 1승을 올릴 때마다 1백만 원씩 난치병 치료 재단에 기부하기로 했다. 20□□년에는 다승왕 상금으로 받은 1천만 원을 내놓기도 했다. 몇 년에 걸쳐 난치병 치료를 위한 기금을 여러 사람들과 함께 조성하여 난치병 치료 재단에 기부했다. 그에게 감동받은 팬들은 정부에 세금으로 난치병 환자를 지원하는 복지법 제정을 청원하고 있다.　　　　－ △△ 신문

① 노직은 기부하는 행동 자체를 반대하겠군.

② 노직은 복지법이 제정되는 것을 반대하겠군.

③ 롤스는 복지법 제정으로 정의로운 사회가 이루어질 수 있다고 생각하겠군.

④ 롤스는 사회적 약자들을 위해 기부한 ○○○ 선수의 행동을 정의롭다고 판단하겠군.

⑤ 노직, 롤스는 모두 ○○○ 선수가 다승왕 상금을 받은 것은 자유 경쟁을 통해 얻은 결과라는 점에서 인정하겠군.

4 노직이 ㉠과 같은 입장을 보인 이유를 〈조건〉에 맞게 쓰시오.

〔조건〕

· '개인의 자유'와 '국가의 간섭', '정의'의 관계가 드러나도록 쓸 것.

· '재분배 시도는 ~ 때문이다.'와 같은 문장 형식으로 쓸 것.

디지털 아트

| 교과 연계 |
중학교 미술 ①_미디어 예술

모르는 어휘에 ✓ 표시를 하고, 표시한 어휘에 주목하여 지문을 읽어 보시오.

□ 불특정   □ 장르   □ 연마   □ 다분히   □ 전담

>> 한 문장으로 요약하기

❶ 문단 :

❷ 문단 :

❸ 문단 :

❹ 문단 :

  1990년대 후반부터 빠른 속도로 보급된 개인 컴퓨터와 다양한 디지털 매체는 디지털 문화 형성에 결정적인 역할을 하고 있다. 사람들은 카메라로 일상을 찍어 인터넷상에 올리는가 하면, 다양한 컴퓨터 프로그램을 이용하여 영상을 합성하거나 변형시켜 불특정 다수의 대중에게 선보이고 있다.

  예술가라고 예외일 수는 없다. 예술가들은 자신이 상상해 낸 이미지를 과학 기술을 이용하여 구체화시키거나, 한 걸음 더 나아가 과학 기술 혹은 매체 그 자체를 이용하여 이제까지와는 전혀 다른 새로운 장르의 예술을 탄생시키고 있다. 그 결과 오늘날에는 과학 기술 또는 매체의 명칭을 앞에 붙인 다양한 장르의 예술이 생겨나고 있다.

  상황이 이렇다 보니 현대의 예술은 테크네(techne)* 그 자체라 해도 과언이 아니다. 현대의 예술가는 고전주의 시대의 예술가가 그랬듯이 예술가이면서 수학자이고 과학자이기를 요구받는다. 실제로 '디지털 아티스트'가 작품 활동을 하려면 거대한 양의 정보, 즉 거대한 영상과 소리를 처리해야 하고 그러기 위해서는 영상과 음성 신호의 처리 기술뿐만 아니라 그것들을 전송하기 위한 교환 기술까지 연마해야 한다. 작품을 설치하는 설치 미술가의 작업도 다분히 기술적이다. 인터넷상에서 수많은 프로그램을 다운받는가 하면 인터넷상의 다양한 도구들을 이용하여 다각도로 조작, 실험하는 과정을 거쳐야 하기 때문이다. 완성한 작품은 사진이나 영상 등의 기록 형식으로 보관하게 되는데 과거와는 달리 주로 예술가 자신의 홈페이지나 사이버 갤러리를 통해 전시·관리한다. 이제 예술가가 큐레이터* 역할까지도 전담해야 하는 시대가 된 것이다.

  '움직이는 미술'이라고도 불리며 새로운 형태의 예술 영역으로 자리 잡은 ⊙'디지털 아트'는 새로운 과학 기술을 기반으로 한 디지털 문화 속에서 형성됐다. 이런 디지털 아트는 예술 작품을 감상하는 대상을 미술관을 찾는 일부 계층에서 인터넷상의 모든 관객으로 확대하였다는 점으로 인해 그 혁신성을 인정받았다. 특히 감상자가 단순 감상자에 머무는 것이 아니라 작품 창작에 적극적으로 참여하는, 다시 말해 감상자 역시 예술 작품을 만드는 작가이기를 요구받는다는 점이 눈에 띄게 달라졌다.

• 테크네: '기술'이란 뜻으로 라틴어의 아르스(ars)에 해당함. 활동 형식에 비추어 보면 예술이 기술 영역에 속한다는 그리스의 견해를 반영한 말.

• 큐레이터: 박물관이나 미술관에서 재정 확보, 유물 관리, 자료 전시, 홍보 활동 따위를 하는 사람.

1 윗글의 내용과 일치하는 것은?

① 예술은 대중의 기존 생활 모습을 반영하는 것이다.

② 디지털 아트는 감상자의 역할과 범위를 변화시켰다.

③ 디지털 아트 작품은 인터넷으로만 감상이 가능하다.

④ 과학 기술의 힘이 있어야 예술의 세분화가 가능하다.

⑤ 디지털 아트의 수준은 관객의 감상 수준과 비례한다.

2 윗글을 참고할 때, 〈보기〉의 밑줄 친 말의 의미를 이해한 내용으로 적절하지 않은 것은?

┌─〔보기〕───────────────────
많은 예술가들은 "그림을 그리는 데 분석적이고 이성적인 과학은 아무 소용도 없다."라고 생각해 왔다. 예술 작품의 창작은 분석적이고 이성적인 과정 없이 예술가들의 영감에 힘입어 이루어졌기 때문이다. 예술가들의 영감을 작품을 통해 구현하는 것이 곧 예술 작품 창작의 과정인 것이다.
└────────────────────────

① 과학과 달리 예술은 감성적이라는 사고가 깔려 있다.

② 현대의 디지털 문화가 형성되기 이전의 미술관을 드러낸다.

③ 과학의 분야와 예술의 분야는 무관한 영역이라고 여기고 있다.

④ 명작(名作)은 기술과 미학이 만나는 점에서 탄생된다는 것을 의미한다.

⑤ 최근의 예술 경향으로 볼 때에는 편견이라고 비판받을 수 있는 관점이다.

3 〈보기〉의 작품이 ㉠에 속한다고 할 때, 그 이유로 적절하지 않은 것은?

┌─〔보기〕───────────────────

위 작품은 관람객이 실제로 스크린에 입김을 불면 모여 있던 민들레 꽃씨가 흩어지는 모습을 보여 준다. 실제의 물리적인 체험이 가상의 현실로 전이되는 것이다. 이러한 작품들은 기술이 때로는 단순한 소통을 넘어서 작품 창작의 일차적인 재료로 쓰일 수 있음을 나타낸 것이다.
└────────────────────────

① 작품 제작에 기술적인 측면이 강화되었다.

② 대량 생산의 과정을 통해 제작되어 감상자에게 제공된다.

③ 관객이 능동적으로 작품과 접하게 되는 감상 구조를 갖췄다.

④ 고정된 것이 아니라 '움직이는 미술'의 이미지를 지니고 있다.

⑤ 예술가만이 예술 작품을 창조한다는 기존의 창작 개념에서 벗어났다.

4 윗글에서 알 수 있는 '디지털 아트'의 형성 배경을 다음과 같이 정리할 때, 빈칸에 알맞은 내용을 각각 쓰시오.

┌────────────────────────
1990년대 후반부터 빠른 속도로 (   )가 보급됨에 따라 새로운 과학 기술을 기반으로 한 (   ) 속에서 형성되었다.
└────────────────────────

어휘 완성하기

>> 다음 어휘의 뜻을 확인하고, 학습한 어휘에 ☑ 표시를 하시오.

□ **보장** 保 지킬 보 障 막을 장	어떤 일이 어려움 없이 이루어지도록 조건을 마련하여 보증하거나 보호함. 예 이 사업 아이템은 안정된 수익을 보장한다.	□ **불특정** 不 아닐 불 特 특별할 특 定 정할 정	특별히 정하지 아니함. 예 텔레비전 프로그램은 불특정한 대중을 대상으로 한다.
□ **간섭** 干 방패 간 涉 건널 섭	직접 관계가 없는 남의 일에 부당하게 참견함. 예 청군과 일본군은 조선에 간섭할 기회를 엿보고 있었다.	□ **장르** genre	문예 양식의 갈래. 특히 문학에서는 서정, 서사, 극 또는 시, 소설, 희곡, 수필, 평론 따위로 나눈 기본형을 이른다. 예 이 공연은 다양한 장르를 혼합해 보여 준다.
□ **선천적** 先 먼저 선 天 하늘 천 的 과녁 적	태어날 때부터 지니고 있는 것. 예 농구선수가 되려면 선천적인 신체 조건이 어느 정도 필요하다.	□ **연마** 硏 갈 연 磨 갈 마	학문이나 기술 따위를 힘써 배우고 닦음. 예 무술을 연마하기 위해 도장을 찾아갔다.
□ **격차** 隔 사이 뜰 격 差 다를 차	빈부, 임금, 기술 수준 따위가 서로 벌어져 다른 정도. 예 2위와 3위 사이의 격차가 크게 감소했다.	□ **다분히** 多 많을 다 分 나눌 분	그 비율이 어느 정도 많게. 예 다분히 비꼬는 기색이 있는 동생의 말에 기분이 상했다.
□ **자발적** 自 스스로 자 發 필 발 的 과녁 적	남이 시키거나 요청하지 아니하여도 자기 스스로 나아가 행하는 것. 예 봉사는 자발적으로, 대가 없이 하는 것이다.	□ **전담** 全 온전할 전 擔 멜 담	어떤 일이나 비용의 전부를 도맡아 하거나 부담함. 예 그는 앨범에 실린 곡의 작사, 작곡, 편곡을 전담했다.

확인 문제

1 다음 문장의 문맥을 고려하여, 괄호 안에 들어갈 알맞은 어휘를 고르시오.

(1) 정규직과 비정규직 간의 임금 (격리 / 격차)가 좁혀지지 않고 있다.

(2) 민요는 서정 갈래에 속하면서도 (다분히 / 온전히) 서사성을 띠고 있다.

(3) 외적이 침입했을 때 백성들은 (자동적 / 자발적)으로 의병 활동에 나섰다.

2 다음 빈칸에 들어갈 알맞은 어휘를 괄호 안의 초성을 참고하여 쓰시오.

(1) 누나는 장래가 (ㅂㅈ →   )된 안정된 직업을 가졌다.

(2) 형사는 자신이 사기 사건을 (ㅈㄷ →   )해 왔다고 말했다.

(3) 선비들은 끊임없이 정신을 수양하고 학문을 (ㅇㅁ →   )하고자 했다.

(4) 공정성을 높이기 위해 (ㅂㅌㅈ →   ) 다수를 대상으로 설문 조사를 했다.

3 다음의 밑줄 친 어휘와 바꿔 쓰기에 가장 적절한 어휘를 〈보기〉에서 찾아 쓰시오.

┌─ 보기 ─────────────────────┐
    간섭   선천   장르
└──────────────────────────┘

(1) 이 자습서에는 시, 소설, 수필, 희곡 등의 작품들이 갈래별로 수록되어 있다.

                           (   )

(2) 부모라고 해도 자식의 일에 지나치게 참견(參見)하는 것은 바람직하지 않다.

                           (   )

(3) 천부(天賦)적으로 남보다 훨씬 뛰어난 재능을 가진 사람을 천재라고 부른다.

  (   )

배경지식으로 사고력 키우기

정답과 해설 • 21쪽

교과서에서
찾는
배경지식

정의로운 국가

정의로운 국가는 어떤 국가일까? 정의로운 국가는 인간의 존엄성을 바탕으로 국민의 인간다운 삶을 실현하고자 노력하는 국가로, 이를 위해 다음과 같은 몇 가지 보편적인 가치를 추구해야 한다. 우선 국가는 사람이 사람답게 사는 데 필요한 권리인 인권과, 국민이 자기 생각을 자유롭게 표현하고 직업, 종교 등 삶의 방식을 스스로 선택할 수 있는 자유를 보장해야 한다. 그리고 모든 사회 구성원이 차별받지 않고 기회나 혜택을 누리도록 평등을 보장하며, 각자가 정당한 몫을 얻도록 해야 한다. 또한 국민이 최소한의 인간다운 삶을 누릴 수 있도록 복지를 추구해야 하며, 평화를 추구하여 전쟁 등 나라 안팎의 갈등으로부터 국민의 삶을 보호해야 한다.

이를 위해 국가는 정의로운 사회 제도를 갖추어야 한다. 사회 제도가 정의롭지 않으면 국민은 자신이 공평한 대우를 받지 못한다고 느끼고, 스스로의 책임과 의무를 다하지 않을 수도 있다. 따라서 국가는 모든 사회 구성원들을 동등하게 고려해 제도나 법적인 절차를 마련해야 하며, 최소한의 인간다운 삶을 보장하는 복지 제도를 갖추어야 한다.

| 교과 연계 | 중학교 도덕 ②_정의로운 국가

논술형 문제

다음 토론 참가자 A와 B의 의견 중 정의로운 국가를 만드는 데 더 가까운 것은 누구의 의견인지에 대한 자신의 생각을 밝히고, 정의로운 국가의 요건을 바탕으로 그 이유를 서술하시오.

사회자

오늘은 '복지 제도 확충을 위해 누진세를 강화해야 한다.'라는 논제로 이야기 나눠 보겠습니다.

우리는 모두 소유권이라는 개인의 자유를 침해받지 않을 권리가 있습니다. 사회 제도는 사회 구성원들을 동등하게 고려해야지요. 돈을 많이 번다고 이미 내는 세금을 더 내라고 하면 내 자유와 재산권은요? 빈부 격차 해소를 원한다면 원하는 사람들이 자발적 기부를 하는 편이 옳아요.

A

B

평등을 추구하고 사회적 약자를 배려하는 것은 국가의 의무입니다. 누진세가 복지 제도로 환원되면 사회적 약자의 처지를 개선할 수 있어요. 인간의 삶은 우연적 요소가 많기 때문에 모든 국민이 균등한 기회나 혜택을 갖기는 어렵습니다. 국가는 제도를 통해 이걸 보완해 줘야 해요.

무선 ID 기술

|교과 연계|
중학교 기술·가정 ②_정보 통신 기술 시스템의 발달

모르는 어휘에 ☑ 표시를 하고, 표시한 어휘에 주목하여 지문을 읽어 보시오.

☐ 배열　　☐ 판독　　☐ 자가　　☐ 감응　　☐ 개체

》 한 문장으로 요약하기

❶ 문단 :

❷ 문단 :

❸ 문단 :

❹ 문단 :

❺ 문단 :

　신용 카드는 뒷면의 갈색 마그네틱 선에는 미세한 자석의 N극과 S극을 정해진 규칙에 따라 배열하여 정보를 기록한다. 이러한 방식은 정보의 기록과 삭제가 간편하지만 [A] 저장할 수 있는 정보의 양이 226 문자에 불과하고, 다른 자석 등에 의해 정보가 지워지는 단점이 있다.

　이러한 단점을 해결한 것이 스마트카드다. 스마트카드는 자석 대신에 반도체 칩을 이용하여 정보를 기록하기 때문에 훨씬 많은 양의 정보를 저장할 수 있다. 스마트카드에는 접촉식과 비접촉식이 있다. 접촉식 스마트카드는 기존의 신용 카드처럼 카드 판독기와 직접적으로 접촉함으로써 작동한다. 반면에 카드 판독기에 직접 대지 않고 정보를 처리하는 비접촉식 스마트카드를 무선 ID라고 하는데, 비접촉식이기 때문에 사용하기에 편리하고 저장된 정보의 훼손 가능성이 적다. 또 반응 속도가 빠르고 위조가 거의 불가능해 생활 속에 급속히 파고들고 있다.

　무선 ID는 카드와 카드 판독기 사이의 쌍방향 무선 통신으로 작동한다. 무선 통신은 카드에 내장된 초미니 자가 발전 장치에 비결이 숨어 있는데, 초미니 자가 발전 장치는 유도 코일에 의해 전기를 발생시킨다. 생활 주변에서 쉽게 찾아볼 수 있는 대표적인 무선 ID로는 교통 카드가 있다. 교통 카드를 예로 들어 그 작동 원리를 알아보자. 카드를 인식하는 지하철 개찰구의 카드 판독기는 항상 ⓐ무선 전파를 발사하고 있다. 카드와 카드 판독기 사이의 거리가 10㎝가 되면 전파는 카드 속에 내장된 유도 코일을 감응시켜 ⓑ전기를 생산한다. 카드는 이 전기를 이용해 유도 코일의 울타리 안에 있는 메모리칩의 신용 카드 번호 정보를 ⓒ컴퓨터에 보낸다. 그러면 개찰구의 컴퓨터는 사용 정지된 불량 카드가 아닌지 확인하고 ⓓ문을 열어 준다. 지하철 공사는 이 정보를 모았다가 카드 회사에 ⓔ요금을 청구한다.

　이 외에도 무선 ID는 사원 출입증, 도서관 출입증, 아파트 출입증 등에도 쓰이고 있다. 대형 마트나 백화점에서는 의류, CD 등의 상품에 붙어 도난 방지용으로도 이용한다. 고객이 돈을 지불할 때 점원은 무선 ID를 제거하고 상품만 내준다. 그러나 무선 ID를 제거하지 않고 상품을 들고 나가면 입구의 감지기는 ㉠요란한 벨 소리를 낸다.

　무선 ID 기술은 1970년대 말 동물에게 꼬리표를 붙여 개체 인식을 하기 위한 수단으로 쓰이기 시작했으나, 지금은 인간의 생활을 크게 바꿔 놓고 있다. 앞으로는 모든 상품에 초소형 무선 ID 칩이 부착되어, 그 상품이 언제 어디에서 생산되었으며 어느 곳에서 폐기되었는지도 추적할 수 있게 될 것이다.

1 윗글의 내용과 일치하는 것은?

① 무선 ID는 처음에 영리적 목적으로 개발되었다.

② 마그네틱 카드는 스마트카드보다 기억 용량이 크다.

③ 접촉식 스마트카드는 무선 ID에 비해 구입 비용이 비싸다.

④ 접촉식 스마트카드는 주로 도난을 방지하는 데 이용되고 있다.

⑤ 무선 ID는 앞으로 우리 생활에서 더욱 많이 활용될 것으로 전망된다.

2 ⓐ~ⓔ 중, ㉠의 단계에 해당하는 것은?

① ⓐ

② ⓑ

③ ⓒ

④ ⓓ

⑤ ⓔ

3 무선 ID의 작동 원리를 〈보기〉의 그림을 통해 이해한 내용으로 적절하지 않은 것은?

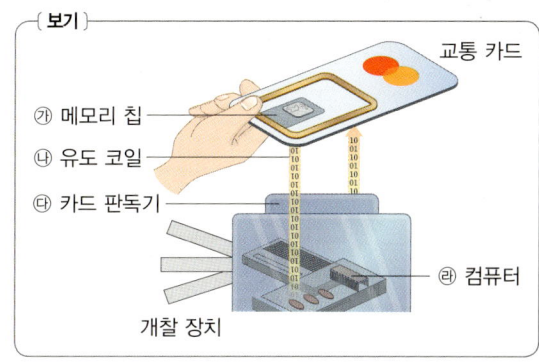

① ㉮는 자체에 내장된 자가 발전 장치에 의해 작동된다.

② ㉰는 ㉯에서 전기를 생산할 수 있도록 한다.

③ ㉰는 카드를 인식하는 것과 동시에 전파를 내보낸다.

④ ㉱는 개찰 장치의 개폐를 최종적으로 판단한다.

⑤ ㉱는 ㉮에 기억된 정보를 수신한다.

4 무선 ID의 장점을 [A]와 대비하여 〈조건〉에 맞게 쓰시오.

┌─ 조건 ─────────────────
• 장점을 두 가지로 제시할 것.
• '무선 ID는 ~을 이용하기 때문에 ~고 ~다.'와 같은 형식의 한 문장으로 쓸 것.
└─────────────────────

DAY 10 사회

저작권의 개념과 규정

| 교과 연계 |
중학교 사회 ①_일상생활과 법

모르는 어휘에 ☑ 표시를 하고, 표시한 어휘에 주목하여 지문을 읽어 보시오.

☐ 저작 ☐ 독점적 ☐ 한정 ☐ 공표 ☐ 침해

>> 한 문장으로 요약하기

❶ 문단 :

❷ 문단 :

❸ 문단 :

❹ 문단 :

❺ 문단 :

　저작권은 저작자가 자신의 창작물에 대해 갖는 권리를 말한다. 우리나라는 저작권 발생과 관련하여 무방식주의를 따르고 있다. 무방식주의란 창작물이 저작권 보호의 대상이 되기 위해서 아무런 절차나 방식 또는 표시가 필요하지 않다는 것으로 대부분의 나라에서 채택하고 있는 방식이다.

　저작권을 이야기하면 저작물로 얻을 수 있는 경제적인 이익을 떠올린다. 이는 저작권의 일부인 ㉠저작 재산권과 관련된 개념이다. 저작 재산권은 저작자가 저작물에 대해 갖는 재산적인 권리로, 저작물을 독점적으로 이용할 수 있는 권리이다. 그런데 실제로는 저작자가 자신의 저작물을 이용하는 경우보다는 타인이 이용하도록 허락하고 대가를 받는 경우가 대부분이다. 법률에서는 저작 재산권에 속하는 권리로 복제권, 공연권, 대여권 등 일곱 가지 권리를 규정한다.

　저작 재산권은 물건에 대한 소유권처럼 다른 사람에게 넘겨주거나 상속하는 것이 가능하다. 그러나 소유권과 달리 보호 기간이 한정되어 있다. 일반적인 저작 재산권 보호 기간의 원칙은 작품이 발표된 때로부터 그 저작자가 살아 있는 동안과 사망한 후 50년 동안이다.

　저작권에는 저작 재산권뿐만 아니라 저작 인격권도 있다. ㉡저작 인격권은 저작자가 자신의 저작물에 대해 갖는 정신적, 인격적 이익을 보호받는 권리이며, 공표권, 성명 표시권, 동일성 유지권으로 구성된다. 먼저 공표권은 저작물을 창작한 후 공개할 것인지 말 것인지를 결정할 수 있는 권리이다. 따라서 저작자가 공개하지 않은 저작물을 저작자의 허락 없이 공개하면 공표권의 침해가 된다. 성명 표시권은 저작자가 자신의 창작물이나 그 복제물에 자신이 저작자임을 표시할 수 있는 권리이다. 저작자 이름을 실명으로 표시할 것인가, 또는 예명이나 필명 등의 다른 이름으로 표시할 것인가, 또는 표시하지 않을 것인가 등을 결정할 권리가 저작자에게 있음을 뜻한다. 저작자 표시는 저작자가 결정한 바에 따라야 한다. 또, 동일성 유지권은 저작자가 만들어 낸 작품의 내용이나 형식 등을 처음 만든 대로 유지할 수 있는 권리이다. 즉, 이용자가 저작자의 의사와 관계없이 저작물의 제목을 변경 혹은 삭제하거나 내용을 변경할 수 없다.

　저작 인격권은 저작 재산권과 달리 다른 사람에게 넘겨줄 수 없다. 저작 재산권을 상속받은 사람이라도 저작 인격권까지 넘겨받은 것은 아니다. 법률에서는 저작권자가 사망한 후에도 저작 인격권을 침해해서는 안 된다고 규정하고 있다.

1 ⓐ과 ⓑ을 이해한 내용으로 적절하지 <u>않은</u> 것은?

① ⓐ은 권리의 발생과 관련하여 무방식주의의 적용을 받는다.

② ⓑ은 가족에게는 넘겨줄 수 있지만 그 이외의 사람에게는 넘겨줄 수 없는 권리이다.

③ ⓐ에 속한 권리의 종류가 ⓑ에 속한 권리의 종류보다 더 많다.

④ ⓐ과 ⓑ은 동일한 창작물에 대해서도 소유한 사람이 다를 수 있다.

⑤ ⓐ은 저작물에 대한 재산적 이익을, ⓑ은 정신적 이익을 보호하는 권리이다.

2 윗글을 읽은 후의 반응으로 적절하지 <u>않은</u> 것은?

① 출판업자: 동일성 유지권을 고려하면, 참고서에 논문의 자료를 수정하여 실을 때 저작자의 허락을 받아야겠어.

② 작곡가: 성명 표시권을 고려하면, 내가 만든 음악을 발표하는 자리에서 굳이 저작자의 이름을 밝히지 않아도 되겠어.

③ 번역가: 동일성 유지권을 침해하지 않으려면, 외국 소설을 번역할 때 원작의 내용을 훼손하지 않도록 주의해야겠어.

④ 기자: 공표권을 고려하면, 발표되지 않은 미술 작품을 소개하는 기사를 실을 때는 저작자의 허락을 받을 필요는 없겠어.

⑤ 학생: 성명 표시권을 침해하지 않으려면, 친구가 가명으로 공개한 보고서를 이용할 때 친구의 실명을 밝히면 안 되겠어.

3 윗글을 바탕으로 〈보기〉를 이해한 것으로 가장 적절한 것은?

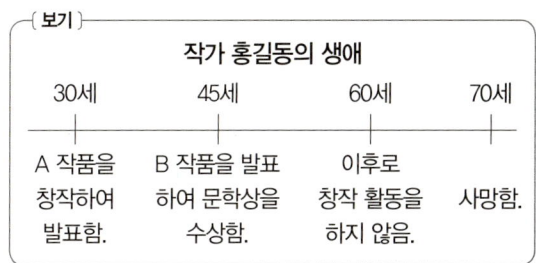

┌─ 보기 ┐

작가 홍길동의 생애

30세	45세	60세	70세
A 작품을 창작하여 발표함.	B 작품을 발표하여 문학상을 수상함.	이후로 창작 활동을 하지 않음.	사망함.

① A 작품에 대한 저작 재산권을 보호받기 시작하는 시점은 60세 때이다.

② A 작품에 대한 저작 재산권을 보호받을 수 있는 기간은 90년간이다.

③ B 작품에 대한 저작 재산권 보호 기간이 끝나는 시점은 70세 때이다.

④ A 작품에 비해 B 작품에 대한 저작 재산권을 보호받을 수 있는 기간이 더 길다.

⑤ A 작품과 B 작품의 저작 재산권 보호 기간이 끝나는 시점은 서로 15년 차이가 난다.

4 윗글을 바탕으로 다음 질문에 대한 답의 빈칸에 들어갈 알맞은 내용을 쓰시오.

질문: 창작물을 발표한 다음 저작권을 보호받기 위해서는 어떻게 해야 하나요?
답: 우리나라에서는 저작권의 발생에
_____

어휘 완성하기

» 다음 어휘의 뜻을 확인하고, 학습한 어휘에 ☑ 표시를 하시오.

□ 배열 配 나눌 배 列 벌일 열	일정한 차례나 간격에 따라 벌여 놓음. 예 책장의 책을 가나다순으로 배열했다.	□ 저작 著 나타날 저 作 지을 작	예술이나 학문에 관한 책이나 작품 따위를 지음. 또는 그 책이나 작품. 예 은퇴 후에는 연구와 저작에 힘쓸 계획이다.
□ 판독 判 판단할 판 讀 읽을 독	어려운 문장이나 암호, 고문서 따위를 뜻을 헤아리며 읽음. 예 감독이 심판에게 비디오 판독을 요청했다.	□ 독점적 獨 홀로 독 占 점령할 점 的 과녁 적	물건이나 자리 따위를 독차지하는 것. 예 독점적 지위를 남용해 부당 이익을 챙긴 업자들이 적발되었다.
□ 자가 自 스스로 자 家 집 가	자기 자체. 예 병원에 가지 않고 자가 치료를 했다.	□ 한정 限 한할 한 定 정할 정	수량이나 범위 따위를 제한하여 정함. 또는 그런 한도. 예 입사 지원 대상은 19세 이상으로 한정되었다.
□ 감응 感 느낄 감 應 응할 응	전기나 자기를 띤 물체의 영향으로 다른 물체가 전기나 자기를 띠게 됨. 예 이 기계에는 빛에 감응하는 약품이 사용되었다.	□ 공표 公 공평할 공 表 겉 표	여러 사람에게 널리 드러내어 알림. 예 합격자 명단은 내일 게시판을 통해 공표됩니다.
□ 개체 個 낱 개 體 몸 체	하나의 독립된 생물체. 살아가는 데에 필요한 독립적인 기능을 갖고 있음. 예 야생 동물의 개체 수가 급감하고 있다.	□ 침해 侵 침노할 침 害 해할 해	침범하여 해를 끼침. 예 동의 없는 소지품 검사는 인권 침해의 여지가 있다.

확인 문제

1 다음 문장의 문맥을 고려하여, 괄호 안에 들어갈 알맞은 어휘를 고르시오.

(1) 자외선에 선택적으로 (감응 / 감전)할 수 있는 인공 시신경이 개발되었다.

(2) 우리나라에서 태어난 소에는 모두 고유한 (개체 / 개인) 식별 번호가 있다.

(3) 거리 곳곳에 CCTV가 설치되면서 사생활 (재해 / 침해)가 우려되고 있다.

2 다음 빈칸에 들어갈 알맞은 어휘를 괄호 안의 초성을 참고하여 쓰시오.

(1) 자판에는 키가 일정한 규격으로 (ㅂㅇ → ⎵⎵⎵)되어 있다.

(2) 매일 학교에 건강 상태 (ㅈㄱ → ⎵⎵⎵) 진단 결과를 제출해야 한다.

(3) 월드컵 경기를 한 방송사에서 (ㄷㅈㅈ → ⎵⎵⎵)으로 중계해 논란이 일고 있다.

3 다음의 밑줄 친 어휘와 바꿔 쓰기에 가장 적절한 어휘를 〈보기〉에서 찾아 쓰시오.

┌─ 보기 ┐
공표   저작   판독   한정

(1) 암호를 해독(解讀)하기 위해 전문가에게 보냈다.

(⎵⎵⎵)

(2) 선거에 출마할 후보자들의 명단이 공개(公開)되었다.

(⎵⎵⎵)

(3) 정약용은 귀양살이를 하는 동안 많은 저술(著述)을 남겼다.

(⎵⎵⎵)

(4) 환경 오염 문제는 일부 지역이나 국가에만 국한(局限)된 것이 아니다.

(⎵⎵⎵)

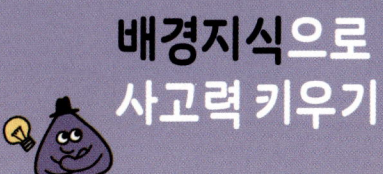
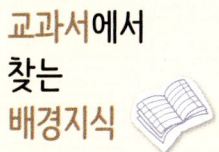

교과서에서
찾는
배경지식

현대 정보 통신 기술의 변화 양상

현대의 정보 통신 기술은 다양한 양상으로 발전해 가며 우리 생활에 큰 변화를 가져왔다. 우선 무선 통신 기술의 발달로 정보 통신 기기가 무선화되어 언제 어디서나 블루투스, 근거리 무선 통신, 와이파이 등을 편리하게 이용할 수 있게 되었다.

둘째, 소프트웨어 기술의 발달로 정보 통신 기술이 지능화되고 있다. 특히 최근에는 인공 지능 기술의 발달로 컴퓨터가 스스로 학습을 하거나 명령을 분석하고 판단을 내리며 수행할 수 있는 기술이 가능해졌는데, 실시간 자동 번역이 대표적인 예이다.

셋째, 학문이나 기술 영역과 융합하여 새로운 형태의 제품이나 서비스를 만들어 내고 있다. 생활 속 통신 기기들을 유·무선 네트워크로 연결하여 사물과 사물 간, 사람과 사물 간 정보를 교환하고 상호 소통하는 사물 인터넷이 이를 잘 보여 준다.

넷째, 정보 통신 기기의 부품을 작게 제작하고 조합할 수 있는 기술이 발달하여 노트북, 카메라, 컴퓨터 등의 기기가 가벼워지고 소형화되고 있다.

마지막으로 정보를 안전하게 보호할 수 있는 보안 기술이 중요해지면서 암호화 기술, 생체 인식 기술, 방화벽과 같은 네트워크 보안 기술이 개발되고 있다.

| 교과 연계 | 중학교 기술·가정 ②_정보 통신 기술 시스템의 발달

논술형
문제

다음에서 알 수 있는 정보 통신 기술 발전의 부정적인 측면을 정리하고, 이러한 상황을 해결하기 위해 필요한 정보 통신 기술을 서술하시오.

정보 통신 기술이 발전하면서 시간과 장소에 구애받지 않고 인터넷을 통해 금융 거래나 쇼핑을 하고, SNS로 사람들과 소통할 수 있게 되었다. 그러나 이와 함께 인터넷상의 개인 정보 유출이나 해킹을 통한 도용, 바이러스 유포 등의 사이버 범죄 또한 증가하고 있다.

정상재와 열등재

>> 한 문장으로 요약하기

❶ 문단 :

❷ 문단 :

❸ 문단 :

❹ 문단 :

모르는 어휘에 ☑ 표시를 하고, 표시한 어휘에 주목하여 지문을 읽어 보시오.

☐ 수요   ☐ 대체   ☐ 요인   ☐ 변동   ☐ 재화

　　콩나물의 가격 변화에 따라 콩나물의 수요량이 변하는 것은 일반적인 현상이다. 그러나 콩나물 가격은 변하지 않는데도 콩나물의 수요량이 변할 수 있다. 시금치 가격이 상승하면 소비자들은 시금치를 콩나물로 대체한다. 그러면 콩나물 가격은 변하지 않는데도 콩나물의 수요량이 증가할 수 있다. 또는 콩나물이 몸에 좋다는 내용의 방송이 나가면 콩나물 가격은 변하지 않았음에도 불구하고 콩나물의 수요량이 급증한다. 이와 같이 특정한 상품의 가격은 변하지 않는데도 다른 요인으로 인하여 그 상품의 수요량이 변하는 현상을 '수요의 변화'라고 한다.

　　수요의 변화는 소비자의 소득 변화에 의해서도 발생한다. 예를 들어 스마트폰 가격에 변동이 없음에도 불구하고 소득이 증가하면 스마트폰에 대한 수요량이 증가한다. 이처럼 소득의 증가에 따라 수요량이 증가하는 재화를 '정상재'라고 한다. 대부분의 재화들은 정상재이다. 그러나 소득이 증가하면 오히려 수요량이 감소하는 재화가 있는데 이를 '열등재'라고 한다. 예를 들어 용돈을 받아 쓰던 학생 때는 버스를 이용하다 취직해서 소득이 증가하여 자가용을 타게 되면 버스에 대한 수요는 감소한다. 이 경우 버스는 열등재라고 할 수 있다.

[A] ┌　　정상재와 열등재는 수요의 소득 탄력성으로도 설명할 수 있다. 수요의 소득 탄력성이란 소득이 1% 변할 때 수요량이 변하는 정도를 말한다. 수요의 소득 탄력성이 양수인 재화는 소득이 증가할 때 수요량도 증가하므로 정상재이다. 반대로 수요의 소득 탄력성이 음수인 재화는 소득이 증가할 때 수요량이 감소하므로 열등재이다. 정상재이면서 소득 탄력성이 1보다 큰, 즉 소득이 증가하는 것보다 수요량이 더 크게 증가하는 경우가 있다. 경제학에서는 이를 '사치재'라고 한다. 반면에 정상재이면서 소득 탄력성이 1보다 작은 재화를 '필수재'라고 한다.

　　정상재와 열등재는 다른 모든 조건이 변하지 않는 상태에서 소득만 변했을 때 재화의 수요가 어떻게 변했는지를 분석한 개념이다. 하지만 특정 재화를 명확하게 정상재나 열등재로 구별하기는 어렵다. 동일한 재화가 소득 수준이나 생활 환경에 따라 열등재가 되기도 하고 정상재가 되기도 하기 때문이다. 햄버거는 일반적으로 정상재로 볼 수 있지만 소득이 아주 높아져서 취향이 달라지면 햄버거에 대한 수요가 줄어들어 열등재가 될 수도 있다. 이처럼 수요 변화는 재화의 가격뿐만 아니라 그 재화를 대체하거나 보완하는 다른 재화의 가격, 소득, 취향, 장래에 대한 예상 등의 여러 요인에 의하여 결정된다.

1 윗글을 통해 답을 확인할 수 없는 것은?

① 수요의 변화란 무엇인가?
② 정상재와 열등재의 차이점은 무엇인가?
③ 수요의 변화가 발생하는 이유는 무엇인가?
④ 사치재와 필수재의 예로는 어떤 것이 있는가?
⑤ 사치재는 수요의 소득 탄력성으로 설명할 수 있는가?

2 〈보기〉는 소득에 따른 재화 ⓐ~ⓓ의 수요량 변화를 나타낸 것이다. [A]를 참고하여 〈보기〉를 이해한 것으로 적절하지 않은 것은?

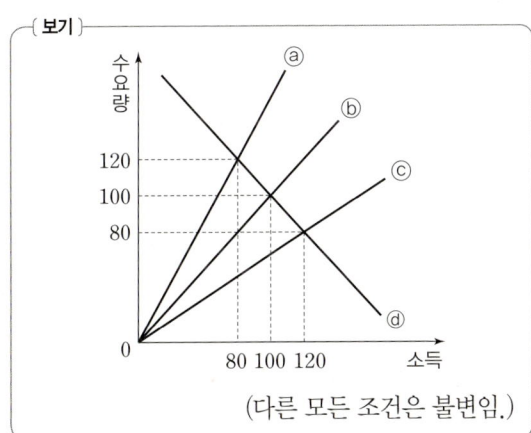

(다른 모든 조건은 불변임.)

① ⓐ는 소득이 증가하는 것보다 수요량이 더 크게 증가하는 재화이다.
② ⓑ는 소득의 증가에 따라 수요가 증가하는 재화이다.
③ ⓒ는 소득 탄력성이 1보다 큰 재화이다.
④ ⓓ에 해당하는 재화로는 열등재가 있다.
⑤ ⓐ와 ⓒ는 소득이 1% 변할 때 수요량이 변하는 정도가 양수인 재화이다.

3 윗글을 읽은 학생이 〈보기〉에 대해 보인 반응으로 적절한 것은?

〈보기〉

갑은 지하철 요금이 1,000원이고 한 달 용돈이 20,000원일 때 지하철을 20번 탔고 용돈이 40,000원일 때 40번 탔다. 그런데 이번 달에 20,000원의 용돈을 받았지만 지하철 요금이 500원으로 내려서 40번 탈 수 있게 되었다.

① 지하철은 갑의 소득이 높아지면 정상재에서 열등재가 되는군.
② 지하철에 대한 수요 변화는 지하철에 대한 갑의 선호도로 결정되었군.
③ 지하철에 대한 수요의 소득 탄력성 변화로 지하철 이용 횟수가 증가했군.
④ 지하철 요금의 인하는 갑의 소득이 증가한 것과 같은 효과를 유발하는군.
⑤ 지하철 요금과 갑의 소득 수준이 변하더라도 지하철에 대한 수요량은 변화할 수 없겠군.

4 윗글의 내용을 바탕으로 다음 빈칸에 들어갈 알맞은 내용을 차례대로 쓰시오.

정의 한 달 월급이 100만 원에서 120만 원으로 늘었을 때, 그에 따라 한 달 외식 횟수가 10번에서 11번으로 늘었다고 하자. 소득이 20% 상승했을 때 외식 수요는 10% 상승했으므로 외식 수요의 소득 탄력성은 0.5이다. 즉 외식은 소득이 증가할 때 수요량이 (   )하므로 정상재이고, 동시에 소득탄력성이 1보다 (   ) 때문에 (   )이다.

DAY 11 과학 평면거울과 구면 거울

모르는 어휘에 ☑ 표시를 하고, 표시한 어휘에 주목하여 지문을 읽어 보시오.

☐ 반사   ☐ 입사   ☐ 일반적   ☐ 형태   ☐ 초점

>> 한 문장으로 요약하기

❶ 문단 :

❷ 문단 :

❸ 문단 :

❹ 문단 :

　우리는 매일 거울을 보면서 머리를 만지거나 옷매무새를 고친다. 이때 마치 거울 속에 또 하나의 내가 있는 것처럼 느껴진다. 이것은 나에게서 반사되어 나오는 빛이 거울에 반사된 후 우리 눈에 들어오기 때문이다. 이때 거울을 향해 들어오는 빛을 '입사 광선'이라 하고, 거울 표면에서 반사되어 나가는 빛을 '반사 광선'이라 한다.

　빛의 반사 현상을 살펴보기 위해 가장 일반적으로 사용하는 것이 거울이다. 거울에는 평면거울과 구면 거울이 있다. 평면거울은 거울의 표면이 휘어지지 않고 평평한 것으로, 우리가 매일 들여다보는 거울이 바로 평면거울이다. 구면 거울은 표면이 둥근 거울을 말하는데, 오목 거울과 볼록 거울로 다시 나눌 수 있다. 오목 거울은 중심 부분이 오목하게 파여 구의 안쪽을 반사면으로 하고, 중심 부분이 볼록하게 튀어나와 구의 바깥쪽을 반사면으로 한 볼록 거울이 있다. 반사면이란 빛을 받아 반사하는 면을 말한다.

오목 거울　　　　　　볼록 거울

　[A] 구면 거울은 물체가 거울로부터 떨어져 있는 위치에 따라 만들어지는 거울에 비치는 모습 즉, 상의 크기와 형태가 다르다. 구면 거울에서 거울의 중심과 구의 중심을 잇는 직선을 '거울축'이라고 한다. 거울축에 나란한 빛을 오목 거울에 비추면 반사된 후 거울축 위의 한 점을 지난다. 이 점을 '초점'이라고 한다. 반면 거울축에 나란한 광선을 볼록 거울에 비추면 반사 광선이 흩어지는데, 이때 반사 광선은 볼록 거울의 뒤쪽 한 점에서 나오는 것처럼 보인다. 이와 같은 볼록 거울의 초점을 '허초점'이라고 한다.

　오목 거울은 자동차의 헤드라이트로 쓰인다. 헤드라이트는 오목 거울의 초점에 전구가 설치되어 있다. 초점에 설치된 전구에서 나온 빛은 오목 거울 표면에서 모두 평행하게 나아간다. 이 빛은 먼 곳까지 비춰 준다.

1 윗글을 쓰기 전에 글쓴이가 고려했음 직한 서술 전략으로 보기 어려운 것은?

① 생활 속의 일반적 경험을 언급하여 독자의 관심을 모으자.
② 용어의 개념을 설명하여 중심 화제에 대한 독자의 이해를 돕자.
③ 대비적 수법을 활용하여 정보 전달의 효과를 높이는 것을 고려하자.
④ 친숙한 사물에 빗대어 추상적인 원리를 설명함으로써 독자의 이해를 돕자.
⑤ 화제와 관련된 실생활의 용도를 언급하여 화제가 지닌 가치를 부각하자.

3 [A]를 바탕으로 〈보기〉에서 '초점'과 '허초점'을 찾아 바르게 짝지은 것은?

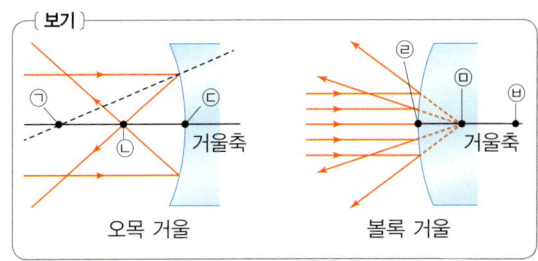

보기

오목 거울 　　　　 볼록 거울

	초점	허초점
①	㉠	㉣
②	㉠	㉤
③	㉡	㉢
④	㉡	㉥
⑤	㉢	㉣

2 윗글을 읽고 보인 반응으로 적절하지 않은 것은?

① 만약 입사 광선만 있고 반사 광선이 없다면 거울에 상이 생기지 않을 것이다.
② 우리가 얼굴을 비추어 보는 거울은 표면이 휘어지지 않고 평평한 평면거울이다.
③ 오목 거울과 볼록 거울은 반사면의 위치에 차이가 있다.
④ 오목 거울이 헤드라이트에 사용되는 이유는 빛이 나아가는 원리 및 거리와 관련이 있다.
⑤ 오목 거울에 비해 볼록 거울의 실용성과 효용성이 훨씬 크다고 볼 수 있다.

4 윗글을 바탕으로 오목 거울과 볼록 거울의 차이점을 〈조건〉에 맞게 쓰시오.

조건
• 형태와 반사면에서 나타나는 차이를 밝혀 한 문장으로 쓸 것.

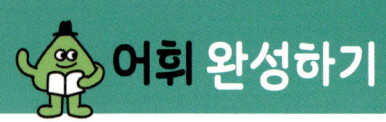

어휘 완성하기

>> 다음 어휘의 뜻을 확인하고, 학습한 어휘에 ☑ 표시를 하시오.

□ **수요** 需 쓰일 수 要 요긴할 요	어떤 재화나 용역을 일정한 가격으로 사려고 하는 욕구. 예 여름에는 아이스크림의 수요가 늘어난다.	□ **반사** 反 돌이킬 반 射 쏠 사	일정한 방향으로 나아가던 파동이 다른 물체의 표면에 부딪쳐서 나아가던 방향을 반대로 바꾸는 현상. 예 거울은 빛의 반사를 이용한 물건이다.
□ **대체** 代 대신할 대 替 바꿀 체	다른 것으로 대신함. 예 중간고사는 보고서 제출로 대체했다.	□ **입사** 入 들 입 射 쏠 사	하나의 매질(媒質) 속을 지나가는 소리나 빛의 파동이 다른 매질의 경계면에 이르는 일. 예 물방울에 입사한 빛이 무지개를 만들어 냈다.
□ **요인** 要 요긴할 요 因 인할 인	사물이나 사건이 성립되는 까닭. 또는 조건이 되는 요소. 예 음주 운전이 사고 요인으로 밝혀졌다.	□ **일반적** 一 한 일 般 가지 반 的 과녁 적	일부에 한정되지 아니하고 전체에 걸치는 것. 예 재래시장은 일반적으로 백화점보다 물건 값이 싸다.
□ **변동** 變 변할 변 動 움직일 동	바뀌어 달라짐. 예 조선 후기에는 상업이 발달함에 따라 사회 전반에 변동이 나타났다.	□ **형태** 形 모양 형 態 모습 태	사물의 생김새나 모양. 예 고려자기의 아름다운 형태는 감탄을 자아낸다.
□ **재화** 財 재물 재 貨 재물 화	사람이 바라는 바를 충족시켜 주는 모든 물건. 예 재화는 한정되어 있는데 사람의 욕망은 무한하다.	□ **초점** 焦 탈 초 點 점 점	렌즈나 구면 거울 따위에서 입사 평행 광선이 한곳으로 모이는 점. 예 빛을 렌즈의 초점에 모이게 해 열을 발생시켰다.

확인 문제

1 다음 빈칸에 들어갈 알맞은 어휘를 괄호 안의 초성을 참고하여 쓰시오.

(1) 휴대 전화 화면에 빛이 (ㅂㅅ →   )되어 눈이 아팠다.

(2) 카메라의 (ㅊㅈ →   )이 맞지 않아 사진이 흐릿하게 찍혔다.

(3) 세계 여러 나라는 무역을 통해 각국의 (ㅈㅎ →   )를 교환한다.

(4) 이 태양 전지는 (ㅇㅅ →   )된 태양광을 보다 효율적으로 모을 수 있다.

2 다음의 밑줄 친 어휘와 바꿔 쓰기에 가장 적절한 어휘를 <보기>에서 찾아 쓰시오.

> ┌ **보기** ┐
> 변동   요인   일반

(1) 귀납 논증은 구체적인 사실들로부터 보편(普遍)적인 결론을 이끌어 낸다.

(   )

(2) 주말에는 기온의 급격한 변화(變化)로 날씨가 쌀쌀해질 것으로 보인다.

(   )

(3) 그가 쓰러진 것은 스트레스와 과로, 영양 부족 등의 복합적 이유(理由) 때문이다.

(   )

3 다음 문장의 문맥을 고려하여, 괄호 안에 들어갈 알맞은 어휘를 고르시오.

(1) 쌀 (수요 / 수급) 감소로 쌀 가격이 떨어지고 있다.

(2) 학원 수업이 온라인 수업으로 (대체 / 대행)되었다.

(3) 이사 갈 집에는 일자 (자태 / 형태)의 부엌이 있었다.

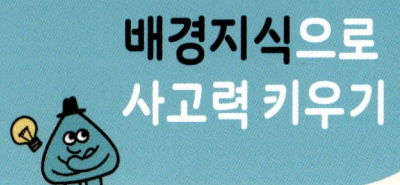

교과서에서
찾는
배경지식

수요의 변화에 따른 가격 변동

수요 변화를 가져오는 요인에는 여러 가지가 있다. 우선 소득의 변화가 있다. 대부분의 경우 소득이 늘어나면 상품의 수요를 늘린다. 대체재나 보완재의 가격 변화도 영향을 미친다. 커피와 녹차 같은 대체재 관계의 재화는 한 재화의 가격이 오르면 다른 재화의 수요가 증가하고, 커피와 설탕 같은 보완재 관계의 재화는 한 재화의 가격이 오르면 다른 재화의 수요가 감소한다. 이 외에 소비자의 기호 변화나 미래에 대한 예상, 인구수의 변화도 수요를 변화시킨다. 예를 들어 어떤 음식이 건강에 좋다는 방송이 나와 사람들의 관심이 높아진 경우, 미래에 어떤 상품의 가격이 오를 것이라 예상되는 경우, 인구가 증가하여 수요자의 수가 늘어난 경우 각각 수요가 증가할 것이다.

공급이 일정하다고 할 때, 수요에 영향을 미치는 요인이 변화하면 가격은 어떻게 변할까? 수요 증가 요인이 발생하면 모든 가격 수준에서 이전보다 수요량이 증가하여 수요 곡선이 오른쪽으로 이동하며, 이때 균형 가격은 상승하고 균형 거래량은 증가한다(곡선 ㉮). 이와 반대로 수요 감소 요인이 발생하면 모든 가격 수준에서 이전보다 수요량이 감소하여 수요 곡선이 왼쪽으로 이동하며, 이때 균형 가격은 하락하고 균형 거래량은 감소한다(곡선 ㉯).

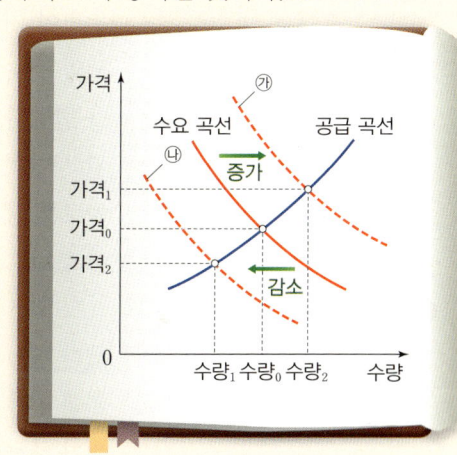

| 교과 연계 | 중학교 사회 ②_시장 가격의 변화

논술형
문제

다음 상황에서 기존 스마트폰 수요가 어떻게 변화할지 예측해 보자. 그리고 위 〈그림〉이 '기존 스마트폰 시장'의 그래프라고 할 때, 다음 상황에서 수요 곡선과 공급 곡선 중 어느 곡선이 어느 방향으로 이동할지 균형 가격과 균형 거래량의 변동과 함께 서술하시오.

A는 사용하고 있던 스마트폰이 고장 났는데, 수리 비용이 크게 들어 새 스마트폰을 사기로 했다. 그런데 정보를 검색하다 보니 다음 달에 A가 기존 스마트폰을 업그레이드한 버전이 출시된다고 한다. 그래서 A는 스마트폰 구매를 다음 달로 미루기로 했다.

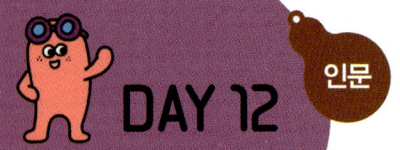
조선 사회의 신분 규범

| 교과 연계 |
중학교 역사 ②_조선 시대의 문화와 사회 발달

모르는 어휘에 ☑ 표시를 하고, 표시한 어휘에 주목하여 지문을 읽어 보시오.

☐ 신흥　　☐ 법제적　　☐ 주류　　☐ 관료　　☐ 통념

≫ 한 문장으로 요약하기

❶ 문단 :

　　조선 왕조를 세운 신흥 사대부들은 강력한 중앙 집권 체제의 확립을 위해 양인 계층의 폭을 넓히려 하였다. 노비가 꼭 있어야 하더라도 되도록 양인을 더 많이 확보하는 것이 새 왕조가 추구한 국역 정책의 기본 방향이었다.

❷ 문단 :

　　그리하여 법제적으로 모든 사회 구성원을 일단 ㉠양인과 ㉡천인으로 나누었다. 이들 사이에는 의무와 권리에서 차등이 있었는데 먼저 의무 면에서 양인 남자는 국역인 군역(軍役)과 요역(徭役)˙의 의무가 있었다. 이에 비해 천인은 군역에서 철저히 배제되었다.

❸ 문단 :

　　권리 면에서 양인과 천인은 인간의 기본권을 공권력으로 보장받을 수 있는지에서 뚜렷이 차이가 났다. 천인인 노비는 재산으로 보아 매매·상속·양도·증여의 대상이 되었으며, 사는 곳을 옮길 자유가 없었다. 노비와 양인이 싸우면 노비가 더 무거운 벌을 받았다. 또한 관직 진출권에서 큰 차이가 있었다. 양인 중에도 관직 진출권이 제한된 사람이 적지 않았으나 양인은 일단 관직 진출권이 있었다. 더러 노비가 국가에 큰 공로를 세워 관직을 받기도 하였으나, 이때는 반드시 양인이 되는 절차를 먼저 밟아야 했다.

❹ 문단 :

　　그러나 이러한 양·천 구분은 국가의 법적 구분이었지, 실제 사회 구성은 좀 더 복잡했다. 양·천이라는 법적 구분 아래 사회 구성원은 상급 신분층인 양반 계층, 의관·역관과 같은 기술관이나 서얼 등의 중인 계층, 양인 중 수가 가장 많았던 평민 계층, 노비가 주류인 천민 계층으로 나뉘었다.

❺ 문단 :

　　조선을 양반 관료 사회라고 규정하듯이 양반은 정치·사회·경제 면에서 갖가지 특권과 명예를 독점적으로 누리면서 그 아래인 중인·평민·천민과는 격을 달리했다. 이를 반상(班常)이라는 말로 표현한다. 반상은 곧 신분을 지배자와 피지배자로 나눈 것으로서, 반상의 반(班)에는 중인이 들어가지 않았지만 상(常)에는 평민부터 노비까지 포함되었다. 이러한 구분은 법적 구분과는 달리 사회 통념상으로 양반의 지배자적 위치를 돋보이게 하였다.

❻ 문단 :

　　이처럼 ⓐ국가 차원의 법적 규범인 양천제와 당시 ⓑ실제 계급 관계를 반영한 사회 통념상 구분인 반상제가 서로 섞여 있었다. 그리고 조선 사회가 발전하면서 신분 구조는 양천제라는 법제적 틀에서 차츰 사회 통념상의 신분 규범이 확고히 자리 잡는 방향으로 변화했다. 이는 지주제의 확대와 발전, 그리고 조선 사회의 안정과 변동을 나타내는 것이기도 하다.

• **요역**: 나라에서 16세 이상 60세 미만의 남자에게 관아의 임무 대신 시키던 노동.

1 윗글을 통해 알 수 있는 내용으로 적절하지 <u>않은</u> 것은?

① 중인은 반상제에서 '반'에 포함되지 않았다.

② 양인 가운데 평민층의 수가 양반층의 수보다 더 많았다.

③ 조선 시대 사회 구성원은 사회 통념상 네 계층으로 나뉘었다.

④ 지주제의 확대와 발전은 양천제에서 반상제로의 변화와 관련이 있었다.

⑤ 조선의 국역 정책은 노동력 확보를 위해 노비의 수를 최대한 늘리는 것을 우선시하였다.

2 ㉠과 ㉡에 대한 설명으로 적절하지 <u>않은</u> 것은?

① ㉠과 ㉡ 모두 군역의 의무를 이행해야 했다.

② ㉡은 ㉠과 달리 관직 진출권이 원칙적으로 없었다.

③ ㉡이 국가에 큰 공을 세울 경우 ㉠이 될 수 있었다.

④ ㉠은 법적 지위 면에서 ㉡보다 우월한 위치에 있었다.

⑤ ㉡에 속하는 노비는 마음대로 거주지를 옮길 수 없었다.

3 〈보기〉에 제시된 '채수'의 견해를 윗글과 관련 지어 이해한 내용으로 가장 적절한 것은?

〈보기〉

사헌부 대사헌 채수가 아뢰었다. "어제 역관, 의관을 권장하고 장려하고자 능통하고 재주가 있는 자는 동서 양반에 발탁하여 쓰라고 특별히 명령하셨다니 듣고 놀랐습니다. 무릇 벼슬에는 높고 낮은 것이 있고 직책에는 가볍고 무거운 것이 있습니다. 의관, 역관은 사대부 반열에 낄 수 없습니다. 의관, 역관 무리는 모두 미천한 계급 출신입니다."

– 『성종실록(成宗實錄)』 –

① 벼슬에는 높고 낮음이 있고 직책에는 가볍고 무거운 것이 있다고 한 것은 당시 모든 사회 구성원을 양인과 천인으로 나누려는 의도로군.

② 의관, 역관 무리는 모두 미천한 계급 출신으로 사족이 아니라고 한 것은 양천제가 흔들릴까 봐 위기감을 드러낸 것이군.

③ 의관, 역관과 같은 중인을 동서 양반에 발탁하려는 임금의 조치에 반대하는 것은 양반의 지배자적 위치를 돋보이게 하려는 의식을 나타내는군.

④ 기술직을 권장하는 대책을 세우고 시행하는 데 대해 우려를 나타낸 것은 양반들의 권력이 중인에게 집중될까 봐 불만을 표시한 것으로 보아야겠군.

⑤ 재주가 있는 자를 양반에 발탁하도록 한 임금의 명령에 놀라움을 드러낸 것은 신분에 따라 공권력으로 인간의 기본권을 보장받을 수 있는 범위에 대한 시각차를 보여 주는군.

4 윗글을 바탕으로, ⓐ와 ⓑ에서 '평민'은 각각 어디에 속했는지 쓰시오.

유전자 치료 연구

| 교과 연계 |
중학교 기술·가정 ②_생명 기술 시스템의 발달

모르는 어휘에 ☑ 표시를 하고, 표시한 어휘에 주목하여 지문을 읽어 보시오.

☐ 손상   ☐ 분해   ☐ 효율   ☐ 완수   ☐ 유발

>> 한 문장으로 요약하기

❶ 문단 :

❷ 문단 :

❸ 문단 :

❹ 문단 :

❺ 문단 :

(가) 유전자 치료란 유전자 이상으로 인해 손상된 세포 안에 치료용 유전자를 넣어 질병을 치료하는 방법을 말한다. 이러한 유전자 치료의 핵심은 치료용 유전자를 손상된 세포의 핵까지 안전하게 전달하는 것이다.

(나) 치료용 유전자를 핵까지 전달하는 데에 가장 문제가 되는 점은 유전자를 세포에 직접 넣으면 수초 내에 분해되어 사라져 버린다는 것이다. 이를 막기 위해 벡터를 활용한다. 벡터란 치료용 유전자를 핵까지 안전하게 운반하는 전달체이다. 핵에 도달한 치료용 유전자는 유전자 발현*을 통해 질병을 치료한다. 벡터에는 바이러스를 이용하는 바이러스성 벡터와 고분자 등의 화학 물질을 이용하는 비바이러스성 벡터가 있다.

(다) ㉠바이러스성 벡터는 세포막과 잘 결합하고, 치료용 유전자를 핵까지 쉽게 전달할 수 있기 때문에 유전자의 발현 효율이 매우 높다. 그러나 바이러스는 원래 질병을 유발하는 물질이기 때문에 이를 벡터로 활용하기 위해서는 질병을 일으키는 기능을 최대한 억제시켜야 한다. 하지만 언제든지 질병을 일으킬 가능성이 남아 있다는 문제점이 있다. 또한 바이러스성 벡터는 크기가 매우 작아 삽입할 수 있는 치료용 유전자의 크기에 제한이 있다.

(라) ㉡이러한 문제점을 해결하기 위해 비바이러스성 벡터를 개발하고 있다. 비바이러스성 벡터는 바이러스의 도움 없이 유전자를 전달해야 하므로 세포 안으로 들어갈 수 있을 정도로 작아야 한다. 이때 고분자를 벡터로 주로 사용하는데, 고분자가 치료용 유전자를 작게 압축할 수 있는 물질이기 때문이다. 작게 압축된 비바이러스성 벡터는 세포막을 통과하면서 세포막 주머니에 싸여 핵으로 이동하는 중에 세포 보호를 위해 외부 물질을 분해하는 리소좀을 만나게 된다. 비바이러스성 벡터가 자신의 임무를 완수하기 위해서는 리소좀에 의해 분해되기 전에 세포막 주머니로부터 나와야 한다. 무사히 세포막 주머니에서 나온 벡터는 핵으로 이동하고, 핵 안에 들어간 치료용 유전자가 유전자 발현을 일으킨다.

(마) 이렇게 비바이러스성 벡터가 핵까지 도달하는 것이 바이러스성 벡터보다 쉽지 않기 때문에 비바이러스성 벡터는 바이러스성 벡터에 비해 유전자 발현 효율이 낮을 수밖에 없다. 하지만 비바이러스성 벡터는 비교적 제조 방법이 간단하고 벡터에 실리는 유전자 크기에 제한이 없다는 장점이 있다. 특히 독성으로 인한 부작용과 질병 유발의 우려가 거의 없다는 점에서 더욱 주목받고 있다.

• **유전자 발현**: DNA의 유전 정보를 RNA로 복사하여 단백질을 합성하는 것.

1 (가)~(마)의 핵심 내용으로 적절한 것은?

① (가): 최근 유전자 치료의 연구 동향
② (나): 유전자 치료에 쓰이는 벡터의 역할과 종류
③ (다): 바이러스성 벡터의 실제 활용 비율
④ (라): 유전자와 고분자의 다양한 결합 방법
⑤ (마): 비바이러스성 벡터의 부작용

2 ㉠에 대한 설명으로 적절하지 <u>않은</u> 것은?

① 세포막과 잘 결합하는 특성이 있다.
② 질병을 유발할 수 있는 가능성이 남아 있다.
③ 삽입할 수 있는 치료용 유전자의 크기에 제한이 없다.
④ 비바이러스성 벡터보다 유전자를 핵까지 쉽게 전달한다.
⑤ 비바이러스성 벡터보다 유전자를 발현시키는 효율이 높다.

3 비바이러스성 벡터가 유전자를 전달하는 과정을 〈보기〉와 같이 정리하였다. 적절하지 <u>않은</u> 것은?

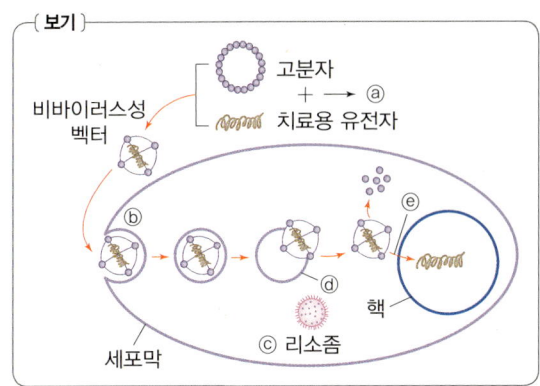

① ⓐ를 통해 만들어진 벡터는 세포로 들어갈 수 있을 정도로 작다.
② ⓑ에서 벡터는 세포막 주머니에 싸이게 된다.
③ ⓒ를 만나기 전에 벡터는 세포막 주머니로부터 나와야 한다.
④ ⓓ에서 나온 벡터는 세포막과 쉽게 결합할 수 있다.
⑤ ⓔ로 인해 유전자 발현이 일어나고 질병이 치료된다.

4 ㉡에 대해 '비바이러스성 벡터'는 어떠한지 한 문장으로 쓰시오.

_____

_____

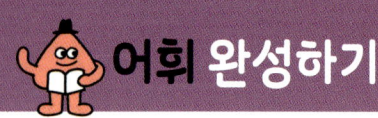

정답과 해설 • 28쪽

>> 다음 어휘의 뜻을 확인하고, 학습한 어휘에 ☑ 표시를 하시오.

☐ 신흥 新 새 신 興 일 흥	어떤 사회적 사실이나 현상이 새로 일어남. 예 태국이 아시아의 신흥 영화 강국으로 떠오르고 있다.	☐ 손상 損 덜 손 傷 다칠 상	1. 물체가 깨지거나 상함. 2. 병이 들거나 다침. 예 사고로 뇌에 손상을 입었다.
☐ 법제적 法 법 법 制 절제할 제 的 과녁 적	법률, 제도와 그 체제에 관련된 것. 예 경국대전을 통해 조선의 법제적 기틀이 확립되었다.	☐ 분해 分 나눌 분 解 풀 해	1. 여러 부분이 결합되어 이루어진 것을 그 낱낱으로 나눔. 2. 한 종류의 화합물이 두 가지 이상의 간단한 화합물로 변화함. 예 정비공이 고장 난 자동차의 부품을 분해했다.
☐ 주류 主 임금 주 流 흐를 류	1. 사상이나 학술 따위의 주된 경향이나 갈래. 2. 조직이나 단체 따위의 내부에서 다수파를 이르는 말. 예 그는 야당의 주류 세력을 대표한다.	☐ 효율 效 본받을 효 率 비율 율	들인 노력과 얻은 결과의 비율. 예 기술 발전으로 가전 기기의 에너지 효율이 높아졌다.
☐ 관료 官 벼슬 관 僚 동료 료	직업적인 관리. 또는 그들의 집단. 특히, 정치에 영향력이 있는 고급 관리를 이른다. 예 조선 시대 관료들의 복식은 정해져 있었다.	☐ 완수 完 완전할 완 遂 따를 수	뜻한 바를 완전히 이루거나 다 해냄. 예 대원들은 강한 의지로 임무를 완수했다.
☐ 통념 通 통할 통 念 생각 념	일반적으로 널리 통하는 개념. 예 이 영화는 사회적 통념을 깨는 내용을 담고 있다.	☐ 유발 誘 꾈 유 發 필 발	어떤 것이 다른 일을 일어나게 함. 예 기사의 흥미로운 제목이 호기심을 유발했다.

확인문제

1 다음 빈칸에 들어갈 알맞은 어휘를 괄호 안의 초성을 참고하여 쓰시오.

(1) 모임의 (ㅈㄹ →   )와 비주류 사이에서 격한 논쟁이 벌어졌다.

(2) 감정 노동자를 보호하기 위한 (ㅂㅈㅈ →   ) 장치가 마련되었다.

(3) 이번 경기는 (ㅅㅎ →   ) 강자와 전통 강자의 대결이라고 할 만하다.

2 다음 문장의 문맥을 고려하여, 괄호 안에 들어갈 알맞은 어휘를 고르시오.

(1) 물은 수소와 산소 분자로 (분류 / 분해)된다.

(2) 경제 불황은 실업을 (유발 / 유예)하기도 한다.

(3) 이번 개각에서는 새로운 인물들이 (관료 / 재료)로 대거 기용되었다.

(4) 아이스크림을 먹으면 살찐다는 (이념 / 통념)을 깨는 저열량 제품이 출시되었다.

3 다음의 밑줄 친 어휘와 바꿔 쓰기에 가장 적절한 어휘를 〈보기〉에서 찾아 쓰시오.

┌─ 보기 ──────────────────────┐
       손상   완수   효율
└──────────────────────────┘

(1) 밤을 새워 일을 하다 보니 능률(能率)이 점점 떨어졌다.

             (   )

(2) 목표를 달성(達成)하기 위해서는 최선을 다해야 한다.

             (   )

(3) 렌즈를 잘못 관리하면 각막이 훼손(毁損)될 수 있다.

             (   )

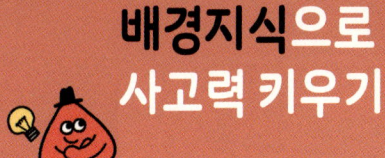

조선의 시대의 신분제

유교적 사회 질서를 확립하고자 한 조선 초기의 법제적인 신분제는 모든 백성을 양인과 천인으로 구분한 양천제였다. 하지만 실제로 사회 구성원은 양반, 중인, 평민, 천민의 네 계층으로 나뉘었다. 이는 상급 신분층인 양반과 나머지를 나눈 것으로 반상제라고 표현했다. 원래 문반과 무반 관료를 의미하던 양반은 점차 특권과 명예를 누리는 상위 신분을 가리키게 되었다.

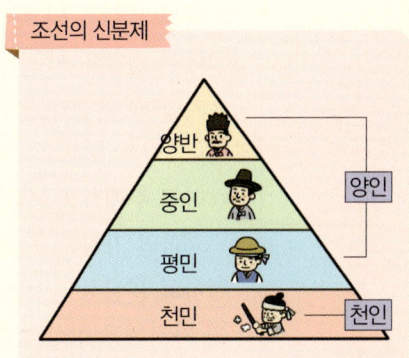

조선의 신분제

조선 후기로 가며 정치적·경제적 변화가 나타나면서 양반 중심의 신분제가 흔들렸다. 소수 양반만이 권력을 장악하고 상당수의 양반들이 관직을 얻지 못하면서 몰락한 양반들이 생겨났다. 서얼들이 자신들에게 주어진 한계를 풀어 줄 것을 요구했으며 기술직 중인도 전문적인 능력과 경제력을 바탕으로 신분 상승을 추구하였다. 한편 경제 활동으로 부유해진 일부 농민과 상인들은 돈으로 양반 신분을 얻고 호적을 고치거나 족보를 위조하여 양반으로 행세하였다. 노비들은 납속을 이용하거나 군공을 세워 양인이 되었고, 도망을 가 노비 신분에서 벗어나는 경우도 많았다. 이런 흐름으로 인해 조선 후기에는 양반의 수는 크게 늘고, 평민과 천민의 수는 줄었다.

| 교과 연계 | **중학교 역사 ②**_조선 시대의 문화와 사회 발달

다음은 조선 후기의 사회상을 담은 소설의 일부이다. 이를 바탕으로 조선 후기의 양반과 평민 계층에 어떠한 변화가 일어났고, 이것이 신분제에 어떠한 영향을 미쳤을지 서술하시오.

정선군에 한 양반이 살았다. 그는 어질고 글 읽기를 매우 좋아하였다. … 그런데 몹시 가난하여 환곡을 타 먹은 것이 쌓여서 천 석에 이르렀다. …

그 마을에 사는 한 부자가 이 소문을 듣고 가족들과 의논하기를. "양반은 아무리 가난해도 늘 존귀하게 대접받고 나는 아무리 부자라도 항상 비천하지 않느냐. … 이제 동네 양반이 가난해서 타 먹은 환자를 갚지 못하고 아주 난처한 판이니 그 형편이 도저히 양반을 지키지 못할 것이다. 내가 장차 그의 양반을 사서 가져 보겠다." ─박지원, 「양반전」

[1-2] 다음 글을 읽고 물음에 답하시오.

가치에는 물질적 가치와 정신적 가치가 있다. 물질적 가치는 인간의 생존을 ⓐ유지하는 토대가 되고, 정신적 가치는 인간의 실존을 확보해 주는 토대가 된다. 이런 점에서 인간은 이 두 가지 가치를 모두 필요로 하지만, 그 두 가치가 올바른 질서를 유지할 때 인간다운 삶을 ⓑ영위할 수 있으며, 사회와 문화가 건전하게 번영할 수 있다. 그렇지 못하고 질서가 거꾸로 될 때 개인의 삶은 불행해지고, 사회와 문화는 타락하고 부패하게 된다.

그러면 가치의 올바른 위계질서란 어떤 것인가? 그것은 정신적 가치가 상위를 차지하고 물질적 가치가 그 밑에 속하는 질서이다. 이와는 반대로, 물질적 가치가 상위를 차지하고 정신적 가치가 ⓒ망각되거나 또는 무시되어 버리고 말 때, 쾌락주의와 향락주의가 삶을 지배하고, 그 결과 타락과 부패가 실존적 삶과 사회를 위협하게 된다. 오늘날 우리 사회를 위협하고 있는 근원적 원인은 바로 이 같은 가치 ㉠전도(顚倒)이며, 그로 인해 ⓓ초래된 과소비 및 타락과 부패이다. 따라서 지금 우리 사회에서 시급하게 요청되는 것은 올바른 가치관의 수립이다. 이를 위해서 가정, 학교, 정부 등 전 사회가 최선의 노력을 기울여야 한다.

또한 우리 사회는 독립성의 결여, 다시 말해서 자신의 소신과 원칙에 의해서 자신의 삶을 선택할 수 있는 주체성의 부재라는 문제도 가지고 있다. 너무나 많은 사람들이 사회와 그 분위기에 ⓔ순응하기만 할 뿐, 자신의 신념대로 행동하지 못한다. 다른 사람의 눈치만 살필 뿐, 자신에게는 충실하지 못하다.

1 밑줄 친 말이 ㉠의 문맥적 의미와 유사한 것은?

① 쇠로 된 물건은 열이 잘 전도된다.
② 형은 한때 전도가 유망한 젊은이였다.
③ 그의 행동은 목적과 수단이 전도된 것으로 보였다.
④ 어머니는 교인이 된 후 나를 전도하기 위해 애쓰셨다.
⑤ '행복 전도사'의 강연을 듣고 행복의 조건을 생각해 보았다.

2 문맥상 ⓐ∼ⓔ와 바꿔 쓰기에 적절하지 **않은** 것은?

① ⓐ: 갖추는
② ⓑ: 꾸려 나갈
③ ⓒ: 잊히거나
④ ⓓ: 생겨난
⑤ ⓔ: 따르기만

[3-4] 다음 글을 읽고 물음에 답하시오.

집단 지성은 어떠한 상황에서 등장했을까? 첫째, 대중 교육의 확산으로 ⓐ신장된 대중의 지성을 신뢰함으로써 발현될 수 있었다. 대중은 집단 지성에 의해 얼마든지 현명한 판단을 내릴 수 있으며, 때로는 소수 전문가의 판단보다는 다수의 판단이 더 정확할 가능성이 높다. 둘째, 지식과 정보가 자유롭게 소통, 교류될 수 있는 기술적 지원으로 가능해졌다. 현대의 대중들은 대부분 웹을 통해 정보를 ⓑ축적하고 교류한다. 이때 정보의 긍정적 측면은 수용되고, 정보의 부정적 측면은 개인이나 집단에 의해 ⓒ시정되어 지식의 정확성과 공정성이 강화된다. 이는 네트워크적 협업 방식을 기반으로 한 지성이 발현되기 때문이다.

현대 사회에서는 ㉠폐쇄적 구조에서 형성된 ⓓ고착화된 지식이 아니라, ㉡개방적 구조에서 형성된 실제적이고 유용한 지식이 선호된다. 개방적 구조 속에서는 일반 대중도 집단 지성의 협업을 통해 다양한 능력을 발휘한다. 이러한 집단 협업은 개인들의 개별적 능력을 극대화한다. 이렇게 상호 협력 속에서 집단 협업을 통해 생산된 아이디어는 새롭게 진화해 나가며 혁신적인 아이디어 생태계를 ⓔ구축한다. 영역을 초월한 상태에서 개인은 또 다른 잠재력을 발휘하게 되는 것이다.

3 ㉠ : ㉡과 같은 의미 관계가 나타나는 것은?

① 확대 : 확보
② 소통 : 교류
③ 진화 : 발달
④ 혁신 : 보완
⑤ 생성 : 소멸

4 문맥상 ⓐ~ⓔ의 사전적 의미로 적절하지 <u>않은</u> 것은?

① ⓐ: 세력이나 권리 따위가 늘어난.
② ⓑ: 지식, 경험, 자금 따위를 모아서 쌓고.
③ ⓒ: 잘못된 것이 바로잡혀.
④ ⓓ: 어떤 상황이나 현상이 굳어져 변하지 않는 상태가 된.
⑤ ⓔ: 어떤 세력 따위를 몰아서 쫓아낸다.

3주

비문학 독해

이번 주에
배울 내용이야!

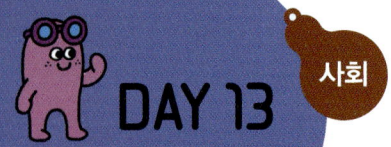

탄소세 부과

모르는 어휘에 ✅ 표시를 하고, 표시한 어휘에 주목하여 지문을 읽어 보시오.

☐ 감축   ☐ 부과   ☐ 촉진   ☐ 궁극적   ☐ 대두

》 한 문장으로 요약하기

❶ 문단 :

이산화 탄소를 많이 배출할수록 돈을 많이 벌 수 있었던 시대에서 이산화 탄소를 줄이지 못하면 살아남기 힘든 시대로 변했다. 이 시점에서 이산화 탄소가 포함된 온실가스를 감축하기 위한 방안 중 하나로 탄소세를 도입해야 한다는 주장이 제기되고 있다.

❷ 문단 :

'탄소세'는 화석 연료에 함유된 탄소 성분의 정도에 따라 세율을 달리하여 부과하는 조세를 말한다. 탄소세가 도입되면 탄소가 함유된 에너지의 가격이 인상되어 소비를 억제하는 효과가 나타난다. 그리고 화석 연료를 대체하는 에너지를 개발하려는 노력이 촉진되어 궁극적으로 온실가스 배출이 감소된다. 이러한 이유로 ㉮탄소세를 즉각 도입하자는 주장이 대두되었다.

❸ 문단 :

이와 달리, 우리나라의 여건을 고려하여 신중하게 도입하자는 주장이 있다. 우리나라는 화석 연료에 의존하는 산업 비율이 높기 때문에, 현 시점에서 탄소세를 도입하면 기업과 가계에 상당한 경제적 부담이 된다는 것이다. 또한 수입이나 소득에 비례하여 과세되는 직접세와는 달리, 탄소세는 구입하는 물건에 포함되어 부과되는 부가가치세나 유류세와 같은 간접세이다. 따라서 소득이 많건 적건 똑같은 세액을 부담하게 되므로, ㉠저소득층일수록 고소득층에 비해 세금에 대한 부담이 상대적으로 커질 수 있다는 우려가 있다.

❹ 문단 :

그런데 앞으로는 탄소 배출이 많은 무역 상품에 대해서는 환경 파괴에 대한 징벌적 성격의 관세가 부과될 것이다. 그러므로 화석 연료에 지나치게 의존하는 산업은 경제적 타격을 피할 수 없다. 따라서 가능한 한 빨리 탄소세를 도입해야 한다. 다만 탄소세로 거둬들인 세금을 친환경 부문에 지출하거나 에너지 복지 부문에 투입해야 한다. 다시 말해 대체 에너지를 개발하거나 에너지 절약을 실천하는 기업에 인센티브를 부여하는 것으로 기업의 경쟁력을 높일 수 있다. 에너지 빈곤 문제를 안고 있는 저소득층에는 보조금을 지급하는 등의 정책을 통하여 탄소세 도입으로 인한 불리함을 해소할 수 있다.

❺ 문단 :

이산화 탄소를 줄이는 문제는 이미 국가의 미래를 결정하는 중요한 변수가 되고 있다. 이 시점에서 탄소세를 도입하여 온실가스를 줄이는 데 기여하고, 급변하는 경제 상황에 효과적으로 대처해야 한다.

1 윗글의 내용 전개 방식으로 가장 적절한 것은?

① 자료를 활용하여 이론을 정립한 후 구체적 사례에 적용하고 있다.

② 전문가의 견해를 직접 인용하여 글쓴이의 관점을 드러내고 있다.

③ 구체적인 통계 수치를 제시하여 상대방의 의견을 반박하고 있다.

④ 다양한 학설에서 추출되는 공통점을 글쓴이의 주장의 근거로 삼고 있다.

⑤ 개념을 정의하고 대립되는 주장을 소개하며 글쓴이의 견해를 밝히고 있다.

3 다음 〈자료〉를 근거로 ㉮를 비판할 때, 가장 적절한 것은?

〔자료〕

탄소세를 도입하고 있는 나라는 스웨덴, 핀란드 등 몇 나라에 불과하다. 세계 이산화 탄소 배출량의 상당한 비중을 차지하는 미국과 중국을 비롯한 대부분의 나라들은 아직 탄소세를 도입하고 있지 않다.

① 화석 연료에 의존하는 산업 비율을 낮추려면, 대체 에너지 개발을 촉진해야 한다.

② 탄소세 도입 효과를 극대화하기 위해서는, 에너지 절약에 대한 정책적 지원이 필요하다.

③ 국제 무역 경쟁력 제고를 위해서는, 우리나라도 친환경 산업을 적극적으로 지원해야 한다.

④ 화석 연료에 대한 징벌적 관세를 피하려면, 이산화 탄소 배출을 감축할 수 있는 방안을 마련해야 한다.

⑤ 온실가스 감축의 실효성을 높이려면, 우리나라의 탄소세 도입에 앞서 국제적인 공조가 필요하다.

2 ㉠이 전제하고 있는 내용으로 가장 적절한 것은?

① 에너지 사용량이 많을수록 세율을 낮춰야 한다.

② 탄소세는 에너지 종류에 따라 달리 부과해야 한다.

③ 고소득층에 비해 저소득층의 세금 부담이 크면 안 된다.

④ 화석 연료 의존도를 낮추면 저소득층을 보호할 수 있다.

⑤ 국가 경제는 이산화 탄소 배출량 감축 여부에 달려 있다.

4 윗글에서 탄소세 도입의 궁극적인 목적을 찾아 20자 이내로 쓰시오.

DAY 13 기술

지역난방의 원리

| 교과 연계 |
중학교 과학 ③_에너지 전환과 보존

모르는 어휘에 ☑ 표시를 하고, 표시한 어휘에 주목하여 지문을 읽어 보시오.

☐ 열 병합　　☐ 계량기　　☐ 열 교환　　☐ 별도　　☐ 개별

≫ 한 문장으로 요약하기

❶ 문단 :

❷ 문단 :

❸ 문단 :

❹ 문단 :

❺ 문단 :

❻ 문단 :

　최근 많은 대단지 아파트는 지역난방의 방식을 이용하여 난방을 하고 있다. 지역난방이란 무엇이며, 어떤 과정으로 난방을 하는 것일까?

　지역난방은 열 병합 발전소나 쓰레기 소각장 등 열을 생산하는 시설에서 만든 중온수를 이용하여 난방하는 방식이다. 중온수는 높은 압력에서 100℃ 이상의 온도를 유지하는 물을 말한다. 열 병합 발전소는 아파트 2m 밖에 설치된 최초 차단 밸브까지 115℃의 중온수를 공급하는데 이때 열 손실을 최소화하기 위해 도로, 하천 등에 묻혀 있는 이중 보온관을 이용한다. 그리고 최초 차단 밸브 이후부터는 아파트의 관리 사무소에서 중온수를 관리한다. 중온수는 아파트 내의 기계실에 있는 판형 열 교환기의 전열판을 통과하면서 아파트의 각 세대를 난방하기 위해 순환하는 물을 데운다.

　이때 열 병합 발전소에서 보낸 중온수와 아파트를 순환하는 물은 섞이지 않고, 판형 열 교환기를 서로 반대 방향으로 통과하면서 열을 주고받는다. 이 과정에서 아파트를 순환하고 온 45℃ 정도의 물은 온도가 60℃까지 높아져 아파트 온수관을 통해 세대에 제공되고, 이 물이 세대에 설치된 온수 분배기를 거쳐 난방이 필요한 방들을 따뜻하게 만드는 것이다.

　각 세대에는 온도 조절기가 설치되어 있는데, 세대에서 설정한 온도가 되면 온도 센서가 이를 감지하여 온수의 공급을 멈추게 하고, 온도가 낮아지면 다시 온수를 공급하여 실내 온도가 일정하게 유지되도록 한다. 이렇게 세대에서 사용한 온수가 난방 계량기를 통과하면 흘러간 물의 양이 자동으로 측정되어 사용한 양만큼 요금이 부과된다.

　한편 열 교환을 마친 중온수는 열을 빼앗겨 65℃ 정도로 온도가 낮아진다. 이 물은 회수관을 통해 열 병합 발전소로 돌아가고, 재가열 과정을 거쳐 다시 아파트 기계실에 공급된다. 또한 각 세대의 난방수로 쓰이면서 온도가 낮아진 아파트의 물은 환수관을 통하여 아파트 기계실로 돌아오고, 이 물이 판형 열 교환기 내의 전열판을 거치면서 데워지는 과정을 반복함으로써 지속적인 난방이 가능해지는 것이다.

　이러한 지역난방은 난방을 위해 별도의 연료를 사용하는 것이 아니라 전기를 생산하거나 쓰레기를 소각하는 과정에서 발생하는 열을 이용하기 때문에 경제적이면서 친환경적이다. 또한 아파트나 개별 세대에 보일러와 같은 개별 난방 시설을 따로 설치할 필요가 없기 때문에 안전하고 편리하다.

1 윗글을 지역 신문에 싣고자 한다. 기사의 제목을 〈보기〉와 같이 붙일 때, 빈칸에 들어갈 부제로 가장 적절한 것은?

┌─ 보기 ─────────────────────┐
난방의 신개념, 지역난방
  – [   ]
└────────────────────────────┘

① 효율적인 에너지 활용이 가능해져
② 온도 조절이 획기적으로 편리해져
③ 다양한 분야에 널리 활용되고 있어
④ 판형 열 교환기의 개선이 선행되어야
⑤ 상용화를 위한 기반 시설을 마련해야

2 윗글을 읽고 심화 학습을 하기 위한 질문으로 가장 적절한 것은?

① 지역난방은 중온수를 이용한다고 했는데, 무엇을 중온수라고 하는가?
② 세대별로 요금이 부과된다고 했는데, 요금이 부과되는 기준은 무엇인가?
③ 세대로 난방수가 공급된다고 했는데, 각 세대에서 난방 온도를 조절하는 방법은 무엇인가?
④ 중온수가 아파트로 공급된다고 했는데, 그 과정에서 열 손실을 줄이기 위해 어떤 방법을 사용하는가?
⑤ 판형 열 교환기에서 열을 교환한다고 했는데, 판형 열 교환기의 내부에 있는 전열판은 어떤 구조로 되어 있는가?

3 윗글을 바탕으로 〈보기〉를 이해할 때, 적절하지 <u>않은</u> 것은?

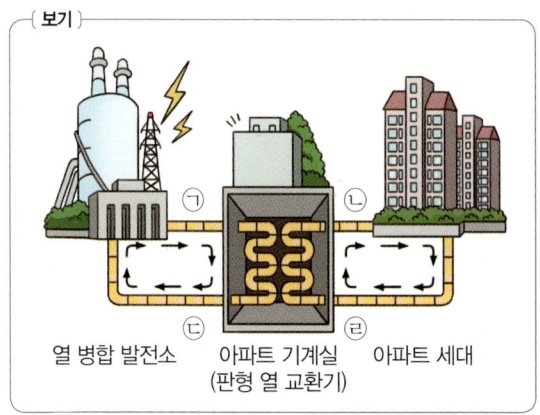

열 병합 발전소　　아파트 기계실　　아파트 세대
　　　　　　　　(판형 열 교환기)

① ㉠ 지점을 통과하는 물은 판형 열 교환기를 통과하면서 온도가 올라가겠군.
② ㉡ 지점에는 판형 열 교환기를 통과하면서 열을 얻은 60℃ 정도의 물이 흐르고 있겠군.
③ ㉢ 지점에는 판형 열 교환기를 통과하면서 열을 손실한 65℃ 정도의 물이 흐르고 있겠군.
④ ㉣ 지점에는 난방수로 사용되어 온도가 낮아진 물이 흐르고 있겠군.
⑤ ㉠ 지점을 통과하는 물은 ㉣ 지점을 통과하는 물이 열을 얻는 데 영향을 끼치겠군.

4 윗글에서 지역난방이 경제적, 친환경적이라고 할 수 있는 이유를 찾아 쓰시오.

_____

_____

어휘 완성하기

>> 다음 어휘의 뜻을 확인하고, 학습한 어휘에 ☑ 표시를 하시오.

□ **감축** 減 덜 감 縮 줄일 축	덜어서 줄임. 예 저축을 늘리기 위해 외식비 예산을 감축했다.	□ **열 병합** 熱 더울 열 併 아우를 병 合 합할 합	전기 생산과 열 공급을 동시에 진행함으로써 종합적인 에너지 이용률을 높이는 방식. 예 열 병합 발전은 버려지는 열을 난방에 활용한다.
□ **부과** 賦 부세 부 課 매길 과	세금이나 부담금 따위를 매기어 부담하게 함. 예 불법 주차로 과태료가 부과되었다.	□ **계량기** 計 셀 계 量 헤아릴 량 器 그릇 기	수량을 헤아리는 데 쓰는 기구. 예 에어컨을 틀 때마다 전기 계량기를 살펴보았다.
□ **촉진** 促 재촉할 촉 進 나아갈 진	다그쳐 빨리 나아가게 함. 예 판매 촉진을 위해 광고를 내보냈다.	□ **열 교환** 熱 더울 열 交 사귈 교 換 바꿀 환	한 물체에서 온도가 다른 물체로 열이 전달되는 일. 예 열 교환 장치는 높은 열을 가진 물에 냉각수를 순환시켜 열을 흡수하게 한다.
□ **궁극적** 窮 다할 궁 極 극진할 극 的 과녁 적	더할 나위 없는 지경에 도달하는 것. 예 기업의 궁극적 목표는 이윤 추구이다.	□ **별도** 別 나눌 별 途 길 도	1. 원래의 것에 덧붙여서 추가한 것. 2. 딴 방면. 예 할머니 댁에는 손님을 위한 방이 별도로 마련되어 있다.
□ **대두** 擡 들 대 頭 머리 두	머리를 쳐든다는 뜻으로, 어떤 세력이나 현상이 새롭게 나타남을 이르는 말. 예 빈부 격차는 전 세계적으로 대두되는 문제이다.	□ **개별** 個 낱 개 別 나눌 별	여럿 중에서 하나씩 따로 나뉘어 있는 상태. 예 반 친구들에게 선물할 초콜릿을 개별 포장했다.

확인 문제

1 〈보기〉에서 다음 어휘의 뜻을 골라 그 기호를 쓰시오.

보기
ㄱ 수량을 헤아리는 데 쓰는 기구.
ㄴ 한 물체에서 온도가 다른 물체로 열이 전달되는 일.
ㄷ 전기 생산과 열 공급을 동시에 진행함으로써 종합적인 에너지 이용률을 높이는 방식.

(1) 검침원이 방문하여 수도 계량기를 살펴보고 갔다. (   )
(2) 자동차 라디에이터는 열 교환을 통해 엔진 과열을 방지해 준다. (   )
(3) 열 병합 발전소가 건립될 예정이라는 소식에 지역 주민들이 반발했다.
(   )

2 다음 빈칸에 들어갈 알맞은 어휘를 괄호 안의 초성을 참고하여 쓰시오.

(1) 자아실현이 인생의 (ㄱㄱㅈ →   ) 목적이라는 견해가 있다.
(2) 시험을 앞두고 학원에서 (ㅂㄷ →   )로 보충 수업을 받기로 했다.
(3) 수업 시간에 (ㄱㅂ →   ) 행동을 하다가 선생님께 꾸중을 들었다.
(4) 평화를 위해서는 각 나라가 지속적으로 무기를 (ㄱㅊ →   )해야 한다.

3 문맥을 고려하여, 다음 문장의 괄호 안에 들어갈 알맞은 어휘를 고르시오.

(1) 정부는 장애인 고용 (촉발 / 촉진)을 위한 정책을 내놓았다.
(2) 시민 계급의 (대두 / 출두)를 배경으로 계몽주의가 발달했다.
(3) 도서관에서 빌린 책의 반납 기한을 놓쳐 연체료가 (부가 / 부과)되었다.

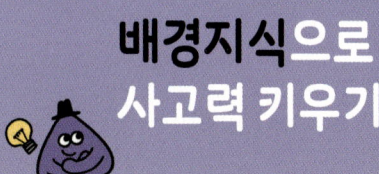

배경지식으로 사고력 키우기

교과서에서 찾는 배경지식

지구 온난화와 기후 변화

산업 혁명 이후 석탄, 석유와 같은 화석 연료 사용이 증가한 결과, 지구가 더워지고 있다. 온실가스의 배출이 늘어 온실 효과를 강화하면서 지구의 평균 기온이 급격히 상승한 것이다. 온실가스에서 가장 큰 비중을 차지하는 것은 이산화 탄소이다. 따라서 이산화 탄소를 흡수, 저장하는 기능을 가진 숲이 파괴되고 있는 현실도 이러한 지구 온난화를 가속화하는 데 일조하고 있다.

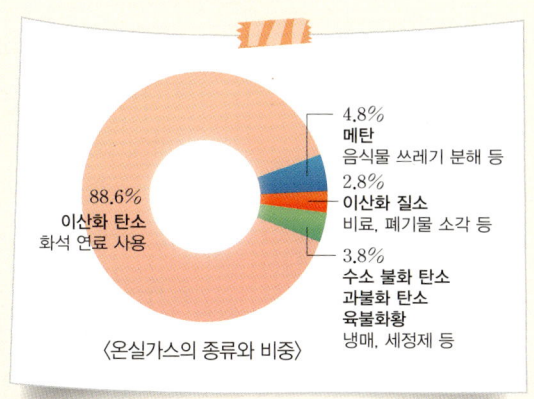

〈온실가스의 종류와 비중〉

88.6%
이산화 탄소
화석 연료 사용

4.8%
메탄
음식물 쓰레기 분해 등

2.8%
이산화 질소
비료, 폐기물 소각 등

3.8%
수소 불화 탄소
과불화 탄소
육불화황
냉매, 세정제 등

지구 온난화에 따른 기후 변화는 인간 생활에 큰 영향을 미치고 있다. 빙하가 감소하고 해수면이 상승하여 많은 섬나라가 지구상에서 사라질 위기에 놓여 있다. 또한 해류의 순환에도 영향을 미쳐 태풍, 홍수, 가뭄, 폭염, 폭설 같은 기상 이변이 빈번해졌고, 여름철 고온 현상이 증가하고 있기도 하다.

기후 변화에 따른 피해는 그 책임이 있는 곳에서만 입게 되는 것은 아니다. 이산화 탄소를 많이 배출해 온 선진국이나 현재 급성장하며 이산화 탄소를 많이 배출하고 있는 개발 도상국은 물론, 온실가스 배출량이 적은 저개발 국가에서도 그로 인한 피해를 입고 있다.

| 교과 연계 | **중학교 사회 ②_기후 변화**

논술형 문제

다음은 기후 변화에 대응하기 위한 국제 협약의 주요 내용이다. 윗글에서 알 수 있는 기후 변화에 따른 피해의 특징을 바탕으로, 온실가스에 대한 국제 사회의 대응 방안은 어떠해야 하는지 자신의 의견을 서술하시오.

파리 협약(2015년): 지구의 평균 기온이 산업화 이전과 비교해 2℃ 이상 상승하지 않도록 온실가스 배출량을 감축하는 것을 목표로 한 기후 변화 대응 방안이다. 195개 당사국 모두에게 구속력이 있으며, 차별적인 책임 원칙에 따라 선진국과 개발 도상국의 감축 목표 유형은 다르다. 또한 선진국은 개발 도상국의 기후 변화 대처 사업을 지원하도록 했다.

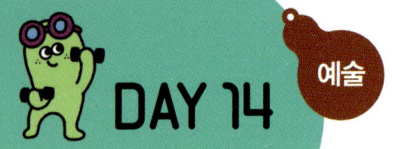

진경산수화

| 교과 연계 |
중학교 미술 ②_우리나라의 미술

모르는 어휘에 ☑ 표시를 하고, 표시한 어휘에 주목하여 지문을 읽어 보시오.

☐ 주체적　　☐ 감흥　　☐ 전기　　☐ 재현　　☐ 박진감

>> 한 문장으로 요약하기

❶ 문단 :

❷ 문단 :

❸ 문단 :

❹ 문단 :

❺ 문단 :

❻ 문단 :

　　18세기 조선에서는 진경산수화가 유행하였다. 진경산수화는 우리나라의 산하를 직접 답사하고 화폭에 담은 산수화이다. 무엇보다 진경(眞景)은 대상의 겉모습만을 묘사하지 않고, 대상의 본질을 표현한 그림임을 강조한 말이다. 하지만 대상의 본질에 대한 이해는 작가에 따라 다르게 나타났다.

　　이 시기의 대표적인 작가인 겸재 정선은 중국의 화법인 남종 문인화 기법을 바탕으로 우리 산하를 주체적으로 그렸다. 성리학에 깊은 이해를 가졌던 겸재는 재구성과 변형, 즉 과감한 생략과 과장으로 학문적 이상과 우리의 산하에 대한 감흥을 표현했다. 또한 겸재는 음과 양의 조화를 화폭에 담고자 했다.

　　㉠「구룡폭도」에서 물줄기가 내 눈 앞에서 쏟아지는 듯한 감흥을 표현하기 위해 겸재는 앞, 위, 아래에서 본 것을 모두 한 그림에 담아냈다. 폭포수를 강조하기 위해 물줄기를 길고 곧게 내려 긋고 위에서 본 물웅덩이를 과장되게 둥글게 변형하였다. 그림을 보는 이들이 폭포수의 감흥에 집중할 수 있도록 실재하는 폭포 너머의 봉우리를 과감히 생략했다. 절벽은 서릿발 같은 필선을 통해 강한 양의 기운을 표현한 반면 절벽의 나무는 먹의 번짐을 바탕으로 한 묵법을 통해 음의 기운을 그려냈다.

　　진경산수화의 새로운 전기를 마련한 이는 단원 김홍도이다. 국가의 공식 행사를 사실대로 기록하는 화원이었던 단원은 계산된 구도로 전대에 비해 더욱 치밀하고 박진감 넘치는 화풍을 보였다. 그는 초상화에 인물을 사실적으로 묘사하여 인물의 정신까지 담아내려고 한 것처럼 대상의 완벽한 재현으로 자연에서 느낀 감흥에 충실하려고 하였다. 특히 중국을 거쳐 들어온 서양 화법 중 원근법, 투시법 등을 수용해 보다 사실적인 경치를 그려내었다.

　　정조의 명을 받아 단원이 그린 「구룡연」은 금강산의 구룡 폭포를 직접 찾아가 그 모습을 담은 것이다. 흘러내리는 물줄기, 폭포 너머로 보이는 봉우리, 폭포 앞의 구름다리까지 사진을 찍은 듯이 생략 없이 그렸다. 과장과 꾸밈이 없이 보이는 그대로의 각도로 그린 것이다. 그리고 절벽 바위 하나하나의 질감을 나타내기 위해 선의 굵기와 농담에 변화를 주어 입체감 있게 표현하였다.

　　진경산수화는 우리나라의 산천이 곧 진경이라는 당시 사람들의 생각을 담고 있는 소중한 전통이다. 우리 산하를 진경으로 표현함에는 우리 국토에 대한 애정, 우리 문화에 대한 자긍심이 담겨 있다. 이러한 진경산수화는 19세기 여러 작가들에게 영향을 미쳤다.

1 윗글의 서술 방식에 대한 설명으로 적절한 것은?

① 작가 의식과 작품을 연관 지어 서술하고 있다.

② 작품의 독창성을 문답 형식으로 설명하고 있다.

③ 작품에 대한 여러 관점의 이론을 상호 비교하고 있다.

④ 화풍의 변천 과정에서 나타난 문제점을 제시하고 있다.

⑤ 작품의 예술성을 전문가의 평을 근거로 강조하고 있다.

2 윗글을 통해 알 수 있는 내용으로 적절하지 <u>않은</u> 것은?

① 겸재는 성리학자로서 자신의 학문적 이상을 화폭에 담으려고 하였다.

② 단원은 실재하는 경치의 감흥을 사실적인 묘사로 표현하고자 하였다.

③ 진경산수화는 서양 화법의 영향 없이 우리 고유의 화법으로 그려졌다.

④ 진경산수화는 우리 산하에 대한 관심이 높아진 시대 분위기를 반영하고 있다.

⑤ 겸재와 단원은 필선과 농담의 변화를 통하여 대상의 본질을 표현하고자 하였다.

3 ㉠과 〈보기〉를 비교한 설명으로 가장 적절한 것은?

──〈보기〉──

[1절] 박연 폭포가 흘러가는 물은 범사정•으로 감돌아든다.

[2절] 박연 폭포가 제 아무리 깊다 해도 우리네 양인(兩人)의 정만 못하리라.

[13절] 구만장천 걸린 폭포 은하수를 기울인 듯 신비로운 풍경에 심신이 새로워지누나.

(후렴) 에~ 에루화 좋고 좋다 어지럼마 디여라 내 사랑아

– 경기 민요, 「박연 폭포」 –

• 범사정(泛槎亭): 박연 폭포 앞에 있는 정자

① ㉠은 대상에 대한 감흥을, 〈보기〉는 자신들의 사랑을 표현하기 위해 폭포를 소재로 하고 있다.

② ㉠은 한 방향에서 바라본, 〈보기〉는 여러 방향에서 바라본 폭포를 표현하고 있다.

③ ㉠은 실재하는 대상을 생략하여, 〈보기〉는 대상과의 차이를 강조하여 폭포수에 집중하도록 하고 있다.

④ ㉠은 원근법을 활용하여, 〈보기〉는 흐르는 물의 모습을 묘사하여 폭포를 입체감 있게 표현하였다.

⑤ ㉠은 묵법을 활용하여, 〈보기〉는 자연물에 비유하여 음양의 원리를 표현하였다.

4 윗글을 읽고 겸재와 단원의 화풍을 다음과 같이 정리했다고 할 때, 빈칸에 들어갈 알맞은 내용을 각각 쓰시오.

겸재는 우리 산하에 대한 감흥을 재구성과 변형, 즉 (   )을 통해 표현하였다. 이에 비해 단원은 대상의 완벽한 재현으로 자연에서 느낀 감흥에 충실하고자 하였고, 따라서 자연을 (   )이 없이 보이는 그대로 그렸다.

종교적 인식의 틀

모르는 어휘에 ☑ 표시를 하고, 표시한 어휘에 주목하여 지문을 읽어 보시오.

☐ 초자연적 ☐ 실증적 ☐ 전제 ☐ 가시적 ☐ 속단

» 한 문장으로 요약하기

❶ 문단 :

　대다수의 원시 사회 또는 소규모 단순 사회에서는 초자연적인 존재나 힘이 자연 현상과 인간사에 관여할 수 있다고 믿어 왔다. 소규모 단순 사회에서 초자연적 힘에 기초한 '종교적 인식의 틀'이 어떻게 작용하는지를 알아볼 수 있는 좋은 예는 중앙아프리카 아잔데족의 '마력(魔力)'에 관한 믿음 체계에서 찾아볼 수 있다. 아잔데족은 사람은 모두 타인에게 해를 끼칠 수 있는 초자연적인 마력을 갖고 태어난다고 믿는다. 그리고 마력은 보이지 않는 방식으로 일상생활 전반에 걸쳐 작용한다고 보았다.

❷ 문단 :

　실증적이고 경험적인 설명 방식에 길들여져 있는 사람에게 아잔데인의 믿음 체계는 비합리적인 것으로 보이기 쉽다. 과학적인 관점에서 보면 경험적으로 증명할 수 없는 마력을 통해 주변의 일을 설명하려고 하는 아잔데인의 믿음 체계는 비과학적이라고 평가될 것이다. 하지만 이러한 믿음 체계를 갖고 있는 아잔데인을 무조건 비합리적이라고 취급할 수는 없다. 이는 마력에 대한 믿음의 전제가 '과학적인 인식의 틀'이라는 전제와 다르기 때문이다. 만약 우리가 '인식의 틀'이 다르다는 차이를 인정한다면 아잔데인의 믿음 체계 역시 일관성과 합리성이 있다고 볼 수 있다.

❸ 문단 :

　아잔데인의 믿음 체계는 특정한 사건이 우연이 아닌 필연에 의해 발생한다는 내적 논리 구조를 전제하고 있다. 마력을 토대로 한 아잔데인의 믿음 체계를 이러한 내적 논리 구조라는 측면에서 보면, 현재 세계의 많은 사람이 믿고 있는 세계 종교*와 동일하다고 볼 수 있다. 예를 들어 유교에서 거론하는 조상, 불교의 업보, 기독교와 이슬람교의 죄와 벌 등의 개념은 개인에게 발생하는 사건이 우연이 아닌 필연에 기초하고 있음을 전제로 한다. 둘의 차이점은, 마력에 대한 믿음을 지닌 아잔데인에 비해 세계 종교를 믿는 사람에게는 필연성을 바탕으로 한 설명이 적용되는 영역이 제약적이라는 점이다.

❹ 문단 :

　가시적으로 나타나는 사건을 연결하여 인과 관계를 설명하는 실증적인 인식 틀이 확산되면서 현대 사회에서 종교가 적용되는 영역은 점차 축소되어 왔다. 하지만 이러한 경향이 지속됨에 따라 인식의 틀로서의 종교의 역할이 사라질 것이라고 속단할 수는 없다. 아잔데인의 믿음 체계에서 보이는 것처럼 종교적 설명 양식은 비과학적으로 보인다고 할지라도 내적인 논리 구조를 지니고 있다는 점에서 과학적 인식의 틀과 함께 여전히 유효한 가치를 지니고 있다.

• **세계 종교**: 민족을 초월하여 인류의 대부분이 믿고 있는 종교.

1 윗글의 서술상 특징으로 가장 적절한 것은?

① 사례를 들어 대상의 특성을 구체화하고 있다.
② 대상을 친숙한 사물에 비유하여 설명하고 있다.
③ 대상 사이에 나타난 인과 관계를 설명하고 있다.
④ 시간의 흐름에 따른 대상의 변화를 제시하고 있다.
⑤ 대상에 대한 권위자의 견해를 제시하여 논지를 강화하고 있다.

3 윗글을 바탕으로 할 때, 〈보기〉의 빈칸에 들어갈 내용으로 가장 적절한 것은?

〔보기〕
• 사건: 아잔데인의 마을에 평소 남의 일에 참견하기를 좋아하는 사람이 있었다. 마을 잔치가 있었던 날 다른 사람들은 아무 탈이 없었는데 그 사람만 배탈이 나서 아픔을 호소하다가 쓰러졌다.
• 아잔데인이 생각하는 사건의 발생 원인: (   )

① 배탈은 누구에게나 자주 일어날 수 있는 병이기 때문이다.
② 누군가가 배탈이 난 사람에게 마력을 사용하였기 때문이다.
③ 누군가가 배탈이 난 사람에게 상한 음식을 먹였기 때문이다.
④ 배탈이 난 사람이 다른 사람보다 건강이 좋지 않았기 때문이다.
⑤ 배탈이 난 사람이 다른 사람보다 음식을 많이 먹었기 때문이다.

2 윗글을 통해 해결할 수 있는 질문으로 적절한 것은?

① 초자연적인 힘이 실제로 존재하는가?
② 세계 종교의 진정한 의미는 무엇인가?
③ 원시 사회에서의 종교의 역할은 무엇인가?
④ 현대 사회에서 가장 중요한 가치는 무엇인가?
⑤ 현대 사회에서 종교적 인식의 틀은 여전히 유효한가?

4 윗글에서 알 수 있는 '아잔데인의 믿음 체계'와 '세계 종교'의 공통점을 쓰시오.

〔조건〕
• '~ 측면에서 ~을 전제로 한다.'와 같은 형식의 한 문장으로 쓸 것.

어휘 완성하기

>> 다음 어휘의 뜻을 확인하고, 학습한 어휘에 ☑ 표시를 하시오.

□ 주체적 主 임금 주 體 몸 체 的 과녁 적	어떤 일을 실천하는 데 자유롭고 자주적인 성질이 있는 것. 예 문제를 스스로 해결하는 주체적인 태도를 갖자.	□ 초자연적 超 뛰어넘을 초 自 스스로 자 然 그럴 연	자연을 초월한 그 어떤 존재나 힘에 의한 것. 예 초능력자가 사물을 공중에 뜨게 하는 초자연적 능력을 보여 줬다.
□ 감흥 感 느낄 감 興 일 흥	마음속 깊이 감동받아 일어나는 흥취. 예 여행을 왔지만 아무 감흥이 없었다.	□ 실증적 實 열매 실 證 증거 증 的 과녁 적	사고(思考)에 의하여 논증하는 것이 아니고, 경험적 사실의 관찰과 실험에 따라 적극적으로 증명하는 것. 예 논문에 다양한 사례를 실증적으로 담았다.
□ 전기 轉 구를 전 機 틀 기	전환점이 되는 기회나 시기. 예 이사와 전학이 내게 전기가 되어 주었다.	□ 전제 前 앞 전 提 끌 제	어떠한 사물이나 현상을 이루기 위하여 먼저 내세우는 것. 예 약속은 당사자들이 서로 지킬 것을 전제로 한다.
□ 재현 再 두 재 現 나타날 현	다시 나타남. 또는 다시 나타냄. 예 이 그림은 현실을 있는 그대로 재현하고 있다.	□ 가시적 可 옳을 가 視 볼 시 的 과녁 적	눈으로 볼 수 있는 것. 예 정신과 달리 물질은 가시적이고 확실하다.
□ 박진감 迫 닥칠 박 眞 참 진 感 느낄 감	생동감 있고 활기차고 적극적이어서 현실적으로 느껴지는 느낌. 예 친구는 박진감 있게 경기 장면을 묘사했다.	□ 속단 速 빠를 속 斷 끊을 단	신중을 기하지 아니하고 서둘러 판단함. 예 경기 결과가 어떨지는 속단할 수 없다.

확인문제

1 다음 빈칸에 들어갈 알맞은 어휘를 괄호 안의 초성을 참고하여 쓰시오.

(1) 이번 시험에서 (ㄱㅅㅈ → _____)인 성과를 내기 위해 노력했다.

(2) 환상 문학은 (ㅊㅈㅇㅈ → _____)이고 비현실적인 이야기를 담고 있다.

(3) 우리 모두가 정치의 주인이라는 (ㅈㅊㅈ → _____)인 시민 의식이 필요하다.

(4) 조선 시대 실학은 백성의 생활을 이롭게 하기 위한 (ㅅㅈㅈ → _____)인 학문이었다.

2 다음의 밑줄 친 어휘와 바꿔 쓰기에 가장 적절한 어휘를 〈보기〉에서 찾아 쓰시오.

┌ 보기 ┐
감흥   속단   전기

(1) 양쪽 말을 듣기도 전에 지레짐작은 금물이다.
(_____)

(2) 산의 경치에서 느껴지는 흥취(興趣)를 담아 시를 지었다.
(_____)

(3) 4·19 혁명은 현대사에서 중대한 전환점(轉換點)이 되었다.
(_____)

3 다음 문장의 문맥을 고려하여, 괄호 안에 들어갈 알맞은 어휘를 고르시오.

(1) 헌법은 모든 인간은 평등하다는 것을 (전제 / 화제)로 한다.

(2) 영화 속 (박진감 / 부담감) 넘치는 추격 장면에 손에 땀을 쥐었다.

(3) 민속촌은 조상들의 생활 모습을 종합적으로 (재활 / 재현)한 공간이다.

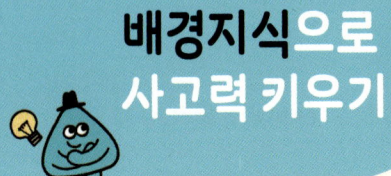
교과서에서
찾는
배경지식

조선 시대의 미술과 진경산수화

고구려, 신라, 백제 삼국의 문화가 융합되고, 당나라의 문화를 받아들인 통일 신라 시대는 불교 미술의 황금기였다. 또한 불교를 나라의 종교로 삼았던 고려 시대에는 화려하고 귀족적인 불교 미술이 주를 이루었다.

이와 달리 조선 시대에는 소박하고 실용적인 미술이 발달하였는데 그중에서도 회화의 발달이 두드러졌다. 특히 조선 후기에는 사회 변동과 의식의 변모를 배경으로 진경산수화가 유행하였다. 진경산수화는 화보나 다른 그림을 모방하지 않고 우리나라 산하를 직접 답사하여 화폭에 담았다. 진경산수화의 유행은 옛것을 모방하는 행위와 표현의 상투성에 대해 반성하고, 당대 현실에서 가치를 찾고자 했던 흐름과 관련이 있다. 또한 문인 사대부들의 자연 친화적 풍류 의식도 영향을 미쳤다.

진경산수화의 정형을 수립한 겸재 정선은 실제 경치를 단순히 재현한 것이 아니라 재구성을 통해 자연의 감흥을 구현하였다. 18세기 말에는 실제에 부합하는 보다 사실적인 기법을 강조했고, 이를 구현한 단원 김홍도의 화풍이 진경산수화의 새로운 양식으로 주목받았다.

|교과 연계| **중학교 미술 ②**_우리나라의 미술

논술형
문제

다음 (가) 그림과 (나) 시의 공통된 소재를 찾고, (가), (나)에서 각각 소재를 형상화한 방법을 정리해 보자. 그리고 이를 바탕으로 공통적으로 나타나는 표현상 특징을 서술하시오.

정선, 「금강산만폭동도」

(가) 이 그림은 금강산의 만폭동을 그린 작품으로, 좌우로 흘러내리는 물줄기들 사이에 깎아지른 금강대와 그 아래의 너럭바위, 경관을 바라보며 담소를 나누는 인물들을 형상화하였다. 경관을 크게 부각시키고 지질과 형세에 따라 필묵과 화법을 조절하는 정선의 화풍이 잘 드러나 있다.

(나) 행장을 간편히 하고 돌길에 지팡이를 짚어
　백천동을 지나 만폭동으로 들어가니
　은 같은 무지개, 옥 같은 용의 꼬리처럼
　폭포가 섞어 돌며 내뿜는 소리 십 리에 깔렸으니
　멀리서 들을 때는 우렛소리 같더니
가까이서 보니 눈이 날리는 것 같구나.
　　　　　　　　　－정철, 「관동별곡」 중에서

모래시계의 비밀

>> 한 문장으로 요약하기

❶ 문단 :

❷ 문단 :

❸ 문단 :

{ 모르는 어휘에 ☑ 표시를 하고, 표시한 어휘에 주목하여 지문을 읽어 보시오.

☐ 정밀   ☐ 측정   ☐ 유출   ☐ 단면적   ☐ 주기

모래시계는 위쪽과 아래쪽으로 용기가 나누어져 있고, 두 용기 사이는 좁은 구멍으로 연결되어 있다. 모래를 용기 윗부분에 위치하도록 모래시계를 뒤집어 놓으면 중력에 의해 윗부분에 있던 모래가 아래로 떨어진다. 모래가 떨어지는 시간이 일정하도록 조절해 놓았기 때문에, 모래시계는 모래가 다 떨어지는 데 걸리는 시간이 항상 같다. 제법 정밀하게 만든 모래시계는 초 단위까지 정확하다. 이로써 모래시계가 1회 모래를 떨어뜨리는 시간을 이용하여 일상 생활에서 일정 단위의 시간을 측정할 수 있다. 앞서 모래시계의 윗부분에 있는 모래는 중력에 의해 아래로 떨어진다고 하였다. 여기서 모래시계 윗부분에 존재하는 모래의 질량을 m이라고 하면, 모래가 받는 중력(F)은 '모래의 질량(m)×중력 가속도(g)'가 된다. 모래가 단위 시간 동안에 일정량만큼 떨어지면 △m(윗부분의 모래 질량 변화량)이 일정하기 때문에 중력(F)의 크기도 일정하게 줄어든다.

그렇다면 모래시계에서 모래가 빠져 나갈수록 중력(F)이 줄어들어 속도가 느려져야 할 것이다. 그런데 모래시계는 모래가 아래로 흘러내려 모래가 줄어들어도, 계속 일정한 양이 흘러나와 정확한 시간이 측정된다. 어떻게 속도가 느려지지 않는 것일까? 그것은 바로 마찰력 때문이다. 모래시계에서 모래가 떨어질 때, 모래시계 벽면에 붙어 있는 마찰력이 약한 모래층만 흘러내리고 그 외의 부분은 고정된 것과 마찬가지다. 벽면 가까이 있는 모래가 구멍을 따라 떨어지고 나면, 다시 그 벽면과 닿는 모래의 마찰력이 감소하여 구멍을 따라 떨어진다. 따라서 모래시계에서 모래가 떨어지는 속도는 윗부분 모래들이 누르는 압력과 관계가 없다.

[A] ⎡ 모래의 유출 속도는 모래시계 안에서는 시간에 따라 변하지 않고 일정하다. 그렇기 때문에 유출되는 구멍의 단면적과 모래의 양, 이 두 가지를 다르게 조절하면 다양한 주기의 모래시계를 만들 수 있게 된다. 구멍의 단면적이 넓을수록 유출되는 모래의 양은 많아지므로 모래시계의 주기가 짧아진다. 그리고 모래의 양이 많으면 오랜 시간에 걸쳐 떨어지므로 모래시계의 주기가 길어진다. 그렇기 때문에 모래시계의 주기를 늘이려면 유출되는 구멍의 크기를 줄이고 모래의 양을 늘려 주면 된다. 이때 모래는 알갱이의 크기가 일정하고, 습기를 완전히 제거한 상태여야 좋다. 정동진에 세워져 있는 모래시계는 정확도를 위해 모래 대신에 일정한 크기의 고분자 물질을 사용하였다.

수능형 문제

1 윗글에서 알 수 있는 내용으로 적절하지 <u>않은</u> 것은?

① 모래시계의 벽면 가까이에 있는 모래가 먼저 아래로 떨어진다.

② 모래 알갱이의 크기가 일정할수록 모래시계의 정확도는 높아진다.

③ 모래시계의 윗부분에 있는 모래의 양과 중력의 크기는 반비례한다.

④ 모래시계에서 모래가 다 떨어지는 데 걸리는 시간은 항상 일정하다.

⑤ 모래시계의 윗부분 모래들이 누르는 압력은 모래가 떨어지는 속도에 영향을 주지 않는다.

수능형 문제

2 [A]를 참고할 때, 모래시계의 주기가 가장 긴 것은?

	모래의 양	모래 유출 구멍의 면적
①	50	2
②	50	3
③	50	5
④	20	2
⑤	20	5

수능형 문제

3 윗글과 〈보기〉를 읽고 이해한 내용으로 가장 적절한 것은?

> ┌ 보기 ┐
> '패러독스 모래시계'는 입자 알갱이가 아래에서 위로 올라간다. 우리의 상식을 벗어나 중력의 반대 방향으로 모래가 움직이기 때문에 붙여진 이름이다. 패러독스 모래시계 안에는 기름 성분의 액체와 입자 알갱이가 들어 있다. 입자 알갱이는 모래가 아니라 기름 성분의 액체보다 밀도가 낮은 고분자 물질이다.
>
> 밀도가 낮은 고분자 알갱이가 아래쪽으로 가도록 패러독스 모래시계를 세워 놓으면 물에 기름이 뜨듯이 고분자 알갱이가 뜨게 된다. 모래시계 안에 일정한 밀도의 고분자 알갱이가 들어 있다면 구멍을 통과하는 속도가 일정하게 되므로, 고분자 알갱이는 일정한 시간 동안 위쪽으로 올라가게 된다.

① 패러독스 모래시계에는 중력이 작용하지 않는군.

② 일반 모래시계는 패러독스 모래시계보다 시간의 정확도가 더 높겠군.

③ 동일한 조건하에서 일반 모래시계는 패러독스 모래시계보다 주기가 길겠군.

④ 일반 모래시계와 패러독스 모래시계에 사용되는 재료의 특성은 동일한 것이군.

⑤ 일반 모래시계는 마찰력을, 패러독스 모래시계는 물질의 밀도 차를 이용한 것이군.

서술형 문제

4 윗글을 읽고 다음과 같이 정리했을 때 빈칸에 들어갈 알맞은 말을 차례대로 쓰시오.

> 모래시계에서 윗부분의 모래가 일정하게 줄어들면 중력의 크기는 일정하게 (   ). 하지만 모래시계에서 떨어지는 모래는 벽면에 붙어 있는 마찰력이 (   ) 모래층이므로 모래가 떨어지는 속도는 (   ) 않는다.

육식의 윤리적 문제

| 교과 연계 |
중학교 도덕 ②_인간과 자연의 관계

모르는 어휘에 ☑ 표시를 하고, 표시한 어휘에 주목하여 지문을 읽어 보시오.

☐ 수반　　☐ 유기적　　☐ 재고　　☐ 위해　　☐ 불가결

≫ 한 문장으로 요약하기

❶ 문단 :

　　오랫동안 인류는 동물들의 희생이 수반된 육식을 당연하게 여겨 왔으며 이는 지금도 진행 중이다. 그런데 이에 대해 윤리적 문제를 제기하며 채식을 선택하는 경향이 생겨났다. 이러한 경향을 취향이나 종교, 건강 등의 이유로 채식하는 입장과 구별하여 '윤리적 채식주의'라고 한다. 그렇다면 윤리적 채식주의의 관점에서 볼 때, 육식의 윤리적 문제점은 무엇인가?

❷ 문단 :

　　육식의 윤리적 문제점은 크게 개체론적 관점과 생태론적 관점으로 나누어 살펴볼 수 있다. 개체론적 관점에서 볼 때, 인간과 동물은 모두 존중받아야 할 '독립적 개체'이다. 동물도 인간처럼 주체적인 생명을 영위해야 할 권리가 있는 존재이다. 또한 동물도 쾌락과 고통을 느끼는 개별 생명체이므로 그들에게 고통을 주어서도, 생명을 침해해서도 안 된다. 요컨대 동물도 고유한 권리를 가진 존재이기 때문에 동물을 단순히 음식 재료로 여기는 인간 중심주의적인 시각은 윤리적으로 문제가 있다.

❸ 문단 :

　　한편 ㉠생태론적 관점에서 볼 때, 지구의 모든 생명체들은 개별적으로 존재하는 것이 아니라 서로 유기적으로 연결되어 존재한다. 따라서 각 개체로서의 생명체가 아니라 유기체로서의 지구 생명체에 대한 유익성 여부가 인간 행위의 도덕성을 판단하는 기준이 되어야 한다. 그러므로 육식의 윤리성도 지구 생명체에 미치는 영향에 따라 재고되어야 한다. 예를 들어 대량 사육을 바탕으로 한 공장제 축산업은 인간에게 풍부한 음식 재료를 제공한다. 하지만 토양, 수질, 대기 등의 환경을 오염시켜 지구 생명체를 위협하므로 윤리적으로 문제가 있다.

❹ 문단 :

　　결국 우리의 육식이 동물에게든 지구 생명체에든 위해를 가한다면 이는 윤리적이지 않기 때문에 문제가 있다. 인류의 생존을 위한 육식은 누군가에게는 필수 불가결한 면이 없지 않다. 그러나 인간이 세상의 중심이라는 시각에 젖어 그동안 우리는 인간 이외의 생명에 대해서는 윤리적으로 무감각하게 살아왔다. 육식의 윤리적 문제점은 인간을 둘러싼 환경과 생명을 새로운 시각으로 바라볼 것을 요구하고 있다.

정답과 해설 · 34쪽

1 윗글의 중심 내용으로 가장 적절한 것은?

① 윤리적 채식의 기원
② 육식의 윤리적 문제점
③ 지구 환경 오염의 실상
④ 윤리적 채식주의자의 권리
⑤ 독립적 개체로서의 동물의 특징

2 윗글의 논지 전개 방식에 대한 평가로 가장 적절한 것은?

① 중심 화제에 대한 자료의 출처를 밝힘으로써 주장의 신뢰성을 높이고 있다.
② 중심 화제에 대해 상반된 견해를 제시함으로써 주장의 공정성을 확보하고 있다.
③ 중심 화제에 대한 전문가의 말을 직접 인용함으로써 주장의 객관성을 높이고 있다.
④ 중심 화제에 대해 두 가지 관점으로 나누어 접근함으로써 주장의 타당성을 높이고 있다.
⑤ 중심 화제에 대해 가설을 설정하고 현상을 분석함으로써 주장의 적절성을 높이고 있다.

3 ㉠을 지닌 사람들이 〈자료〉에 대해 보일 반응으로 가장 적절한 것은?

〔자료〕

옥수수, 사탕수수 등을 원료로 하는 바이오 연료는 화석 연료에 비해 에너지 효율은 낮지만 기존의 화석 연료를 대체하는 신재생 에너지로 주목받고 있다. 브라질에서는 넓은 면적의 열대 우림을 농경지로 개간하여 바이오 연료를 생산함으로써 막대한 경제적 이익을 올리고 있다. 하지만 바이오 연료는 생산 과정에서 화학 비료나 농약 등을 과도하게 사용하여 여러 환경 문제를 발생시켰다. 또한 식량 자원을 연료로 사용함으로써 식량 보급에 문제를 발생시켰다.

① 바이오 연료 생산으로 열대 우림이 파괴되는 것도 인간에게 이익이 되는 일이라면 가치가 있다.
② 바이오 연료는 화석 연료에 비해 에너지 효율이 낮지만, 대체 에너지 자원으로 적극 활용해야 한다.
③ 바이오 연료가 식량 문제를 발생시켰지만, 신재생 에너지이므로 환경 문제를 해결하는 데에는 긍정적이다.
④ 바이오 연료는 친환경 에너지원으로 보이지만, 그 생산 과정을 고려하면 지구 생명체에 유해한 것으로 보아야 한다.
⑤ 바이오 연료의 생산은 지구의 농경지를 확대하여 인류 전체의 식량 문제를 해결할 수 있으므로 적극 권장되어야 한다.

4 윗글에서 알 수 있는 '윤리적 채식주의'의 동물에 대한 관점을 〈조건〉에 맞게 쓰시오.

〔조건〕
• '동물은 ~이고, ~이다.'와 같은 문장 형식으로 쓸 것.

>> 다음 어휘의 뜻을 확인하고, 학습한 어휘에 ☑ 표시를 하시오.

☐ **정밀** 精 정할 정 密 빽빽할 밀	아주 정교하고 치밀하여 빈틈이 없고 자세함. 예 건강 검진 결과 정밀 검사를 권유받았다.	☐ **수반** 隨 따를 수 伴 짝 반	1. 붙좇아서 따름. 2. 어떤 일과 더불어 생김. 예 법률은 국가의 강제력을 수반한다.
☐ **측정** 測 헤아릴 측 定 정할 정	일정한 양을 기준으로 하여 같은 종류의 다른 양의 크기를 잼. 예 혈압 측정 결과는 정상이었다.	☐ **유기적** 有 있을 유 機 틀 기 的 과녁 적	생물체처럼 전체를 구성하고 있는 각 부분이 서로 밀접하게 관련을 가지고 있어서 떼어 낼 수 없는 것. 예 글을 이룬 요소들은 유기적으로 얽혀 있어야 한다.
☐ **유출** 流 흐를 유 出 날 출	밖으로 흘러 나가거나 흘러 내보냄. 예 원자력 발전소에서 방사능 유출 사고가 일어났다.	☐ **재고** 再 두 재 考 돌아볼 고	어떤 일이나 문제 따위에 대하여 다시 생각함. 예 이 결론은 너무나 분명하여 재고의 여지가 없다.
☐ **단면적** 斷 끊을 단 面 낯 면 積 쌓을 적	물체를 하나의 평면으로 자른 면의 넓이. 예 이 섬유는 단면적이 불과 1㎟ 정도인 가느다란 실이다.	☐ **위해** 危 위태할 위 害 해할 해	위험과 재해를 아울러 이르는 말. 예 그는 국가 안보에 위해를 가했다는 누명을 썼다.
☐ **주기** 週 돌 주 期 기약할 기	같은 현상이나 특징이 한 번 나타나고부터 다음번 되풀이되기까지의 기간. 예 패션의 유행 주기가 점점 짧아지고 있다.	☐ **불가결** 不 아닐 불 可 옳을 가 缺 이지러질 결	없어서는 아니 됨. 예 물은 생명체에게 불가결한 요소이다.

확인문제

1 다음 문장의 문맥을 고려하여, 괄호 안에 들어갈 알맞은 어휘를 고르시오.

(1) 유조선 침몰 사고로 인한 기름 (노출 / 유출)로 바다가 오염되었다.

(2) 인간다운 삶을 위해 자유는 필수 (불가결 / 불가능)의 조건이다.

(3) 총탄이 쏟아졌지만 적에게 아무런 (위반 / 위해)도 주지 못했다.

2 다음 빈칸에 들어갈 알맞은 어휘를 괄호 안의 초성을 참고하여 쓰시오.

(1) 안경을 맞추기 위해 병원에 가 시력을 (ㅊㅈ →   )했다.

(2) 내가 어릴 때 우리 집은 이 년 (ㅈㄱ →   )로 이사를 다녔다.

(3) 나무를 사람 가슴 높이로 잘라 줄기의 (ㄷㅁㅈ →   )을 구했다.

(4) 인간은 타인과 끊임없이 (ㅇㄱㅈ →   ) 관계를 맺으며 사는 사회적 동물이다.

3 다음의 밑줄 친 어휘와 바꿔 쓰기에 가장 적절한 어휘를 〈보기〉에서 찾아 쓰시오.

┌─ 보기 ─────────────────────┐
      수반   재고   정밀
└──────────────────────────┘

(1) 시계 제작에는 정교(精巧)한 작업이 요구된다.

            (   )

(2) 정보화와 인터넷의 발달은 많은 순기능과 함께 역기능도 동반(同伴)한다.

                                 (   )

(3) 학생들은 학교 측에 등록금 인상 방안을 재론(再論)해 달라고 요청했다.

                       (   )

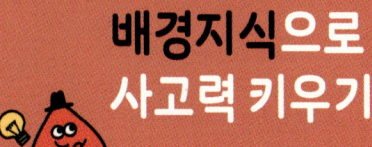
교과서에서
찾는
배경지식

자유 낙하 하는 물체의 운동

번지 점프는 몸을 줄로 단단히 묶고 절벽 같은 높은 곳에서 뛰어내리는 스포츠로, 높은 곳에서 떨어질 때의 아찔한 느낌을 경험해 볼 수 있다. 그런데 이때 떨어질수록 속력은 어떻게 될까? 번지 점프나 스카이다이빙을 할 때 공기 저항이 없다면 사람에게 중력만 작용하여 시간에 따라 속력이 일정하게 빨라지는 자유 낙하 운동을 한다. 자유 낙하 하는 물체는 낙하하는 동안 아래 방향으로 일정한 크기의 중력을 계속 받기 때문에 같은 시간 동안 이동한 구간 거리가 시간에 따라 일정하게 커진다. 물체 사이의 시간 간격이 일정할 때 물체가 이동한 거리는 속력을 뜻하므로, 자유 낙하 하는 물체는 시간에 따라 속력이 일정하게 커지는 셈이다.

그렇다면 몸무게가 많이 나가는 사람은 적게 나가는 사람보다 더 빨리 떨어질까? 공기 중에서 공과 깃털을 같은 높이에서 동시에 떨어뜨리면 공이 먼저 바닥에 도착한다. 하지만 진공에서 공과 깃털이 같은 높이에서 동시에 자유 낙하 할 때는 두 물체가 동시에 바닥에 도달한다. 자유 낙하 하는 물체는 질량과 관계없이 속력이 빨라지는 정도가 같기 때문이다. 지표면 근처에서 자유 낙하 하는 모든 물체는 1초에 약 9.8m/s씩 속력이 일정하게 빨라진다. 물체에 작용하는 중력의 크기는 무게와 같으며 무게는 질량에 비례하므로 물체가 자유 낙하 할 때의 속력 변화량인 9.8에 질량을 곱하여 중력의 크기를 구할 수 있다.

| 교과 연계 | 중학교 과학 ③_물체의 운동

논술형
문제

동일한 공이 달과 지구의 같은 높이에서 자유 낙하 한다고 할 때, 공이 더 빨리 떨어지는 곳은 어디인지 근거를 구체적으로 밝혀 서술하시오. (단, 지구는 달보다 중력이 6배 크게 작용함.)

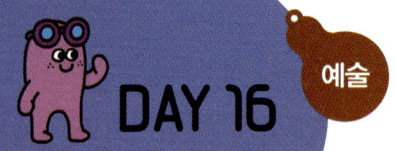
음악은 언어다

모르는 어휘에 ☑ 표시를 하고, 표시한 어휘에 주목하여 지문을 읽어 보시오.

☐ 부각   ☐ 고안   ☐ 기반   ☐ 표출   ☐ 표상

≫ 한 문장으로 요약하기

❶ 문단 :

❷ 문단 :

❸ 문단 :

❹ 문단 :

사람들은 음악을 소리로써 무언가를 표현하는 언어에 비유하곤 한다. '음악은 언어다.'라는 말에 담겨진 다양한 의미는 오랜 역사를 통해 여러 관점에서 연구되었다. 언어가 어떤 내용을 전달하는 것처럼 음악도 무언가를 표현한다고 여겼고 이런 점에서 특히 '음악은 감정을 표현하는 언어다.'라는 측면이 부각되었다.

16세기 르네상스 시대에 들어서면서 고대 그리스 철학자들이 중시했던 음악의 도덕적 작용보다는 음악이 지닌 감정적 효과에 관심을 가지기 시작했으며 이는 언어, 즉 가사를 통해 사람의 마음 상태나 사물 혹은 환경 등을 잘 묘사하려는 구체적인 시도들로 나타났다. 시인과 음악가들의 문예 모임인 피렌체의 '카메라타'는 고대 그리스 비극에서처럼 연극과 음악이 결합된 예술을 지향했다. ㉠이를 위해서는 음악이 가사의 내용을 잘 전달할 수 있어야 했다. 그래서 이전까지의 여러 성부가 동시에 서로 다른 리듬으로 노래하는 다성 음악 양식은 그에 적합하지 않다고 여겼다. 그 대신 그들은 가사를 잘 전달할 수 있는 단선율 노래인 모노디 양식을 고안하였다. 이는 후에 오페라의 탄생에 영향을 주었으며, 가사와 그것이 나타내는 감정의 표현에 대한 관심이 증대되었음을 보여 주는 것이다.

17세기 바로크 시대에 이르러 음악이 감정을 표현한다는 생각은 ㉡감정 이론으로 체계화되었다. 이것은 우리의 마음 상태를 기쁨, 분노, 비통함 등의 단어로 표현하듯이, 특정한 정서가 그것을 연상시키는 음정, 화성, 선율, 리듬과 템포 등을 통해 재현될 수 있다고 믿는 것이다. 여기서 중요한 점은 작곡자는 자신의 감정을 드러내는 사람이기보다는 다른 사람의 감정을 그리는 화가에 비유된다는 것인데, 이때 음악에서 묘사되는 감정은 개인적이고 주관적인 감정이 아니라 공동체를 기반으로 한 유형화된 감정이었다.

그렇지만 그 영향력은 점차 약화되어 18세기 중반에 이르러, 감정 표현은 '서술 원리'에서 표출 원리로 변하였다. 철학자 헤겔은 음악의 본질적 특성을 주관적 내면성으로 보았는데, 이것은 누구나 느낄 수 있는 객관적인 감정과는 달리 자신의 내면에서 나오는 추상적인 감정이기 때문에 규정할 수 없는 것이다. 바로 그 점 때문에 그는 가사를 가진 음악이 더 낫다고 생각했다. 즉 기악이 만들어 내는 추상성은 더 구체적이고 명료한 표상으로 나아가기 위해 언어로 보완될 필요가 있었던 것이다.

1 윗글의 내용과 일치하지 <u>않는</u> 것은?

① 음악에는 인간의 감정이나 의사를 전달하는 기능이 있다.

② 내용 전달 목적의 노래에서는 다성 음악 양식이 효과적이다.

③ 고대 그리스 철학자들은 음악의 도덕적 기능을 중시하였다.

④ 르네상스 음악은 인간의 마음을 가사로 전달하고자 하였다.

⑤ 고대 그리스 비극은 연극과 음악이 결합된 예술 양식이었다.

2 윗글의 맥락을 고려할 때, 표출 원리가 의미하는 바는?

① 화성과 선율로 인간의 보편적인 감정을 표현하는 것

② 공동체를 기반으로 한 유형화된 감정을 표현하는 것

③ 자신의 내면과 관련된 개인적인 감정을 표현하는 것

④ 기악이 만들어 내는 추상적인 아름다움을 표현하는 것

⑤ 내용과는 무관한 형식 자체의 아름다움을 표현하는 것

3 〈보기〉는 ㉠과 다른 입장이다. 〈보기〉의 밑줄 친 부분을 뒷받침할 수 있는 내용으로 가장 적절한 것은?

〔보기〕

오페라의 레치타티보는 주인공의 감정을 충실히 전달하고자 하는 일종의 읊조림과 같은 것이다. 하지만 실상 레치타티보에서 음악은 시녀로 전락하고 만다. 이것은 <u>감정 표현을 위한 언어가 음악과 합치하지 않고 오히려 음악을 방해하고 음악과 대립하게 된다</u>는 사실을 보여 주는 증거이다.

① 끊임없이 바뀌는 색채와 형체의 만화경처럼 음악의 음들은 끊임없이 스스로 변화 발전하여 아름다운 음악적 형상과 음색을 만들어 내는 것이다.

② 동백꽃은 향기가 없고, 백합은 색깔이 없다. 장미는 향기와 색깔을 모두 지니고 있지만 장미가 더 아름답다고 말할 수 없다. 이들은 모두 저마다 아름답기 때문이다.

③ 언어를 위한 시가 있듯이 감각을 위한 시가 존재한다. 우리에게 필요한 것은 감각을 위한 언어를 가지고 우리 안에 잠재해 있는 예술에 대한 감각을 일깨우는 일이다.

④ 춤이 감정과 생각을 몸동작과 표정으로 전달하기 위해서 춤의 형식이 갖고 있는 아름다운 율동성을 버리면 버릴수록, 형식은 없고 의미만 있는 팬터마임에 가까워질 뿐이다.

⑤ 조화로운 구도의 사진이 우리의 눈을 즐겁게 하는 것은 곧 마음을 기쁘게 하는 것과 같다. 따라서 우리는 조화의 법칙을 연구하여 완벽한 표현을 위한 특별한 것을 빌려 와야 한다.

4 윗글에서 ㉡의 음악의 감정 표현에 대한 관점을 찾아 50자 내외의 한 문장으로 쓰시오.

_____

_____

화이론의 개념과 의식 변화

| 교과 연계 |
중학교 역사 ②_조선 사회의 변동

모르는 어휘에 ✔ 표시를 하고, 표시한 어휘에 주목하여 지문을 읽어 보시오.

☐ 발흥   ☐ 표방   ☐ 명맥   ☐ 풍미   ☐ 경종

>> 한 문장으로 요약하기

❶ 문단 :

❷ 문단 :

❸ 문단 :

❹ 문단 :

❺ 문단 :

화이론(華夷論)은 세계를 문명인 중화(中華)와 야만인 오랑캐로 나누어 보는 세계관이다. 화이론은 중국에 한족 중심 국가가 건설되면서 생겨났다. 유교 문화의 발흥과 함께 유교 문화가 유지되는 곳이 중화이고 그렇지 않은 곳을 야만으로 보았던 것이다.

이에 대해 일찍이 공자는 "나는 구이(九夷)●에 가서 살고 싶다. 군자가 사는 곳에 어찌 비루함이 있겠는가."라고 말했는데, 그것은 예악(禮樂)을 갖춘다면 오랑캐도 중화가 될 수 있다는 논리였다. 그 논리는 주변 민족이 자신들의 유교 문화를 자부할 수 있는 논리로 발전해 나갔다. 우리나라도 고려 시대 이래 '소중화(小中華)'를 칭하며 우리의 문화가 중국에 버금간다고 자부했다. 유교 국가를 표방한 조선에서 그 의식이 더 강해졌다.

소중화 의식이 질적으로 비약한 계기는 병자호란과 명의 멸망이었다. 유교 국가인 조선의 굴복과 명의 멸망은 조선의 지식인들에게 '유교의 명맥을 보위해야 한다.'라는 책임감을 안겨 주었다. 그것은 난세에 태어나 유교를 창시해 바른 도리를 세웠던 공자와 남송에서 태어나 유학 정신을 다시 밝힌 주자의 실천을 계승하는 일이었다. 그렇기 때문에 17세기 전반 우리나라에서는 유교 문화, 곧 중화를 구현하기 위한 수많은 주장과 논쟁이 활발히 벌어지곤 했다.

18세기에 접어들면서 그와 같은 사고에도 변화가 생겨났다. 가장 큰 변화는 조선 지식인들 사이에서 중화 문화를 실현했다는 자신감이 생긴 일이었다. 그 입장은 조금 더 나아가면 조선의 문화가 유교 문화의 정수라고 자부하는 것으로 발전했다. 조선의 국토, 역사, 어문, 풍속, 예술 등이 독자적 의미를 지녔던 것으로 사고했고, 조선의 고유함을 찾는 학풍, 문풍, 예술이 시대를 풍미했다.

소중화에 대한 사고의 전환을 촉구하는 진지한 비판도 있었다. 일부의 사람들은 조선에 문화 기준을 적용해 중화가 될 수 있다면 청나라에는 어찌 그 가능성이 없겠는가를 고민하고 있었다. 그 견해를 심화해 가장 날카로운 비판을 전개한 이는 홍대용이었다. 홍대용은 모든 사물의 상호 인식은 상대적임을 설파하며 자기중심 논리를 벗어날 것을 촉구했다. 그것은 '중화'조차도 상대적인 기준의 적용이며, 나아가 모든 사물, 문화는 나름의 가치를 지녔음을 강조하는 논리였다. 이러한 인식은 세계를 이분법적으로 사고하는 ㉠현대판 화이론에도 경종을 울리고 있다.

● **구이:** 중국에서 이르던 동쪽의 아홉 오랑캐.

1 윗글의 내용과 일치하지 <u>않는</u> 것은?

① 공자는 오랑캐도 중화가 될 수 있다고 생각하였다.

② 우리나라는 병자호란을 계기로 소중화 의식이 도입되었다.

③ 소중화에는 우리의 문화가 중국에 버금간다는 생각이 깔려 있다.

④ 홍대용은 중화에 대하여 상대적인 기준을 적용해야 한다고 보았다.

⑤ 17세기 조선에서는 중화를 구현하기 위한 수많은 논쟁들이 벌어지고 있었다.

3 윗글을 참고할 때, 〈보기〉의 선생님의 질문에 대한 학생의 대답으로 가장 적절한 것은?

┌─ 보기 ─────────────────────────
선생님: 박지원은 「북학의」 서문에서 청나라를 만주족(오랑캐)의 나라라며 배척했던 당시 지식인의 태도에 대해서 다음과 같이 말합니다.
"중국(청나라) 고유의 좋은 법이나 훌륭한 제도까지도 같이 몰아서 배척하고 있다. 그렇다면 어느 나라를 본떠서 행할 것인가?"
박지원의 이 말은 '중화'에 대한 어떤 입장을 반영하고 있을까요?
└─────────────────────────────

① 우리 조선이 유일하게 남은 중화라는 생각을 드러낸 것 같습니다.

② 우리가 소중화라는 생각을 버려야 한다는 생각을 드러낸 것 같습니다.

③ 유교 문화와 중화는 더 이상 관련이 없다는 생각을 드러낸 것 같습니다.

④ 중화는 이제 어느 곳에서도 실현될 수 없다는 생각을 드러낸 것 같습니다.

⑤ 자기중심적으로 중화를 판단하는 것은 옳지 않다는 생각을 드러낸 것 같습니다.

2 ㉠의 구체적 사례로 가장 적절한 것은?

① 이질적인 문화가 만나 새로운 문화를 만들어 낸다는 시각

② 하늘 아래 새로운 것이 없다는 점에서 역사도 순환한다는 시각

③ 서구 문화를 문명으로 보는 반면 그 이외의 것은 야만으로 보는 시각

④ 하나의 문명이 생기게 된 데에는 모두 그만한 사정이 있다고 보는 시각

⑤ 역사와 문화는 이전의 것을 바탕으로 더 나은 방향으로 발전한다는 시각

4 18세기에 우리나라의 '소중화 의식'에 나타난 변화 두 가지를 각각 한 문장으로 쓰시오.

_____

_____

_____

>> 다음 어휘의 뜻을 확인하고, 학습한 어휘에 ☑ 표시를 하시오.

□ **부각** 浮 뜰 부 刻 새길 각	어떤 사물을 특징지어 두드러지게 함. 예 광고는 제품의 장점을 부각하여 보여 준다.	□ **발흥** 發 필 발 興 일 흥	어떤 일이나 현상이 일어남. 예 개인주의는 자본주의의 발흥과 함께 발전했다.
□ **고안** 考 생각할 고 案 책상 안	연구하여 새로운 안을 생각해 냄. 예 청소를 쉽게 할 방법을 고안했다.	□ **표방** 標 표할 표 榜 방 붙일 방	어떤 명목을 붙여 주의나 주장 또는 처지를 앞에 내세움. 예 북한은 사회주의를 표방하는 정권이다.
□ **기반** 基 터 기 盤 소반 반	기초가 되는 바탕. 또는 사물의 토대. 예 「심청전」은 설화를 기반으로 한다.	□ **명맥** 命 목숨 명 脈 줄기 맥	1. 맥(脈)이나 목숨이 유지되는 근본. 2. 어떤 일의 지속에 필요한 최소한의 중요한 부분. 예 시조는 오랫동안 명맥을 유지하고 있다.
□ **표출** 表 겉 표 出 날 출	겉으로 나타냄. 예 불필요한 감정 표출은 자제하는 것이 좋다.	□ **풍미** 風 바람 풍 靡 쓰러질 미	바람에 초목이 쓰러진다는 뜻으로, 어떤 사회적 현상이나 사조 따위가 널리 사회에 퍼짐을 이르는 말. 예 1930년대 후반에는 모더니즘이 풍미했다.
□ **표상** 表 겉 표 象 코끼리 상	1. 감각에 의하여 획득한 현상이 마음속에서 재생된 것. 2. 지각(知覺)에 의하여 의식에 나타나는 외계 대상의 상(像). 예 관념은 마음속에 나타나는 표상을 말한다.	□ **경종** 警 깨우칠 경 鐘 쇠북 종	잘못된 일이나 위험한 일에 대하여 경계하여 주는 주의나 충고를 비유적으로 이르는 말. 예 이 사건은 우리 사회의 안전 불감증에 경종을 일으키고 있다.

확인 문제

1 다음의 밑줄 친 어휘와 바꿔 쓰기에 가장 적절한 어휘를 〈보기〉에서 찾아 쓰시오.

> ┌ **보기** ┐
> 고안   부각   표출

(1) 동생은 뚱한 표정으로 불만을 은근히 노출(露出)했다.
(   )

(2) 사람들의 입맛을 사로잡을 새로운 맛의 과자를 개발(開發) 중이다.
(   )

(3) 우리 회사의 긍정적인 면을 강조(强調)할 수 있는 홍보 방안을 제시해 보세요.
(   )

2 다음 빈칸에 들어갈 알맞은 어휘를 괄호 안의 초성을 참고하여 쓰시오.

(1) 머릿속의 (ㅍㅅ →   )을 그림으로 표현했다.
(2) 마약 범죄에 대한 엄한 처벌로 (ㄱㅈ →   )을 울려야 한다.
(3) 고구려는 주변국과 전쟁을 치르며 나라의 (ㄱㅂ →   )을 닦았다.
(4) 어린 학생들 사이에서도 외모 지상주의가 (ㅍㅁ →   )하고 있다.

3 문맥을 고려하여, 다음 문장의 괄호 안에 들어갈 알맞은 어휘를 고르시오.

(1) 세계 4대 문명은 모두 큰 강 유역에서 (발흥 / 발췌)했다.
(2) 다다이즘은 반이성, 반도덕, 반예술을 (모방 / 표방)한 예술 운동이다.
(3) 그는 사라져 가는 전통문화의 (명맥 / 명색)을 잇기 위해 평생을 바쳤다.

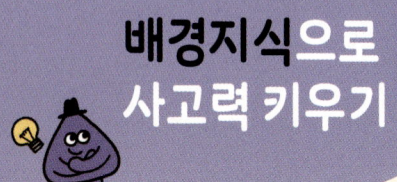
**교과서에서
찾는
배경지식**

척화론과 주화론

조선이 임진왜란의 피해를 복구하려 힘쓰고 있을 때 만주에서는 여진이 후금을 건국했다. 후금이 명을 공격하자 명은 조선에 군사 지원을 요청했고, 명의 계속되는 군사 요청에 당시 왕이었던 광해군은 강성해진 후금과 쇠퇴한 명 사이에서 중립 외교를 펼치며 후금과의 전쟁을 피했다. 이러한 광해군의 외교 정책은 명에 대한 의리와 명분을 중시한 서인의 반발을 불러일으켰고, 광해군을 몰아낸 인조와 서인 정권은 후금을 배척하고 명을 가까이하는 정책을 펼쳤다.

1627년, 후금은 조선을 침범했다가 조선과 형제 관계를 맺고 돌아갔으며 이후 조선과 군신 관계를 맺고 많은 물자와 군사를 보낼 것을 요구했다. 조선에서는 이를 외교적으로 해결하자는 주화론과 맞서 싸워야 한다는 척화론이 대립하였고 점차 척화론이 힘을 얻었다. 1636년, 후금은 나라 이름을 청으로 바꾸고 조선에 쳐들어왔는데, 이 전쟁이 병자호란이다. 청군이 남한산성을 포위한 가운데 척화와 주화 사이에서 논쟁이 벌어졌으나 강화도가 함락되자 결국 주화파의 주장에 따라 청과 굴욕적인 화의를 맺었다.

병자호란 이후 조선은 청과 사대 관계를 맺었지만 청에 대한 반감이 커지면서 청을 정벌하여 치욕을 씻어야 한다는 북벌론이 일어났다. 이에 반해 현실적으로 청과의 교류가 늘면서 청의 발달된 문물을 적극 수용해야 한다는 움직임 또한 나타났다.

| 교과 연계 | **중학교 역사 ②_조선 사회의 변동**

**논술형
문제**

청과의 화의에 대한 다음 두 신하의 의견을 보고, 당시 정세와 이후 전망, 대책 등을 고려할 때 자신이 왕이라면 '원칙'과 '현실' 중 어떤 의견을 받아들였을지 이유와 함께 서술하시오.

명은 왜적이 쳐들어왔을 때 조선을 도왔습니다. 어찌 의리를 저버릴 수 있겠습니까? 북방 오랑캐인 여진과 군신 관계를 맺는 것은 자존심을 버리는 일이요, 굴욕 그 자체입니다.

명분이 다가 아니지 않습니까. 지금은 힘이 부족합니다. 전쟁에는 막대한 피해가 따릅니다. 청의 요구를 받아들여 위기를 극복하고 나라를 보전해야 합니다.

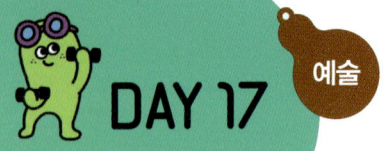

DAY 17 예술 인상파 회화

| 교과 연계 |
중학교 미술 ②_19세기 미술

모르는 어휘에 ☑ 표시를 하고, 표시한 어휘에 주목하여 지문을 읽어 보시오.

☐ 혹평　　☐ 일색　　☐ 배치　　☐ 의도적　　☐ 기법

>> 한 문장으로 요약하기

❶ 문단 :

1874년 모네가 평범한 항구의 모습을 그린 「인상, 해돋이」라는 작품을 출품했을 당시, 이 그림에 대한 미술계의 반응은 혹평 일색이었다. 비평가 루이 르루아는 비아냥 거리는 의미로 모네의 작품명에서 명칭을 따와 모네와 그의 동료들을 인상파라고 불렀다. ⓐ인상파 이전의 19세기 화가들은 배경지식 없이는 이해하기 힘든 특별한 사건이나 인물, 사상 등을 주제로 하여 그림을 그렸다. 그들은 주제를 드러내는 상징적 대상을 잘 짜인 구도 속에 배치하였고, 정교한 채색과 뚜렷한 윤곽선을 중요하게 여겼다. 그들의 입장에서 보면 대상을 의도적인 배치 없이 눈에 보이는 대로 거칠게 그린 듯한 ⓑ인상파 화가들의 그림은 주제를 알 수 없는 미완성품이었다.

❷ 문단 :

그렇다면 ㉠인상파 화가들의 그림 주제는 무엇일까? 인상파 화가들이 주제로 삼은 것은 빛이었다. 이들은 햇빛과 대기의 상태에 따라 대상의 색과 대상에 대한 인상이 달라진다는 사실에 주목하여 이를 그림으로 표현했다. 이들은 밝은 야외로 나가 햇빛 속에 보이는 일상적인 풍경과 평범한 사람들의 모습을 그렸다.

❸ 문단 :

인상파 화가들은 시간에 따라 달라지는 빛을 표현하기 위하여 새로운 기법으로 그림을 그렸다. 동일한 대상이라도 빛의 변화에 따라 색이 다르게 보이므로 사과의 빨간색이나 나뭇잎의 초록색 같은 대상의 고유한 색은 부정되었다. 이전의 화가들과 달리 이들은 자연광을 이루는 무지개의 일곱 가지 기본색과 무채색만을 사용하여 모든 색을 표현하였다. 서로 다른 색을 캔버스 위에 흩어 놓으면 멀리서 볼 때 밝은 빛의 느낌을 자연스럽게 표현할 수 있기 때문에 이들은 물감을 섞는 대신 캔버스 위에 원색을 직접 칠했다. 또한 대상의 순간적인 인상을 표현하기 위해 빠른 속도로 그려 나갔고 그 결과 화면에는 짧고 거친 붓자국이 가득하게 되었다. 대상의 윤곽선 역시 주변의 색과 섞여 흐릿하게 표현되었는데, 이는 시시각각 다르게 보이는 대상의 미묘한 변화와 그 인상까지 그림에 표현되는 효과를 낳게 되었다.

❹ 문단 :

인상파 화가들은 빛과 대상의 색, 그리고 대상이 주는 느낌을 그림의 주제로 삼으면서 그림이 다룰 수 있는 대상의 폭을 '주변에서 보이는 일상적인 풍경과 평범한 사람들의 모습'으로 넓혔다. 이전의 그림과 달리 인상파 그림은 주제를 이해하기 위한 배경지식을 더 이상 필요로 하지 않았다. 그저 눈으로 보고 느낄 수 있으면 될 뿐이었다.

1 윗글을 통해 답을 확인할 수 있는 질문이 <u>아닌</u> 것은?

① 인상파라는 명칭은 어떻게 붙여진 것일까?

② 인상파 그림의 미술사적 의의는 무엇일까?

③ 인상파 그림은 등장 당시에 왜 혹평을 받았을까?

④ 인상파 화가들은 대상의 색채를 어떤 방식으로 표현했을까?

⑤ 인상파라는 명칭에 대해 인상파 화가들은 어떤 반응을 보였을까?

2 ⓐ와 ⓑ를 비교한 내용으로 적절한 것은?

① ⓐ와 달리 ⓑ는 대상의 고유한 색을 중요하게 여겼다.

② ⓐ와 달리 ⓑ는 배경지식 없이 이해할 수 있는 그림을 그렸다.

③ ⓑ와 달리 ⓐ는 일상적인 풍경과 평범한 사람들을 주로 그렸다.

④ ⓑ와 달리 ⓐ는 자연광을 이루는 기본색과 무채색만으로 그림을 채색했다.

⑤ ⓐ와 ⓑ는 모두 정교한 채색을 중요하게 여겼다.

3 윗글을 바탕으로 〈보기〉를 감상한 내용으로 적절하지 <u>않은</u> 것은?

〔 보기 〕

〈전체〉　　　　　〈하단 네모 부분〉

이 작품은 모네의 「호수」로 인상파 회화의 특징을 잘 보여 주고 있다. 호수의 표면은 색을 섞는 대신 원색을 흩어 놓는 방식으로 그려졌고, 물결 위에 흔들리고 있는 보트의 윤곽선은 흐릿하게 표현되었다.

① 모네는 그림 속의 인물들을 의도적으로 배치했겠군.

② 모네는 호수의 물결에 반짝이는 빛에 주목하여 이 그림을 그렸겠군.

③ 모네는 이 그림을 통해 호수에 대한 자신의 느낌까지 표현하려고 했겠군.

④ 모네는 원색을 흩어 놓음으로써 호수 표면의 밝은 빛의 느낌을 자연스럽게 표현하려고 했겠군.

⑤ 모네는 보트의 윤곽선을 흐릿하게 표현하여 시시각각 다르게 보이는 보트의 미묘한 변화를 표현했겠군.

4 윗글에서 ㉠에 대한 답을 찾아 20자 내외로 쓰시오.

_____

_____

DAY 17 과학

바이러스의 특성

| 교과 연계 |
중학교 과학 ①_생물과 미생물

모르는 어휘에 ☑ 표시를 하고, 표시한 어휘에 주목하여 지문을 읽어 보시오.

☐ 생장　　☐ 변이　　☐ 증식　　☐ 대사　　☐ 생리

>> 한 문장으로 요약하기

❶ 문단 :

　눈으로 볼 수 없는 아주 작은 크기의 미생물도 생물이므로 생장, 그리고 유전과 변이라는 생명 현상의 특성을 보여 준다. 미생물에는 곰팡이, 박테리아, 바이러스 등이 있다. 곰팡이와 박테리아는 스스로 양분을 섭취하고, 이를 소화시켜 에너지를 얻으며, 생장과 증식 그리고 변이를 일으킨다. 그런데 ㉠바이러스는 살아가는 방법이 ㉡곰팡이와 같은 다른 미생물들과 조금 다르다. 바이러스는 다른 미생물과 달리 완전한 세포 구조를 갖지 않으므로 스스로 양분을 먹지도, 생장하지도 않으며, 대사 작용과 생리 작용도 하지 않는다. 게다가 다른 모든 생물들이 가지고 있는 핵을 갖고 있지 않은 대신에 유전 정보를 간직한 DNA나 RNA와 같은 핵산 분자를 가지고 있다. 바이러스는 DNA나 RNA를 보호하는 단백질 분자가 합쳐진 아주 간단한 모습을 하고 있다. 그렇지만 바이러스는 어떻게 해서든지 자신과 똑같은 자손을 만들어 내는 증식 능력이 있다.

❷ 문단 :

　바이러스는 숙주*가 없을 때에는 단순한 분자와 같은 무생물에 가깝지만, 숙주만 있다면 생물처럼 증식할 수 있다. 그래서 바이러스는 '생물과 무생물의 중간 존재' 혹은 '살아 있는 유전 물질'이라고 불리기도 한다. 바이러스는 세포 안에서 기생하기 때문에, 숙주가 되는 생물에게는 해로운 영향을 미쳐 여러 가지 병을 일으킨다.

❸ 문단 :

　사람들은 병의 원인을 알기 위해 많은 노력을 기울였는데, 그 결과 곰팡이, 박테리아, 바이러스 등의 미생물들이 병을 일으키는 병원균이라는 사실을 알게 되었다. 이들 병원균이 우리 몸에 들어와 병을 일으킬 때에는 반드시 '증식'이라는 한 가지 조건을 충족시켜야 한다. 병원균이 숙주 안으로 들어가더라도 증식하지 않으면 숙주에 별 영향을 미치지 못하지만, 이들은 좋은 환경을 만나면 쉽게 증식한다. 이들 가운데 곰팡이와 박테리아는 살균제와 항생제로 직접 죽일 수 있지만, 바이러스를 직접 죽일 수 있는 약은 거의 없다. 바이러스는 숙주의 세포 안에 살고 있어서 바이러스를 죽이려면 어쩔 수 없이 숙주 세포도 함께 피해를 입기 때문이다.

❹ 문단 :

　과학자들이 바이러스가 일으키는 병을 치료하기 위해 찾아낸 것이 바로 백신이다. 우리 몸은 한 번 경험한 병원균에 대해 두 번 다시 피해를 겪지 않으려고 항체를 만든다. 그래서 아주 약한 바이러스나 병을 일으키지 못하는 바이러스 종류를 백신으로 삼아 미리 몸에 주사하면 항체가 생겨 어느 정도 병을 예방할 수 있는 것이다. 그러나 바이러스는 어떻게 해서든지 살아남으려고 변이를 일으키기 때문에 새로운 병이 자꾸 나타난다. 이러한 바이러스의 특별한 성질을 제대로 알고 적극적으로 맞서야만 병을 피해 갈 수 있을 것이다.

• 숙주: 기생 생물(다른 생물에 붙어서 영양소를 섭취하며 사는 생물)에게 영양을 공급하는 생물.

1 윗글의 내용과 일치하지 <u>않는</u> 것은?

① 백신은 항체의 한 종류에 속한다.

② 박테리아는 눈으로 볼 수 없는 아주 작은 크기의 생물이다.

③ 바이러스는 유전 정보를 간직한 DNA나 RNA를 가지고 있다.

④ 병원균은 숙주의 몸 안으로 들어와 증식함으로써 숙주에게 병을 일으킨다.

⑤ 바이러스는 핵산 분자를 보호하는 단백질 분자가 합쳐진 모습을 하고 있다.

2 ㉠이 ㉡과 다른 점으로 적절한 것은?

① 핵을 가지고 있다.

② 스스로 생장할 수 없다.

③ 변이를 일으키기도 한다.

④ 스스로 양분을 섭취할 수 있다.

⑤ 완전한 세포 구조를 갖고 있다.

3 윗글로 보아, 다음 질문에 대한 답변을 〈보기〉에서 찾아 바르게 묶은 것은?

> 바이러스로 인한 질병을 치료하기 어려운 이유는 무엇인가요?

〔보기〕

ㄱ. 바이러스는 계속해서 변이를 일으키기 때문입니다.

ㄴ. 바이러스를 직접 죽이는 약을 만들기 어렵기 때문입니다.

ㄷ. 일부 바이러스는 숙주 세포 없이도 증식할 수 있기 때문입니다.

ㄹ. 우리 몸은 한 번 경험한 병원균에 대해 두 번 다시 피해를 겪지 않으려고 항체를 만들기 때문입니다.

① ㄱ, ㄴ   ② ㄱ, ㄷ
③ ㄴ, ㄷ   ④ ㄴ, ㄹ
⑤ ㄷ, ㄹ

4 윗글에서 알 수 있는 병원균의 종류와 그로 인한 질병의 치료 방법을 다음과 같이 정리할 때, ⓐ~ⓒ에 알맞은 말을 각각 쓰시오.

병원균의 종류	(ⓐ)	(ⓑ)
질병의 치료 방법	(ⓒ)로 직접 죽임.	백신 예방 접종

어휘 완성하기

» 다음 어휘의 뜻을 확인하고, 학습한 어휘에 ☑ 표시를 하시오.

☐ **혹평** 酷 심할 혹 評 평할 평	가혹하게 비평함. 예 내 작품에 대한 칭찬보다 혹평이 더 신경 쓰였다.	☐ **생장** 生 날 생 長 길 장	1. 나서 자람. 또는 그런 과정. 2. 생물체의 원형질과 그 부수물의 양이 늘어나는 일. 예 이 나무는 생장이 빠르고 곧게 자란다.
☐ **일색** 一 한 일 色 빛 색	그 한 가지로만 이루어진 특색이나 정경. 예 콘크리트 일색인 도시는 삭막한 분위기이다.	☐ **변이** 變 변할 변 異 다를 이	같은 종에서 성별, 나이와 관계없이 모양과 성질이 다른 개체가 존재하는 현상. 예 이리는 서식지에 따라 색깔의 변이가 다양하다.
☐ **배치** 配 나눌 배 置 둘 치	사람이나 물자 따위를 일정한 자리에 나누어 둠. 예 기분 전환을 위해 방 안의 가구 배치를 바꾸었다.	☐ **증식** 增 더할 증 殖 불릴 식	생물이나 조직 세포 따위가 세포 분열을 하여 그 수를 늘려 감. 또는 그런 현상. 예 현미경으로 세균의 증식을 관찰했다.
☐ **의도적** 意 뜻 의 圖 그림 도 的 과녁 적	무엇을 하려고 꾀하는 것. 예 그가 물을 엎지른 것은 실수가 아니라 의도적인 행동이었다.	☐ **대사** 代 대신할 대 謝 사례할 사	생물체가 몸 밖으로부터 섭취한 영양물질을 몸 안에서 분해, 합성하여 생체 성분이나 생명 활동에 쓰는 물질이나 에너지를 생성하고 필요하지 않은 물질을 몸 밖으로 내보내는 작용. 예 체온은 체내 대사 과정의 결과로 발생한다.
☐ **기법** 技 재주 기 法 법 법	기교(교묘한 기술이나 솜씨)를 나타내는 방법. 예 상감 청자는 상감 기법으로 무늬를 넣은 청자이다.	☐ **생리** 生 날 생 理 다스릴 리	생물체의 생물학적 기능과 작용. 또는 그 원리. 예 재채기를 하는 것은 자연스러운 생리 현상이다.

확인 문제

1 다음 빈칸에 들어갈 알맞은 어휘를 괄호 안의 초성을 참고하여 쓰시오.

(1) 술은 적당히 마시면 (ㄷㅅ →   )를 높이는 효과가 있다.

(2) 방사선 요법으로 암 세포의 (ㅈㅅ →   )을 억제할 수 있다.

(3) 개체는 놓인 환경의 차이나 유전자의 변화에 의해 (ㅂㅇ →   )가 일어난다.

(4) 뇌사는 뇌의 기능이 완전히 멈춘 상태로 (ㅅㄹ →   )로는 죽었다고 볼 수 있다.

2 다음의 밑줄 친 어휘와 바꿔 쓰기에 가장 적절한 어휘를 〈보기〉에서 찾아 쓰시오.

┌─ **보기** ─────────────────────┐
│   기법   생장   혹평   │
└───────────────────────────┘

(1) 이 작물은 <u>생육(生育)</u>에 필요한 기간이 다른 품종에 비해 짧다.

       (   )

(2) 소설의 <u>기교(技巧)</u>를 익힌다고 해서 뛰어난 소설가가 되는 것은 아니다.

       (   )

(3) 그의 작품은 생전에는 <u>악평(惡評)</u>만 들었지만 사후에는 높이 평가받았다.

       (   )

3 다음 문장의 문맥을 고려하여, 괄호 안에 들어갈 알맞은 어휘를 고르시오.

(1) 장식품들을 거실 곳곳에 보기 좋게 (배당 / 배치)했다.

(2) 합성 조미료 (일색 / 일품)이던 조미료 시장에 천연 조미료가 등장했다.

(3) (우발적 / 의도적)인 경기 지연을 막기 위해 골키퍼에게 백패스하는 것을 금지했다.

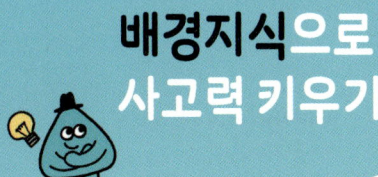

배경지식으로 사고력 키우기

교과서에서 찾는 배경지식

생물을 분류하는 체계

종은 생물을 분류하는 기본 단위로, 생물 중 자연 상태에서 짝짓기하여 번식이 가능한 자손을 낳을 수 있는 생물 무리를 뜻한다. 비슷한 특징을 지닌 종끼리 묶어 나가다 보면 계까지 분류할 수 있다. 과학이 발달하면서 생물의 분류 체계는 계속 변해 왔는데, 현재 지구의 다양한 생물은 5가지 계로 분류할 수 있다.

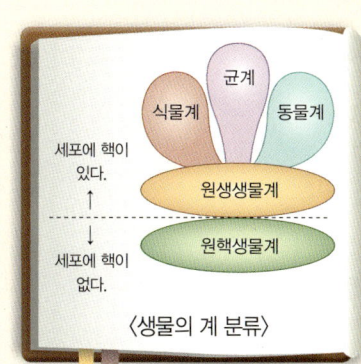

〈생물의 계 분류〉

먼저 동물계는 핵이 있는 세포로 이루어진 생물 중 몸이 여러 개의 세포로 이루어져 있고, 운동성이 있으며, 다른 생물을 먹이로 삼아 양분을 얻는 생물 무리이다. 다음으로 식물계는 핵이 있는 세포로 이루어진 생물 중 몸이 여러 개의 세포로 이루어져 있고, 광합성을 할 수 있어 양분을 스스로 만드는 생물 무리이다. 셋째, 균계는 핵이 있는 세포로 이루어진 생물 중 버섯이나 곰팡이 등과 같이 운동성이 없고, 양분을 스스로 만들 수 없는 생물 무리이다. 균계 생물은 대부분 죽은 생물의 몸을 분해하여 양분을 얻는다. 넷째, 원생생물계는 핵이 있는 세포로 이루어진 동물 중 앞서 언급한 계에 속하지 않는 나머지 생물을 모아 놓은 무리이다. 마지막으로 원핵생물계는 세포에 핵이 없는 생물 무리로, 여기에 속하는 생물은 몸이 한 개의 세포로 이루어져 있는데 여러 개의 세포가 모여 하나의 덩어리를 이루어 살아가기도 한다.

| 교과 연계 | 중학교 과학 ①_생물과 미생물

논술형 문제

다음의 '산호'에 대한 선생님의 설명을 보고, 마지막 선생님의 질문에 대한 답을 생물을 분류하는 체계에서 근거를 찾아 함께 서술하시오.

"이 사진은 바닷속 산호의 모습입니다. 산호는 세포에 핵이 있는 다세포 생물로, 바다 밑에 알을 낳고 부화한 유생은 떠다니다가 해저로 가라앉습니다. 산호의 몸속에는 광합성을 하는 생물이 살고 있어 산호는 이 생물에게서 양분을 얻거나 촉수를 이용해 동물성 플랑크톤, 게, 새우, 작은 물고기 등을 잡아먹는답니다. 이런 산호는 식물일까요, 동물일까요?"

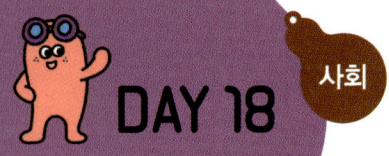

정치 문화 유형

>> 한 문장으로 요약하기

❶ 문단 :

❷ 문단 :

❸ 문단 :

❹ 문단 :

❺ 문단 :

❻ 문단 :

모르는 어휘에 ✅ 표시를 하고, 표시한 어휘에 주목하여 지문을 읽어 보시오.

☐ 운용　　☐ 총체　　☐ 편협　　☐ 독재　　☐ 보편적

어떤 사회 현상이 나타나는 경우 그러한 현상은 '제도'의 탓일까, 아니면 '문화'의 탓일까? 이 논쟁은 정치학을 비롯한 모든 사회 과학에서 두루 다루는 주제이다. 정치학에서 제도주의자들은 보다 선진화된 사회를 만들기 위해서 제도의 정비가 중요하다고 주장한다. 하지만 문화주의자들은 실제적인 '운용의 묘'를 살리는 문화가 제도의 정비보다 중요하다고 주장한다.

문화주의자들은 문화를 가치, 신념, 인식 등의 총체로서 정치적 행동과 행위를 특정한 방향으로 움직여 일정한 행동 양식을 만들어 내는 것으로 정의한다. 이러한 문화에 대한 정의를 바탕으로 이들은 국민이 정부에게 하는 정치적 요구인 투입과 정부가 생산하는 정책인 산출을 기반으로 정치 문화를 편협형, 신민형, 참여형의 세 가지로 유형화하였다.

편협형 정치 문화는 투입과 산출에 대한 개념이 모두 존재하지 않는 정치 문화이다. 투입이 없으며, 정부도 산출에 대한 개념이 없어서 적극적 참여자로서의 자아가 있을 수 없다. 사실상 정치 체계에 대한 인식이 국민들에게 존재할 수 없는 사회이다. 샤머니즘에 의한 정치, 부족 또는 지역 사회 등 전통적인 원시 사회가 이에 해당한다.

다음으로 ㉠신민형 정치 문화는 투입이 존재하지 않으며, 따라서 적극적 참여자로서의 자아가 형성되지 못한 사회이다. 이런 상황에서 산출이 존재한다는 의미는 국민이 정부가 해 주는 대로 받는다는 것을 의미한다. 이들 국민은 정부에 복종하는 성향이 강하다. 하지만 편협형 정치 문화와 달리 이들 국민은 정치 체계에 대한 최소한의 인식은 있는 상태이다. 일반적으로 독재 국가의 정치 체계가 이에 해당한다.

마지막으로 참여형 정치 문화는 국민들이 자신들의 요구 사항을 표출할 줄도 알고, 정부는 그러한 국민들의 요구에 응답하는 사회이다. 따라서 국민들은 적극적인 참여자로서의 자아가 형성되어 있으며, 그러한 적극적 참여자들로 형성된 정치 체계가 존재하는 사회이다. 이는 선진 민주주의 사회로서 현대의 바람직한 민주주의 사회상이다.

정치 문화 유형 연구는 어떤 사회가 민주주의를 제대로 구현하기 위해서 우선적으로 필요한 것이 무엇인가 하는 질문에 대한 답을 제시하고 있다. 문화주의자들은 국가를 특정 제도의 장단점에 의해서가 아니라 국가의 구성 요소들이 민주주의라는 보편적 목적을 위해 얼마나 잘 기능하고 있는가를 기준으로 평가한다.

1 윗글을 통해 글쓴이가 궁극적으로 말하고자 하는 것은?

① 정치 발전을 위해서는 국민이 적극적으로 정치에 참여해야 한다.

② 정치 제도보다 정치 제도를 운영하는 운영자의 가치관이 중요하다.

③ 정치 문화의 유형을 구분하는 기준을 투입에서 산출로 바꾸어야 한다.

④ 정치에 정부가 과도하게 개입하는 것은 정치 발전에 도움이 되지 않는다.

⑤ 정치 제도를 개선하는 것이 당면한 사회적 문제를 해결하는 데 효과적이다.

2 ㉠을 표로 정리할 때 알맞은 것은?

	정치 체계 인식	투입	산출	적극적 참여자
①	+	+	−	−
②	+	−	+	−
③	+	−	−	+
④	−	−	−	+
⑤	−	+	+	+

(+: 있다, −: 없다)

3 윗글과 〈보기〉를 읽은 학생의 반응으로 적절하지 않은 것은?

〔보기〕
　독재 국가에서 선거 혁명을 통해 민주주의를 이루어 가는 갑국은 종교별 투표 성향이 강한 나라이다. 갑국은 새로운 정부를 구성하려고 대통령 선거에서 한 표라도 많으면 당선되는 단순 다수 대표제를 실시하였다. 그 결과 ○○교의 지지를 받은 A가 유효 투표수의 1/3을 득표하여 대통령에 당선되었다. 그러자 정책의 결정과 시행 과정에서 국민적 합의가 잘 이루어지지 않는 문제점이 발생하였다. 현재 차기 대통령 선거를 앞두고 갑국의 여러 시민 단체들은 1차 투표에서 과반수 득표를 못하면 2차 결선 투표를 실시하는 절대 다수 대표제를 채택하자고 요구하고 있다. 하지만 정부는 아직 이것에 대해 본격적으로 검토하지 않고 있다.

① 갑국은 투입보다 산출이 활성화되어 있군.

② A는 투표 성향과 투표 제도 때문에 당선되었군.

③ 갑국은 신민형에서 참여형으로 정치 문화가 변하고 있군.

④ 시민 단체들은 정치적 현상을 제도 개선으로 해결하고자 하는군.

⑤ 문화주의자들은 문제 해결 방법을 제도주의자들과는 다르게 제시하겠군.

4 윗글에서 알 수 있는 '전통적인 원시 사회'의 정치 문화 유형을 〈조건〉에 맞게 쓰시오.

〔조건〕
• '투입'과 '산출'을 기반으로 한 유형을 제시하고, '적극적 참여자'와 '정치 체계 인식'이 어떠한지 밝힐 것.

장자의 조언

모르는 어휘에 ✅ 표시를 하고, 표시한 어휘에 주목하여 지문을 읽어 보시오.

☐ 타자　　☐ 분별　　☐ 기성　　☐ 원천적　　☐ 실질적

» 한 문장으로 요약하기

❶ 문단 :

　장자는 타인과의 소통이라는 과제에 대해 '송나라 상인 이야기'를 통해 설명한다. 송나라 상인이 모자를 밑천 삼아 월나라로 장사를 떠난다. 그러나 월나라 사람들은 머리를 짧게 깎고 있어 모자가 필요하지 않았다. 송나라 상인은 전혀 다른 문화 속에서 '낯섦'과 마주친 것이다. 장자는 자신에게 낯선 공간이야말로 타자와 만날 수 있는 공간이기 때문에 '낯섦'에 머물러야 한다고 조언한다.

❷ 문단 :

　장자가 이렇게 조언한 이유는 무엇일까? 이 질문에 답하기 위해서는 장자가 언급한 '성심(成心)'에 주목할 필요가 있다. 성심이란 치우친 마음으로 자기의 입장을 극대화하여 고정된 자기 관점을 고집하는 것이다. 우리는 성심에 따라 각자의 관점을 절대적 판단 기준으로 삼고, 그 결과 '나는 옳고 남은 그르다'는 분별을 고착시킨다. 그리고 이러한 성심이 타자와의 소통과 조화를 방해하게 된다.

❸ 문단 :

　그렇다면 ㉮타자와 만났을 때, 이러한 성심은 어떤 문제를 일으키는가? 장자는 다음과 같은 '바닷새 이야기'를 통해 그 해답을 제시한다. 옛날 바닷새가 노나라 성 밖에 날아와 앉았다. 노나라 임금은 이 새를 종묘 안으로 데리고 와 술을 권하고, 음악을 연주해 주고, 소와 돼지, 양을 잡아 대접하였다. 그러나 새는 어리둥절해하고 슬퍼하기만 하다가 사흘 만에 죽고 말았다. 이는 ㉠자기를 기르는 방법으로 새를 기른 것이지, ㉡새를 기르는 방법으로 새를 기른 것이 아니다. 분명 바닷새와 같은 야생의 새는 사람들의 손길을 거부할 것이고, 사람들이 즐기는 것과 먹고 마시는 음식을 함께할 수 없다. 바닷새는 자신만의 고유한 성질을 지니고 있기 때문이다. 여기서 흥미로운 점은 노나라 임금이 새를 가두어 죽이려 한 것도, 자신의 어떤 목적을 위한 수단으로 여긴 것도 아니라는 점이다.

❹ 문단 :

　결국 바닷새가 죽은 것은 노나라 임금이 자신의 성심에 따라 '새'라는 타자와 관계를 맺고자 했기 때문이다. 다시 말해서 바닷새를 '나'와는 다른 '새'로서 대하지 못하고 나와 같은 '사람'으로서 대했기 때문이다. 이처럼 우리가 타자를 기성의 선입견 등으로 가득 찬 마음, 즉 성심에 따라 타자를 나로 인식하고자 할 때 타자와의 소통은 원천적으로 막힐 뿐 아니라 조화로운 관계도 어그러진다.

❺ 문단 :

　이런 점을 감안할 때 우리는 장자의 철학을 '소통(疏通)'의 개념으로 이해할 수 있다. 즉 '막힌 것을 터버린다'는 '소(疏)' 개념과 '타자와 연결한다'는 '통(通)' 개념에서, '트임'이라는 타자로의 개방성을 상징하는 '소(疏)' 개념은 결국 '비움'이라는 단계를 거쳐야 한다. ㉢성심을 따르는 자기중심적 생각을 비움으로써 타자와의 다름을 인정한다면 타자와의 실질적인 소통이 가능할 수 있다.

1 윗글에 대한 적절한 설명을 〈보기〉에서 골라 바르게 묶은 것은?

【보기】
ㄱ. 예화를 인용하여 주요 개념에 대한 이해를 돕고 있다.
ㄴ. 질문하는 방식을 활용하여 독자의 주의를 환기하고 있다.
ㄷ. 핵심 쟁점에 대한 상반된 두 관점을 비교, 분석하고 있다.
ㄹ. 문제가 되는 현상을 제시하고 그 변화 과정을 개괄하고 있다.

① ㄱ, ㄴ   ② ㄱ, ㄷ
③ ㄴ, ㄷ   ④ ㄴ, ㄹ
⑤ ㄷ, ㄹ

2 ㉠과 ㉡에 대한 설명으로 적절한 것은?

① ㉠은 성심을 버리지 못한 행위이고, ㉡은 성심에서 벗어난 행위이다.
② ㉠은 상대적 관점에 의한 행위이고, ㉡은 절대적 관점에 의한 행위이다.
③ ㉠은 타자와 소통하려는 행위이고, ㉡은 타자와 조화를 이루려는 행위이다.
④ ㉠은 사물을 있는 그대로 본 결과이고, ㉡은 사물을 있는 그대로 보지 못한 결과이다.
⑤ ㉠은 고정된 자기 관점을 버리지 못했기 때문이고, ㉡은 확고한 신념을 만들지 못했기 때문이다.

3 ㉢에 담긴 관점을 바탕으로 〈보기〉의 학생에게 해 줄 조언으로 가장 적절한 것은?

【보기】
[질문] 저는 부모님과 대화가 통하지 않아 짜증나고 답답할 때가 많아요. 친구 사귀는 것도 일일이 간섭하시고 친구들과 전화하는 것도 싫어하세요. 도대체 왜 그러시는지 정말 이해할 수 없고 집에 있기가 싫어져요.
[대답] (   )

① 부모님과 갈등이 발생했을 때는 섣부르게 대화를 시도하지 마세요. 억지로 대화를 시도하는 것은 오히려 역효과가 날 수 있습니다.
② 혼자의 힘으로 부모님과의 갈등을 해결하는 것은 어려울 때가 있습니다. 대화를 중재할 수 있는 사람과 함께 부모님과의 대화를 시도해 보시기 바랍니다.
③ 대개 점점 커 가면서 부모님과의 대화에 어려움을 느끼게 되지요. 그럴 때는 자신을 먼저 돌아보고 자기중심적인 생각에서 벗어나 열린 마음으로 대화를 해 보세요.
④ 자신의 의사를 존중받기 위해서는 자신의 상황을 부모님께 합리적으로 이해시키는 과정이 매우 중요합니다. 다양한 대화 방법을 통해 부모님을 이해시켜 보시기 바랍니다.
⑤ 오랜 경험에서 얻은 부모님들의 판단이 유익한 경우가 많이 있습니다. 어느 것이 옳은지 스스로 판단하기 어려울 때는 무조건 부모님이 시키는 대로 따르는 자세가 필요합니다.

4 ㉮의 답으로 제시할 수 있는 구절을 4문단에서 찾아 쓰시오.

_____

_____

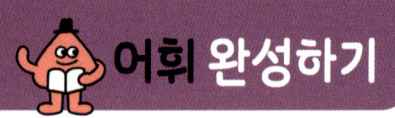
>> 다음 어휘의 뜻을 확인하고, 학습한 어휘에 ☑ 표시를 하시오.

□ 운용 運 옮길 운 用 쓸 용	무엇을 움직이게 하거나 부리어 씀. 예 노후 자금 운용 방안을 고민 중이다.	□ 타자 他 다를 타 者 놈 자	자기 외의 사람. 또는 다른 것. 예 인간은 타자와 관계 맺기를 원한다.
□ 총체 總 다 총 體 몸 체	있는 것들을 모두 하나로 합친 전부 또는 전체. 예 우주는 무한한 시간과 만물을 포함하고 있는 끝없는 공간의 총체이다.	□ 분별 分 나눌 분 別 나눌 별	1. 서로 다른 일이나 사물을 구별하여 가름. 2. 세상 물정에 대한 바른 생각이나 판단. 예 옳고 그름을 잘 분별하여 행동해야 한다.
□ 편협 偏 치우칠 편 狹 좁을 협	한쪽으로 치우쳐 도량이 좁고 너그럽지 못함. 예 오리엔탈리즘은 동양에 대한 서구인들의 편협한 사고방식을 보여 준다.	□ 기성 旣 이미 기 成 이룰 성	이미 이루어짐. 또는 그런 것. 예 신세대들은 기성의 관습과 문화에 반발했다.
□ 독재 獨 홀로 독 裁 마를 재	특정한 개인, 단체, 계급, 당파 따위가 어떤 분야에서 모든 권력을 차지하여 모든 일을 독단으로 처리함. 예 대통령의 권한이 비대해지면 독재로 흐를 수 있다.	□ 원천적 源 근원 원 泉 샘 천 的 과녁 적	사물의 근원에 관계된 것. 예 이 고장은 기계의 원천적 결함 때문이 아니라 일시적 오류에 의한 것이다.
□ 보편적 普 넓을 보 遍 두루 편 的 과녁 적	모든 것에 두루 미치거나 통하는 것. 예 자유와 평등은 인간 사회가 보편적으로 추구하는 가치이다.	□ 실질적 實 열매 실 質 바탕 질 的 과녁 적	실제로 있는 본바탕과 같거나 그것에 근거하는 것. 예 노력에 비해 실질적으로 얻은 성과는 적었다.

확인 문제

1 문맥을 고려하여, 다음 문장의 괄호 안에 들어갈 알맞은 어휘를 고르시오.

(1) 환경 보호를 위해서는 (선천적 / 원천적)으로 쓰레기 발생량을 줄여야 한다.

(2) 돈과 권력에 대한 욕망은 인간이라면 누구나 갖는 (보완적 / 보편적)인 감정이다.

(3) 법의 공평성은 당연해 보이지만 실제 (운용 / 이용)에 있어서 간단명료하지 않다.

2 다음 빈칸에 들어갈 알맞은 어휘를 괄호 안의 초성을 참고하여 쓰시오.

(1) 형식적인 절차보다는 (ㅅㅈㅈ → _____)인 내용이 중요하다.

(2) 모든 것을 흑백 논리로만 보는 것은 (ㅍㅎ → _____)한 태도이다.

(3) 4·19 혁명은 시민들이 정권의 (ㄷㅈ → _____)에 저항하며 일으킨 민주화 운동이다.

(4) 이번 공연을 위한 오디션에는 신인뿐만 아니라 (ㄱㅅ → _____) 배우도 참가하였다.

3 다음의 밑줄 친 어휘와 바꿔 쓰기에 가장 적절한 어휘를 〈보기〉에서 찾아 쓰시오.

──〔 보기 〕──
분별   총체   타자
────────────────

(1) 자기 자신에게는 엄격하면서 타인(他人)에게는 관대한 사람이 되자.

(_____)

(2) 보이스 피싱 사기꾼들에게 넘어가 변별(辨別)을 잃고 돈을 보냈다.

(_____)

(3) 사람을 평가할 때는 어느 한 면만이 아니라 그 사람의 전체(全體)를 살펴보아야 한다.

(_____)

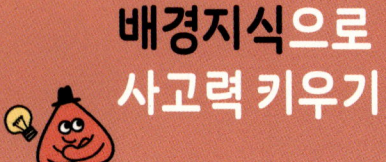

배경지식으로 **사고력 키우기**

교과서에서 찾는 **배경지식**

민주 정치와 정부 형태

오늘날 대부분의 나라에서는 선거를 통해 대표자를 선출하고, 대표자들이 나라의 정책을 결정하며 집행하는 대의 민주 정치 제도를 채택하고 있다. 그리고 대표자들의 권력 남용과 국민 권리의 침해를 막기 위해 국가 권력을 여러 기관이 나누어 맡도록 하고 있다.

국가의 정부 형태는 각 나라의 정치적 상황에 따라 다양하게 나타나지만, 국가 기관 중 입법부와 행정부가 어떤 관계에 있는지에 따라 의원 내각제와 대통령제로 구분할 수 있다.

의원 내각제는 입법부와 행정부가 긴밀한 관계를 맺고 국정을 운영하는 정부 형태로 영국에서 시작되었다. 입법부에서 선출한 총리가 행정부의 수반으로, 이는 국가 원수와는 다르다. 영국의 경우 국가 원수는 영국 왕이지만 실권은 총리가 가지고 있다.

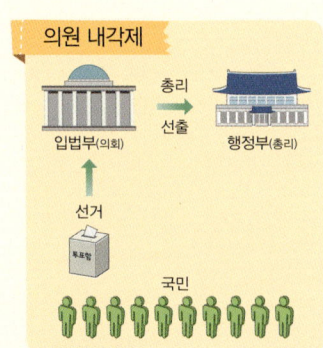

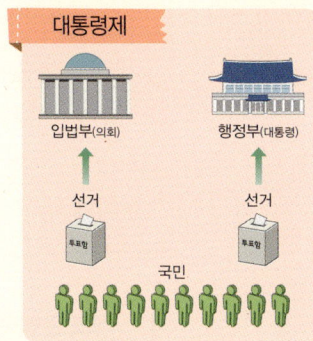

대통령제는 입법부와 행정부를 엄격히 분리하여 상호 견제와 균형을 이루는 정부 형태로 미국에서 시작되었다. 대통령제에서는 국가 원수인 대통령이 입법부와 독립된 행정적 실권을 가지고 있다. 이는 영국의 식민지에서 독립한 후 여러 주가 연합한 상황에서 강력한 통치력이 필요했던 미국의 현실을 바탕으로 발달한 형태이다.

| 교과 연계 | **중학교 사회 ①_정치 문화 형태**

논술형 문제

다음을 참고하여 의원 내각제와 대통령제 중 국가 원수의 독재가 더 쉬운 구조의 정부 형태가 무엇인지 밝히고 그 이유를 서술하시오.

독재는 민주적인 체제와 절차를 부정하고 한 개인이나 소수자에게 정치 권력이 집중되어 있는 정치 형태를 말한다. 제2차 세계대전 당시 이탈리아의 파시스트 독재나 독일의 나치스 독재가 전형적인 예이다.

[1-2] 다음 글을 읽고 물음에 답하시오.

진경산수화의 새로운 ⓐ전기를 마련한 이는 단원 김홍도이다. 국가의 공식 행사를 사실대로 기록하는 화원이었던 단원은 계산된 구도로 ⓑ전대에 비해 더욱 치밀하고 박진감 넘치는 화풍을 보였다. 그는 초상화에 인물을 사실적으로 묘사하여 인물의 정신까지 담아내려고 한 것처럼 대상의 완벽한 ⓒ재현으로 자연에서 느낀 감흥에 충실하려고 하였다. 특히 중국을 거쳐 들어온 서양 화법 중 원근법, 투시법 등을 수용해 보다 사실적인 경치를 그려내었다.

정조의 명을 받아 단원이 그린 「구룡연」은 금강산의 구룡 폭포를 직접 찾아가 그 모습을 담은 것이다. 흘러내리는 물줄기, 폭포 너머로 보이는 봉우리, 폭포 앞의 구름다리까지 사진을 찍은 듯이 생략 없이 그렸다. 과장과 꾸밈이 없이 보이는 그대로의 각도로 그린 것이다. 그리고 절벽 바위 하나하나의 질감을 ㉠나타내기 위해 선의 굵기와 ⓓ농담에 변화를 주어 입체감 있게 표현하였다.

진경산수화는 우리나라의 산천이 곧 진경이라는 당시 사람들의 생각을 담고 있는 소중한 전통이다. 우리 ⓔ산하를 진경으로 표현함에는 우리 국토에 대한 애정, 우리 문화에 대한 자긍심이 담겨 있다.

1 ㉠의 문맥적 의미와 가장 가까운 것은?

① 나와 마주친 친구는 반가운 기색을 나타냈다.
② 이 수필은 작가의 인생관을 잘 나타내고 있다.
③ 그는 말없이 고개를 끄덕임으로써 동의를 나타냈다.
④ 누나는 학업에서뿐만 아니라 운동에서도 두각을 나타냈다.
⑤ 그간 흔적도 찾을 수 없었던 범인이 드디어 모습을 나타냈다.

2 ⓐ~ⓔ의 사전적 의미를 활용하여 만든 문장으로 적절하지 않은 것은?

① ⓐ: 이 책은 17세기 중반을 경계로 조선 시대를 전기와 후기로 나눈다.
② ⓑ: 사설시조는 전대의 시조에 비해 소재가 다양하게 나타났다.
③ ⓒ: 20세기에 들어와 미술은 재현을 버리기 시작했다.
④ ⓓ: 나는 색의 농담을 잘 살려 생생하게 묘사하고자 했다.
⑤ ⓔ: 할머니는 타국에서 조국의 산하를 그리워하며 지내셨다.

[3-4] 다음 글을 읽고 물음에 답하시오.

공자는 "나는 구이(九夷)에 가서 살고 싶다. 군자가 사는 곳에 어찌 ⓐ비루함이 있겠는가."라고 말했는데, 그것은 예악(禮樂)을 갖춘다면 오랑캐도 중화가 될 수 있다는 논리였다. 그 논리는 주변 민족이 자신들의 유교 문화를 자부할 수 있는 논리로 발전해 나갔다. 우리나라도 고려 시대 이래 '소중화(小中華)'를 칭하며 우리의 문화가 중국에 ⓑ버금간다고 자부했다.

소중화 의식이 질적으로 ⓒ비약한 계기는 병자호란과 명의 멸망이었다. 유교 국가인 조선의 굴복과 명의 멸망은 조선의 지식인들에게 '유교의 명맥을 ㉠보위해야 한다.'라는 책임감을 안겨 주었다.

18세기에 접어들면서 그와 같은 사고에도 변화가 생겨났다. 가장 큰 변화는 조선 지식인들 사이에서 중화 문화를 실현했다는 자신감이 생긴 일이었다. 그 입장은 조금 더 나아가면 조선의 문화가 유교 문화의 ⓓ정수라고 자부하는 것으로 발전했다.

홍대용은 모든 사물의 상호 인식은 상대적임을 ⓔ설파하며 자기중심 논리를 벗어날 것을 촉구했다. 그것은 '중화'조차도 상대적인 기준의 적용이며, 나아가 모든 사물, 문화는 나름의 가치를 지녔음을 강조하는 논리였다.

3 문맥상 ㉠과 바꿔 쓰기에 가장 적절한 것은?

① 지켜야
② 아껴야
③ 세워야
④ 드러내야
⑤ 벗어나야

4 ⓐ~ⓔ의 사전적 의미로 적절하지 <u>않은</u> 것은?

① ⓐ: 행동이나 성질이 너절하고 더러움.
② ⓑ: 많은 것 가운데서 첫째가 된다.
③ ⓒ: 지위나 수준이 갑자기 빠른 속도로 높아지거나 향상된.
④ ⓓ: 사물의 중심이 되는 골자 또는 요점.
⑤ ⓔ: 어떤 내용을 듣는 사람이 납득하도록 분명하게 드러내어 말하며.

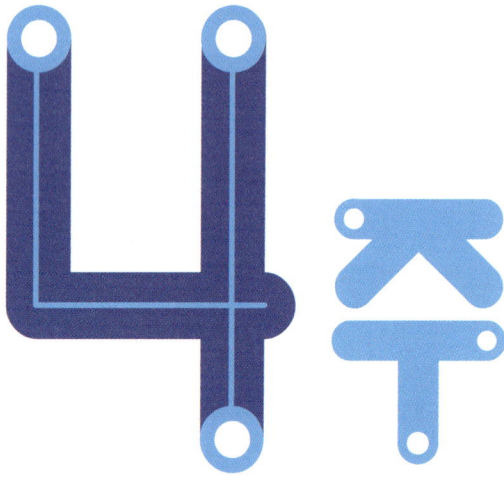

4주

비문학 독해

이번 주에
배울 내용이야!

창의성에 대한 견해

| 교과 연계 |
중학교 미술 ②_발상과 상상

모르는 어휘에 ☑ 표시를 하고, 표시한 어휘에 주목하여 지문을 읽어 보시오.

☐ 자질　　☐ 발휘　　☐ 편입　　☐ 활성화　　☐ 전념

>> 한 문장으로 요약하기

❶ 문단 :

❷ 문단 :

❸ 문단 :

❹ 문단 :

　현대 사회에 필요한 자질로 창의성이 언급되고는 한다. 그런데 창의성이 어떻게 만들어지는지에 대해서는 정확하게 알려져 있지 않다. 이에 대해 칙센트미하이가 제시하는 견해에 주목할 만하다. 그는 무의식적 사고를 통해 새로운 아이디어가 생길 수 있으며, 이 아이디어가 사회적 인정을 받아 영향력을 발휘할 때 비로소 창의성이 만들어진다고 본다.

　칙센트미하이는 새로운 아이디어를 떠올릴 때 무의식적 사고 과정을 꼭 거친다고 말한다. 우리가 의식하지 못하는 사이에 머릿속에서는 다양한 정보들이 조합을 이루는데, 이 중 잘 들어맞는 조합이 생기면 깨달음을 얻어 새로운 아이디어가 생긴다는 것이다. 의식적 사고는 논리적 관계에 따라 정보를 하나씩 처리하여 사고의 범위가 제한적이다. 반면, 무의식적 사고는 여러 줄기의 정보들을 동시에 처리하여 사고의 범위가 훨씬 넓기 때문에 연관성을 갖지 못했던 정보들도 뜻하지 않게 조합을 이룰 수 있다. 갑자기 아이디어가 떠올라 '아하!' 하고 무릎을 탁 치는 순간이 있는데, 이것이 무의식적 사고의 결과인 것이다.

　그런데 칙센트미하이는 이렇게 개인이 만들어 낸 아이디어만으로는 창의성이 형성된 것으로 볼 수 없다고 한다. '현장', '영역'과의 상호 작용을 거쳐야만 창의성이 형성된다는 것이다. 개인이 만들어 낸 아이디어는 각 분야의 전문가들로 구성된 사회인 현장의 평가를 받게 된다. 현장은 개인의 아이디어를 평가하고 그중 가치 있는 것을 선택하여 세상에 알리는 역할을 한다. 그리고 현장의 선택을 받은 아이디어는 상징적 지식 체계인 영역으로 편입되어 영역을 새롭게 한다. 이 새로운 영역은 다시 개인과 사회 구성원들에게 영향을 미치고, 이러한 과정을 거칠 때 비로소 창의성이 형성된다는 것이다. 결국 칙센트미하이는 한 개인이 만들어 낸 아이디어가 아무리 새롭다고 해도 현장의 인정을 받아 영역에 편입되지 못하면 창의성이 형성되지 않았다고 본다.

　그렇다면 현장의 인정을 받을 수 있는 아이디어를 만들기 위해 우리는 어떤 노력을 해야 할까? 한 가지는 현장의 전문가 집단과 교류하거나 지식 체계를 이해하려고 노력하는 것이다. 전문가들로부터 새로운 영향을 받을 수 있고, 영역에 대해 호기심을 가지면 새로운 문제 제기도 가능해진다. 다른 한 가지는 ㉠무의식적 사고의 활성화이다. 이는 의식적 작업을 최소화하여 고정된 관점을 버리는 것이다. 문제 해결이 어려울 때에 그 문제에 전념하기보다는 일을 잠시 내버려 둔 채 다른 일을 하거나 한가하게 시간을 보내는 것이 도움이 된다.

1 윗글의 핵심 내용이 드러난 제목으로 가장 적절한 것은?

① 창의성 형성의 과정과 방법
② 창의성 형성의 경제적 기반
③ 창의적 아이디어의 특성과 유형
④ 창의적 인간의 특성과 사고방식
⑤ 창의적 사고와 무의식적 사고의 차이

2 윗글의 ⊙에 해당하는 내용으로 가장 적절한 것은?

① 외부 자극에 주의를 집중하다 보면 '아하!' 하는 깨달음을 얻을 수 있다.
② 정보를 하나씩 선형적으로 처리하다 보면 신선한 아이디어를 떠올릴 수 있다.
③ 정보의 논리적 관계를 따지면서 사고를 하다 보면 현장의 기준에 부응할 수 있다.
④ 고정된 관점을 유지하면서 생각하다 보면 영향력 있는 아이디어를 산출할 수 있다.
⑤ 전념하던 일에서 잠시 물러나 한가하게 지내다 보면 뜻하지 않게 아이디어를 얻을 수 있다.

① '건축가 A'가 로마 양식을 연구하여 돔 설계안을 만든 것은 '영역'에 대한 호기심에서 아이디어가 나온 것이라고 할 수 있겠군.
② '건축가 A'가 완성한 노벨라 대성당의 돔이 많은 건축가들에게 영감을 주었다면 '현장'이 '개인'으로부터 인정을 받은 것에 해당하겠군.
③ '건축가 A'가 설계한 노벨라 대성당의 돔이 하나의 양식이 되었다면 '개인'의 아이디어가 '영역'을 새롭게 한 것이겠군.
④ '건축가 A'의 아이디어가 감독 위원회로부터 인정받아 돔을 만들 수 있었던 것은 창의성의 형성에 '현장'의 역할이 필요하다는 것을 보여 주는군.
⑤ '건축가 B'가 노벨라 대성당의 돔 양식을 보고 성 베드로 대성당의 천장을 설계한 것은 '영역'이 '개인'에게 영향을 미친 예로 볼 수 있겠군.

3 윗글을 바탕으로 〈보기〉에 대해 이해한 반응으로 적절하지 <u>않은</u> 것은?

보기

14세기 피렌체의 산타 마리아 노벨라 대성당은 거대한 돔을 만들지 못해 80년간 지붕 없이 방치되었다. '건축가 A'는 로마 양식에 호기심을 갖고 연구한 결과 큰 무게를 버틸 수 있는 설계안을 고안했다. 감독 위원회는 그의 설계안을 인정하였고, 마침내 돔이 완성되었다. 이 성당의 돔은 가장 창의적인 건축물 중 하나로 평가받았다. '건축가 B'도 그 돔에 영감을 받아 성 베드로 대성당의 천장을 설계했다.

4 윗글에 나타난 칙센트미하이의 견해를 다음과 같이 정리할 때, ⓐ~ⓒ에 들어갈 알맞은 말을 각각 쓰시오.

창의성은 (ⓐ) 사고 과정을 통해 떠오른 새로운 아이디어가 (ⓑ), (ⓒ)과의 상호 작용을 거치면서 형성된다. 즉 개인이 만들어 낸 아이디어가 (ⓑ)의 인정을 받아 (ⓒ)에 편입됨으로써 창의성이 형성되는 것이다.

DAY 19 기술

클라우드에 대한 이해

| 교과 연계 |
중학교 기술·가정 ②_정보 통신 기술

모르는 어휘에 ☑ 표시를 하고, 표시한 어휘에 주목하여 지문을 읽어 보시오.

☐ 용량　　☐ 동기화　　☐ 가상　　☐ 분할　　☐ 전략

>> 한 문장으로 요약하기

❶ 문단 :

❷ 문단 :

❸ 문단 :

❹ 문단 :

❺ 문단 :

　최근 들어 화두가 되는 IT 관련 용어가 있으니 바로 '클라우드(Cloud)'이다. 클라우드란, 인터넷상의 서버를 통해 데이터를 저장하고 이를 네트워크로 연결하여 콘텐츠를 사용할 수 있는 컴퓨팅 환경을 말한다.

　그렇다면 클라우드는 ⓐ기존의 웹하드와 어떤 차이가 있을까? 웹하드는 일정한 용량의 저장 공간을 확보해 인터넷 환경의 PC로 작업한 문서나 파일을 저장, 열람, 편집하고 다수의 사람과 파일을 공유할 수 있는 인터넷 파일 관리 시스템이다. 한편 ⓑ클라우드는 이러한 웹하드의 장점을 수용하면서 콘텐츠를 사용하기 위한 소프트웨어까지 함께 제공한다. 그리고 저장된 정보를 개인 PC나 스마트폰 등 각종 IT 기기를 통하여 언제 어디서든 이용할 수 있게 한다. 이것은 클라우드 컴퓨팅 기반의 동기화 서비스를 통해 가능하다. 즉 클라우드 컴퓨팅 환경을 기반으로 사용자가 보유한 각종 단말기끼리 동기화 절차를 거쳐 동일한 데이터와 콘텐츠를 이용할 수 있게 하는 시스템인 것이다.

　클라우드는 구름[cloud]과 같이 무형의 형태로 존재하는 하드웨어, 소프트웨어 등의 컴퓨팅 자원을 자신이 필요한 만큼 빌려 쓰고 이에 대한 사용 요금을 지급하는 방식의 서비스이다. 여기에는 서로 다른 물리적인 위치에 존재하는 컴퓨팅 자원을 가상화 기술로 통합해 제공하는 기술이 활용된다.

　클라우드는 평소에 남는 서버를 활용하므로 클라우드 환경을 제공하는 운영자에게도 유용하지만, 사용자 입장에서는 더욱 유용하다. 개인적인 데이터 저장 공간이 따로 필요하지 않기에 저장 공간의 제약도 극복할 수 있다. 가상화 기술과 분산 처리 기술로 서버의 자원을 묶거나 분할하여 필요한 사용자에게 서비스 형태로 제공되기 때문에 개인의 컴퓨터 가용률이 높아지는 것이다. 이러한 높은 가용률은 자원을 유용하게 활용하는 ㉠그린 IT 전략과도 일치한다.

　하지만 서버가 해킹당할 경우 개인 정보가 유출될 수 있고, 서버 장애가 발생하면 자료 이용이 불가능하다는 단점도 있다. 따라서 사용자들이 안전한 환경에서 서비스를 이용할 수 있도록 보안에 대한 대책을 마련하여야 한다.

1 윗글에 언급되지 않은 것은?

① 클라우드의 개념
② 클라우드의 장점
③ 클라우드의 변천 과정
④ 클라우드의 해결 과제
⑤ 클라우드의 주요 구성 기술

3 '클라우드' 서비스를 활용한 사례로 보기 어려운 것은?

① 회사원 가 씨: 클라우드에 업무 파일을 올려 팀과 자료를 공유해야겠군.
② 연구원 나 씨: 클라우드에 올려놓은 프레젠테이션 파일을 스마트폰으로 확인할 수 있겠군.
③ 방송인 다 씨: 제작한 동영상 파일을 소프트웨어를 별도로 구입하지 않아도 볼 수 있겠군.
④ 대학생 라 씨: 내 과제 파일이 PC에서 삭제된다 해도 클라우드에 저장되어 있으니 걱정하지 않아도 되겠군.
⑤ 기업인 마 씨: 클라우드의 가상화 기술을 활용하여 사원들의 업무 처리 과정을 실시간으로 살펴볼 수 있겠군.

2 '클라우드'를 ㉠으로 볼 수 있는 이유로 적절한 것을 골라 바르게 묶은 것은?

┌─**보기**─────────────────────
│ ㄱ. 남는 서버를 활용하여 컴퓨팅 환경을 제공함.
│ ㄴ. 빌려 쓴 만큼 사용 요금을 지급하는 유료 서비스임.
│ ㄷ. 사용자들이 안전한 환경에서 서비스를 이용하게 함.
│ ㄹ. 저장 공간을 제공하여 개인 컴퓨터의 가용률을 높임.
└──────────────────────────

① ㄱ, ㄴ   ② ㄱ, ㄹ
③ ㄴ, ㄷ   ④ ㄴ, ㄹ
⑤ ㄷ, ㄹ

4 윗글에서 알 수 있는 ⓐ와 ⓑ의 공통점을 다음과 같이 정리한다고 할 때, 빈칸에 들어갈 내용을 20자 내외로 쓰시오.

┌──────────────────────────
│ 인터넷상에 (   )할 수 있다.
└──────────────────────────

_____

_____

>> 다음 어휘의 뜻을 확인하고, 학습한 어휘에 ☑ 표시를 하시오.

□ **자질** 資 재물 자 質 바탕 질	1. 타고난 성품이나 소질. 2. 어떤 분야의 일에 대한 능력이나 실력의 정도. 예 그는 연설가로서 뛰어난 자질을 보였다.	□ **용량** 容 얼굴 용 量 헤아릴 량	1. 가구나 그릇 같은 데 들어갈 수 있는 분량. 2. 저장할 수 있는 정보의 양. 예 이 외장 하드의 용량은 1TB이다.
□ **발휘** 發 필 발 揮 휘두를 휘	재능, 능력 따위를 떨치어 나타냄. 예 갈고닦은 요리 실력을 발휘해 잔칫상을 차렸다.	□ **동기화** 同 한가지 동 期 기약할 기 化 될 화	작업들 사이의 수행 시기를 맞추는 것. 사건이 동시에 일어나거나, 일정한 간격을 두고 일어나도록 시간의 간격을 조정하는 것을 이른다. 예 메일 계정의 연락처를 휴대 전화에 동기화했다.
□ **편입** 編 엮을 편 入 들 입	1. 얽거나 짜 넣음. 2. 이미 짜인 한 동아리나 대열 따위에 끼어 들어감. 예 이 지역은 시에 편입된 뒤 땅값이 올랐다.	□ **가상** 假 거짓 가 想 생각 상	사실이 아니거나 사실 여부가 분명하지 않은 것을 사실이라고 가정하여 생각함. 예 가상 현실에서 위험한 실험을 실습했다.
□ **활성화** 活 살 활 性 성품 성 化 될 화	사회나 조직 등의 기능이 활발함. 또는 그러한 기능을 활발하게 함. 예 관광 사업 활성화를 위해 외국어 홍보 책자를 배포했다.	□ **분할** 分 나눌 분 割 벨 할	나누어 쪼갬. 예 대출금을 10년 동안 분할하여 갚기로 했다.
□ **전념** 專 오로지 전 念 생각 념	오직 한 가지 일에만 마음을 씀. 예 시험에 합격하기 위해 공부에만 전념했다.	□ **전략** 戰 싸움 전 略 간략할 략	정치, 경제 따위의 사회적 활동을 하는 데 필요한 책략. 예 제품 판매 전략을 연령층에 따라 다양화했다.

확인문제

1 다음의 밑줄 친 어휘와 바꿔 쓰기에 가장 적절한 어휘를 〈보기〉에서 찾아 쓰시오.

┌ 보기 ┐
분할   자질   전념
└─────────────────┘

(1) 가진 돈을 둘로 <u>구분(區分)</u>하여 각각 다른 곳에 투자했다.
(   )

(2) 그는 생계 때문에 작품 창작에 <u>몰두(沒頭)</u>하지 못하고 있다.
(   )

(3) 저는 학급 회장으로 활동하며 리더로서의 <u>능력(能力)</u>을 인정받았습니다.
(   )

2 다음 빈칸에 들어갈 알맞은 어휘를 괄호 안의 초성을 참고하여 쓰시오.

(1) 정부는 경제 (ㅎㅅㅎ →   ) 조치로 금리 인하를 고려하고 있다.
(2) 컴퓨터의 (ㅇㄹ →   )이 부족하여 새로운 게임을 설치하지 못했다.
(3) 연락처를 저장한 뒤 (ㄷㄱㅎ →   )하면 메신저 새 친구 목록에 추가된다.
(4) 지구 온난화로 제주도가 아열대 기후권에 (ㅍㅇ →   )되었다는 분석도 있다.

3 다음 문장의 문맥을 고려하여, 괄호 안에 들어갈 알맞은 어휘를 고르시오.

(1) 기자는 감독에게 이번 경기의 필승 (계략 / 전략)을 질문했다.
(2) 인터넷은 현실 세계와 다른 (가상 / 가설) 공간을 넓혀 놓았다.
(3) 토끼는 용궁에서 죽을 위기에 처했지만 기지를 (발생 / 발휘)하여 탈출했다.

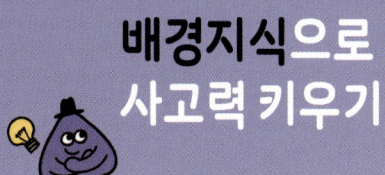

배경지식으로 사고력 키우기

교과서에서 찾는 **배경지식**

창의성과 창의적 발상

어떤 것을 보고 '창의성'이 있다고 말할까? 창의성의 사전적 의미는 '새로운 것을 생각해 내는 특성'이다. 이 외에도 창의성은 '새롭고, 독창적이고, 유용한 것을 만들어 내는 능력' 또는 '전통적인 사고방식을 벗어나서 새로운 관계를 창출하거나, 비일상적인 아이디어를 산출하는 능력'으로 정의된다.

우리는 주변에서 창의성이 발휘된 사물이나 예술 작품을 종종 볼 수 있다. 이러한 일상의 미적 경험은 새로운 예술 작품이나 기발한 발명품으로 이어지는 발상의 출발점이 되기도 한다. 발상이란 어떤 생각을 해 내는 것이다. 그런가 하면 익숙한 사물에 대한 기존의 습관적인 생각에서 벗어난 발상, 즉 발상의 전환은 새로운 이미지와 의미를 만들어 낸다. 입체파 화가 피카소의 작품 「황소 머리」는 자전거의 안장과 핸들을 원래의 위치에서 분리한 뒤 색다른 방식으로 결합해 새로운 이미지로 재탄생시켰다.

드론은 애초에 군사적인 용도로 발명된 무인 항공기였다. 그런데 최근에는 고공 촬영, 물품 배달, 대기 오염도 측정 등 다양한 방면에서 활용되고 있다. 이처럼 새로운 발상으로 만들어진 발명품이 일상에서 활용되면 사회에 여러 변화를 가져온다.

| 교과 연계 | **중학교 미술 ②_발상과 상상**

논술형 문제

다음은 '창의적 발상'과 관련하여 발명품의 특허에 대해 선생님이 설명한 내용과 학생의 질문이다. 설명을 바탕으로 학생의 발명품이 특허를 얻을 수 있는지 밝히고 그 이유를 서술하시오.

> **선생님:** 특허 제도는 특정 발명품이 창의성의 결과물임을 인정해 발명자의 권리를 보호하기 위한 제도입니다. 특허를 얻기 위해서는 다음과 같은 조건을 충족해야 합니다. 먼저, 자연법칙을 이용하고, 기술적 아이디어를 반영해야 해요. 그리고 기존의 기술보다 개량되거나 진보된 것이어야 하고, 산업적으로 이용 가능해야 합니다. 마지막으로, 이전에 없던 새로운 것이어야 합니다.
>
> **학생:** 그럼 제가 만든 마우스도 특허를 얻을 수 있을까요? 얼마 전에 대형 문구점에 갔다가 동물 모양 마우스를 보고 영감을 얻어서 마우스라는 이름과 어울리는 햄스터 모양으로 만들었어요. 다른 데서는 본 적 없는 디자인이 확실해요. 물론 다른 최신형 마우스처럼 무선 기능도 갖추고 있고요.

실업과 완전 고용

| 교과 연계 |
중학교 사회 ②_물가와 실업

모르는 어휘에 ☑ 표시를 하고, 표시한 어휘에 주목하여 지문을 읽어 보시오.

☐ 침체　　　☐ 현행　　　☐ 부양　　　☐ 변수　　　☐ 초래

>> 한 문장으로 요약하기

❶ 문단 :

    실업은 일을 하고 싶어도 일자리가 없어 하지 못하는 상태를 말한다. 실업에는 '마찰적 실업', '구조적 실업', '경기적 실업'의 세 가지 형태가 있다. 실업률은 이들 세 가지 실업의 합이다.

❷ 문단 :

    우선 근로자들이 정보 부족 등으로 일자리를 찾지 못해 발생하는 것이 마찰적 실업이다. 이는 근로자와 일자리를 더 잘 맺어 줄수록 줄어든다. 구조적 실업은 경제가 발전하면서 산업 구조가 변화할 때 나타나는 실업이다. 경제가 발전하면서 수요가 느는 산업과 수요가 주는 산업이 생기는데, 이때 수요가 주는 산업의 근로자가 일자리를 잃게 되면서 발생하는 실업이다. 경기적 실업은 경기 침체 기간에 일자리가 줄어 발생하는 실업이다. 경기가 좋을 때는 경기적 실업이 사라지고 마찰적·구조적 실업자들까지 흡수하는 경우도 있다.

❸ 문단 :

    정부는 완전 고용을 경제 정책의 목표로 삼는다. 완전 고용이란 현행의 실질 임금 수준에서 노동의 수요와 공급이 일치하는 상태를 말한다. 그런데 근로자 스스로 일자리를 그만두거나 취업을 거부하는 '자발적 실업'이 항상 존재하기 때문에, 완전 고용에서는 '자발적 실업'을 포함하고 있다. 또 '비자발적 실업' 중에서도 현실적으로는 마찰적 실업과 구조적 실업이 존재할 수밖에 없다. 그래서 정부는 경기적 실업이 사라지는 것을 사실상 완전 고용 상태로 본다.

❹ 문단 :

    선진국들의 경우 실업률이 3~4% 정도면 사실상 완전 고용 상태로 여긴다. 그런데 정부에서 실업률을 3.5% 정도로 낮추더라도, 국민들은 고용 사정이 좋다거나 완전 고용이라고 느끼지 못한다. 이는 실업 통계가 현실과 동떨어져 있어 나타나는 현상이며, 정부와 국민이 생각하는 고용 수준에 대한 인식 차를 보여 주는 것이기도 하다. 따라서 정부가 국민이 만족할 만한 고용 수준에 이르도록 고용 정책을 펴는 것은 사실상 불가능한 일일 수도 있다.

❺ 문단 :

    한편, 완전 고용은 경기 부양만으로 달성할 수 있는 것이 아니다. 여러 가지 사회적·경제적 변수들이 있다. ㉠최저 임금제는 고용주가 지불해야 할 시간당 최저 임금을 정해 놓은 것인데, 이 제도는 고용주들에게 고용 규모를 줄이는 현상을 초래하기도 한다. 일부 경제학자들은 저임금 근로자를 보호하려면 최저 임금제의 시행보다 보조금 지급이 더 효과적이라고 지적하기도 한다. ㉡실업 보험도 실업률을 높이는 한 요인이 될 수 있다. 실업 보험을 받는 실업자는 아무래도 직장을 찾는 데 소극적이 될 수밖에 없기 때문이다.

1 윗글의 내용으로 알 수 없는 것은?

① 정부가 국민이 만족할 만한 고용 정책을 펴기는 힘들다.

② 현실적으로 일할 능력이 있는 사람이 모두 일자리를 갖기는 어렵다.

③ 국가 고용 정책은 근로자를 적재적소에 배치하는 것을 목표로 한다.

④ 근로자의 정보 부족이나 산업 구조의 변화가 실업의 원인이 되기도 한다.

⑤ 근로자와 실업자를 위한 사회 제도와 법이 오히려 실업 문제를 해결하는 데 장애가 될 수도 있다.

2 윗글을 바탕으로 할 때 〈보기〉의 사례들을 적절하게 분류한 것은?

〔보기〕

ㄱ. 석탄의 수요가 줄어들어 탄광이 문을 닫게 되자 석탄 채취를 하던 김□□ 씨는 실업자가 되었다.

ㄴ. 회사 간부였던 이○○ 부장은 IMF를 겪으면서 명예퇴직을 하고 실업자가 되었다.

ㄷ. 컴퓨터 프로그래머인 정☆☆ 씨는 자신의 전문성을 필요로 하는 회사를 찾지 못해 몇 달간 실업자 신세로 지내게 되었다.

ㄹ. 가위로 옷을 재단하는 일에 종사하던 최◇◇ 씨는 컴퓨터를 이용한 새로운 재단 기술이 각광을 받기 시작하면서 실업자가 되었다.

	마찰적 실업	구조적 실업	경기적 실업
①	ㄱ	ㄴ	ㄷ, ㄹ
②	ㄱ, ㄷ	ㄹ	ㄴ
③	ㄴ	ㄱ, ㄷ	ㄹ
④	ㄴ, ㄹ	ㄱ	ㄷ
⑤	ㄷ	ㄱ, ㄹ	ㄴ

3 윗글에서 설명하고 있는 완전 고용 에 대한 이해로 적절하지 않은 것은?

① 완전 고용에 대한 국민들의 인식과 정부의 인식은 상이하다.

② 완전 고용을 실현하기 위해서는 자발적 실업자를 줄여야 한다.

③ 완전 고용은 실업자가 한 명도 없는 상태를 의미하지는 않는다.

④ 경기적 실업이 사라지는 것은 정부의 경제 정책 목표이자 완전 고용을 말한다.

⑤ 완전 고용 상태에서도 근로자가 일시적으로 일자리를 찾지 못하는 마찰적 실업은 존재한다.

4 윗글에서 ㉠과 ㉡이 실업률을 높일 수 있는 이유를 찾아 〈조건〉에 맞게 쓰시오.

〔조건〕

• ㉠, ㉡과 관련된 이유를 각각 '~ 기 때문이다.'로 끝나는 한 문장으로 쓸 것.

_____

_____

_____

키메라 성형을 이용한 백신

|교과 연계|
중학교 기술·가정 ②_생명 기술 시스템의 발달

모르는 어휘에 ☑ 표시를 하고, 표시한 어휘에 주목하여 지문을 읽어 보시오.

☐상용화   ☐조달   ☐획기적   ☐적정   ☐효능

>> 한 문장으로 요약하기

❶ 문단 :

환자의 환부에서 긁어 낸 고름으로 만든 백신을 ㉠공포에 떠는 접종 대상자의 팔에 주삿바늘로 직접 찔러 넣던 초창기의 천연두 예방 접종은 이제 우스갯거리가 될 만큼 예방 백신은 놀라운 변신을 거듭하고 있다. 앞으로는 주사나 약물을 인체에 주입하는 것을 넘어서서 아예 음식물로 섭취할 수 있는 식물체 예방 백신이 상용화될 것으로 기대되고 있다.

❷ 문단 :

음식물로 섭취하는 식물체 예방 백신은 특히 아프리카, 동남아 등 제3 세계 국가에 반가운 소식이다. ㉡이들 국가는 선진국으로부터 대부분의 백신을 조달받는데, 조달되는 백신의 수가 절대적으로 부족할 뿐 아니라, 백신이 있더라도 보관상의 문제나 ㉢주사를 놓을 수 있는 전문 인력 확보의 문제 때문에 접종을 받는다는 것이 쉽지 않다. 이렇게 백신 접종이 힘들다 보니 일상적인 먹거리로 쓰이는 식물에 병원체를 주입하여 길러 낸 '식물체 백신'이 주목받게 되었다. 주렁주렁 열린 바나나만 먹어도 질병이 예방된다면 이는 획기적인 발전이 아닐 수 없다.

❸ 문단 :

한편 식물에 외래 유전자를 주입하는 방법이 생태계의 질서를 파괴할 수 있다는 우려도 만만치 않다. 그렇기 때문에 외래 유전자를 주입하지 않고, 식물 자체에 있는 유전자를 바꾸어 백신으로 활용하려는 '키메라 성형'에 대한 관심이 커지고 있다.

❹ 문단 :

키메라 성형은 DNA의 가닥을 늘여 DNA의 유전 정보를 해석하는 화학 물질인 RNA와 결합시킴으로써 유전자를 원하는 대로 바꾸는 방법이다. 현재 몇몇 생명 공학 회사가 이 기술을 보유하고 있으며, 담배와 옥수수로 만든 백신이 임상 실험을 통해 성과를 거두었다. 키메라 성형을 이용하면 외래 유전자가 주입된 식물이 가져올 수 있는 부작용 없이 안정적인 식물체 백신을 생산할 수 있음은 물론, 효과적인 형질 변환을 기대할 수 있어 ㉣앞으로 다양한 조건에서 이용될 수 있을 것이라는 희망을 갖게 한다.

❺ 문단 :

키메라 성형을 이용한 백신은 동물 세포에서 배양하는 백신에 비해 바이러스 감염 위험이 적고, 정제 과정도 훨씬 단순하다. 하지만 사람들이 먹는 식물체를 백신으로 복용하기 위해서는 ㉤신체 조건에 따른 백신의 적정 주입량을 밝혀내고, 면역 유도 반응을 높이는 방법에 대해 연구해야 한다. 또 식물체 백신을 상업화하기 위해서는 시간과 비용이 많이 든다는 점이나, 자연 그대로의 효능을 활용하는 것이 결국에는 더 안전하며 효과적일지도 모른다는 비판 등도 해결해야 할 힘든 과제로 남아 있다.

수능형 문제

1 윗글에서 알 수 있는 내용이 <u>아닌</u> 것은?

① 백신을 만들 수 있는 여건을 갖추지 못한 나라도 있다.

② 동물체 백신은 제조 과정에서 바이러스 감염의 위험이 있다.

③ 식물체 백신은 동물체 백신보다 가격은 싸지만 제조 과정이 까다롭다.

④ DNA의 가닥을 늘여 RNA와 결합시키는 것이 키메라 성형의 핵심 기술이다.

⑤ 유전자의 형질을 변환하여 만든 백신은 임상 실험에서 성과를 거두기도 했다.

수능형 문제

2 ㉠~㉫을 통해 '식물체 백신'을 이해한 내용으로 적절하지 <u>않은</u> 것은?

① ㉠: 식물체 백신은 주삿바늘을 사용하지 않는 접종 방법이므로 사람들이 보다 편안하게 예방 접종을 할 수 있게 된다.

② ㉡: 식물체 백신은 과일 등 음식물을 섭취하여 얻는 것이므로 제3 세계 국가 내에서도 재배 및 조달을 기대해 볼 수 있다.

③ ㉢: 식물체 백신이 개발되면 주사라는 의료 행위를 통하지 않아도 되기 때문에 예방 접종과 관련된 인력 비용을 절감하게 된다.

④ ㉣: 키메라 성형을 활용한 식물체 백신이 실용화되면, 원인을 알 수 없는 모든 질병에 대해 백신을 개발할 수 있게 된다.

⑤ ㉤: 키메라 성형을 활용한 백신이 실용화되려면, 어느 정도의 양을 먹어야 가장 효과적인지 그 기준을 제시할 필요가 있다.

수능형 문제

3 윗글을 읽은 뒤 〈보기〉의 내용을 접했을 때 보일 수 있는 반응으로 가장 적절한 것은?

〈보기〉
다른 식물이나 동물 등의 외래 유전자를 식물에 주입하는 '식물 유전자 조작'에 대한 반대 여론이 만만치 않다. 이런 방법을 이용하여 재탄생한 식물이 생태계에 악영향을 끼치거나 예기치 않은 부작용을 초래할 수도 있기 때문이다.

① 과일 섭취로 질병을 예방할 수 있다는 것은 불가능한 일이로군.

② '키메라 성형'의 효과가 생각보다 크지 않을 것임을 짐작할 수 있겠군.

③ 식물을 활용하는 것보다 동물을 활용하는 것이 백신 개발에 효율적이겠군.

④ 식물체 백신을 개발할 때에는 실험 순서를 충실히 따라야 예기치 않은 부작용을 줄일 수 있겠군.

⑤ 외래 유전자 주입에 따른 부작용을 줄이려는 목적에서 식물 자체의 유전자를 바꾸는 '키메라 성형'이 등장한 것이겠군.

서술형 문제

4 윗글을 읽고 '키메라 성형'에 대해 다음과 같이 정리했을 때, 빈 곳에 들어갈 알맞은 내용을 차례대로 쓰시오.

키메라 성형은 식물에 (   )를 주입하는 방법이 가져올 수 있는 부작용 없이 (   ) 백신을 생산할 수 있으며, 이를 이용한 백신은 (   )에서 배양하는 백신에 비해 바이러스 감염 위험이 적다.

>> 다음 어휘의 뜻을 확인하고, 학습한 어휘에 ☑ 표시를 하시오.

☐ **침체** 沈 잠길 침 滯 막힐 체	어떤 현상이나 사물이 진전하지 못하고 제자리에 머무름. 예 출판 산업이 **침체**에 빠져 있다.	☐ **상용화** 常 항상 상 用 쓸 용 化 될 화	물품 따위가 일상적으로 쓰이게 됨. 예 새로운 치료제가 임상 시험을 마치고 **상용화**를 기다리고 있다.
☐ **현행** 現 나타날 현 行 다닐 행	현재 행하여지고 있음. 또는 행하고 있음. 예 **현행** 한글 맞춤법에서는 24개의 자모만을 쓴다.	☐ **조달** 調 고를 조 達 통달할 달	자금이나 물자 따위를 대어 줌. 예 먹을 것은 현지에서 **조달**하기로 했다.
☐ **부양** 浮 뜰 부 揚 날릴 양	가라앉은 것이 떠오름. 또는 가라앉은 것을 떠오르게 함. 예 지원금 지급으로 경기 **부양** 효과를 기대했다.	☐ **획기적** 劃 그을 획 期 기약할 기 的 과녁 적	어떤 과정이나 분야에서 전혀 새로운 시기를 열어 놓을 만큼 뚜렷이 구분되는 것. 예 인간의 달 착륙은 **획기적**인 사건이었다.
☐ **변수** 變 변할 변 數 셈 수	어떤 상황의 가변적 요인. 예 내신 성적이 합격의 **변수**가 될 전망이다.	☐ **적정** 適 맞을 적 正 바를 정	알맞고 바른 정도. 예 **적정** 수준의 체중을 유지하기 위해 운동을 했다.
☐ **초래** 招 부를 초 來 올 래	일의 결과로서 어떤 현상을 생겨나게 함. 예 순간의 부주의가 큰 사고를 **초래**할 수 있다.	☐ **효능** 效 본받을 효 能 능할 능	효험(일의 작용이나 보람)을 나타내는 능력. 예 인삼에는 몸을 튼튼하게 하는 **효능**이 있다.

확인문제

1 다음 빈칸에 들어갈 알맞은 어휘를 괄호 안의 초성을 참고하여 쓰시오.

(1) 컴퓨터의 등장은 인류의 생활에 (ㅎㄱㅈ → ____)인 변화를 가져왔다.

(2) 정부의 강력한 경기 (ㅂㅇ → ____) 정책으로 시장이 활기를 찾고 있다.

(3) 자율 주행 자동차의 (ㅅㅇㅎ → ____)를 위한 기술 개발에 속도를 내고 있다.

(4) (ㅎㅎ → ____) 법률상 성범죄에 대한 처벌이 미약하다는 비판이 제기되고 있다.

2 다음의 밑줄 친 어휘와 바꿔 쓰기에 가장 적절한 어휘를 〈보기〉에서 찾아 쓰시오.

〔 보기 〕
조달   침체   효능

(1) 부품이 제때 <u>공급(供給)</u>되지 않아 작업이 늦어지고 있다.
(____)

(2) 고용 시장의 <u>정체(停滯)</u>로 청년들이 취업난에 허덕이고 있다.
(____)

(3) 이름난 의원을 찾아가 약을 지어 먹었지만 별 <u>효험(效驗)</u>이 없었다.
(____)

3 다음 문장의 문맥을 고려하여, 괄호 안에 들어갈 알맞은 어휘를 고르시오.

(1) 직원의 작은 실수가 회사에 엄청난 손실을 (초과 / 초래)했다.

(2) 건축을 할 때는 다양한 (변수 / 변신)을/를 두루 고려해야 한다.

(3) 정부에서 권장하는 여름철 실내 (적정 / 확정) 온도는 26~28도이다.

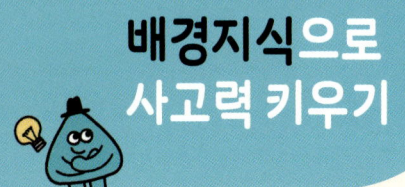

배경지식으로 사고력 키우기

교과서에서 찾는 배경지식

실업이 사회에 미치는 영향

실업은 일할 능력과 의사가 있는데도 일자리를 구하지 못하는 상태로, 흔히 일자리가 없는 사람, 즉 실업 상태에 있는 사람을 실업자라고 한다.

실업의 발생 원인은 여러 가지이다. 일단 경기 침체로 기업이 고용을 줄이거나, 자동화나 산업 구조의 변화로 관련 부문의 일자리가 사라지면 실업이 발생한다. 또는 계절의 변화에 따라 특정한 일자리의 고용 기회가 줄어들기도 하며, 노동자가 더 나은 조건의 직장을 구하기 위해 일시적으로 현재의 직장을 그만두는 경우에도 실업이 발생한다.

실업은 개인과 사회에 큰 영향을 미친다. 우선 실업자가 된 사람은 소득이 감소하여 생계에 어려움이 생기고 정신적 고통을 겪을 수 있다. 사회적 차원에서는 사회 전체의 노동력 낭비를 가져 오며, 실업자 상승으로 빈곤 확산, 가족 해체, 생계형 범죄의 증가 같은 사회 불안 요소가 심화될 수 있다. 나아가 가계 소득이 감소하여 소비 활동이 줄어들면 기업의 생산 활동과 투자가 위축되어 경기 침체까지 이어지기도 한다.

실업을 줄이고 고용 안정을 이루기 위해 정부는 공공사업을 확대하거나 기업의 투자를 유치하여 일자리를 확충하는 등의 다양한 대책을 펼치는 한편 구직자들이 원하는 일자리를 얻을 수 있도록 직업 교육을 실시하고 인력 개발 프로그램을 진행한다. 이러한 정부의 대책은 기업이 고용 안정과 일자리 창출을 고려한 경영을 할 때 효과를 볼 수 있다.

| 교과 연계 | **중학교 사회 ②_물가와 실업**

논술형 문제

다음 그래프와 〈자료〉를 바탕으로 우리나라의 실업 현황에 나타난 특징을 설명하고, 이를 해결하기 위한 방안을 서술하시오.

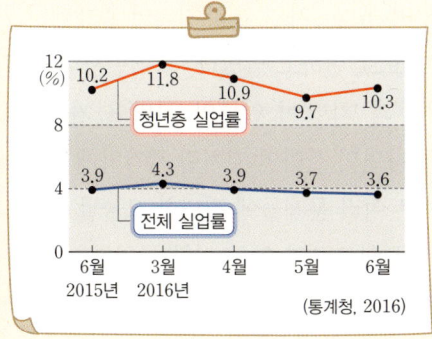

청년층 실업률
전체 실업률

10.2 11.8 10.9 9.7 10.3
3.9   4.3   3.9   3.7   3.6

6월   3월   4월   5월   6월
2015년 2016년
(통계청, 2016)

〔자료〕
오늘날 우리나라뿐 아니라 OECD 가맹국 대부분이 청년 실업 문제를 겪고 있다. 세계화의 경쟁 속에서 기업들이 신규 고용을 줄이는 한편 경력직 채용을 선호하고 있고, 정규직과 비정규직 간의 양극화가 심화되면서 새롭게 노동 시장에 들어서려는 청년들에게 마땅한 일자리가 줄어들었기 때문이다.

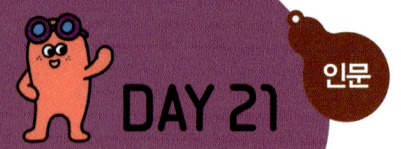

인간과 동물의 관계

모르는 어휘에 ☑ 표시를 하고, 표시한 어휘에 주목하여 지문을 읽어 보시오.

☐ 구축　　☐ 우위　　☐ 강압적　　☐ 섭리　　☐ 직면

>> 한 문장으로 요약하기

❶ 문단 :

❷ 문단 :

❸ 문단 :

❹ 문단 :

❺ 문단 :

㉠신화는 본래 국가라는 체제를 갖추지 않은 사회에서 발생하여 발달해 왔다. 신화에서는 신과 인간 그리고 동물 사이에 뛰어넘을 수 없는 벽은 없었다. 신과 동물은 인간처럼 행동했고, 인간의 말을 사용했으며, 그들은 서로 결혼할 수도 있었다. 즉 신화에는 세계를 구성하는 존재들 사이에 '대칭'적인 관계가 구축되어 있었다. 따라서 이러한 사회에서는 인간이 동물에 비해 일방적인 우위에 있거나, 신이 인간에게 강압적으로 힘을 휘두르거나 하는 일은 일어나지 않았다.

신화를 가지고 있는 대칭성 사회에서 인간은 '문화'를 가지고 살아가며 동물은 '자연' 상태 그대로 살아가는 것으로 생각되었다. '문화' 덕택에 인간은 욕망을 억누르고 절제된 행동을 하며, 사회의 합리적인 운행을 위한 규칙을 지키면서 살 수 있었다.

하지만 그렇다고 해서 '문화'가 '자연'의 우위에 있다고 생각하지 않았다. 인간은 동물이 '자연' 상태 그대로 살고 있어서, 그 덕분에 인간이 쉽게 접할 수도, 손에 넣을 수도 없는 '자연의 힘'의 비밀을 쥐고 있다고 생각했다. 즉 이 세계의 진정한 권력을 쥐고 있는 것은 오히려 동물이라 생각했다. 왜냐하면 인간은 생존을 위해서 동물과 더불어 살아야 했고, 자연에서 생존하는 그들의 삶을 배워야 했기 때문이다. 그래서 인간은 신화나 제의를 통해서 동물과의 유대 관계를 회복·유지하면서 '자연의 힘'의 비밀에 접근하고자 했다. 또한 이런 대칭성의 관계가 깨어지는 것을 경계하기 위해 신화를 이용하기도 했다.

그런데 국가가 형성되면서 대칭성의 관계가 깨지고 만다. 국가라는 체제 속에서 살게 된 인간은 자신들이 가진 '문화'를 과시하면서 원래는 동물의 소유였던 '자연의 힘'의 비밀마저도 가지려 했다. '자연'과 대칭적인 관계에서 가치를 지니던 '문화'는 이제 균형을 상실한 '문명'으로 변하고 말았다. 그러면서 '문명'과 '야만'을 차별적으로 인식하게 되었다. '비대칭'과 '차별'이 인류의 '문명'을 가져왔다고 여기면서, 결국 동물에 대한 인간의 지배를 자연의 섭리인 것처럼 생각하게 되었다.

현대 사회가 가져온 여러 문제들에 직면한 오늘날, 신화적 사고는 이런 비대칭적 사고에서 벗어나 새로운 사고로의 인식 전환을 위한 계기를 마련해 준다. 인간과 인간, 인간과 동물이 더 이상 힘의 우위를 따지면서 경쟁 관계에 있는 것이 아니라, 서로의 존재로 인하여 더욱 조화로운 삶과 사회를 만들 수 있는 대칭적인 관계가 되어야 함을 역설하는 것이다.

1 윗글로 미루어 알 수 있는 내용으로 적절하지 <u>않은</u> 것은?

① 대칭성 사회에서 신화는 중요한 의의를 지니고 있다.

② 비대칭성 사회에서는 인간이 자연의 힘을 소유하려 했다.

③ 대칭성 사회에서 인간은 자신의 욕망을 절제할 수 있었다.

④ 비대칭성 사회에서의 진보는 동물과 구별된 삶을 전제한다.

⑤ 대칭성 사회에서 제의는 힘에 의한 경쟁을 정당화하는 역할을 했다.

3 윗글을 바탕으로 〈보기〉를 이해한다고 할 때, 적절한 것은?

〈보기〉

환인의 아들 환웅이 세상에 관심을 가져 땅으로 내려왔다. 이때 곰과 호랑이가 사람이 되고 싶어 하자 환웅은 쑥과 마늘을 주고, 햇빛을 보지 않으면 사람이 될 수 있다고 하였다. 곰은 금기를 지켜 여자가 되고, 환웅과 결혼하여 아들을 낳았다.

① 곰과 호랑이의 대립을 통해 동물 간의 비대칭적 구조를 보여 주는군.

② 곰이 금기를 지켜 인간이 됨으로써 자연에서 진정한 권력을 획득하게 되는군.

③ 곰과의 결혼은 세계를 구성하는 존재들 사이의 대칭적 관계를 보여 주는 것이군.

④ 환인은 신이라는 점에서 인간과 동물의 위에 존재하는 초월적 권력을 지닌 인물이군.

⑤ 환웅과 곰 사이에서 아들이 태어난 것은 대칭성 사회에서 비대칭성 사회로 이행하는 과정의 혼란을 보여 준 것이군.

2 윗글의 내용으로 볼 때, ㉠으로부터 추리할 수 있는 것으로 가장 적절한 것은?

① 신화는 문명사회로의 이행을 촉진시킨다.

② 체제의 정비를 위해서 신화의 규범화가 필요하다.

③ 국가는 신화에 나타난 이상 세계를 실현한 것이다.

④ 신화를 가진 사회는 인간과 동물의 경계에 속한다.

⑤ 국가가 지향하는 것과 신화가 지향하는 것은 서로 대립된다.

4 윗글에서 알 수 있는 '대칭성 사회'와 '비대칭성 사회'의 인간과 동물의 관계에 대한 인식을 다음과 같이 정리할 때, ⓐ~ⓓ에 들어갈 알맞은 말을 각각 쓰시오.

대칭성 사회에서 인간은 (ⓐ)를 가지고 살아하며 동물은 (ⓑ) 상태 그대로 살아가는 것으로 생각되었지만, (ⓐ)가 (ⓑ)의 우위에 있다고 생각하지는 않았다. 그런데 비대칭성 사회에서는 (ⓐ)가 균형을 상실한 (ⓒ)으로 변하면서 (ⓒ)과 (ⓓ)을 차별적으로 인식하게 되었고, 동물에 대한 인간의 지배를 자연의 섭리인 것처럼 생각하게 되었다.

제습기의 원리

|교과 연계|
중학교 기술·가정 ①_안전한 생활문화

모르는 어휘에 ✔ 표시를 하고, 표시한 어휘에 주목하여 지문을 읽어 보시오.

☐ 상대적   ☐ 흡착   ☐ 응축   ☐ 냉매   ☐ 방출

≫ 한 문장으로 요약하기

❶ 문단 :

    습도에는 절대 습도와 상대 습도가 있다. 절대 습도는 말 그대로 일정한 부피의 공기 중에 포함되어 있는 수증기의 양을 말하고, 상대 습도란 상대적인 습도, 즉 현재 온도의 포화 수증기량˙에 대한 대기 중의 수증기량을 백분위로 나타낸 것이다. 일기 예보에서 말하는 습도는 상대 습도이다. 쾌적한 실내를 위해서는 상대 습도를 40~60%로 유지하는 것이 좋다. 포화 수증기량이 많아지거나 대기 중 수증기량이 적어질수록 상대 습도는 낮아진다. 포화 수증기량은 온도에 따라 높아지는데, 공기를 가열하면 포화 수증기량을 늘릴 수 있고, 이에 따라 상대 습도를 줄일 수 있다. 또한 공기 중의 습기를 직접 제거해도 상대 습도를 낮출 수 있는데, 제습기는 이 방식을 사용한다.

❷ 문단 :

    공기 중의 습기를 제거하는 방식에는 냉각식과 건조식이 있다. 건조식은 화학 물질인 흡습제를 이용하는 방식인데, 가정에서 사용하는 제습 제품과 같이 공기 중의 습기를 직접 흡수하거나 흡착시킨다. 흡습제가 습기를 더 이상 흡수하지 못하면 흡습제를 다시 가열해서 이때 분리되는 습기를 제습기 바깥으로 내보내면 흡습제를 다시 사용할 수 있다. 이러한 방식은 밀폐된 공간에서 소량의 수분을 제거하는 데 유용하다.

❸ 문단 :

    냉각식 제습기는 공기 중의 수증기를 물로 응축시켜 습기를 조절한다. 수증기를 응축시키기 위해서는 이슬점˙ 이하로 공기의 온도를 내려야 하기 때문에 에어컨과 같이 냉매를 이용한다. 습한 공기를 팬으로 빨아들인 뒤 냉매를 이용한 냉각 장치로 통과시킨다. 냉각 장치를 통과하면 공기의 온도가 낮아지고, 공기가 이슬점에 도달해 수증기가 물로 변해 냉각관에 맺혀 물통에 떨어져 모인다. 찬물을 담은 컵의 표면에 물방울이 맺히는 것과 같은 원리인 셈이다. 습기가 제거된 건조한 공기는 응축기를 거쳐 다시 데워진 후에 실내로 방출된다. 상대 습도가 높을수록 공기 중의 수증기가 물로 변하기 쉬워 제습에 효과적이다.

❹ 문단 :

    전자식 제습은 펠티에 효과를 이용한 열전 냉각 방식으로 작동한다. 펠티에 효과는, 다른 두 금속의 양 단면을 서로 연결하고 전기를 통하게 하면 그 양 단면에서 발열과 냉각이 동시에 일어나는 현상이다. 전자 제습기는 이 효과를 적용하여 냉각되는 금속판 쪽에서 공기 중의 수증기가 응축되어 배출된다. 전자식 제습기는 소음이 없고 소형화가 가능해 정밀 기기를 보관하는 제습함에 이용된다.

• **포화 수증기량**: 공기가 최대한 품을 수 있는 수증기의 양.
• **이슬점**: 공기가 포화되어 수증기가 응결될 때의 온도.

1 윗글의 내용과 일치하지 <u>않는</u> 것은?

① 상대 습도는 포화 수증기량에 따라 달라진다.
② 일기 예보에서 말하는 습도는 불쾌지수와 관련이 있다.
③ 전자식 제습기는 정밀 기기를 보관하는 제습함에 이용된다.
④ 건조식 제습기는 밀폐된 공간의 습기를 제거할 때 적합하다.
⑤ 냉각식 제습기와 전자식 제습기는 발열과 냉각이 동시에 일어난다.

3 ⓐ~ⓒ 과정에 나타난 현상과 유사한 사례로 가장 적절한 것은?

① 더운 여름에 아스팔트에 물을 뿌리면 시원해진다.
② 겨울에 처마 끝에 매달린 고드름이 녹아서 물이 된다.
③ 추운 겨울에 따뜻한 집 안으로 들어오면 안경에 김이 서린다.
④ 응급실에서 고열 환자의 몸을 알코올로 닦으면 몸이 차가워진다.
⑤ 여름에 물기가 남아 있는 상태에서 선풍기 바람을 쐬면 시원해진다.

[2-3] 〈보기〉는 '냉각식 제습기의 제습 과정'을 나타낸 것이다. 윗글과 〈보기〉를 바탕으로 2번과 3번의 두 물음에 답하시오.

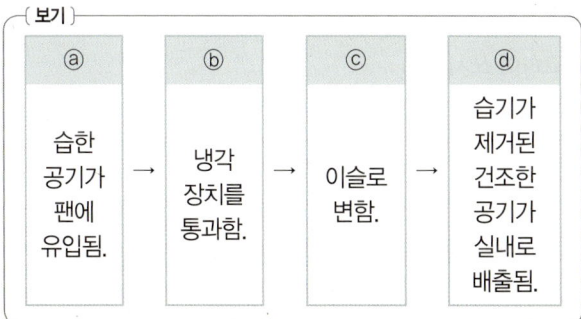

보기

ⓐ	ⓑ	ⓒ	ⓓ
습한 공기가 팬에 유입됨.	→ 냉각 장치를 통과함.	→ 이슬로 변함.	→ 습기가 제거된 건조한 공기가 실내로 배출됨.

2 ⓐ~ⓓ에 대한 설명으로 적절하지 <u>않은</u> 것은?

① ⓐ~ⓓ에서 실내의 절대 습도는 낮아진다.
② ⓐ보다 ⓑ에서 포화 수증기량이 더 많아진다.
③ ⓑ에서는 냉매를 이용해 공기의 온도를 낮춘다.
④ ⓑ~ⓒ에서 수증기가 물로 변한다.
⑤ ⓓ에서 공기는 응축기를 통해 온도가 높아진다.

4 윗글에서 알 수 있는 건조식 제습기의 원리를 〈조건〉에 맞게 쓰시오.

조건
• 상대 습도를 낮추는 방법 중 어떤 방식을 사용하는지 밝힐 것.
• '~ 위해 ~을 이용하여 ~한(시킨)다.'와 같은 문장 형식으로 쓸 것.

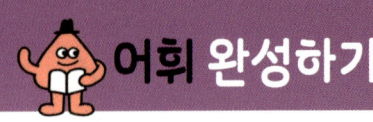

>> 다음 어휘의 뜻을 확인하고, 학습한 어휘에 ☑ 표시를 하시오.

☐ **구축** 構 얽을 구 築 쌓을 축	체제, 체계 따위의 기초를 닦아 세움. 예 영업에서는 고객과의 신뢰 구축이 중요하다.
☐ **우위** 優 뛰어날 우 位 자리 위	남보다 나은 위치나 수준. 예 우리 팀이 1세트를 먼저 따내 우위에 섰다.
☐ **강압적** 強 강할 강 壓 누를 압 的 과녁 적	강제로 누르는 방식으로 하는 것. 예 일제는 우리의 국권을 강압적으로 빼앗았다.
☐ **섭리** 攝 다스릴 섭 理 다스릴 리	자연계를 지배하고 있는 원리와 법칙. 예 먹이 사슬은 자연의 섭리이다.
☐ **직면** 直 곧을 직 面 낯 면	어떠한 일이나 사물을 직접 당하거나 접함. 예 무리한 사업을 벌이다 자금난에 직면했다.

☐ **상대적** 相 서로 상 對 대할 대 的 과녁 적	서로 맞서거나 비교되는 관계에 있는 것. 예 빈부 격차의 심화로 상대적 박탈감이 커지고 있다.
☐ **흡착** 吸 마실 흡 着 붙을 착	1. 어떤 물질이 달라붙음. 2. 기체나 액체가 다른 액체나 고체의 표면에 달라붙음. 예 공기 청정기의 필터에 먼지가 흡착되어 있었다.
☐ **응축** 凝 엉길 응 縮 줄일 축	1. 한데 엉겨 굳어서 줄어듦. 2. 기체가 액체로 변함. 예 이 장치는 증기를 물로 응축시킨다.
☐ **냉매** 冷 찰랭 媒 중매 매	냉동기 따위에서, 저온 물체로부터 고온 물체로 열을 끌어가는 매체. 예 냉매가 필요 없는 냉풍기를 개발했다.
☐ **방출** 放 놓을 방 出 날 출	1. 비축하여 놓은 것을 내놓음. 2. 입자나 전자기파의 형태로 에너지를 내보냄. 예 친구가 음이온 방출 목걸이를 선물로 주었다.

확인문제

1 다음 문장의 문맥을 고려하여, 괄호 안에 들어갈 알맞은 어휘를 고르시오.

(1) 군청이 농산물의 안정적인 판매망 (구축 / 신축)에 나섰다.

(2) 협상에서 (상위 / 우위)를 차지하려면 상대방의 전략을 파악해 두어야 한다.

(3) 미세 먼지 방지 마스크는 정전기 필터가 먼지 입자를 (흡수 / 흡착)해 걸러 준다.

2 다음 빈칸에 들어갈 알맞은 어휘를 괄호 안의 초성을 참고하여 쓰시오.

(1) 지진은 땅속에 축적된 에너지가 갑자기 (ㅂㅊ → 　　　)되면서 일어난다.

(2) 농사를 짓다 보면 계절의 변화와 같은 자연의 (ㅅㄹ → 　　　)를 깨닫게 된다.

(3) 대형 전자 제품에는 온실가스가 나오는 (ㄴㅁ → 　　　) 가스가 포함되어 있다.

(4) 미의 기준은 (ㅅㄷㅈ → 　　　)이기에, 사람마다 아름답다고 느끼는 바가 다르다.

3 다음의 밑줄 친 어휘와 바꿔 쓰기에 가장 적절한 어휘를 〈보기〉에서 찾아 쓰시오.

　　　┌ 보기 ┐
　　　　　강압　　　　응축　　　　직면

(1) 군부 세력은 무력을 동원해 강제(強制)적으로 권력을 빼앗았다.
　　　　　　　　　　　(　　　　　)

(2) 물 부족 문제는 인류가 당면(當面)한 최우선 과제 중 하나이다.
　　　　　　　　　　　(　　　　　)

(3) 더운 수증기가 차가운 유리창에 닿으면 응결(凝結)되어 물방울이 맺힌다.
　　　　　　　　　　　(　　　　　)

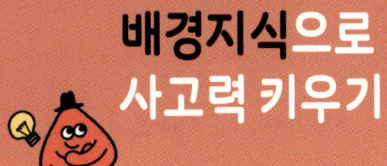
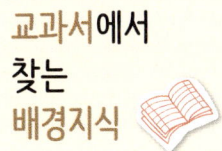

교과서에서
찾는
배경지식

인간과 자연의 관계

인간은 자연에 둘러싸여 살아간다. 기본적으로 인간의 생명이 유지되기 위해 필요한 햇빛, 공기, 물 등은 모두 자연에서 오는 것들이다. 나아가 집을 짓거나 각종 물건을 만드는 등 인간이 편리를 위해 하는 일에 필요한 자원과 에너지도 마찬가지다.

과거에 인간은 자연을 두려워하고 공경하며 자연의 법칙에 따라 살아야 한다고 여겼다. 그런데 근대 이후 산업화가 진행되면서 인간은 자연을 함부로 이용하기 시작했고 그로 인해 경제적 이익과 물질적 풍요를 누리게 되었다. 그러나 이와 함께 환경 오염, 생태계 파괴 같은 환경 문제 또한 피할 수 없게 되었다.

오늘날 겪고 있는 환경 문제의 바탕에는 자연을 인간의 이익을 위한 도구로 여기는 인간 중심주의적 자연관이 있다. 이 관점은 인간이 자연을 지배하고 이용하는 것이 당연하며 자연은 인간의 삶에 도움이 되어야 한다고 본다. 반면 생태 중심주의적 자연관은 인간과 동식물, 산과 바다 같은 무생물이 모두 각각의 가치를 지닌 자연이고 그 자체로 소중하다고 본다. 이 관점에 따르면 자연은 있는 그대로 존중되고, 보호되어야 한다. 그러나 현대 사회에서 생태 중심주의적 자연관을 지나치게 강조하여 개발을 모두 거부하는 것은 현실적으로 불가능하다.

| 교과 연계 | **중학교 도덕 ②**_인간과 자연의 관계

논술형
문제

다음은 ○○아파트 입주민 모임 카페에 아파트 재건축 계획과 관련하여 올라온 게시글이다. 두 입장 중 자신이 동의하는 쪽을 선택하고, 그 이유를 자연관과 관련지어 서술하시오.

의견 게시판 ▶ ID: 나무사랑 <u>나무가 없는 아파트 반대합니다</u>
아파트 재건축 때문에 단지 안의 수백 그루 나무를 베어 버린다니요? 우리 아파트와 함께 나이를 먹은 나무들입니다. 나무를 보존하면서도 재건축할 수 있는 방법도 많지 않습니까?

의견 게시판 ▶ ID: 똘이아빠 <u>한 번 하는 재건축 제대로</u>
이번 재건축에 입주민 모두 기대가 큰 걸로 압니다. 그런데 나무 때문에 공간 활용을 못한다면 그건 공간 낭비, 재정 낭비입니다. 주차장이나 놀이터 등 주민들이 바라던 시설을 세우는 게 먼저입니다. 나무는 필요한 만큼만 적당히 남기면 되지 않겠습니까?

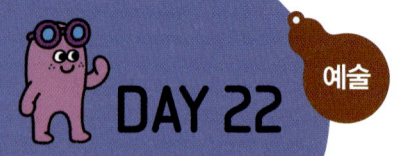

해학에 담긴 의미

| 교과 연계 |
중학교 미술 ②_다양한 주제 표현

모르는 어휘에 ☑ 표시를 하고, 표시한 어휘에 주목하여 지문을 읽어 보시오.

☐ 반전   ☐ 유희   ☐ 풍류   ☐ 부조리   ☐ 모순

》 한 문장으로 요약하기

❶ 문단 :

❷ 문단 :

❸ 문단 :

❹ 문단 :

❺ 문단 :

　'해학(諧謔)'은 농담과 익살을 뜻하는 '해' 자와 '학' 자를 합친 것이다. 사전에서 '해학'은 '익살스럽고 멋이 있는 말이나 짓'으로 풀이하고 있다. 해학에는 일단 웃음과 여유가 있으며 반전이나 과장에서 오는 쾌감과 엉뚱함이 담겨 있다. 해학은 우리 문화 곳곳에서 발견되며, 우리 문화의 미적 요소 중 하나이다. 우리의 '해학미'는 보통 유희 본능으로서의 해학, 익살과 풍류로서의 해학, 부조리 탈출을 위한 해학으로 나뉜다.

　유희 본능으로서의 해학은 구체적인 형상이나 내용보다는 형식과 관련이 있다. 일정 단위의 반복이 유희적으로 진행되다가 돌발적으로 일탈 행위가 벌어질 때 발산되는 생동감을 해학미의 한 부류로 파악하는 것이다. 우리 전통 미술에서는 수묵화의 붓 사용법에서 발달한 선묘의 해학과 관련이 깊다. ㉠때로는 굵게 때로는 가늘게 나타나는 변화 있는 두께와 유연한 리듬의 선은 붓이 갖는 독특한 맛을 선명하게 보여 주고 있다.

　익살과 풍류로서의 해학은 주로 반지식적, 반문명적 의미를 앞세운다. 우리의 민화는 예술적 지식층인 선비 그림이나 도화서*의 화풍에 대하여 알지 못하는 그림이므로 반지식형 해학의 좋은 본보기가 된다. 그리고 조선 시대의 해학적 화가로서 흔히 혜원 신윤복을 꼽고 있다. 신윤복은 당시 사회의 유교적 체제뿐만 아니라 도화서 화풍의 강요를 조롱했고, 그들이 짓누르는 권위 의식과 허구성에 저항하는 해학을 한껏 발휘했다.

　또 하나, ㉡사회 부조리에 대한 반발로서의 풍자적 해학은 지적이고 관념적인 풍자로, 이들의 진정한 해학적 유희를 느끼려면 미학적 지식이 있어야 한다. 이들은 전통적인 미적 정의의 허구성을 풍자하거나 조롱하면서 해학을 도입한다. 전통 미술에서의 해학이 대체로 구수하고 순박하고 무딘, 화해의 자세라면 현대 미술에서의 해학은 좀 더 공격적이고 날카로운 풍자 쪽으로 변모해 가고 있다.

　이처럼 해학은 반드시 모순과 어리석은 행동, 불건전한 논리를 발견케 하는 기지를 필요로 한다. 해학의 뿌리는 저항에 있고 그 줄기는 기지에 있으며 열매는 웃음과 화해에 있다.

* **도화서**: 조선 시대에, 그림에 관한 일을 맡아보던 관아.

1 윗글을 쓰기 위한 글쓴이의 전략으로 보기 어려운 것은?

- 처음: 핵심 개념을 소개하면서 논의를 시작한다. ──────────────①
- 중간:
  - 대상을 몇 개의 범주로 나누어 유형화한 것을 설명한다. ────────②
  - 구체적 사례를 들어 독자의 이해를 돕는다. ──────────────③
  - 대상이 갖고 있는 긍정적 측면과 부정적 측면을 모두 다룬다. ──────④
- 끝: 대상의 본질을 강조하면서 글을 마무리한다. ──────────────⑤

2 다음 중, ㉠을 가장 잘 보여 주는 작품은?

①

②

③

④

⑤

3 ㉡의 구체적 사례로 〈보기〉를 들었다고 할 때, 그 이유로 가장 타당한 것은?

〔보기〕

　우리나라 비디오 아트의 거장이라 불리는 백남준은 피아노와 바이올린을 부수는 행위, 관객의 넥타이를 자르는 행위 등 충격적인 퍼포먼스를 통해 기성 예술을 공격했다. 특히 13대의 '장치된 TV'와 '장치된 피아노'는 기존의 미학적 가치에 대한 반예술적 도전이면서 동시에 그 자체가 새로운 시각적 예술 장르가 되는 신선한 충격이었다.

① 지배적 정치 세력에 대한 저항이 나타나므로
② 일탈 행위에서 오는 미적 쾌감을 느낄 수 있으므로
③ 예측하기 어려운 다양한 시각적 이미지가 형성되므로
④ 기존의 미적 가치나 기준에 대한 조롱을 담고 있으므로
⑤ 관객과 상호 교감할 수 있는 예술로의 변혁을 보여 주므로

4 윗글에서 '익살과 풍류로서의 해학'의 특징과 사례를 찾아 〈조건〉에 맞게 쓰시오.

〔조건〕
- '익살과 풍류로서의 해학은 ～며, ～에서 볼 수 있다.'와 같은 형식의 한 문장으로 쓸 것.

무아레 무늬

모르는 어휘에 ✓ 표시를 하고, 표시한 어휘에 주목하여 지문을 읽어 보시오.

☐ 격자　　☐ 파장　　☐ 왜곡　　☐ 화소　　☐ 대칭

>> 한 문장으로 요약하기

❶ 문단 :

우리는 햇빛이 비칠 때 모기장이 겹쳐 있는 부위에서 모기장의 격자 간격보다 크고 다양하게 변하는 얼룩무늬를 볼 수 있다. 모기장의 경우처럼 주기적인 무늬가 겹쳐서 원래의 주기보다 큰 무늬를 만드는 현상을 무아레 간섭이라 하고, 이때 생기는 무늬를 '무아레 무늬'라 한다.

❷ 문단 :

무아레 무늬가 나타나는 원리는 무엇일까? 이는 빛의 간섭 현상과 관련이 있다. 예를 들어 같은 굵기의 선을 투명한 필름 위에 규칙적이고 일정한 간격으로 그려 놓고, 선 간격만 약간 다른 필름을 그 위에 겹친 다음, 그중 하나를 약간 움직이면 물결 모양의 무아레 무늬가 나타난다. 이 현상은 파장이 비슷한 무늬가 겹쳐질 때 나타나며, 겹치는 두 줄무늬의 파장 크기가 크게 차이 나거나 두 줄무늬의 각도가 일정 범위를 벗어나면 나타나지 않는다.

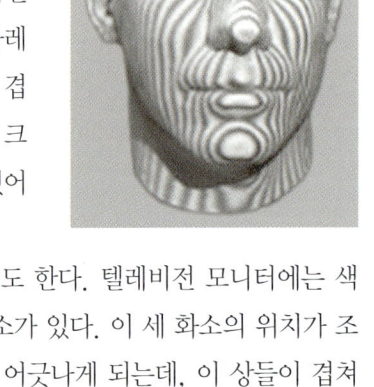

❸ 문단 :

무아레 무늬는 방송에서 원래의 모습을 왜곡하기도 한다. 텔레비전 모니터에는 색깔을 나타내기 위한 빨강, 초록, 파랑의 세 가지 화소가 있다. 이 세 화소의 위치가 조금씩 다르기 때문에 이들 화소가 만드는 상은 약간 어긋나게 되는데, 이 상들이 겹쳐져 무아레 무늬가 만들어지는 것이다. 또한 우리가 사용하는 디지털 카메라에서도 무아레 무늬가 나타나는데, 이는 디지털 카메라용 이미지 센서가 격자무늬 모양으로 배열되어 있어 촬영할 때 들어온 빛의 간섭을 받기 때문이다.

❹ 문단 :

무아레 무늬는 측정이 필요한 여러 분야에 쓰인다. 과학자들은 무아레 무늬를 이용해 짧은 길이를 측정한다. 두 장의 줄무늬를 겹친 다음 어느 한 장을 이동시키면 줄무늬가 이동하는 것에 따라 무아레 무늬가 이동한다. 두 줄무늬의 패턴이 동일하면 움직임에 따라 생기는 무아레 무늬의 주기도 동일하게 나타난다. 무아레 무늬는 원래의 무늬보다 크게 나타나기 때문에 이를 이용하면 짧은 길이도 쉽게 알아낼 수 있다. 또 무아레 무늬는 입체적인 물체의 편평도 측정에도 쓰인다. 빛을 쪼여 물체 표면에 줄무늬 그림자를 만들고 이 줄무늬 그림자를 또 다른 줄무늬 필름을 통해 보면 물체의 편평도가 등고선으로 나타난다. 이를 이용해 자동차 표면의 편평도, 비행기 양 날개의 좌우 대칭, 척추 측만증과 같은 체형 이상 등을 손쉽게 알아낼 수 있다.

1 윗글로 미루어 알 수 있는 내용으로 적절하지 <u>않은</u> 것은?

① 무아레 무늬는 빛이 없는 곳에서 나타나기는 어렵겠군.

② 무아레 무늬를 활용하여 물체의 대칭 여부를 확인할 수 있겠군.

③ 무아레 무늬의 주기를 활용하여 짧은 길이를 측정할 수 있겠군.

④ 무아레 무늬는 두 줄무늬의 파장 크기 차이와 관계없이 나타나겠군.

⑤ 무아레 무늬가 나타나지 않게 하려면 두 줄무늬의 각도를 조절해야겠군.

3 다음은 윗글을 읽고 쓴 발표문의 초고이다. 고쳐쓰기 방안으로 적절하지 <u>않은</u> 것은?

> • 발표 주제 : 무아레 무늬
> • 발표 내용 : 무아레 무늬는 여러모로 ㉠쓸모가 있고 유용하여, 위조지폐 감별에까지 ㉡사용되어집니다. 우리나라 지폐의 한쪽에는 동심원이 아주 ㉢촘촘이 그려져 있는데, 이 때문에 컬러 복사나 스캔을 하면 무아레 무늬가 나타나서 위조된 지폐임을 쉽게 알 수 있답니다. ㉣컬러 인쇄물에도 무아레 무늬가 나타나 문제가 됩니다. 우주인들이 무중력 상태에서 얼굴이 어떻게 변하는지 실험하는 데에도 무아레 무늬가 쓰입니다. ㉤이 밖에 무아레 무늬를 의상 디자인에 활용하기 위한 연구도 진행 중에 있습니다.

① ㉠은 의미 중복을 피하기 위해 '쓸모가 있어'로 수정해야겠어.

② ㉡은 피동 표현이 불필요하게 중복되므로 '사용됩니다'로 고쳐야겠어.

③ ㉢은 맞춤법에 맞게 '촘촘히'로 고쳐야겠어.

④ ㉣은 내용의 통일성을 위해 삭제해야겠어.

⑤ ㉤은 문장을 자연스럽게 연결하기 위해 '요컨대'로 바꿔야겠어.

2 윗글의 설명 방식으로 적절한 것은?

① 상반되는 이론을 비교하여 제시하고 있다.

② 과학적 근거로 통념의 오류를 비판하고 있다.

③ 이론의 분화 과정을 중심으로 설명하고 있다.

④ 가설을 설정하고 실현 가능성을 검토하고 있다.

⑤ 구체적 사례를 활용하여 현상에 대한 이해를 돕고 있다.

4 윗글에서 무아레 무늬가 나타나는 원리를 찾아 25자 이내로 쓰시오.

_____

_____

어휘 완성하기

>> 다음 어휘의 뜻을 확인하고, 학습한 어휘에 ☑ 표시를 하시오.

□ 반전 反 돌이킬 반 轉 구를 전	1. 위치, 방향, 순서 따위가 반대로 됨. 2. 일의 형세가 뒤바뀜. 예 위기를 기회로 반전시켰다.	□ 격자 格 격식 격 子 아들 자	바둑판처럼 가로세로를 일정한 간격으로 직각이 되게 짠 구조나 물건. 또는 그런 형식. 예 타탄체크는 스코틀랜드의 전통적 격자무늬이다.
□ 유희 遊 놀 유 戲 놀이 희	즐겁게 놀며 장난함. 또는 그런 행위. 예 정월에 즐겨 하는 유희로는 윷놀이가 있다.	□ 파장 波 물결 파 長 길 장	파동에서, 같은 위상을 가진 서로 이웃한 두 점 사이의 거리. 예 조석파는 파장이 물의 깊이에 비해 매우 길다.
□ 풍류 風 바람 풍 流 흐를 류	멋스럽고 풍치가 있는 일. 또는 그렇게 노는 일. 예 계곡에서 뱃놀이를 하며 풍류를 즐겼다.	□ 왜곡 歪 기울 왜 曲 굽을 곡	사실과 다르게 해석하거나 그릇되게 함. 예 그 기사는 한쪽의 입장에만 유리하게 쓰인 왜곡 보도이다.
□ 부조리 不 아닐 부 條 가지 조 理 다스릴 리	이치에 맞지 아니하거나 도리에 어긋남. 또는 그런 일. 예 노조에서 갑질, 괴롭힘 등 직장 내 부조리에 대한 실태 조사를 벌였다.	□ 화소 畫 그림 화 素 본디 소	텔레비전이나 사진 전송에서, 화면을 전기적으로 분해한 최소의 단위 면적. 예 내 휴대 전화 카메라는 1200만 화소이다.
□ 모순 矛 창 모 盾 방패 순	어떤 사실의 앞뒤, 또는 두 사실이 이치상 어긋나서 서로 맞지 않음을 이르는 말. 예 말과 행동이 반대인 그의 모습에 모순을 느꼈다.	□ 대칭 對 대할 대 稱 일컬을 칭	사물들이 서로 동일한 모습으로 마주보며 짝을 이루고 있는 상태. 예 데칼코마니 기법으로 대칭되는 무늬를 만들었다.

확인문제

1 다음의 밑줄 친 어휘와 바꿔 쓰기에 가장 적절한 어휘를 〈보기〉에서 찾아 쓰시오.

┌ 보기 ┐
부조리   왜곡   유희

(1) 아이들은 소꿉장난과 같이 생활을 모방하는 놀이를 즐긴다.
(   )

(2) 이 책은 차별과 계층 갈등으로 불합리(不合理)한 사회 현실을 비판하고 있다.
(   )

(3) 시민 단체들은 식민지 침략 행위를 미화하는 일본의 역사 날조(捏造)에 항의했다.
(   )

2 다음 빈칸에 들어갈 알맞은 어휘를 괄호 안의 초성을 참고하여 쓰시오.

(1) 무지개는 가시광선의 (ㅍㅈ →   )에 따라 일곱 가지 색깔로 보인다.

(2) 내가 하면 괜찮은 행동을 남이 하면 잘못이라는 것은 (ㅁㅅ →   )이다.

(3) 창문에는 쇠창살이 (ㄱㅈ →   ) 모양으로 짜여 있어 빠져 나갈 수 없었다.

(4) 어린 시절 사진은 (ㅎㅅ →   )가 낮은 디지털 카메라로 찍어 화질이 좋지 않다.

3 다음 문장의 문맥을 고려하여, 괄호 안에 들어갈 알맞은 어휘를 고르시오.

(1) 일반적인 생물의 몸은 좌우 (대조 / 대칭)의 형태를 띠고 있다.

(2) 이 소설은 (반문 / 반전)을 거듭하는 이야기 흐름으로 손에 땀을 쥐게 했다.

(3) 방랑 시인 김삿갓은 전국 방방곡곡을 떠돌며 (체류 / 풍류)를 즐기고 시를 읊었다.

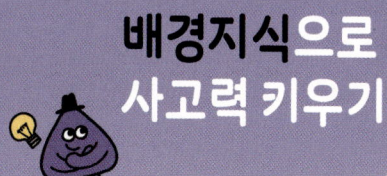

파동의 개념과 종류

물웅덩이에 물방울이 떨어지면 물결이 동심원 모양을 이루면서 퍼져 나가는 것처럼 한곳에서 만들어진 진동이 주위로 퍼져 나가는 것을 '파동'이라고 한다. 파동에는 물결파, 소리, 지진파 등이 있다. 파동을 전달하는 물질은 매질이라고 하는데 물결파의 매질은 물, 소리의 매질은 공기, 지진파의 매질은 땅이다.

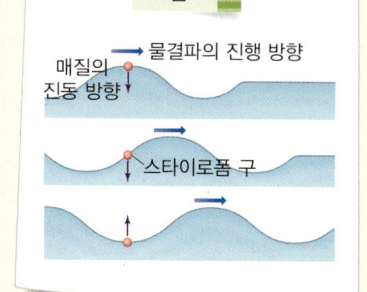

〈그림 1〉은 물결파의 진행 방향을 나타낸 것이다. 물결파가 퍼져 나갈 때 수면에 떠 있는 스타이로폼 구는 제자리에서 위아래로만 진동한다. 파동이 진행할 때 매질은 제자리에서 진동만 할 뿐 진행 방향으로 이동하지 않기 때문이다.

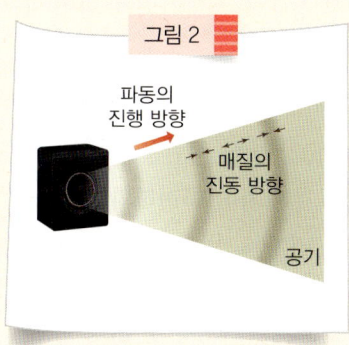

파동은 매질의 진동 방향과 파동의 진행 방향이 어떠한지에 따라 횡파와 종파로 나눌 수 있다. 파동의 진행 방향과 매질의 진동 방향이 서로 수직인 파동은 횡파, 파동의 진행 방향과 매질의 진동 방향이 서로 나란한 파동은 종파라고 한다. 〈그림 2〉에서 보듯 스피커에서 발생한 소리는 매질인 공기를 앞뒤로 진동시키면서 진행하므로 종파이다. | 교과 연계 | **중학교 과학 ①_파동**

다음은 용수철을 좌우로 흔들 때와 앞뒤로 흔들 때 나타나는 파동을 관찰한 실험 결과이다. 이를 바탕으로 용수철을 좌우로 흔들 때와 앞뒤로 흔들 때 파동의 종류가 각각 무엇인지 이유와 함께 서술하시오.

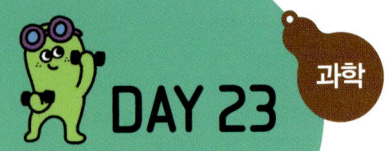

번개가 발생하는 원리

| 교과 연계 |
중학교 과학 ③_구름과 강수의 원리

모르는 어휘에 ☑ 표시를 하고, 표시한 어휘에 주목하여 지문을 읽어 보시오.

☐ 방전　　☐ 도선　　☐ 원자　　☐ 이탈　　☐ 지표

>> 한 문장으로 요약하기

❶ 문단 :

❷ 문단 :

❸ 문단 :

❹ 문단 :

❺ 문단 :

　번개는 대기 중에서 전기의 방전이 일어나 번쩍이는 불꽃이다. 전기는 구리선처럼 전기가 잘 흐르는 도선을 따라 흐른다. 그런데 기체에서도 전기가 흐르는 경우가 있다. 이를 방전이라고 한다. ⊙어떻게 도선이 없는데도 전기가 흐를까?

　원자에는 양전하를 띤 핵과 음전하를 띤 전자가 들어 있다. 물체는 보통의 경우, 양전하와 음전하의 전하량이 같은 중성 상태이다. 그런데 외부에서 힘이 가해지면 한 물체의 전자들이 다른 물체로 이동하여 두 물체 모두 전하량이 균형을 이루지 못하는 상태가 된다. 이때 전자가 이탈된 물체를 양전하로 대전되었다고 하고, 전자를 얻은 물체를 음전하로 대전되었다고 한다. 대전된 물체는 다시 중성 상태로 돌아가려는 특성이 있다. 전기가 흐른다는 것은 각각 다른 전하로 대전된 두 물체가 중성 상태로 돌아가기 위해 전하가 이동하는 상태를 말한다. 두 물체 사이에 도선이 있으면 전하가 쉽게 이동한다. 그러나 중성 상태로 돌아가려는 힘이 매우 강하면 도선이 없어도 전기가 흐를 수 있다.

　태양에 의해 가열되어 가벼워진 지표의 공기는 상승 기류를 형성하고, 상승 기류는 적란운을 만든다. 산봉우리 모양을 한 적란운 속에는 작은 물방울이 많이 있는데, 이들은 상승 기류에 의해 서로 부딪치면 음전하와 양전하로 대전된다. 전자를 잃어 양전하를 띤 입자는 상승하고, 전자를 얻어 음전하를 띤 입자는 하강하기 때문에 시간이 지나면 구름의 상층부는 양전하로 대전된 입자가, 하층부는 음전하로 대전된 입자가 쌓인다. 상층부와 하층부에 대전된 입자가 많이 쌓이면 순간적으로 전기가 흐르는 방전 현상이 나타나며 발생하는 빛이 번개이다.

　구름과 지표 사이의 번개는 구름 속의 번개와는 다른 과정으로 발생한다. 대전된 물체를 중성 물체에 가까이 대면 대전된 물체와 가까운 쪽에 있는 중성 물체의 표면은 대전된 물체와 반대되는 전하를 띤다. 적란운의 밑에서 음전하를 띤 공기 기둥이 지표 가까이 내려올 수 있는데, 이 공기 기둥은 지표가 양전하를 띠도록 한다. 공기 기둥의 음전하가 지표의 양전하에 가까워져 서로를 끌어당기는 힘이 일정 수준을 넘으면 방전이 나타난다. 그런데 이때의 번개는 지표로 내려오던 음전하들이 지표의 양전하와 만나 구름 쪽으로 되돌아가면서 발생한다.

　우리는 흔히 번개를 벼락이라고도 하는데, 정확히 말하면 벼락은 구름과 지표 사이에서 발생하는 방전만을 말한다. 벼락은 전체 번개 중 10% 정도에 불과하지만, 엄청난 위력을 갖고 인간에게 직접적으로 피해를 준다는 점에서 위험하다.

1 윗글의 표제와 부제로 적절한 것은?

① 번개의 발생 원리
　－ 방전 현상이 일어나는 과정을 중심으로
② 번개와 구름의 관계
　－ 지표로 전기가 흐르는 이유를 중심으로
③ 번개가 발생하는 조건
　－ 적란운 내부 상태의 변화를 중심으로
④ 번개의 종류와 그 특성
　－ 구름의 종류와 위치를 중심으로
⑤ 번개의 피해를 막는 방법
　－ 물질이 대전되는 원인을 중심으로

2 ㉠에 대한 답으로 가장 적절한 것은?

① 전기는 도선보다 기체에서 더 잘 흐르기 때문에
② 중성의 물체는 시간이 지나면 저절로 대전되기 때문에
③ 대전된 물체는 중성으로 돌아가려는 특성이 있기 때문에
④ 양전하와 음전하는 서로를 밀어내는 성질이 있기 때문에
⑤ 대부분의 기체는 양전하나 음전하로 대전되어 있기 때문에

3 윗글을 바탕으로 〈보기〉를 이해한 내용으로 적절하지 않은 것은?

〔보기〕

…… ㉮ 적란운 상층부

…… ㉯ 적란운 하층부

…… ㉰ 지표

① ㉮와 ㉯ 사이에서 발생하는 번개의 빈도보다 ㉯와 ㉰ 사이에서 발생하는 번개의 빈도가 더 높다.
② ㉮에 양전하로 대전된 입자가, ㉯에 음전하로 대전된 입자가 쌓이면 그 사이에서 번개가 발생할 수 있다.
③ ㉯ 밑의 공기 기둥은 ㉰를 대전시키는 역할을 한다.
④ ㉯에 음전하로 대전된 입자가 쌓여 있어야 ㉯와 ㉰ 사이에서 번개가 발생할 수 있다.
⑤ ㉯에서 내려오던 음전하가 ㉰의 양전하를 만나 ㉯로 돌아가면서 번개가 발생한다.

4 윗글을 바탕으로 '번개'와 '벼락'의 차이점을 〈조건〉에 맞게 쓰시오.

〔조건〕
• 번개의 개념과 벼락의 개념을 비교하는 형식으로 쓸 것.

DAY 23 인문

조선 성리학자들의 가치관

| 교과 연계 |
중학교 역사 ②_조선 시대의 문화와 사회 발달

모르는 어휘에 ☑ 표시를 하고, 표시한 어휘에 주목하여 지문을 읽어 보시오.

☐ 수양   ☐ 파기   ☐ 주창   ☐ 토대   ☐ 봉건적

>> 한 문장으로 요약하기

❶ 문단 :

조선의 건국과 함께 성리학이 통치 이념으로 자리 잡은 이래로 조선 성리학자들은 하늘이 인간에게 준 본성이 착하다는 성선(性善)을 절대적인 가치관으로 받아들이고 ⓐ이것을 수양과 교화의 근거로 삼았다. 그러나 불교와 양명학은 이러한 인간관에 대해 의심을 품었다. 만약 성선의 가치관이 파기된다면, 선악 판단이 불가능한 혼란으로 떨어지게 될 것이기 때문에 조선 성리학자들에게 상대주의적 가치관에 대한 대응은 조선 전기 동안 중요한 문제였다.

❷ 문단 :

17세기 말 시작된 호락논쟁(湖洛論爭)˙은 상대주의적 가치관에 대한 대응이면서 심각한 내부적 논쟁이었다. 이들은 인간의 본성인 인성과 타 존재의 본성인 물성이 다르다고 주장하는 인물성이론(人物性異論)의 호론과 근본적으로 서로의 본성은 같다는 인물성동론(人物性同論)의 낙론으로 나뉘었다.

❸ 문단 :

호론은 불교, 양명학 등이 불러일으키는 성선의 절대성 약화를 우려하였다. 그래서 호론은 인성과 물성이 다르다는 입장을 기본으로 하여 인간 본성인 성선의 회복을 주창하였다.

❹ 문단 :

반면 낙론은 현실적 대응 방법이 호론과 달랐다. 낙론의 선조 격인 김창협은 호론의 주장을 따를 경우 발생할 도덕적 규율에 의한 억압과 욕망의 질식 상태를 인정할 수 없었다. 즉 욕망은 부정되어야 하지만 엄연한 현실이라고 본 것이다. 욕망을 인간 본성의 또 다른 모습으로 인정함으로써 결국 낙론은 모든 사물마다 고유한 각각의 가치가 있음을 인정하였다. 이러한 상대적 가치에 대한 인정으로 고유한 가치를 지닌 모든 사물을 관찰을 통해 새롭게 이해하려는 태도가 대두하였다.

❺ 문단 :

19세기의 조선 성리학자에게 모든 것이 가치 있다는 낙론의 주장은 사물에 대한 관심을 불러일으켰다. 그래서 추사 김정희는 과거의 사물에 대해 철저하게 탐구하고자 하였고, 최한기는 과학적이고 합리적으로 이해할 수 있는 방법으로 지리·천문·의학 등의 서양 학문에 관심을 가졌다. 스스로의 노력을 통해 조선 성리학자들은 근대의 상대주의적 가치관이 자리 잡을 수 있는 토대를 마련하는 데까지 나아갔다. 하지만 봉건적 사고에서 벗어나기 위한 마지막 탈피의 순간에 일본의 강점으로 역사적 학문적 단절을 맞게 됨으로써 이러한 노력은 중단되고 말았다.

• **호락논쟁**: 조선 후기 성리학에서, 인성(人性)과 물성(物性)을 같은 것으로 보는가 다른 것으로 보는가 하는 문제를 놓고 벌어진 논쟁.

1 윗글을 통해 이끌어 낸 내용으로 적절하지 <u>않은</u> 것은?

① 불교와 양명학에는 상대주의적 가치관이 들어 있다.
② 호론의 본성관은 전통 성리학자들의 태도와 상반된다.
③ 호락논쟁은 필연적인 성리학적 과제로부터 비롯하였다.
④ 낙론의 주장은 사물에 대한 학문적 탐구의 길을 열었다.
⑤ 조선 성리학의 근대적 발전은 외부의 힘에 의해 단절되었다.

2 ㉠의 본질을 담고 있는 주장은?

1428년 진주에 사는 김화가 저지른 인륜을 어긴 범죄에 대하여 ①김화를 엄벌하자는 주장과 ②제도를 정비해야 한다는 주장이 대립되었다. 이때 세종은 ③무엇보다 천성을 회복해야 한다며 세상에 효행의 풍습을 널리 알릴 수 있는 서적을 간행해서 ④백성들이 항상 읽게 하는 것이 좋겠다는 취지에서 「삼강행실도」를 만들었다. 이 책에는 ⑤모든 사람이 알기 쉽게 하자며 매 편마다 그림을 넣었다.

3 윗글을 바탕으로 〈보기〉를 이해한 것으로 적절하지 <u>않은</u> 것은?

보기
연암 박지원은 「허생전」을 통해 당대 사회에 대한 자신의 가치관을 드러내고 있다. 글공부에 매진하던 허생은 상업 행위로 이룬 거대한 부를 바탕으로 사회적 문제를 해결하였다. 그리고 청나라를 오랑캐로 규정한 북벌론으로 기득권을 유지하던, 당대의 지배층을 맹공하였다. 특히 청나라의 선진 문물을 수용하자는 북학파의 주장에 이러한 박지원의 사고가 큰 영향을 주었다.

① 허생은 인물성동론의 태도로 청인을 인식하고 있었겠군.
② 북벌론은 낙론보다는 호론의 입장에 근거한 것이었겠군.
③ 북학파와 지배층은 사회적 문제 해결의 관점이 달랐겠군.
④ 지배층은 조선인과 청인의 본성을 모두 성선으로 보았겠군.
⑤ 박지원은 인간의 욕망에 대해 긍정적으로 인식하고 있었겠군.

4 윗글에서 알 수 있는 호론과 낙론의 입장을 다음과 같이 정리할 때, 빈칸에 들어갈 알맞은 말을 차례대로 쓰시오.

호론은 인성과 물성이 (   )고 보고 성선의 (   ) 약화를 우려한 데 비해, 낙론은 인성과 물성이 근본적으로 (   )고 보고 사물의 (   ) 가치를 인정했다.

어휘 완성하기

>> 다음 어휘의 뜻을 확인하고, 학습한 어휘에 ☑ 표시를 하시오.

☐ **방전** 放 놓을 방 電 번개 전	전지나 축전기 또는 전기를 띤 물체에서 전기가 외부로 흘러나오는 현상. 예 **방전**으로 휴대 전화 전원이 꺼졌다.	☐ **수양** 修 닦을 수 養 기를 양	몸과 마음을 갈고닦아 품성이나 지식, 도덕 따위를 높은 경지로 끌어올림. 예 정신 **수양**을 위해 고전을 읽기로 했다.
☐ **도선** 導 인도할 도 線 줄 선	전기의 양극을 이어 전류를 통하게 하는 쇠붙이 줄. 예 **도선**에 흐르는 전류의 세기는 전압에 비례한다.	☐ **파기** 破 깨뜨릴 파 棄 버릴 기	계약, 조약, 약속 따위를 깨뜨려 버림. 예 상대방의 일방적인 약속 **파기**에 기분이 상했다.
☐ **원자** 原 근원 원 子 아들 자	물질의 기본적 구성 단위. 하나의 핵과 이를 둘러싼 여러 개의 전자로 구성되어 있다. 예 **원자**들이 결합하면 분자가 형성된다.	☐ **주창** 主 임금 주 唱 부를 창	주의나 사상을 앞장서서 주장함. 예 이 소설에는 자유연애를 **주창**하는 인물이 그려져 있다.
☐ **이탈** 離 떠날 리 脫 벗을 탈	어떤 범위나 대열 따위에서 떨어져 나오거나 떨어져 나감. 예 열차가 궤도를 **이탈**하는 사고가 났다.	☐ **토대** 土 흙 토 臺 대 대	어떤 사물이나 사업의 밑바탕이 되는 기초와 밑천을 비유적으로 이르는 말. 예 여러 가지 증거를 **토대**로 하여 죄를 가렸다.
☐ **지표** 地 땅 지 表 겉 표	지구의 표면. 또는 땅의 겉면. 예 태양의 열기로 **지표**가 뜨거워졌다.	☐ **봉건적** 封 봉할 봉 建 세울 건 的 과녁 적	신분, 지위 등 상하 관계에 따른 질서를 중시하며 개인의 자유나 권리를 존중하지 않는, 봉건 제도 특유의 성격을 가지고 있는 것. 예 **봉건적** 가부장제 사회에서 여성은 억압당했다.

확인 문제

1 다음 빈칸에 들어갈 알맞은 어휘를 괄호 안의 초성을 참고하여 쓰시오.

(1) 석탄과 다이아몬드는 둘 다 탄소 (ㅇㅈ →   )로 이루어져 있다.

(2) 자동차의 실내등을 끄지 않아 밤새 배터리가 (ㅂㅈ →   )되었다.

(3) 전류가 흐르는 (ㄷㅅ →   )을 자기장 속에 넣으면 전자기력이 발생한다.

(4) 「홍길동전」은 (ㅂㄱㅈ →   ) 신분 제도에 대한 비판적 문제의식을 담고 있다.

2 다음의 밑줄 친 어휘와 바꿔 쓰기에 가장 적절한 어휘를 〈보기〉에서 찾아 쓰시오.

┌ **보기** ┐
　　　수양　　　　지표　　　　토대

(1) 무성한 잡초들이 <u>지면(地面)</u>을 덮고 있었다.
　　　　　　　　(   )

(2) 몇 년 간의 연구 자료를 <u>기반(基盤)</u>으로 책을 썼다.
　　　　　　　　(   )

(3) 교육의 목표는 지식과 기술을 가르치고 인격을 <u>도야(陶冶)</u>시키는 데 있다.
　　　　　　　　　　　(   )

3 다음 문장의 문맥을 고려하여, 괄호 안에 들어갈 알맞은 어휘를 고르시오.

(1) 계약 (파기 / 환기)로 입은 피해에 대해 배상금을 청구하기로 했다.

(2) 행진이 길어지자 대열에서 (이전 / 이탈)하는 사람이 하나 둘 늘었다.

(3) 홍대용은 지구가 하루에 한 번씩 돌고 있다는 지전설을 (주창 / 창작)했다.

배경지식으로 사고력 키우기

교과서에서 찾는 배경지식

구름이 생기는 원리

구름은 공기 중의 수증기가 물방울로 변해 모인 것이다. 지표면의 공기가 상승하면서 공기 중의 수증기가 응결함에 따라 높은 곳에 떠 있는 구름이 나타난다. 따라서 구름이 만들어지기 위해서는 공기 덩어리가 상승하는 움직임이 반드시 필요하다. 공기의 상승은 따뜻한 공기와 찬 공기가 만나거나 지표면의 일부가 가열될 때, 또는 공기가 이동하다가 산을 만나는 경우에 일어난다.

지표면에서 수증기를 포함하고 있는 공기 덩어리가 상승하면 공기가 주변과 열을 주고받지 않고 팽창하는 단열 팽창이 일어난다. 이 현상이 일어나면 공기 덩어리의 온도는 낮아지고 포화 수증기량은 감소하며 상대 습도는 높아진다. 그리고 공기 덩어리가 계속 상승하여 기온이 이슬점에 도달하면 수증기가 응결하여 물방울이 되어 하늘 높은 곳에 구름으로 떠 있게 되는 것이다.

적운형 구름

층운형 구름

한편 구름의 모양은 공기가 상승하는 정도에 따라 달라진다. 공기의 상승 운동이 강할 때는 위로 솟는 모양의 적운형 구름이 만들어지며, 공기의 상승 운동이 약할 때는 옆으로 퍼지는 모양의 층운형 구름이 만들어진다.

| 교과 연계 | **중학교 과학 ③_구름과 강수의 원리**

논술형 문제

다음은 안개에 대한 선생님의 설명이다. 구름이 만들어지는 위치와 원리에 대한 설명을 바탕으로 마지막 선생님의 질문에 대한 답을 서술하시오.

안개가 낀 날은 맑은 날에 비해 교통사고 발생률이 4배나 높다고 합니다. 안개는 대기 중에 물방울이 떠 있는 상태입니다. 즉 대기 중에 있던 수증기가 응결된 것이지요. 다르게 말하자면 지면에 붙어 있는 구름이라고 할 수도 있지만 그렇다고 해서 구름은 아닙니다. 그렇다면 안개와 구름의 차이점은 무엇일까요?

브레히트의 서사극 이론

|교과 연계|
중학교 음악 ②_다양한 예술의 만남

> 모르는 어휘에 ✓ 표시를 하고, 표시한 어휘에 주목하여 지문을 읽어 보시오.
>
> ☐ 몰입　　☐ 전이　　☐ 병렬　　☐ 자명하다　　☐ 변혁

>> 한 문장으로 요약하기

❶ 문단 :

❷ 문단 :

❸ 문단 :

❹ 문단 :

　아리스토텔레스는 관객이 배우를 통해 극중 인물에 적극적으로 몰입되면, 극이 고조됨에 따라 관객의 감정도 고조되며 극 상황에 따라 관객의 이해와 감정, 인식의 폭 또한 소용돌이를 겪는다고 보았다. 이때 허구에 불과한 극중 행동과 사건이 관객의 감정으로 전이되는 것은 감정 이입을 전제로 해서만 가능한데, 감정 이입이 보다 원활히 이루어지기 위해서는 극이 마치 현실처럼 보여야 한다고 했다.

　하지만 브레히트는 관객이 사건을 생소한 것으로 느끼게 함으로써 관객에게 연극이 실제가 아니라는 인식을 갖게 해야 한다고 주장하였다. 이를 '서사극 이론'이라고 하는데, 여기에는 극을 통해 사회를 변화시키고자 하는 의도가 담겨 있다. 그는 감정 이입이 된 상태에서 관객은 현실을 감추는 환상을 얻게 되어, 이성적이고 비판적인 관람 태도를 갖는 것이 불가능해진다고 보았다.

　이러한 이유로 브레히트는 관찰과 비판을 강조하면서 '소외 효과'를 도입하였다. 소외 효과란 무대 위에서 제시된 사건들을 낯설게 만듦으로써 현실 비판을 위한 사실적 인식 획득에 기여하는 과정을 뜻한다. 이에 따라 브레히트의 서사극에서는 여러 장면을 병렬적으로 나열하면서 그 사이사이에 해설, 설명, 노래, 영화 장면 등을 삽입하여 한 가지 사실을 다양하게 보여 주었다. 관객이 사실을 다양한 시각에서 볼 수 있는 가능성을 만든 것이다. 또한 각 장마다 그 장에 대해 미리 설명하는 방식을 사용하여 극중 사건에 대한 관객의 호기심을 최소화하는 한편, 환상을 일으키는 무대 장치나 연기는 모두 배제하고 사건 자체만을 전달하는 데 집중했다. 무대 음악 역시 청중에게 미치는 감정적인 영향을 최소화하고 무대 위의 사건이 허구임을 드러내는 수단으로 활용되었다. 기존의 연극이 관객들을 무대 위의 사건에 감정 이입시켜 허구의 현실에 몰입하도록 했다면, 소외 효과는 여러 가지 기법을 사용하여 이를 파괴했다. 이로써 무대 위의 사건을 자명하지 않은 것, 설명이 필요한 것으로 만들어 관객으로 하여금 사회적 관점에서 생산적인 비판이 가능하도록 만든 것이다.

　따라서 브레히트의 서사극은 실천적인 측면에서 인간 해방의 기능을 갖는다. 서사극을 통해 부조리한 현실과 그 현실의 지배 법칙을 당연한 것이 아니라 무엇인가 이상한 것으로 만들어 관객에게 구체적인 현실 인식을 가능하게 해 주기 때문이다. 더 나아가 이러한 현실 인식은 관객으로 하여금 현실 변혁에 대한 가능성을 믿게 하고 그 필연성에 동의하도록 만들 수 있다.

1 윗글의 내용과 일치하지 <u>않는</u> 것은?

① 아리스토텔레스는 극이 마치 현실처럼 보여야 한다고 보았다.

② 브레히트는 관객의 환상을 일으키는 무대 장치나 연기는 지양하였다.

③ 브레히트는 극을 통해 사회를 변화시키고자 하는 의도를 가지고 있었다.

④ 아리스토텔레스는 관객이 부조리한 현실의 지배 법칙에 대해 비판하기를 원했다.

⑤ 브레히트는 무대 위의 사건이 허구임을 드러내는 수단으로 무대 음악을 활용하였다.

2 브레히트의 '소외 효과'에 대한 이해로 적절하지 <u>않은</u> 것은?

① 극을 통해 관객이 생산적인 비판을 할 수 있도록 하는 데 목적이 있다.

② 극을 통해 제시되는 현실을 다양한 시각에서 볼 수 있도록 한 방법이다.

③ 관객이 극을 통해 현실 비판을 위한 사실적인 인식을 갖도록 유도하고 있다.

④ 사건 그 자체만을 전달하는 데 집중하여 관객이 연극을 실제라고 착각하지 않도록 했다.

⑤ 연출자의 설명을 바탕으로 배우가 보여 주는 상황에 관객이 잘 몰입할 수 있도록 한 방법이다.

3 윗글과 〈보기〉를 읽은 독자가 보일 반응으로 가장 적절한 것은?

〈보기〉

바그너는 오페라가 오락물로 전락한 것을 비판하며, 새로운 형태의 오페라를 연구하였다. 이를 '종합 예술 작품 이론'이라고 하는데, 음악·시·춤뿐만 아니라 무대 장치와 의상, 조명 등까지 하나의 집합체를 이루어 극으로 실현하는 것이 목표이다. 그는 무대에서 보이는 세계와 들리는 세계가 완벽하게 조화를 이루어 배우의 내면이 관객에게 온전히 전달되어 교화의 기능을 수행해야 한다고 보았다.

① 브레히트는 관객들이 바그너의 오페라를 이성적이고 비판적인 태도로 관람하는 것은 불가능하다고 보았겠군.

② 브레히트와 바그너는 모두 극중 상황이 관객의 감정으로 전이되는 것을 긍정적으로 평가했겠군.

③ 브레히트는 바그너와 달리 연극적 요소의 긴밀한 인과적 연관성을 중요하게 생각했겠군.

④ 바그너는 브레히트의 서사극이 관객의 정신을 교화시키는 데 효과적이라고 판단했겠군.

⑤ 바그너는 브레히트와 달리 극중 사건에 대한 관객의 객관적 인식을 중시했겠군.

4 윗글에서 알 수 있는 브레히트의 서사극이 지닌 실천적 측면의 기능을 2어절로 쓰시오.

바이오 베이스 플라스틱

| 교과 연계 |
중학교 기술·가정 ②_신재생 에너지

>> 한 문장으로 요약하기

❶ 문단 :

❷ 문단 :

❸ 문단 :

❹ 문단 :

❺ 문단 :

모르는 어휘에 ☑ 표시를 하고, 표시한 어휘에 주목하여 지문을 읽어 보시오.

☐ 매립   ☐ 강화   ☐ 함유   ☐ 취약   ☐ 추세

플라스틱은 석유를 증류하는 과정에서 얻어진 휘발유나 나프타를 기반으로 생산된다. 그런데 석유로 플라스틱을 만드는 과정이나 소각 또는 매립하여 폐기하는 과정에서 유독 물질, 이산화 탄소 등의 온실가스가 많이 배출된다. 특히 폐기물의 불완전 연소에 의한 대기 오염은 심각한 환경 오염의 원인이다. 이로 인해 자연 분해가 거의 불가능한 난분해성 플라스틱 제품에 대한 규제가 강화되었고, 플라스틱 소재 분야에서도 환경 보존을 위한 노력을 하고 있다.

'바이오 플라스틱'은 옥수수, 사탕수수 등 식물체를 가공한 바이오매스를 원료로 만든 친환경 플라스틱이다. 바이오 플라스틱은 바이오매스 함유 정도에 따라, 바이오매스가 50% 이상인 '생분해성 플라스틱'과 25% 이상인 '바이오 베이스 플라스틱'으로 크게 구분된다.

생분해성 플라스틱은 일정한 조건에서 시간의 경과에 따라 완전 분해될 수 있는 플라스틱이고, 바이오 베이스 플라스틱은 바이오매스와 석유 화학 유래 물질 등을 이용하여 생산되는 플라스틱이다. 생분해성 플라스틱은 보통 3~6개월 정도면 미생물에 의해 자연 분해된다. 분해 과정에서 유해 물질이 방출되지 않으며, 탄소 배출량도 적어 친환경적이다. 하지만 내열성 및 가공성이 취약하고, 생산 비용이 많이 드는 단점이 있다.

이로 인해 생분해성보다는 이산화 탄소 저감에 중점을 두고 있는 바이오 베이스 플라스틱의 개발이 빠르게 진행되고 있다. 바이오 베이스 플라스틱은 식물 유래의 원료와 일반 플라스틱을 결합하는 방식으로 생산되지만, 이산화 탄소의 총량을 기준으로 볼 때는 ㉠환경 문제가 되지 않는다. 왜냐하면 플라스틱을 폐기할 때 화학 분해가 되어도 그 플라스틱의 식물성 원료가 이산화 탄소를 흡수하며 성장했기 때문이다. 바이오매스 원료 중에서 가장 대표적인 것은 옥수수 전분이다. 최근에는 볏짚, 왕겨, 옥수숫대, 콩 껍질 등 비식용 부산물을 사용하는 기술이 발전하고 있다. 이는 지구 곳곳에서 많은 사람들이 굶주리는 상황에서 제기된 ㉡비판이 있었기 때문이다.

바이오 베이스 플라스틱은 생분해성 플라스틱보다 내열성 및 가공성이 우수하고, 분해 기간 조절이 가능하기 때문에 비닐봉지와 음료수 병, 식품 포장기는 물론 다양한 산업 용품 개발에 활용되고 있다. 근래에는 전자 제품에서부터 건축 자재, 자동차 용품까지 적용 분야가 확대되는 추세이다. 하지만 바이오매스와 배합되는 원료들이 완전히 분해되지는 않으므로, 바이오 베이스 플라스틱이 진정한 의미의 환경 친화적 대체재라고 볼 수는 없다.

1 윗글의 문맥을 고려할 때, ㉠과 ㉡의 의미를 상세화한 것으로 가장 적절한 것은?

	㉠	㉡
①	이산화 탄소의 총량이 증가하는 상황	식물 유래의 원료를 사용한다는 비판
②	이산화 탄소의 총량이 증가하는 상황	식용 자원을 원료로 사용한다는 비판
③	이산화 탄소의 총량이 증가하는 상황	식물 가공의 원료를 사용한다는 비판
④	자연 분해가 되지 않는 상황	식용 자원을 원료로 사용한다는 비판
⑤	자연 분해가 되지 않는 상황	식물 유래의 원료를 사용한다는 비판

2 〈보기〉는 학생의 독서 일기이다. 윗글을 바탕으로 할 때, 〈보기〉의 빈칸에 들어갈 내용으로 가장 적절한 것은?

┌─ 보기 ─┐

  윗글을 읽는데 '내열성'과 '가공성'이라는 낯선 낱말이 나와 전문어 사전을 찾아보았다. '내열성'은 높은 온도에서도 변하지 않고 잘 견디는 성질을 의미하고, '가공성'은 열을 가하거나 압력을 가하여 원하는 모양으로 성형할 수 있는 정도라는 것을 알게 되었다. 모르던 낱말의 의미를 이해하고 다시 읽으니, (   )고 설명한 부분이 더 잘 이해되었다.

① 난분해성 플라스틱의 원료는 석유를 기반으로 한다
② 난분해성 플라스틱 제품과 바이오 플라스틱 제품의 기반 원료가 다르다
③ 바이오 베이스 플라스틱 제품에 비해 생분해성 플라스틱 제품의 분해 기간이 짧다
④ 생분해성 플라스틱에 비해 바이오 베이스 플라스틱이 다양한 분야에 적용되고 있다
⑤ 생분해성 플라스틱과 바이오 베이스 플라스틱은 바이오매스 함유 정도로 나눌 수 있다

3 〈자료〉는 '바이오 플라스틱 제품' 광고문이다. 윗글을 바탕으로 〈자료〉를 평가한 내용으로 가장 적절한 것은?

┌─ 자료 ─┐

지구를 구하는 자동차 시트

친환경 소재를 활용한, 만족도 높은 자동차 시트
일반 플라스틱 수지와 전분을 중합하여
100% 생분해되는 자동차 시트

인정받는 **친환경 제품**이 당신과 지구를 지킵니다.

① 제품의 인지도에 대하여 구체적으로 밝히고 있다.
② 제품의 친환경성에 대한 과장된 정보를 전달하고 있다.
③ 제품의 만족도에 대한 객관적인 기준을 제시하고 있다.
④ 제품의 친환경성 평가의 통계적 근거를 제시하고 있다.
⑤ 제품의 내구성에 대하여 일관성 있는 주장을 하고 있다.

4 윗글을 바탕으로 '바이오 베이스 플라스틱'과 비교할 때 '생분해성 플라스틱'의 장점이 무엇인지 〈조건〉에 맞게 쓰시오.

┌─ 조건 ─┐

• 분해 방법과 과정에 나타나는 특징을 포함하여 한 문장으로 쓸 것.

>> 다음 어휘의 뜻을 확인하고, 학습한 어휘에 ☑ 표시를 하시오.

□ 몰입 沒 빠질 몰 入 들 입	깊이 파고들거나 빠짐. 예 주인공의 뛰어난 연기는 몰입을 가져왔다.
□ 전이 轉 구를 전 移 옮길 이	자리나 위치 따위가 다른 곳으로 옮겨짐. 예 소설의 배경이 현실에서 상상 속 세계로 전이되었다.
□ 병렬 竝 나란히 병 列 벌일 렬	나란히 늘어섬. 또는 나란히 늘어놓음. 예 찬장에 양념이 찾기 쉽게 병렬되어 있었다.
□ 자명하다 自 스스로 자 明 밝을 명	설명하거나 증명하지 아니하여도 저절로 알 만큼 명백하다. 예 공부를 안 했으니 시험을 망칠 것은 자명하다.
□ 변혁 變 변할 변 革 가죽 혁	급격하게 바꾸어 아주 달라지게 함. 예 산업 혁명은 커다란 변혁을 가져왔다.

□ 매립 埋 묻을 매 立 설 립	쓰레기나 폐기물을 모아서 파묻음. 예 쓰레기 매립으로 지하수가 오염되었다.
□ 강화 強 강할 강 化 될 화	1. 세력이나 힘을 더 강하고 튼튼하게 함. 2. 수준이나 정도를 더 높임. 예 음주 운전 단속을 더욱 강화하기로 했다.
□ 함유 含 머금을 함 有 있을 유	물질이 어떤 성분을 포함하고 있음. 예 커피에는 카페인이 함유되어 있다.
□ 취약 脆 연할 취 弱 약할 약	무르고 약함. 예 수학은 내가 제일 취약한 과목이다.
□ 추세 趨 달아날 추 勢 형세 세	어떤 현상이 일정한 방향으로 나아가는 경향. 예 요즘은 예전에 비해 결혼을 늦게 하는 추세이다.

확인 문제

1 다음 문장의 문맥을 고려하여, 괄호 안에 들어갈 알맞은 어휘를 고르시오.

(1) 야산에 각종 폐기물을 불법으로 (매립 / 매복)한 일당이 붙잡혔다.

(2) 이 마을은 의사와 병원 수가 부족한 의료 (취급 / 취약) 지역이다.

(3) 심장을 찌르는 듯한 아픔이 온몸으로 (전수 / 전이)되는 느낌이었다.

2 다음 빈칸에 들어갈 알맞은 어휘를 괄호 안의 초성을 참고하여 쓰시오.

(1) 이 영화는 여러 인물들의 이야기가 (ㅂㄹ →   )된 구조이다.

(2) 쌀을 수입하면 우리 쌀의 자급률이 떨어질 것이 (ㅈㅁ →   )하다.

(3) 태풍이 접근함에 따라 피해를 막기 위한 대비 태세를 (ㄱㅎ →   )하였다.

3 다음의 밑줄 친 어휘와 바꿔 쓰기에 가장 적절한 어휘를 <보기>에서 찾아 쓰시오.

보기

몰입	변혁	추세	함유

(1) 나는 배고픈 것도 잊고 시험공부에 몰두(沒頭)했다.

(   )

(2) 사무 자동화는 회사의 체계에 혁신(革新)을 가져왔다.

(   )

(3) 최근 수출이 계속 증가하는 경향(傾向)을 보이고 있다.

(   )

(4) 이곳의 온천수에는 몸에 좋은 광물질이 포함(包含)되어 있다.

(   )

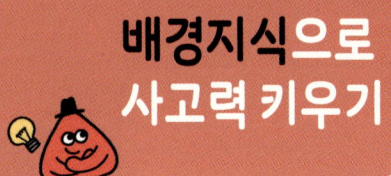

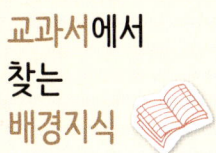

교과서에서
찾는
배경지식

신재생 에너지의 필요성과 과제

　머지않아 한정된 화석 연료가 고갈될 것으로 예상되는 한편 화석 연료 사용이 환경 오염의 주범으로 꼽히는 현 상황에서 신재생 에너지가 주목받고 있다. 신재생 에너지는 기존의 화석 연료를 변환하여 이용하거나 재생 가능한 에너지를 변환시켜 이용하는 에너지로, 환경 오염 물질이 거의 배출되지 않아 친환경적이다. 또한 태양, 물, 바람 등과 같은 자연 에너지를 이용하므로 고갈될 우려가 없고 재생이 가능하다. 하지만 이러한 신재생 에너지에 주어진 과제도 적지 않다.

　조수 간만의 차, 조류, 파도의 운동 등을 이용한 해양 에너지는 자원이 풍부해 고갈될 걱정은 없으나 발전 시설을 건설하는 과정에서 환경 파괴의 가능성을 지니고 있다. 바이오 에너지는 생물 자원인 바이오매스를 통해 연료를 만들어 사용하는데 특정 작물의 재배를 위해 과도한 농약을 사용한다. 폐기물을 가공하여 연료로 만들어 활용하는 폐기물 에너지의 경우, 요구되는 기술 수준이 높고 폐기물 처리 과정에서 또 다른 환경 오염을 일으킬 수 있다.

| 교과 연계 | 　**중학교 기술·가정 ②_신재생 에너지**

논술형
문제

(가)는 우리나라의 에너지 수입 의존도를 보여 주는 자료이고, (나)는 전 세계 에너지의 최근 및 예측 현황을 나타낸 자료이다. 이를 바탕으로 현재 우리나라 에너지 산업의 문제점을 밝히고, 앞으로 에너지 개발 방향은 어떠해야 할지 의견을 서술하시오.

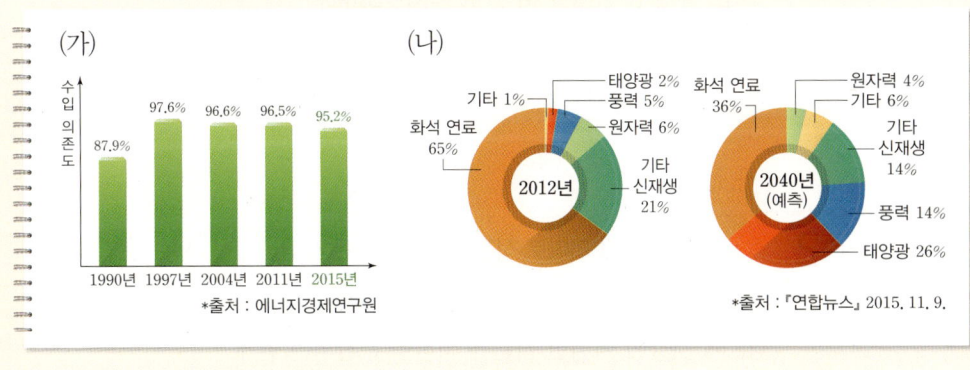

[1-2] 다음 글을 읽고 물음에 답하시오.

(가) 인간은 동물이 '자연' 상태 그대로 살고 있어서, 그 덕분에 인간이 쉽게 접할 수도, 손에 넣을 수도 없는 '자연의 힘'의 비밀을 쥐고 있다고 생각했다. 즉 이 세계의 진정한 권력을 ㉠쥐고 있는 것은 오히려 동물이라 생각했다. 왜냐하면 인간은 생존을 위해서 동물과 더불어 살아야 했고, 자연에서 생존하는 그들의 삶을 배워야 했기 때문이다. 그래서 인간은 신화나 제의를 통해서 동물과의 ⓐ유대 관계를 회복·유지하면서 '자연의 힘'의 비밀에 접근하고자 했다. 또한 이런 대칭성의 관계가 깨어지는 것을 ⓑ경계하기 위해 신화를 이용하기도 했다.

(나) 그런데 국가가 형성되면서 대칭성의 관계가 깨지고 만다. 국가라는 체제 속에서 살게 된 인간은 자신들이 가진 '문화'를 ⓒ과시하면서 원래는 동물의 소유였던 '자연의 힘'의 비밀마저도 가지려 했다. '자연'과 대칭적인 관계에서 가치를 지니던 '문화'는 이제 균형을 상실한 '문명'으로 변하고 말았다.

(다) 현대 사회가 가져온 여러 문제들에 직면한 오늘날, 신화적 사고는 이런 비대칭적 사고에서 벗어나 새로운 사고로의 인식 ⓓ전환을 위한 계기를 마련해 준다. 인간과 인간, 인간과 동물이 더 이상 힘의 우위를 따지면서 경쟁 관계에 있는 것이 아니라, 서로의 존재로 인하여 더욱 조화로운 삶과 사회를 만들 수 있는 대칭적인 관계가 되어야 함을 ⓔ역설하는 것이다.

1 ㉠의 문맥적 의미와 가장 가까운 것은?

① 아기의 손에 분유병을 쥐어 주었다.
② 나는 흥분해서 두 주먹을 불끈 쥐었다.
③ 병 속에 든 사탕을 한 움큼 쥐어 들었다.
④ 그는 사업이 잘 풀려 큰돈을 쥐게 되었다.
⑤ 장보고는 청해진을 중심으로 해상권을 쥐었다.

2 ⓐ~ⓔ의 사전적 의미로 적절하지 않은 것은?

① ⓐ: 둘 이상을 서로 연결하거나 결합하게 하는 것.
② ⓑ: 사물이 어떠한 기준에 의하여 분간되는 한계.
③ ⓒ: 자랑하여 보임.
④ ⓓ: 다른 방향이나 상태로 바뀌거나 바꿈.
⑤ ⓔ: 자기의 뜻을 힘주어 말함.

[3~4] 다음 글을 읽고 물음에 답하시오.

낙론은 현실적 대응 방법이 호론과 달랐다. 낙론의 ⓐ선조 격인 김창협은 호론의 주장을 따를 경우 발생할 도덕적 규율에 의한 억압과 욕망의 ⓑ질식 상태를 인정할 수 없었다. 즉 욕망은 부정되어야 하지만 ⓒ엄연한 현실이라고 본 것이다. 욕망을 인간 본성의 또 다른 모습으로 인정함으로써 결국 낙론은 모든 사물마다 고유한 각각의 가치가 있음을 인정하였다. 이러한 상대적 가치에 대한 인정으로 고유한 가치를 지닌 모든 사물을 관찰을 통해 새롭게 이해하려는 태도가 ⓓ대두하였다.

19세기의 조선 성리학자에게 모든 것이 가치 있다는 낙론의 주장은 사물에 대한 관심을 불러일으켰다. 그래서 추사 김정희는 과거의 사물에 대해 철저하게 탐구하고자 하였고, 최한기는 과학적이고 합리적으로 이해할 수 있는 방법으로 지리·천문·의학 등의 서양 학문에 관심을 가졌다. 스스로의 노력을 통해 조선 성리학자들은 근대의 상대주의적 가치관이 ㉠자리 잡을 수 있는 토대를 마련하는 데까지 나아갔다. 하지만 봉건적 사고에서 벗어나기 위한 마지막 탈피의 순간에 일본의 강점으로 역사적 학문적 ⓔ단절을 맞게 됨으로써 이러한 노력은 중단되고 말았다.

3 문맥상 ㉠과 바꿔 쓰기에 가장 적절한 것은?

① 정착할
② 등장할
③ 의지할
④ 준비할
⑤ 장만할

4 ⓐ~ⓔ의 문맥적 의미를 활용하여 만든 문장으로 적절하지 <u>않은</u> 것은?

① ⓐ: <u>선조</u>들이 남긴 훌륭한 전통을 이어 가야 한다.
② ⓑ: 회의 분위기가 지나치게 엄숙하여 <u>질식</u>할 듯했다.
③ ⓒ: 영화관에서 상영 중인 스크린을 촬영하는 것은 <u>엄연한</u> 불법이다.
④ ⓓ: 개인 정보 디지털화가 가속화되면서 정보 보호의 필요성이 <u>대두</u>되었다.
⑤ ⓔ: 우리 팀은 계속된 패배로 침체 분위기가 <u>단절</u>되었다.

중학 국어의
문을 두드려라!

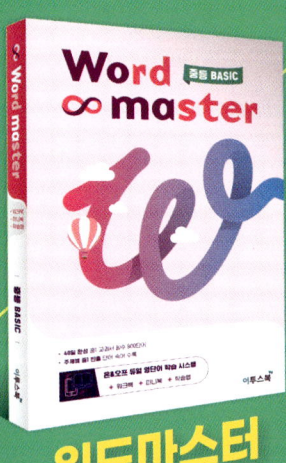

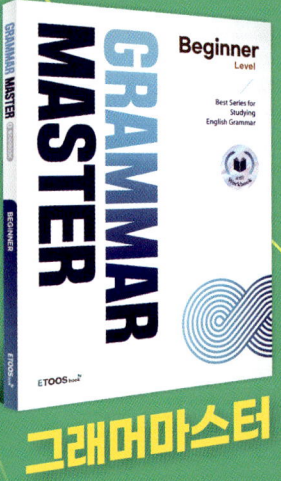

똑똑한 독해

똑독

중학 국어
비문학
독해＋어휘

실전편
3

정답과 해설

이투스북

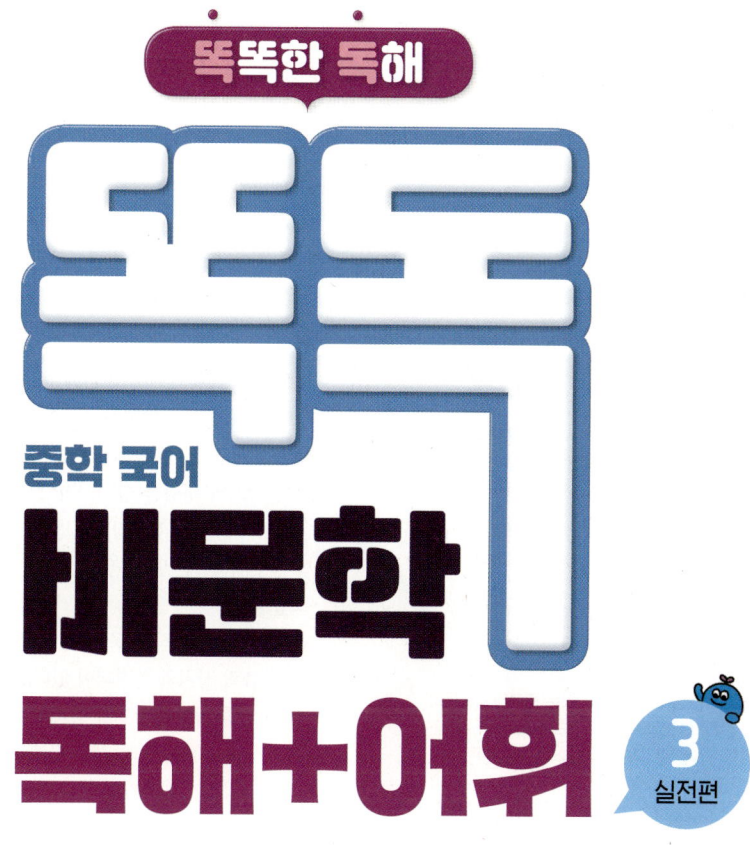

똑똑한 독해

똑똑

중학 국어
비문학
독해+어휘 ③ 실전편

정답과 해설

정답과 해설

본문 • 010~011쪽

DAY 1 | 과학 | 엘리베이터와 도르래의 원리

1 ①   **2** ③   **3** ④   **4** 힘의 방향을 바꿀 수 있다. 작은 힘으로 큰 무게를 움직일 수 있다.

지문 분석

≫ 한 문장으로 요약하기

❶ 문단	엘리베이터는 고정 도르래와 움직 도르래 중 힘의 방향을 바꿀 때 사용하는 고정 도르래의 원리를 이용한 것이다.
❷ 문단	엘리베이터의 구조는 전동기의 출력 장치와 연결된 도르래, 보조 도르래, 끈, 엘리베이터 박스, 평형추로 되어 있다.
❸ 문단	엘리베이터가 움직일 때 엘리베이터 박스와 평형추 사이의 장력이 작용하여 전동기가 부담해야 할 힘이 분산된다.
❹ 문단	엘리베이터 추락 사고 시에는 역회전 방지 장치를 이용한 엘리베이터 브레이크가 도르래의 움직임을 멈춰 낙하를 방지한다.

• 글의 구조 한눈에 보기

엘리베이터의 구조	• 수직 통로의 맨 끝에 고정되어 있는 도르래가 전동기의 출력 장치와 연결되어 있고, 보조 도르래가 있음. • 끈의 양쪽 끝에 엘리베이터 박스와 평형추가 달려 있음.

↓

엘리베이터의 작동 원리	• 고정 도르래: 힘의 방향을 바꿈. 전동기의 출력 장치와 연결되어 에너지를 전달함. • 장력: 엘리베이터가 움직일 때 끈의 각 부분에서 양쪽으로 잡아당기는 힘으로, 엘리베이터 박스와 평형추 사이에 작용하여 전동기가 부담해야 할 힘을 분산함.

주제 엘리베이터의 작동 원리

| 교과 연계 | 중학교 과학 ③_일과 에너지의 관계

---

1 정답 ① ⋯⋯⋯⋯⋯⋯⋯⋯⋯⋯ ○ 서술 방식 파악하기

정답 풀이 ㄱ. 3문단의 '장력은 서로 잡아당길 때 생기는 힘으로, 밀거나 누르는 힘인 압축력과 다르다.'에서 장력과 압축력의 개념을 밝히며 비교하여 독자의 이해를 돕고 있다.
ㄴ. 3문단에서는 줄다리기를 예로 들어 장력의 원리를 알기 쉽게 제시하고 있고, 4문단에서는 자동차의 안전벨트를 예로 들어 엘리베이터 브레이크가 작동하는 원리를 밝히고 있다.

오답 풀이
ㄷ. 도입 부분에 전문가의 견해를 인용한 부분은 찾을 수 없다.
ㄹ. 원리와 구조를 밝히고 있을 뿐 시간 순서로 서술한 것은 아니다.

2 정답 ③ ⋯⋯⋯⋯⋯⋯⋯⋯⋯⋯ ○ 중심 내용 파악하기

정답 풀이 ⓐ 1문단에서는 도르래의 '종류'에 고정 도르래와 움직 도르래가 있음을 제시하였다.
ⓑ 2문단에서는 엘리베이터의 '구조'가 전동기의 출력 장치와 연결된 도르래, 보조 도르래, 끈, 엘리베이터 박스, 평형추로 되어 있음을 제시하였다.
ⓒ 3문단에서는 엘리베이터가 움직일 때는 끈의 양쪽에 있는 엘리베이터 박스와 평형추 사이에 '장력'이 작용함을 설명하였다.

3 정답 ④ ⋯⋯⋯⋯⋯⋯⋯⋯⋯⋯ ○ 핵심 정보 이해하기

정답 풀이 4문단에서 엘리베이터의 추락 사고를 방지하는 '엘리베이터 브레이크'는 엘리베이터가 추락 상황같이 빠른 속도로 움직일 때 도르래의 움직임을 멈춰 낙하를 방지한다고 하고 있다. 즉 엘리베이터 박스의 추락을 방지하기 위해서는 도르래의 움직임을 멈춰야 함을 알 수 있을 뿐, 평형추보다 엘리베이터 박스가 가벼워야 추락 방지가 쉬운지는 알 수 없다.

오답 풀이
① 2문단에서 수직 통로의 맨 위에 고정되어 있는 도르래는 전동기의 출력 장치와 연결되어 있다고 한 것을 통해 알 수 있다.
② 2문단과 제시된 그림을 통해 엘리베이터 박스와 평형추는 고정 도르래와 연결된 끈의 양쪽 끝에 있음을 알 수 있다. 따라서 엘리베이터 박스가 내려가면 다른 쪽 끝에 있는 평형추는 올라갈 것이다.
③ 3문단에서 끈의 양쪽 끝에 있는 엘리베이터 박스와 평형추 사이에는 서로 잡아당기는 힘인 장력이 작용함을 알 수 있다. 즉 평형추는 엘리베이터가 움직일 때 엘리베이터 박스를 당겨 주는 역할을 한다.
⑤ 3문단에서 엘리베이터 박스와 평형을 이루는 추로 인해 그 무게만큼 전동기가 부담해야 할 힘이 분산된다고 한 것을 통해 알 수 있다.

4 정답 | 힘의 방향을 바꿀 수 있다. 작은 힘으로 큰 무게를 움직일 수 있다.

정답 풀이 [A]에서 고정 도르래는 힘의 방향을 바꿀 때 사용하며, 움직 도르래는 힘의 방향을 바꿀 수 없지만 작은 힘으로 큰 무게를 움직일 때 사용함을 알 수 있다.

본문 • 012~013쪽

DAY 1 | 인문 | 매체 언어의 유형과 특성

1 ②   **2** ⑤   **3** ④   **4** 공간, 기록

≫ 한 문장으로 요약하기

① 문단	매체에 사용되는 매체 언어는 음성 언어, 문자 언어, 영상 언어, 통신 언어로 나눌 수 있다.
② 문단	음성 언어는 말소리에 의해 청각적으로 전달되는 언어이다.
③ 문단	문자 언어는 문자에 의해 시각적으로 전달되는 언어이다.
④ 문단	영상 언어는 영상 매체에 사용되는 언어이다.
⑤ 문단	통신 언어는 통신 매체에 사용되는 언어이다.
⑥ 문단	매체 언어는 복합적인 성격을 띠는 방향으로 발달해 왔다.

● 글의 구조 한눈에 보기

매체 언어
의사소통이 이루어지는 매개체인 매체에 사용되는 언어

음성 언어	문자 언어	영상 언어	통신 언어
• 말소리에 의해 청각적으로 전달 • 같은 시간과 공간에 함께 있는 사람들 사이에서 사용	• 문자에 의해 시각적으로 전달 • 같은 시간, 공간에 함께 있지 않은 경우에 사용	• 영상 매체에 사용되는 언어 • 음성 언어나 문자 언어에 비해 복합적인 성격	• 통신 매체에 사용되는 언어 • 음성·문자·영상 언어의 요소가 다양하게 결합

→ 복합적인 성격을 띠는 방향으로 발달

주제 매체 언어의 네 가지 유형과 그 특성

| **교과 연계** | 중학교 국어 ①-2_매체 언어의 특성

1 정답 ② ⊙ 집필 의도 파악하기

정답 풀이 1문단에서 '매체 언어를 음성 언어, 문자 언어, 영상 언어, 통신 언어로 나누어 그 특성을 살펴보자.'라고 한 뒤 2~5문단에서 각 매체 언어의 특성을 차례대로 설명하였다.

2 정답 ⑤ ⊙ 구체적 사례에 적용하기

정답 풀이 제시된 자료는 인터넷 게시글과 댓글로, 통신 매체에 사용되는 언어인 통신 언어가 쓰인 예이다. 5문단에 따르면 통신 언어는 음성 언어, 문자 언어, 영상 언어의 요소가 다양하게 결합되어 있는 언어로 그림이나 사진이 문자와 결합되거나 영상이나 사진이 문자와 결합된 형태로 나타난다. 사람들이 동일한 시간과 공간에 있을 때만 의사소통이 가능한 매체 언어는 음성 언어인데, 이 자료에서는 음성 언어가 사용된 부분을 찾을 수 없다.

오답 풀이
① 의사소통 내용을 기록하여 남길 수 있는 문자 언어가 사용되었다.
② 문자 언어와 함께 내용과 관련된 사진을 한 화면에 제시하였다.
③ 매체 발달 과정상 가장 나중에 등장한 통신 언어가 사용되었다.
④ 글자 모양에 변화를 주고 문장 부호를 사용한 것이나 기호를 사용한 것은 문자 언어로 전달하기 어려운 말의 크기나 말할 때의 표정 등을 보완하려 한 것이다.

3 정답 ④ ⊙ 다른 상황에 적용하기

정답 풀이 발표자의 말을 동시에 통역해서 전달하는 것은 음성 언어를 활용한 것일 뿐 여러 매체 언어를 복합적으로 활용한 예라고 볼 수 없다.

오답 풀이
① 영상과 음성이 결합한 복합적인 성격을 보여 준다.
② 움직이고 소리 나는 언어 표현과 문자가 결합한 복합적인 성격이다.
③ 대화 상대의 얼굴 영상과 문자가 결합하여 복합적인 성격을 띤다.
⑤ 사진과 문자, 음악이 결합한 복합적인 성격을 보여 준다.

4 정답 | 공간, 기록

정답 풀이 2문단에서 음성 언어는 주로 같은 시간과 공간에 함께 있는 경우에 사용되어 왔다고 하였으며, 3문단에서 문자 언어는 말을 기록으로 남기는 방법을 궁리한 결과 만들어진 것이라고 하였다.

본문 • 014쪽

어휘 완성하기

1 (1) 유형 (2) 평형 (3) 이치 **2** (1) 서막 (2) 경향 (3) 복합적
3 (1) 보완 (2) 분산 (3) 부수 (4) 낙하

본문 • 015쪽

배경지식으로 사고력 키우기

✏ **논술형 문제** ⑩ 과학적 일을 한 학생은 학생 B이다. 왜냐하면, 바닥에 있던 상자를 들어 올리면 상자에 위쪽 방향으로 힘이 작용하여 상자가 힘의 방향으로 이동하므로 상자를 들어 올리는 힘이 상자에 일을 하게 되기 때문이다.

정답 풀이 과학적 일이란 물체에 힘이 작용하여 물체가 힘의 방향으로 이동할 때를 말한다. 그러므로 물체를 가만히 들고 있는 것은 힘의 방향으로의 이동이 없기 때문에 과학적 일이 되지 않는다. 이 차이를 분명히 이해하여 서술해야 한다.

채점 기준

• 과학적 일을 한 학생을 정확히 골라 쓸 것.
• '힘'과 '이동'이라는 단어를 포함하여 과학적 일인 이유를 설명할 것.
• '왜냐하면'과 호응되는 서술어를 사용하여 문장 성분의 관계가 유기적이고 자연스럽도록 쓸 것.

본문 • 016~017쪽

DAY 2 인문 칸트의 윤리학

1 ① **2** ⑤ **3** ④ **4** 동정심은 인간에게 도덕적 행위를 하게 만드는 요소이다. 따라서 동정심에 따라 행동한 '갑'의 행위는 도덕적으로 정당하다고 평가받을 수 있다.

지문 분석

≫ 한 문장으로 요약하기

1 문단	일반적으로 인간의 동정심을 도덕성의 근거로 본다.
2 문단	칸트는 도덕적 가치를 판단하는 기준이 이성에 바탕을 둔 '의무 동기'라고 보았다.
3, 4 문단	칸트는 의무 동기에서 벗어난 의도나 목적이 행위에 개입된 경우 도덕적 가치가 부족한 것이 된다고 보았다.
5 문단	칸트의 견해는 인간의 자연적 감정을 지나치게 배제했다는 점에서 비판할 수 있지만 사람이 가져야 하는 의무와 실천 의지를 생각해 보게 했다는 점에 의의가 있다.

● 글의 구조 한눈에 보기

도덕적 가치에 대한 일반적인 견해
동정심이 많은 사람을 도덕적으로 선한 사람으로 여김.
- 맹자: 측은지심을 도덕적 가치를 판단하는 근거로 삼음.
- 흄: 인간의 본성인 동정심이 도덕성의 근거라고 봄.

↕

도덕적 가치에 대한 칸트의 견해
- 도덕적 가치를 판단하는 기준은 동정심이 아닌 '의무 동기'임.
- 의무 동기에 따라 행동한다는 것은 도덕적 의무감과 자신에 의지에 따라 올바르게 행동하는 것임.
- 의무 동기에서 벗어난 의도나 목적에 따라 행동하는 것은 도덕적 가치가 부족한 것임.

비판
인간의 자연적 감정을 지나치게 배제한 것임.

의의
사람이 가져야 하는 의무와 그에 대한 실천 의지를 생각해 보게 함.

주제 도덕적 가치에 대한 칸트의 견해

| 교과 연계 | 중학교 도덕 ①_ 도덕적인 삶

1 정답 ① ⋯⋯⋯⋯⋯ 세부 내용 파악하기

정답 풀이 2문단에서 '의무 동기'는 '이성에 바탕을 둔' 것으로, '의무 동기에 따라 행동한다는 것은 도덕적 의무감과 자신의 의지에 따라서 올바르게 행동하는 것'이라고 하고 있다. 그리고 3문단에서 칸트는 의무 동기가 아닌 어떠한 의도나 목적, 즉 '감정이나 자기 이익, 욕구' 같은 것은 도덕적 행위에 개입되어서는 안 된다고 봄을 알 수 있다.

오답 풀이
② 5문단에서 확인할 수 있다.
③ 칸트는 도덕적 가치를 판단하는 기준은 '의무 동기'이며, 의무 동기에서 벗어난 어떠한 의도나 목적도 행위에 개입되어서는 안 된다고 보았다. 즉 행위의 동기를 도덕적 가치 판단의 중요한 요소라고 생각한 것이다.
④, ⑤ 1문단에서 확인할 수 있다.

2 정답 ⑤ ⋯⋯⋯⋯⋯ 논지 전개 방식 파악하기

정답 풀이 1문단에서 동정심과 도덕적 가치에 대한 일반적인 견해를 제시한 뒤 2문단~4문단에서 그와 대비되는 칸트의 견해를 설명하고 마지막 문단에서 도덕적 가치에 대한 칸트의 견해가 지니는 의의를 밝히고 있다.

3 정답 ④ ⋯⋯⋯⋯⋯ 다른 상황에 적용하기

정답 풀이 이 글에 따르면 칸트가 도덕적 가치를 판단하는 기준은 '의무 동기'에 따라, 즉 '도덕적 의무감과 자신의 의지'에 따라 올바르게 행동했는가이다. 이웃을 돕는 것이 인간으로서의 의무라고 생각하여 구호 활동에 참여한 것은 도덕적 의무감으로 자신의 의지에 따라 행동한 것이므로 칸트가 정당하다고 평가할 만하다.

오답 풀이
① 회사 홍보를 위해 구호 물품을 기증한 것은 자기 이익이라는, 의무 동기에서 벗어난 의도에 따라 행동한 것이다.
② 자신과 국가의 명예를 높인다는 목적으로 한 행위는 의무 동기에서 벗어난 목적이 개입된 것이다.
③ 자신의 이익을 위해 세운 공장이 많은 실업자들에게 일자리를 제공한 것은 결과가 좋은 행위이지만 동기에 의무 동기가 없다.
⑤ 독거노인이 불쌍하게 느껴져 후원금을 전달한 것은 동정과 연민이라는, 의무 동기에서 벗어난 의도에 따라 행동한 것이다.

4 정답 | 동정심은 인간에게 도덕적 행위를 하게 만드는 요소이다. 따라서 동정심에 따라 행동한 '갑'의 행위는 도덕적으로 정당하다고 평가받을 수 있다.

정답 풀이 맹자는 측은지심, 즉 동정심을 도덕적 가치를 판단하는 근거로 삼았으므로 동정심에 따라 행동한 갑의 행위를 도덕적으로 가치가 있다고 평가할 것이다.

본문 • 018~019쪽

DAY 2 기술 석탄 가스화 복합 발전 기술

1 ⑤ **2** ③ **3** ④ **4** 기존 석탄 화력 발전에 비해 이산화 탄소와 황 화합물의 배출을 줄일 수 있기 때문이다. / 정제 과정에서 나오는 황이나 분진 등의 불순물을 재활용할 수 있기 때문이다.

>> 한 문장으로 요약하기

❶ 문단	석탄 가스화 복합 발전 기술로 석탄을 청정하게 활용하는 것이 가능해졌다.
❷ 문단	석탄 가스화 복합 발전은 석탄을 가스로 만들어 가스 터빈을 돌린 뒤 방출된 배기가스의 열로 증기 터빈을 돌려 전기를 생산하는 방식이다.
❸ 문단	석탄 가스화 복합 발전 시스템은 공급부, 가스화부, 정제부, 발전부, 기타 보조 설비 등으로 이루어져 고청정, 고효율의 전력을 얻어 낸다.

● 글의 구조 한눈에 보기

석탄 가스화 복합 발전	석탄을 가스로 만든 뒤 가스를 연소시켜 가스 터빈을 돌려 전기를 생산한 뒤, 가스 터빈에서 방출되는 배기가스의 열로 증기 터빈을 한 번 더 돌려 전기 생산 → 기존에 비해 고청정, 고효율의 전력을 얻어 냄.

석탄 가스화 복합 발전 시스템	① 공급부: 석탄을 물, 산소와 함께 투여 ② 가스화부: 투여된 물질을 합성 가스로 전환 ③ 정제부: 합성 가스의 불순물 제거 ④ 발전부: 가스 터빈 가동, 전기 생산 ⑤ 보조 설비: 가스 터빈에서 방출된 배기가스의 열로 증기 터빈을 한 번 더 돌림.

주제 석탄 가스화 복합 발전 기술의 원리와 장점

| 교과 연계 | 중학교 과학 ③_에너지 전환과 보존

1 정답 ⑤ ·········· ○ 중심 내용 파악하기

정답 풀이 1문단에서 환경 오염의 주범으로 몰리던 석탄이 '석탄 가스화 복합 발전' 기술로 청정 에너지로 변신하려 하고 있다고 소개한 뒤 2문단에서 석탄 가스화 복합 발전의 원리를, 3문단에서 석탄 가스화 복합 발전 시스템과 발전 과정을 설명하였다. 따라서 이를 포괄하는 제목으로는 ⑤가 가장 적절하다.

오답 풀이
② 이 글에서 석탄의 다양한 활용을 다룬 것은 아니다.
③ 폐기물에서 에너지를 만든다는 것은 이 글의 내용과 관련이 없다.
④ 글의 핵심 화제인 '석탄 가스화 복합 발전 기술'을 제시했으나 '우리나라 산업화의 견인차'는 과거 석탄에 대한 평가이다.

2 정답 ③ ·········· ○ 정보 비교 이해하기

정답 풀이 2문단에 따르면 ㉠은 석탄을 태워서 발생하는 열로 증기를 발생시킨 뒤 증기 터빈을 돌려 전기를 생산한다. 이와 달리 ㉡은 석탄을 태우는 것이 아니라 합성 가스로 만든 다음 가스 터빈을 돌리고, 가스 터빈에서 방출되는 배기가스의 열을 모아 증기 터빈을 한 번 더 돌리는 방식으로 전기를 생산한다. 따라서 ㉠에 비해 ㉡이 전기를 생산하는 공정이 더 간단하다고 볼 수는 없다.

오답 풀이
① 3문단에서 기존의 기술로는 회융점이 낮은 석탄은 발전용으로 쓸 수가 없었는데, ㉡에서는 회융점이 낮은 저질 석탄도 사용이 가능해졌다고 하였다.
② 2문단에서 ㉠은 석탄을 태워 발생하는 열로 증기를 발생시켜 증기 터빈을 돌리는 데 비해 ㉡은 가스화기에서 만들어진 합성 가스를 연소시켜 가스 터빈을 돌린 후, 가스 터빈에서 방출되는 배기가스의 열을 모아 증기 터빈을 한 번 더 돌림을 알 수 있다.
④ 2문단에서 ㉡은 30%대인 기존 석탄 화력 발전의 열효율을 40%대로 끌어올릴 수 있을 수 있다고 한 것으로 보아, 같은 양의 석탄으로 ㉠에 비해 더 많은 에너지를 얻을 수 있음을 알 수 있다.
⑤ ㉠은 석탄을 태워 발생하는 열을 이용하여 전기를 생산하고, ㉡은 석탄을 합성 가스로 만든 후 연소시켜 전기를 생산한다.

3 정답 ④ ·········· ○ 세부 내용 파악하기

정답 풀이 3문단에 따르면 발전부에서는 정제부를 거친 합성 가스로 가스 터빈을 가동하여 전기를 생산한다. 배기가스의 열로 수증기를 만드는 것은 보조 설비에서 이루어지는 과정이다.

오답 풀이
② '가스화부에서는 투여된 물질을 10~30기압과 1000도 이상의 환경에서 합성 가스로 전환한다.'고 한 것을 통해 알 수 있다.
③ '합성 가스에는 황이나 분진 등의 불순물이 섞여 있어서 연료로 사용할 수 없으므로 정제부를 거쳐야 한다.'고 한 것에서 알 수 있다.
⑤ '보조 설비를 활용하여 가스 터빈에서 방출되는 배기가스의 열로 수증기를 만들어' 전기를 생산한다고 한 것으로 보아 적절하다.

4 정답 | 기존 석탄 화력 발전에 비해 이산화 탄소와 황 화합물의 배출을 줄일 수 있기 때문이다. / 정제 과정에서 나오는 황이나 분진 등의 불순물을 재활용할 수 있기 때문이다.

정답 풀이 2문단에서 석탄 가스화 복합 발전은 기존 석탄 화력 발전에 비해 열효율을 높일 수 있을 뿐만 아니라 이산화 탄소와 황 화합물을 줄일 수 있다고 하였고, 3문단에서 정제 과정에서 나온 불순물인 황과 분진은 각각 화학 원료와 건축 자재로 쓰인다고 하였다.

본문 • 020쪽

어휘 완성하기

1 (1) 가혹 (2) 패러다임 (3) 사양길 (4) 견인차 **2** (1) 배제 (2) 연민 (3) 견해 **3** (1) 오명 (2) 원동력 (3) 규범

본문 • 021쪽

배경지식으로 사고력 키우기

✎ **논술형 문제** 예 칸트는 마땅히 해야 할 의무를 실천하는 것만이 도덕적인 것이며, 그 외의 다른 의도나 목적이 개입된 행동은 도덕적 가치가 부족한 것으로 여겼다. 따라서 칸트는 영수의 행동이 도덕적이지 않다고 볼 것이다.

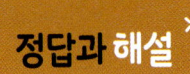

정답과 해설

정답 풀이 자신의 개인적인 생각이 아닌 칸트의 견해를 바탕으로 영수의 행동을 평가해야 한다.

채점 기준
• 도덕적 행위에 대한 칸트의 관점을 밝힐 것.
• 칸트의 입장에서 영수의 행동이 옳지 않음을 밝힐 것.
• 근거와 결론을 자연스럽게 연결하여 유기적인 문장으로 쓸 것.

본문・022~023쪽

DAY 3 예술 추상 표현주의의 경향

1 ② 2 ② 3 ① 4 의미, 외형, 재현

 지문 분석

≫ 한 문장으로 요약하기

❶ 문단 추상 표현주의 작가들은 이성에 대한 회의를 바탕으로 자신의 감정과 본능을 추상의 방법으로 표현했다.

❷ 문단 추상 표현주의의 대표 화가 잭슨 폴록은 개인의 근원적이고 자유로운 무의식의 세계를 표현하려고 했다.

❸ 문단 폴록은 드리핑, 액션 페인팅, 전면 회화 등의 기법으로 기존 방식에서 벗어나 자신의 내면세계를 표현했다.

❹ 문단 추상 표현주의는 회화적 다양성을 추구하는 현대 회화의 특성을 정립하는 데 중요한 역할을 했다.

글의 구조 한눈에 보기

추상 표현주의
• 이성에 대한 회의를 바탕으로 화가의 감정과 본능을 추상의 방법으로 표현
• 자유로운 기법과 행위 자체에 중점을 둔 제작 방법

↓ 대표 화가

잭슨 폴록
• 회화적 관습을 탈피하여 개인의 근원적이고 자유로운 무의식의 세계를 표현
• 그림을 그린다는 행위 자체에 절대적인 가치 부여
• 실험적 기법, 창조 행위의 중요성 강조
 −드리핑 방법: 기존 방식의 드로잉 거부
 −액션 페인팅: 내면세계 표현
 −전면 회화 구사: 그림을 규정짓는 구도 약화, 관념 배제

↓ 의의

• 과거 회화의 틀을 벗어나게 하는 계기 마련
• 회화적 다양성을 추구하는 현대 회화의 특성을 정립

주제 추상 표현주의의 경향과 잭슨 폴록의 작품 세계

| 교과 연계 | 중학교 미술 ①_미술의 즐거움

1 정답 ② 개괄적 정보 파악하기

정답 풀이 잭슨 폴록의 작품 경향과 주요 기법, 작품 세계의 특징과 의의를 밝히고 있을 뿐 작품 경향의 변천 과정은 다루지 않았다.

오답 풀이
① 3문단에서 잭슨 폴록이 사용한 기법을 설명하였다.
③ 4문단의 '추상 표현주의는 ~ 역할을 하였다.'에서 알 수 있다.
④ 1문단의 '자유로운 기법과 ~ 나타내고자 하였다.'에서 알 수 있다.
⑤ 1문단의 '1940~50년대 ~ 회화 사조이다.'에서 알 수 있다.

2 정답 ② 구절의 의미 추론하기

정답 풀이 2문단에서 잭슨 폴록은 '그림을 대상의 본질이나 의미를 전달하는 매개체로 인식하지 않고 그림을 그린다는 행위 자체에 절대 가치를 부여'했음을 알 수 있다. 또한 3문단에서 액션 페인팅은 자신의 내면세계를 표현하는 기법으로, 그 행위 자체가 중요한 의미를 나타낸다고 하였다. 이로 보아 화가가 어떤 목적에 통제받지 않고 그림을 그리려는 순간의 영감을 통해 '능동적 행위'를 한다고 할 때 '능동적 행위'는 의미를 전달하는 데 얽매이지 않고 자신의 내면을 드러내는 행위라고 할 수 있다.

3 정답 ① 반응의 적절성 판단하기

정답 풀이 잭슨 폴록은 회화에 어떤 의미를 담아야 한다는 회화적 관습을 탈피하여 개인의 근원적이고 자유로운 무의식의 세계를 표현하려고 했으며, 이를 위해 드리핑 방법으로 자유분방하게 자신의 감정을 표현했다. 이를 바탕으로 할 때 (가)의 드리핑 행위는 회화적 관습을 탈피해 자신의 무의식을 드러내는 행위라고 볼 수 있다.

오답 풀이
② 폴록은 회화에 어떤 의미를 담아야 한다는 회화적 관습에서 탈피해 자유로운 무의식을 표현하고자 했으므로, (가)의 드리핑 행위에 사회의 무질서를 고발하려는 의도가 담겨 있다고 볼 수 없다.
③ 폴록은 드리핑 작업에서 특정한 부분에 초점을 맞추지 않고 화면 전체를 균일하게 그리는 전면 회화를 구사했다고 했으므로, (나)가 화폭의 중심부에 초점을 두었다고 볼 수 없다.
④ 폴록은 지각이 가능한 대상을 표현하지 않음으로써 그림에서 어떤 구체적 형상을 떠올리기 어렵게 만들었다고 했으므로, (나)가 구체적인 형상을 통해 지각이 가능한 대상을 표현한 결과라고 볼 수는 없다.
⑤ 폴록은 입체감을 통해 형성될 수 있는 어떤 관념도 배제했다고 했으므로, (나)가 입체감을 부각한 작품이라고 볼 수는 없다.

4 정답 | 의미, 외형, 재현

정답 풀이 2, 3문단에서 폴록이 '회화에 어떤 의미를 담아야 한다는 회화적 관습'과 '대상의 외형을 재현하여 그 의미를 드러내려는 기존 방식의 드로잉'에서 벗어나려고 했다는 것을 통해 '과거 회화의 틀'을 알 수 있다.

DAY 3 사회 법 규정의 적용

1 ⑤   **2** ④   **3** ①   **4** 사건에 적용할 수 있는 적당한 법 규정을 찾지 못한 경우에 형사 재판은 죄형 법정주의 원리에 따라 법 규정의 적용을 포기해야 하지만, 민사 재판은 판결을 포기하지 않고 관습법이나 건전한 상식을 기준으로 판결을 내리기 때문이다.

지문 분석

≫ 한 문장으로 요약하기

1 문단	법은 추상적인 규정이기 때문에 현실 사건에 법을 적용하는 과정은 법률적 삼단 논법에 의해 이루어진다.
2 문단	검사는 구체적인 사건이 어떤 법 규정에 해당하는지 검토한 뒤 그에 따른 형벌을 주장하고, 법관은 검사와 변호사의 주장을 참고해 판결을 내린다.
3 문단	형사 재판에서 사건에 적용할 적당한 법 규정을 찾지 못한 경우 법관은 법 규정의 적용을 포기한다.
4 문단	민사 재판에서는 법 규정 찾기에 실패해도 관습법이나 건전한 상식을 기준으로 판결을 내린다.

● 글의 구조 한눈에 보기

법률적 삼단 논법	추상적인 법 규정은 대전제로, 구체적인 사건은 소전제로 놓고, 법 규정이 그 사건에 적용될 수 있는지 판단하여 결론을 이끌어 내는 것 → 법을 현실 사건에 적용하는 과정

사건에 적용할 수 있는 적당한 법 규정을 찾지 못한 경우

형사 재판	민사 재판
형법은 죄형 법정주의의 원리 적용 → 법관은 법 적용을 포기하고 피고인에게 무죄를 선고해야 함.	최대한 그 사건과 관련된 일반 원칙을 찾아내서 손해와 이익을 공평하게 조정하려고 노력 → 관습법이나 건전한 상식을 기준으로 판결을 내림.

주제 법을 사건에 적용하는 과정의 원칙과 형사 재판과 민사 재판에 나타나는 특성

| **교과 연계** | 중학교 사회 ①_법의 특징

1 정답 ⑤ ·········· ○ 세부 내용 파악하기

정답 풀이 3문단에 따르면 형법에서는 법률에 미리 범죄와 형벌이 규정되지 않은 경우에는 벌할 수 없다는 죄형 법정주의의 원리가 적용되기 때문에, 형사 재판에서는 어떠한 사건에 적용할 수 있는 적당한 법 규정이 발견되지 않으면 법관이 법 규정의 적용을 포기해야 한다.

오답 풀이
① 3문단에서 '국가와 국민이라는 관계를 기반으로 하는 형법'이라고 하였다.
② 3문단에서 '어떤 사건에 적용될 가능성이 있는 법 규정이 여러 개 발견되는 경우도 있다.'라고 하였다.
③ 3문단에서 '많은 훈련을 거친 법률가들이라 하더라도 어떤 사건에 적용할 수 있는 적당한 법 규정을 찾아내는 일은 결코 쉬운 일이 아니다.'라고 하였다.
④ 4문단에서 민사 재판에서는 '법 규정 찾기에 실패해도 관습법이나 건전한 상식을 기준으로 판결을 내리기'도 한다는 것을 알 수 있다.

2 정답 ④ ·········· ○ 이유 추리하기

정답 풀이 B가 A의 노트북을 몰래 가져가서 사용한 것에 대해, ㉠은 절도 행위에 해당한다고 보았고 ㉡은 잠시 빌려 쓰려 한 것이라고 보았다. 이는 '법률적 삼단 논법'에서 구체적인 사건에 해당하는 소전제를 서로 다르게 본 것이다.

오답 풀이
①, ② ㉠, ㉡ 둘 다 법률적 삼단 논법에 따라 논지를 전개했다.
③ 법률적 삼단 논법에서 대전제는 법 규정이다. ㉠은 B의 행위가 절도죄를 규정한 형법 규정에 해당한다고 보았고 ㉡은 그 규정에 해당하지 않는다고 했으므로 둘 다 동일한 대전제에 사건을 대응시키고 있는 것이다.
⑤ ㉠은 사건이 어떤 법 규정에 해당되는지 검토하여 B의 행위가 절도죄를 규정한 형법 규정에 해당한다고 보았으므로 자신이 세운 대전제를 사건에 적용한 것이다.

3 정답 ① ·········· ○ 개념의 성격 파악하기

정답 풀이 3문단에서 '죄형 법정주의'는 '법률에 미리 범죄와 형벌이 규정되지 않은 경우에는 벌할 수 없다.'는 원칙임을 알 수 있다. 즉 이에 따르면 '법 없이는 범죄도 없고 형벌도 없다.'고 볼 것이다.

오답 풀이
② 죄형 법정주의에 따르면 명백한 범죄 행위라도 법률에 규정된 바에 따라 범죄 사실을 증명해야 범죄로 인정될 것이다.

4 정답 | 사건에 적용할 수 있는 적당한 법 규정을 찾지 못한 경우에 형사 재판은 죄형 법정주의 원리에 따라 법 규정의 적용을 포기해야 하지만, 민사 재판은 판결을 포기하지 않고 관습법이나 건전한 상식을 기준으로 판결을 내리기 때문이다.

정답 풀이 '이 경우'는 어떤 사건에 적용할 수 있는 적당한 법 규정을 찾지 못한 경우이다. 이때 형사 재판에서는 법 규정의 적용을 포기하는 반면, 민사 재판에서는 그 사건과 관련된 일반 원칙, 즉 관습법이나 건전한 상식을 기준으로 손해와 이익을 공평하게 조정할 수 있는 판결을 내린다.

본문 • 026쪽

어휘 완성하기

1 (1) 정립 (2) 조정 (3) 탈피 (4) 회의 **2** (1) 초월 (2) 추상적 (3) 배상 **3** (1) 사조 (2) 규정 (3) 관습

본문 • 027쪽

배경지식으로 사고력 키우기

✎ **논술형 문제** ⓔ 추상 미술에 가까운 그림을 그리려는 학생은 원준이다. 추상 미술은 작가의 생각을 점, 선, 면, 형, 색 등과 같은 조형 요소로 표현하며, 기존의 회화 방식에서 벗어나 자유롭고 다양한 방식을 활용한다. 따라서 동네의 느낌을 자유롭게 색깔로만 표현하고자 한 원준의 그림이 추상 미술에 가장 가까울 것이다.

정답 풀이 배경지식에서 알 수 있는 추상 미술의 특징을 바탕으로 원준이 그리려는 그림이 추상 미술에 가장 가까움을 파악한 뒤 그 이유를 정리하도록 한다. 혜주, 상혁의 그림은 사실주의적 경향에 가깝다고 볼 수 있다.

채점 기준

- 추상 미술의 표현상 특징을 제시할 것.
- '원준'의 그림이 어떤 점에서 추상 미술에 가까운지 밝힐 것.
- 문장이 자연스럽고 문장 간 관계가 유기적일 것.

본문 • 028~029쪽

DAY 4 인문 인문학의 중요성

1 ④ **2** ② **3** ⑤ **4** 결론적으로 말해서 인문학이 중요한 이유는, 그것이 추구하는 가치가 곧 인간으로 존재하는 우리 자신의 가치이기 때문이다.

지문 분석

≫ 한 문장으로 요약하기

❶ 문단	인문학의 중요성을 뒷받침하는 도구적 가치에는 경쟁에서 승리하기 위한 것과 개인과 사회의 발전을 위한 것이 있다.
❷ 문단	경쟁에서 승리하기 위해 인문학이 필요한 이유는 갖가지 경쟁에서 앞서기 위해서는 창의력이 중요하기 때문이다.
❸ 문단	창의적 상상력은 문학 작품의 이해와 감상을 통해 가장 효과적으로 훈련할 수 있다.
❹ 문단	개인과 사회의 발전을 위해 인문학이 필요한 이유는 인문학 고전은 사회 현상을 파악하고 비판하는 능력을 계발해 주기 때문이다.
❺ 문단	인문학의 본질적 가치는 그 자체가 바로 목적으로서 인간을 인간답게 해 주는 데 있다.

● 글의 구조 한눈에 보기

```
          인문학의 중요성
          /            \
    도구적 가치        본질적 가치
```

도구적 가치	본질적 가치
① 경쟁에서 승리하기 위해: 경쟁에서 앞서기 위해 필요한 창의적 상상력을 문학 작품이 키워 줌. ② 개인과 사회의 발전을 위해: 인문 고전은 사회 현상을 파악하고 비판하는 능력, 지적 능력을 키워 줌.	• 인문학은 목적을 위한 수단이 아니라 그 자체가 목적임. → 내재적 가치 • 인문학적 가치는 인간을 인간답게 하는 조건임.

주제 인문학이 인간의 삶에 중요한 이유

| 교과 연계 | 중학교 국어 ③-2_문학과 삶

1 정답 ④ ⚬ 논지 전개 방식 파악하기

정답 풀이 이 글은 먼저 1문단에서 인문학이 교육적으로 중요하다는 견해를 밝힌 뒤에, 2~4문단에서 이를 뒷받침하는 근거로 일반적으로 주장되는 도구적 가치 두 가지를 제시하였다. 그런 다음 5문단에서 글쓴이의 견해를 덧붙이고 있다.

2 정답 ② ⚬ 주장의 근거 파악하기

정답 풀이 ㄱ. 5문단에서 '인문학은 인간의 삶을 풍요롭게 해 주는 정신적 양식'이라고 하고 있다.
ㄷ. 5문단에서 인문학이 중요한 이유는 '인문학이 추구하는 가치가 인간으로 존재하는 우리 자신의 가치이기 때문'이라고 하고 있다.

오답 풀이
ㄴ. 5문단에서 인문학의 본질적 가치는 목적을 위한 수단으로서가 아니라 그 자체가 바로 목적이라는 데 있다고 하고 있다.
ㄹ. 2, 3문단에서 인문학은 과학 기술의 개발 경쟁에서 앞서기 위해 필요한 창의력을 길러 준다고 있다.

3 정답 ⑤ ⚬ 뒷받침 사례 판단하기

정답 풀이 [A]에서는 과학 기술의 개발이 창의력의 문제이며, 창의적 상상력은 문학 작품의 이해와 감상을 통해 효과적으로 훈련할 수 있다고 하고 있다. ⑤의 사례는 기술 개발과 관련하여 문학 작품의 감상이 새로운 것을 생각해 내는 능력, 즉 창의력을 증진시키는 데 도움이 되었다는 내용이므로 [A]를 뒷받침하는 사례로 가장 적절하다.

4 정답 | 결론적으로 말해서 인문학이 중요한 이유는, 그것이 추구하는 가치가 곧 인간으로 존재하는 우리 자신의 가치이기 때문이다.

정답 풀이 마지막 문단에서 인문학의 본질적 가치를 제시한 뒤, 마지막 문장에서 인문학이 중요한 이유를 결론적으로 제시하였다.

DAY 4 과학 두 얼굴을 가진 태풍

1 ③ 2 ② 3 ③ 4 태풍은 주로 공기의 온도가 높고 수증기가 많은 적도 부근에서 발생하는데, 적도에서는 지구 자전 효과가 적어 소용돌이가 발생하기 어렵기 때문이다.

지문 분석

≫ 한 문장으로 요약하기

❶ 문단	저기압은 공기가 상승하는 특징이 있으며 온대 저기압과 열대 저기압으로 분류된다.
❷ 문단	태풍의 중심 부근에서는 공기가 상승하고 강한 바람이 불며 많은 비가 온다.
❸ 문단	태풍은 주로 온도가 높고 수증기가 많은 적도 부근에서 발생한다.
❹ 문단	태풍 진행 방향의 오른쪽은 위험 반원, 왼쪽은 가항 반원으로 위험 반원에서는 강한 바람이 불고 폭우가 내려 피해를 입는다.
❺ 문단	태풍은 적조를 해소해 주거나 오염 물질을 날려 버리는 역할을 하기도 한다.

● 글의 구조 한눈에 보기

온대 저기압		열대 저기압
중위도 지방에서 찬 공기가 더운 공기를 밀어 상승시켜 발생	저기압	저위도 지방에서 고온의 공기가 밀도가 작아 상승하여 발생

태풍	• 열대 저기압 중 중심 풍속이 17m/s를 넘는 것 • 태풍의 눈(중심)에서는 하강 기류가 형성되어 구름이 발생하지 않지만, 중심 부근에서는 공기가 상승하고 강한 바람이 불며 구름이 만들어져 많은 비가 오게 됨. • 주변의 뜨거운 공기를 빨아들이며 성장하므로, 온도가 높고 수증기가 많은 적도 부근에서 주로 발생함. • 진행 방향의 오른쪽은 강한 바람이 부는 위험 반원, 왼쪽은 바람이 약하게 부는 가항 반원이라고 함.

'태풍의 두 얼굴'

위험 반원에서는 강한 바람이 불고 폭우가 내려 가옥의 파손이나 침수 등 피해를 줌.	적조를 해소해 주거나 오염 물질을 날려 버리는 역할을 해 줌.

| 교과 연계 | 중학교 과학 ③_날씨의 변화

1 정답 ③ ·········· 세부 내용 파악하기

정답 풀이 3문단에서 '태풍은 주변으로부터 뜨거운 수증기를 빨아들이며 성장하는데, 지구 온난화의 영향으로 뜨거운 바다가 늘어나 태풍의 위력도 커지게 되었다.'고 한 것을 통해 알 수 있다.

오답 풀이

① 3문단에서 태풍은 주로 공기의 온도가 높고 수증기가 많은 적도 부근, 위도 5~25도의 바다에서 발생함을 알 수 있다.

② 4문단에서 태풍의 바람 방향과 편서풍의 바람 방향이 반대가 되는 가항 반원에서는 바람이 약하게 분다고 하고 있을 뿐, 태풍이 편서풍을 만나 바람의 방향이 반대로 바뀌는 것은 아니다.

④ 태풍은 주로 적도 부근에서 발생하지만, 적도 부근의 공기 밀도가 높은 것은 아니다. 1문단에서 태풍은 열대 저기압에 속하는데, 열대 저기압은 저위도 지방에서 고온의 공기가 밀도가 작아 상승하여 발생함을 알 수 있다.

⑤ 1문단에서 열대 저기압 중 중심 풍속이 17m/s를 넘으면 태풍이라고 한다고 하였다.

2 정답 ② ·········· 유사한 사례 파악하기

정답 풀이 ㉠은 태풍이 피해를 끼치기도 하지만 긍정적인 역할을 하는 측면도 있다는 의미이다. ②에서는 화산 활동이 지열 발전을 가능하게 하고, 온천욕을 즐길 수 있게 해 준다는 긍정적인 측면만을 제시하고 있으므로 ㉠과 같이 '두 얼굴'을 보여 주는 사례라고 볼 수 없다. 나머지는 모두 자연 현상으로 인한 피해와 긍정적인 효과를 함께 제시하였다.

3 정답 ③ ·········· 핵심 정보 파악하기

정답 풀이 4문단에서 태풍은 북반구의 중위도 지방에 이르게 되면 편서풍을 따라 올라오는데, 태풍 진행 방향의 왼쪽은 편서풍의 바람 방향이 태풍의 바람 방향과 반대가 되어서 바람이 약하게 불기 때문에 가항 반원이라고 함을 알 수 있다. 즉 ⓑ는 태풍의 가항 반원에 해당하는 부분으로 바람에 약하게 불 뿐, 하강 기류와 상승 기류가 만나는 것은 아니다.

오답 풀이

① 2문단에서 북반구의 태풍은 그 주변부에서 태풍의 눈을 향해 반시계 방향으로 바람이 불어 들어옴을 알 수 있다.

② 2문단에서 태풍 중심에서는 하강 기류가 형성되어 구름이 발생하지 않는다고 하였으므로 태풍 중심인 ⓐ에는 비가 오지 않을 것이다.

④ 2문단에서 태풍의 중심에서 멀어질수록 기압이 높아진다고 했으므로, ⓐ보다 중심에서 멀어진 ⓑ에서 기압이 높을 것이다.

⑤ ⓑ는 가항 반원, ⓒ는 위험 반원이다. 4문단에서 위험 반원에서는 강한 바람이 부는 반면 가항 방원에서는 바람이 약하게 분다고 했으므로, ⓑ보다 ⓒ에서 바람이 세게 불 것이다.

4 정답 | 태풍은 주로 공기의 온도가 높고 수증기가 많은 적도 부근에서 발생하는데, 적도에서는 지구 자전 효과가 적어 소용돌이가 발생하기 어렵기 때문이다.

정답 풀이 태풍이 발생하는 적도 부근은 공기의 온도가 높고 수증기가 많다. 그런데 적도에서는 지구 자전 효과가 적어 소용돌이가 발

생하기 어려우므로 적도가 아닌 위도 5~25도의 바다에서 태풍이 발생하는 것이다.

본문 • 032쪽

어휘 완성하기

1 (1) ⓒ (2) ⓗ (3) ⓒ **2** (1) 기류 (2) 화두 (3) 산물 (4) 밀도
3 (1) 파손 (2) 극성 (3) 위력

본문 • 033쪽

배경지식으로 사고력 키우기

✎ **논술형 문제** 예 〈그림〉에서 부는 바람은 해풍이다. 왜냐하면, 공기는 기압이 높은 곳에서 낮은 곳으로 이동하는데, 낮에는 육지가 바다보다 빨리 가열되어 육지의 기압이 바다의 기압보다 낮아지기 때문이다.

정답 풀이 낮에 육지와 바다의 기온이 어떠할지 파악하고, 바람의 종류를 판단해 본다. 그리고 바람은 기압이 높은 곳에서 낮은 곳으로 분다는 점과 기압과 기온의 관계를 바탕으로 근거를 논리적으로 설명한다.

채점 기준

• 〈그림〉에서 부는 바람이 '해풍'임을 밝힐 것.
• 〈그림〉에서 육지와 바다의 기온과 기압이 어떠한지를 밝힐 것.
• 문장이 자연스럽고 문장 성분의 호응이 적절할 것.

본문 • 034~035쪽

DAY 5 기술 **모션 캡처 기술**

1 ⑤ **2** ④ **3** ③ **4** 자연스러운 움직임에 제약이 있다. 자기장의 공간이 제한적이다

 **지문 분석**

➤➤ 한 문장으로 요약하기

❶ 문단	모션 캡처는 공간상에서 제작된 영상을 보다 현실적으로 보여 주기 위해 사용되는 기술이다.
❷ 문단	기계식은 기계 장치를 몸에 부착하여 각 관절 부위의 움직임을 추출하는 방식이다.
❸ 문단	자기식은 몸의 움직임에 따른 자기장의 변화를 측정하여 위치 데이터를 추출하는 방식이다.
❹ 문단	광학식은 신체 부위에 센서를 부착하고 적외선 카메라로 촬영한 이미지를 3차원 위치 데이터로 계산하여 추출하는 방식이다.
❺ 문단	광학식은 장비가 비싸지만 활용도가 높다.

• 글의 구조 한눈에 보기

모션 캡처
공간상에서 제작된 영상을 보다 현실적으로 보여 주기 위해 사용되는 기술

데이터를 뽑아내는 방식에 따라

	기계식	자기식	광학식
방식	기계 장치를 몸에 부착하여 각 관절 부위의 움직임을 추출함.	몸의 움직임에 따른 자기장의 변화를 측정하여 위치 데이터를 추출함.	신체 부위에 센서를 부착하고 적외선 카메라로 촬영한 이미지를 3차원 위치 데이터로 계산하여 추출함.
장·단점	• 장점: 설치와 운영이 간편하며 공간의 제약을 받지 않음. 장비의 가격이 저렴함. • 단점: 자연스러운 움직임에 제약을 받음.	• 단점: 움직임에 제약이 있음. 센서가 반응하는 자기장의 공간이 제한적임. 데이터 손실이 발생할 우려가 있음.	• 장점: 넓은 공간에서 촬영 가능함. 정밀한 자료를 수집할 수 있음. • 단점: 장비 가격이 비쌈.

주제 모션 캡처 기술의 자료 추출 방식에 따른 분류와 특징

| 교과 연계 | 중학교 기술·가정 ②_정보 통신 기술 시스템의 발달

1 정답 ⑤ ◈ 중심 화제 파악하기

정답 풀이 이 글은 1문단에서 모션 캡처가 무엇인지 밝힌 뒤 데이터를 뽑아내는 방식, 즉 자료 추출 방식에 따라 모션 캡처를 기계식, 자기식, 광학식 세 가지로 구분하여 각각의 특징을 설명하였다.

오답 풀이

① 1문단에서 모션 캡처가 무엇인지 밝히고 있지만 전체적인 화제로 볼 수는 없다.

2 정답 ④ ◈ 세부 내용 파악하기

정답 풀이 5문단에서 '촬영 중 동작에 의해 표식이 가려지면 카메라들이 추적할 수 없게 되어 좌표 값이 사라지는 경우가 생긴다.'라고 한 것을 통해 [단계 4]에서 일부 좌표 값을 구할 수 없었다면 촬영 중 동작에 의해 표식이 가려졌기 때문임을 알 수 있다.

오답 풀이

① 5문단에서 촬영 중 좌표 값이 사라지는 경우에는 여러 대의 카메라를 활용하여 표식이 가려지는 부분을 최소로 줄여야 한다고 한 것으로 보아 적절하다.

② 4문단에서 [단계 2]에서 몸에 부착하는 표식은 크기가 작아 위치나 개수에 제한을 받지 않는다고 하였으므로, 표식은 몸의 어느 부위에나 부착할 수 있을 것이다.

3 정답 ③ ································· ◦ **핵심 정보 파악하기**

정답 풀이 3문단에서 자기식은 감지기에 연결된 여러 가닥의 케이블선이 몸에 붙어 있다고 하였으므로, 자기식이 무선 방식을 활용한다고 볼 수는 없다.

오답 풀이

① 2문단에서 기계식은 다른 시스템에 비해 장비의 가격이 저렴하다고 하였다.

② 2문단에서 기계식은 공간의 제약을 받지 않는다고 하였는데, 3문단에서 자기식은 센서가 반응할 수 있는 자기장의 공간도 제한적이고 주위 금속 물체에 의해 데이터 손실이 발생할 우려가 있다고 하였다.

④ 3문단에서 자기식은 센서가 반응할 수 있는 자기장의 공간이 제한적이라고 하였는데, 5문단에서 광학식은 넓은 공간에서 촬영이 가능하다고 하였다.

⑤ 2문단에서 기계식은 무거운 기계 장치를 부착해야 하므로 자연스러운 움직임에 제약을 받는다고 하였고, 3문단에서 자기식은 여러 가닥의 케이블선이 몸에 붙어 있어 움직임에 제약이 있다고 하였다. 이에 비해 광학식은 자유로운 동작 표현이 가능하다.

4 정답 | 자연스러운 움직임에 제약이 있다. 자기장의 공간이 제한적이다

정답 풀이 기계식은 무거운 기계 장치를 부착해야 해서 자연스러운 움직임에 제약을 받는다는 단점이 있고, 자기식은 센서가 반응할 수 있는 자기장의 공간이 제한적이라는 단점이 있다.

본문 • 036~037쪽

DAY 5 [사회] **가격 분산과 효율적 소비**

1 ③　**2** ①　**3** ③　**4** 보완재의 여부

지문 분석

≫ 한 문장으로 요약하기

❶문단	가격 분산은 동일 시점에 동일 제품에 대해 상점마다 가격 차이가 나는 현상으로, 발생 원인은 네 가지로 구분한다.
❷문단	판매자의 경제적인 이유로는 소매 상점의 규모에 따른 판매 비용의 차이와 가격 차별화 전략이 있다.
❸문단	소비자 시장 구조에 의한 요인은 소비자 시장의 불완전성과 시장 규모의 차이에서 기인한다.
❹문단	재화의 특성에 따른 요인은 보완재의 여부와 관련 있다.
❺문단	소비자에 의한 요인으로는 가격과 품질에 대한 소비자의 그릇된 인지가 있다.
❻문단	가격 분산의 발생은 필연적이기에 가격 정보 탐색이 필요하며, 정보 탐색은 순이득이 보장될 때까지 하는 것이 좋다.

• **글의 구조 한눈에 보기**

```
                    가격 분산
      동일 시점에 동일 제품에 대해 상점
          마다 가격 차이가 나는 현상
                       │
                   발생 원인
```

판매자의 경제적인 이유	소비자 시장 구조	재화의 특성	소비자
소매 상점의 규모에 따른 판매 비용의 차이와 소매상인의 가격 차별화 전략	소비자 시장의 불완전성과 시장 규모의 차이	보완재의 여부 (하나의 재화가 얼마나 다른 재화와 밀접하게 관련되어 있느냐)	가격과 품질에 대한 소비자의 그릇된 인지

가격 분산의 발생은 필연적이므로 소비자는 손실을 보지 않기 위해 정보 탐색을 해야 함.
→ 정보 탐색의 정도: 탐색을 함으로써 얻는 총이득이 그로 인해 소용되는 총비용을 능가할 때까지(순이득이 보장될 때까지) 탐색

주제 가격 분산의 요인과 가격 탐색의 필요성

| **교과 연계** | 중학교 사회 ②_경제생활과 합리적 선택

1 정답 ③ ································· ◦ **세부 내용 파악하기**

정답 풀이 6문단에서 '소비자 시장에서 가격 분산의 발생은 필연적인 것'이라고 한 것으로 보아, 정부의 엄격한 규제를 통해 가격 분산을 막을 수 있다고 추측할 수 없다.

오답 풀이

① 가격 분산으로 동일 시점에 동일 제품에 대해 가격 차이가 크다면 그 가격에 대한 신뢰도가 낮을 것이다.

② 4문단에서 보완재의 여부가 가격 분산을 가져온다고 하였으므로 어떤 제품을 대체할 재화가 있는지 없는지도 가격 분산의 발생에 영향을 미칠 것이다.

④ 6문단에서 가격 분산의 발생은 필연적인데, 충분한 정보를 가지고 있지 않은 소비자들은 손실을 볼 수도 있다고 하였다.

⑤ 6문단에서 순이득이 보장될 때까지 가격 정보를 탐색하면 효율적인 소비를 할 수 있다고 한 것을 통해 알 수 있다.

2 정답 ① ································· ◦ **구체적 사례에 적용하기**

정답 풀이 '가격 분산'은 '동일 시점에 동일 제품에 대해 상점마다 가격 차이가 나는 현상'으로, 이 가격 차이에서 구매 이득을 얻는 것이 합리적인 소비이다. ①에서는 동일한 색연필을 동일 시점에 더 싸게 파는 곳에서 구매했으므로 ㉠에 따른 합리적 소비를 한 것이다.

오답 풀이

② B 미용실에서는 사은품도 함께 구매한 셈이므로, 동일한 제품을

구매한 것으로 볼 수 없다.

③ 가격 분산이 일어난 상황에서 더 싼 물건 대신 비싼 것을 구매했으므로, 합리적인 소비라고 볼 수 없다.

④ 가격이 떨어진 후 제품을 구매한 것이므로 동일 시점에 동일 제품에 대해 일어나는 가격 분산의 예와 관련이 없다.

⑤ 제품의 가격 차이가 없는 경우이므로 가격 분산의 예로 볼 수 없다.

3 정답 ③ .... ◁ 핵심 정보 파악하기

정답 풀이 [A]에서 가격 정보 탐색을 할 때도 비용이 소요됨을 알 수 있다. 따라서 물건을 구매할 때 드는 비용은 구매 가격과 구매자의 노동력의 합이다. 이렇게 볼 때 각 지점의 구매 비용은 A는 4만 원(구매 가격 3만 원+노동력 만 원), B는 6만 원(구매 가격 3만 원+노동력 3만 원), C는 3만 원(구매 가격 2만 원+노동력 만 원), D는 4만 원(구매 가격 2만 원+노동력 2만 원), E는 4만 원(구매 가격 만 원+노동력 3만 원)이다. 그러므로 가장 적은 비용으로 동일한 물건을 구매한 C가 효율적인 소비가 이루어진 지점이다.

4 정답 | 보완재의 여부

정답 풀이 식빵과 잼은 함께 소비했을 때 효용이 증가하는 재화로, 보완재에 해당한다. 4문단에서 가격 분산의 원인 중 재화의 특성에 따른 요인으로 보완재의 여부에 따라 가격 분산을 가져올 수 있음을 알 수 있다.

본문 • 038쪽

어휘 완성하기

1 (1) 정교 (2) 퇴거 (3) 지표 (4) 필연적 **2** (1) 제약 (2) 변환 (3) 시사 **3** (1) 추출 (2) 부착 (3) 기인

본문 • 039쪽

배경지식으로 사고력 키우기

🖉 **논술형 문제** 예 가장 합리적인 선택은 집 앞 문구점에서 공책 한 권만 구입하는 것이다. 합리적인 선택은 가장 적은 비용으로 가장 큰 이득이나 만족감을 주는 것을 선택하는 것이다. 따라서 당장 나에게 필요한 것이 공책 한 권뿐이라면 더 많은 공책을 싼 값에 구입하는 것이 큰 이익이나 만족감을 주지는 않을 것이다. 또한 굳이 더 싼 공책을 찾아 대형 마트에 가는 것은 시간과 차비를 낭비하는 것이고, 인터넷 쇼핑몰에서 싼 물건을 찾으며 시간을 보내고 주문한 뒤 기다리는 것도 공책 한 권만 필요한 상황에서 너무 큰 비용이 든다.

정답 풀이 가장 합리적인 선택이 될 수 있는 방법을 고른 뒤 그것을 '합리적 선택'의 개념과 연결 지어 근거를 제시하도록 한다. 그리고 나머지 두 가지 방식이 선택한 방안에 비해 합리적이지 않은 이유를 논리적으로 제시하도록 한다.

채점 기준

• 가장 합리적인 구매 방법을 '합리적 선택'과 연결 지어 설명할 것.

• 선택하지 않은 두 방법의 한계를 서술할 것.

• 문장과 문장 사이의 관계가 유기적이고 문장이 자연스러울 것.

본문 • 040~041쪽

DAY 6 [예술] 음정을 맞추는 능력

1 ① **2** ① **3** ⑤ **4** 음정 맞추는 일은 피아노, 실로폰, 하프처럼 단지 강도와 음색에 의해서만 소리의 차이가 생기는 악기 연주에 대해 말할 때에 거론할 수 있다.

지문 분석

>> **한 문장으로 요약하기**

❶ 문단	음정은 높이가 다른 두 음의 간격으로, 음악을 분석할 때 가장 기본이 되는 측정 단위이다.
❷ 문단	음정을 정확하게 맞추는 것은 음악적 능력의 일부분이다.
❸ 문단	음정을 맞추는 일은 강도와 음색에 의해서만 소리의 차이가 생기는 악기들에 적용되는 것이다.
❹ 문단	음정을 맞추기 위해서는 조음과 조율이 바탕에 있어야 한다.

• **글의 구조 한눈에 보기**

음정	• 높이가 다른 두 음의 간격 • 음악을 분석할 때 가장 기본이 되는 측정 단위

음정 맞추기

• 연주를 하면서 드러내게 되는 음악적 능력의 일부분임.
• 바탕에 조음과 조율이 있음.

피아노, 실로폰, 하프 등 강도와 음색에 의해서만 소리의 차이가 생기는 악기 연주에 대해 말할 때 거론할 수 있음.	노래할 때, 바이올린과 같은 현악기를 연주할 때 음정을 지적하는 것은 적절하지 않음. → 연주자가 음을 만들어 내야 하기 때문

주제 음정 맞추기에 대한 바른 이해

| 교과 연계 | 중학교 음악 ①_음악의 기초

1 정답 ① .... ◁ 논지 전개 방식 파악하기

정답 풀이 이 글은 음정 맞추는 일에 대한 바른 이해를 제시한 글로 음정을 이루는 요소를 나누어 제시하고 있지는 않다.

오답 풀이

② 1문단에서 화제인 '음정'을 제시하면서 개념을 정의하고 있다.

③ 1문단에서 음정을 틀리는 것을 맞춤법을 틀리는 것에 빗대었다.

④ 2문단에서 음정을 맞추는 것을 중요시하는 일반적인 인식을 소개한 뒤 음정을 맞추는 일은 음악적 요소의 절대적인 잣대는 아니라는 의견을 제시하였다.

⑤ 3문단에서 공개 오디션 상황을 사례로 제시하였다.

2 정답 ① ⚬────────────────── 이유 추리하기

정답 풀이 3문단에서 피아노, 실로폰, 하프처럼 강도와 음색에 의해서만 소리의 차이가 생기는 악기들은 '음정을 맞추는 일'에 대해서 말할 수 있지만, 바이올린과 같은 현악기를 연주할 때는 연주자가 음을 만들어 내야 하기 때문에 그에 대해 말할 수 없다고 하였다.

3 정답 ⑤ ⚬────────────── 반응의 적절성 파악하기

정답 풀이 글쓴이는 2문단에서 정확한 음정을 연주하는 것이 기본적으로는 필요하지만, 음정을 맞추는 것은 모든 음악적 요소의 절대적인 잣대는 아니며 연주를 하면서 드러내게 되는 음악적 능력의 일부분일 뿐이라고 하고 있다. 따라서 글쓴이는 절대 음감에 대해서도 그것은 음악적 능력의 일부일 뿐 음악적 능력을 판단하는 절대적인 기준이 아니라고 반응할 것이다.

4 정답 | 음정 맞추는 일은 피아노, 실로폰, 하프처럼 단지 강도와 음색에 의해서만 소리의 차이가 생기는 악기 연주에 대해 말할 때에 거론할 수 있다.

정답 풀이 3문단의 '음정 맞추는 일은 ~ 거론할 수 있다.'에 음정 맞추기에 대한 글쓴이의 견해가 드러난다.

본문 • 042~043쪽

DAY 6 인문 **한비자의 통치 철학**

1 ⑤ 2 ③ 3 ① 4 '법'은 군주가 신하를 포함한 백성을 통제하는 것을 목적으로 만든다.

지문 분석

>> 한 문장으로 요약하기

❶문단	한비자는 강력한 국가와 전제 군주가 필요하다고 생각했으며 국가 운영을 위해 '법, 세, 술'이 필요하다고 주장했다.
❷문단	'법'은 백성을 통제하는 규칙, '세'는 군주의 절대적 권위, '술'은 군주가 신하들을 지배하는 방법이다.
❸문단	한비자는 인간의 본성에 대해 순자와 동일하게 생각하는 한편 교화 가능성을 부정했다.
❹문단	한비자의 사상은 진나라가 통일 국가가 되는 데 기여했으며, 유가 사상이 도입된 이후에도 강력한 중앙 집권 체제를 유지, 발전시키는 데 기여했다.

● 글의 구조 한눈에 보기

한비자의 통치 철학
• 전국 시대에 통일을 가져올 강력한 국가와 강력한 전제 군주가 필요하다고 주장함. → 군주가 '법, 세, 술'의 세 가지로 다스려야 국가가 부강해진다고 봄. • 순자의 성악설에 영향을 받음. → 인간의 교화 가능성을 부정하며 '법'으로 엄히 다스릴 것을 주장함.

법	세	술
군주가 신하를 포함한 백성을 통제하는 공개적, 구체적 규칙	군주라는 자리가 가진 절대적 권위	군주가 신하들을 지배하는 방법

의의

• 진나라가 중국 최초의 통일 국가가 되는 데 크게 기여함.
• 유가 사상이 도입된 이후에도 법치주의의 영향이 지속되어 강력한 중앙 집권 체제를 유지·발전시키는 데 기여함.

주제 **한비자의 통치 철학의 핵심 주장과 의의**

| 교과 연계 | 중학교 도덕 ②_준법과 공익 실현

1 정답 ⑤ ⚬────────────── 중심 내용 파악하기

정답 풀이 4문단에서 '전국 시대처럼 각국이 전쟁을 일삼으며 각축을 벌이던 시절에는 '법', '세', '술'로써 부국강병을 이루는 것이 필요'했다고 한 것으로 보아, 한비자 통치 철학에 대해 부국강병을 이루지 못한 한계가 있었다고 하는 것은 적절하지 않다.

오답 풀이
①, ② 1문단의 '전국 시대 말 ~ 평화를 기대했다.'에서 알 수 있다.
③ 1문단에서 한비자는 '전제 군주가 국가를 운영하기 위해서는 '법(法)', '세(勢)', '술(術)'이 필요하다고 주장했다.'고 하였다.
④ 4문단의 '유가 사상이 ~ 데 기여하였다.'에서 알 수 있다.

2 정답 ③ ⚬────────────── 세부 내용 파악하기

정답 풀이 3문단에서 순자는 인간에게는 '려'가 있기에 '예'를 주입하면 선한 행동을 할 수 있다고 보았음을 알 수 있다. 이와 달리 한비자는 인간의 본성은 변할 리가 없다며 '교화 가능성'을 부정했다. 이를 통해 한비자는 순자와 달리 인간의 본성이 절대 변하지 않는다고 판단했음을 알 수 있다.

오답 풀이
① 인간의 본성 안에 사사로움이 있다고 본 것은 순자가 아니라 한비자이다.
② 순자는 인간에게 '려'가 있으므로 '예'를 주입하면 선한 행동을 할 수 있다고 보았다. 인간의 교화 가능성을 인정하지 않은 것은 한비자이다.
④ 성악설을 바탕으로 예치를 주장한 것은 한비자가 아니라 순자이다.

⑤ 한비자는 인간의 본성 안에 들어 있는 사사로움을 찾아내어 '법'으로 엄히 다스려야 한다고 주장했다. 그러나 순자는 '예치'를 주장했을 뿐 엄격한 법 적용의 필요성을 주장했다고 볼 수 없다.

3 정답 ①   ◇ 구체적 사례에 적용하기

정답 풀이 2문단에서 '법'은 '형법적 측면이 강하며 군주로부터 권위를 부여받은 신하가 집행'하는 것으로, "세'를 바탕으로, 군주를 제외한 어느 누구에게도 예외 없이 적용되어야' 함을 알 수 있다. 〈보기〉에서 군령을 어긴 마속을 처형한 제갈량의 결정은 '엄격한 군율이 살아 있음을 전군에 알리기 위한 선택'이었다고 한 것으로 보아, '법'을 적용한 것임을 알 수 있다.

오답 풀이

② '법'은 군주가 신하를 포함한 백성을 통제하는 공개적이고 구체적인 규칙이므로, 제갈량이 위나라를 공격한 것이 '법'에 따른 것이라고 보기는 어렵다.

③ 2문단에서 '세'란 '군주라는 자리가 가진 절대적 권위'라고 하였으므로, 제갈량이 마속을 아낀 것이 '세'를 활용한 것은 아니다.

④, ⑤ 2문단에서 '술'은 '군주가 신하들을 지배하는 방법'임을 알 수 있다. 제갈량이 평지에 진을 치라는 명령을 내린 것이나, 공격을 받은 위나라가 사마의를 통해 방어한 것은 전쟁 상황에서의 전술일 뿐 군주가 신하들을 지배하는 방법과는 관련이 없다.

4 정답 | '법'은 군주가 신하를 포함한 백성을 통제하는 것을 목적으로 만든다.

정답 풀이 2문단의 "법'이란 군주가 ~ 적용되어야 한다.'에서 '법'의 목적과 적용 대상을 알 수 있다.

본문 • 044쪽

어휘 완성하기

1 (1) 관대 (2) 거론 (3) 배후 (4) 채택   **2** (1) 절대적 (2) 융통성 (3) 집대성 **3** (1) 면박 (2) 교화 (3) 각축

본문 • 045쪽

배경지식으로 사고력 키우기

✏ **논술형 문제** 예 ㉮는 음이 수평적으로만 나열되고 있어 두 음이 이어져 울리는 선율적 음정만 보인다. 이와 달리 ㉯는 음표가 수직적으로 쌓인 부분도 있어 두 음이 동시에 울리는 화성적 음정도 나타난다.

정답 풀이 배경지식을 바탕으로 ㉮와 ㉯의 악보에 나타난 차이점으로 ㉮에는 선율적 음정만 나타나고 ㉯에는 화성적 음정도 나타남을 제시하도록 한다.

채점 기준

• 두 악보가 화성적 음정 여부에서 차이점이 나타난다는 점을 쓸 것.
• 선율적 음정과 화성적 음정의 판단 근거를 서술할 것.
• 문장이 자연스럽고 문장 성분의 호응이 적절할 것.

본문 • 046~047쪽

1 ① **2** ④ **3** ⑤ **4** ③

1 정답 ①

정답 풀이 '배제(排除)'의 사전적 의미는 '받아들이지 아니하고 물리쳐 제외함.'이다.

오답 풀이

② '배치(背馳)'의 의미이다.

③ '변별(辨別)'의 의미이다.

④ '모순(矛盾)'의 의미이다.

⑤ '제한(制限)'의 의미이다.

2 정답 ④

정답 풀이 '부여(附與)하다'는 '사람에게 권리·명예·임무 따위를 지니도록 해 주거나, 사물이나 일에 가치·의의 따위를 붙여 주다.'라는 의미이므로, ⓓ를 '보였다'로 바꿔 쓰는 것은 적절하지 않다.

오답 풀이

① '성립되다'는 '일이나 관계 따위가 제대로 이루어지다.'라는 의미이므로 ⓐ는 '이루어진'으로 바꿔 쓸 수 있다.

② '탈피하다'는 '일정한 상태나 처지에서 완전히 벗어나다.'라는 의미이므로 ⓑ는 '벗어나'로 바꿔 쓸 수 있다.

③ '초월하다'는 '어떠한 한계나 표준을 뛰어넘다.'라는 의미이므로 ⓒ는 '뛰어넘어'로 바꿔 쓸 수 있다.

⑤ '균일하다'는 '한결같이 고르다.'라는 의미이므로 ⓔ는 '고르게'로 바꿔 쓸 수 있다.

3 정답 ⑤

정답 풀이 ㉠의 '거두다'는 '좋은 결과나 성과 따위를 얻다.'라는 의미로 쓰인 경우이다. 이와 같은 의미로 쓰인 예는 ⑤이다.

오답 풀이

① '말, 웃음 따위를 그치거나 그만두다.'의 의미로 쓰인 예이다.

② '벌여 놓거나 차려 놓은 것을 정리하다.'의 의미로 쓰인 예이다.

③ '식구 따위를 보살피다.'의 의미로 쓰인 예이다.

④ '어떤 대상에 대한 감정, 염려 따위를 접거나 놓아두다.'의 의미로 쓰인 예이다.

4 정답 ③

정답 풀이 '주입(注入)'은 '흘러 들어가도록 부어 넣음.', '기억과 암기를 주로 하여 지식을 넣어 줌.'이라는 의미이므로, ③은 자연스럽지 않다. ③에는 '주입' 대신에 '기술, 방법, 물자 따위를 끌어 들임.'이라는 의미인 '도입(導入)'을 쓰는 것이 적절하다.

DAY 7 [과학] 태아의 호흡과 몸의 변화

1 ④　**2** ②　**3** ⑤　**4** 우심방, 폐, 태반, 난원공

지문 분석

▶▶ 한 문장으로 요약하기

1 문단	태아는 태반과 연결된 탯줄로 산소를 받아들인다.
2 문단	태아의 폐포는 폐 서팩턴트가 포함된 폐수로 차 있다.
3 문단	태아가 출생하면서 폐 서팩턴트가 폐포의 안쪽 벽을 둘러쌈으로써 폐포가 찌부러지지 않고 폐 호흡을 할 수 있게 된다.
4 문단	태아의 심장은 폐 호흡이 시작되면서 난원공이 닫히고 동맥관도 막히면서 어른의 혈액 순환과 같은 방식으로 전환된다.
5 문단	태아는 폐 호흡을 하지 않기 때문에 어른과 다른 혈액 순환이 일어났지만 폐 호흡이 시작되면 태반 호흡 때문에 존재하던 난원공과 동맥관은 기능을 잃게 된다.

● 글의 구조 한눈에 보기

태아의 호흡과 폐포	• 폐 호흡을 하지 않고, 태반과 연결된 탯줄을 통해 산소를 받아들임(태반 호흡). • 폐포는 폐 서팩턴트라는 분자가 포함된 폐수로 가득 차 있음.

↓

출생 순간의 호흡	출생하면서 폐포의 폐수가 입, 모세 혈관 등으로 밀려남. → 폐 서팩턴트가 친수 부분을 폐포 쪽으로 하여 안쪽 벽을 둘러쌈. → 친수 부분 사이에 전기적인 반발력이 형성되어 폐포가 찌부러지지 않고 폐 호흡을 할 수 있게 됨.

폐 호흡을 하면서 나타나는 변화	태아는 태반 호흡을 하므로 난원공(우심방에서 좌심방으로 통하는 문)이 열려 있고 동맥관(심장에서 폐로 가는 혈액을 태반으로 보내는 관)이 존재함. → 폐 호흡의 시작과 함께 난원공이 닫히고, 동맥관도 서서히 수축하여 막힘. → 어른의 혈액 순환과 같은 방식으로 전환됨.

주제 태아가 출생하면서 폐 호흡을 할 수 있는 이유와 폐 호흡을 하면서 나타나는 변화

| 교과 연계 | 중학교 과학 ②_호흡과 배설

---

1 정답 ④ ◦ 핵심 내용 파악하기

정답 풀이 이 글은 엄마 뱃속에 있을 때 태반과 연결된 탯줄로 산소를 받아들이던 태아가 출생하면서 폐 호흡을 하게 되는 과정과, 그에 따른 아기의 혈액 순환 과정과 심장의 변화를 설명하였다. 따라서 '신생아의 놀라운 적응력'과 '호흡과 심장 구조의 변화를 중심으로'는

핵심 내용을 담은 제목으로 적절하다.

오답 풀이
① '태아와 엄마의 동행'은 전체 내용을 포괄한다고 보기 어려우며, 폐의 구조를 중심으로 다룬 것도 아니다.
② 심장의 진화나 혈액 성분의 변화는 나타나 있지 않다.
③ 태아형 적혈구의 기능은 1문단에 제시된 내용일 뿐 전체 내용을 포괄하는 것으로 볼 수 없다.
⑤ 태아가 태반 호흡을 할 때와 출생 후 폐호흡을 할 때의 혈액 이동 과정은 나타나 있으나 혈액의 생성 원리는 다루고 있지 않다.

2 정답 ② ◦ 세부 내용 파악하기

정답 풀이 3문단에서 '태아가 출생하면서 ~ 첫울음을 울 때 나머지 폐수가 모세 혈관 등으로 밀려난다.'고 한 것으로 보아, 태아가 출생하면서 모세 혈관으로 밀려나는 것은 ㉠의 태아형 적혈구가 아니라 폐수이다.

오답 풀이
① 1문단에서 '태아형 적혈구는 산소 농도가 낮은 곳에서도 산소를 받아들이기 쉬운 성질을 가졌다.'고 하고 있다.
③ 3문단에서 태아가 출생하면서 폐수가 제거된 폐포가 줄어들려고 할 때 폐 서팩턴트가 친수 부분을 폐포 쪽으로 한 채 폐포 안쪽 벽을 둘러싸고, 이때 각 분자의 친수 부분 사이에 서로 전기적인 반발력이 형성되어 폐포가 찌부러지지 않음을 알 수 있다.
④ 2문단에서 폐 서팩턴트는 '물을 튕겨 내는 소수 부분과 물과 친한 친수 부분을 모두 갖고 있다.'고 하였다.
⑤ 1문단에서 태아가 태반 호흡을 할 수 있는 것은 태아형 적혈구 때문임을 알 수 있고, 3문단에서 폐 서팩턴트는 태아가 출생할 때 폐포가 찌부러지지 않고 폐 호흡을 하도록 도움을 알 수 있다.

3 정답 ⑤ ◦ 세부 정보 이해하기

정답 풀이 4문단에서 '폐 호흡의 시작과 함께 난원공이 닫히고, 동맥관도 서서히 수축하여 결국 막히면서 어른의 혈액 순환과 같은 방식으로 전환된다.'고 하였으므로, 난원공이 동맥관보다 더 빨리 변화를 일으킨다고 할 수 있다.

오답 풀이
① 1문단에서 '폐를 통해 산소를 받아들이는 어른과 달리 태아는 태반과 연결된 탯줄을 통해 산소를 받아들인다.'고 하였으며, 5문단에 제시된 태아의 호흡 과정에서 태아의 혈액은 태반에서 산소를 얻음을 확인할 수 있다.
② 5문단에서 난원공과 동맥관은 태반 호흡 때문에 존재하는 것이며 폐 호흡이 시작되면 이들은 기능을 잃어 닫히게 된다고 하고 있다.
③ 5문단에서 상반신을 흐른 뒤 우심실로 들어온 혈액은 산소를 얻기 위해 동맥관을 통해 태반으로 이동한다고 하였다.
④ 5문단에서 태반에서 산소를 얻은 혈액은 우심방으로 들어온 후 난원공을 거쳐 좌심방, 좌심실로 이동한다고 하였다.

4 정답 | 우심방, 폐, 태반, 난원공

정답 풀이 어른의 혈액 순환 과정에서 몸 전체로 흐른 혈액은 우심방으로 들어오고, 우심실을 거쳐 폐로 이동한다. 태아의 경우 우심실로 들어온 혈액이 동맥관을 통해 태반으로 이동하고, 우심방으로 들어온 혈액은 난원공을 거쳐 좌심방, 좌심실로 이동한다.

본문 • 052~053쪽

DAY 7 인문 자아실현의 두 가지 요인

1 ①   2 ④   3 ②   4 가치 전도

지문 분석

≫ 한 문장으로 요약하기

① 문단 인간의 삶은 자아를 실현하고 인생을 창조하는 것이다.

② 문단 자아실현을 가능하게 하는 요인에는 가치관과 독립성이 있다.

③ 문단 물질적 가치와 정신적 가치가 올바른 질서를 유지할 때 인간다운 삶을 영위할 수 있다.

④ 문단 가치의 올바른 위계질서가 전도되어 있는 현실에서 올바른 가치관이 수립되도록 전 사회가 노력해야 한다.

⑤ 문단 자율적으로 행동하는 자아가 없는 사회 분위기에서 벗어나기 위해 인격의 주체적 독립성을 회복해야 한다.

● **글의 구조 한눈에 보기**

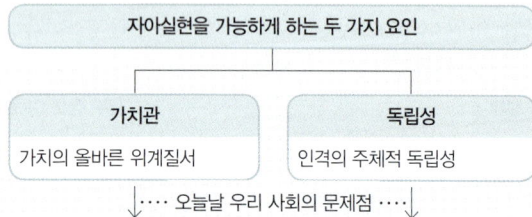

자아실현을 가능하게 하는 두 가지 요인

가치관	독립성
가치의 올바른 위계질서	인격의 주체적 독립성

······ 오늘날 우리 사회의 문제점 ·····

가치의 올바른 위계질서(정신적 가치가 상위, 물질적 가치가 그 밑을 차지)가 전도되어 과소비, 타락, 부패가 나타남.	독립성의 결여, 즉 자신의 소신과 원칙에 의해 자신의 삶을 선택할 수 있는 주체성의 부재로 자율적으로 행동하는 자아가 없음.

············ 해결책 ············

올바른 가치관을 수립하기 위해 전 사회가 노력해야 함.	주체적 독립성을 회복하고 자각적인 삶을 영위해야 함.

주제 가치의 올바른 위계질서의 성립과 인격의 주체적 독립성 확보의 필요성

| **교과 연계** | 중학교 도덕 ①_행복한 삶과 자아실현

---

1 정답 ①   ◇ 세부 내용 파악하기

정답 풀이 5문단에서 독립성의 결여는 곧 자신의 소신과 원칙에 의해 자신의 삶을 선택할 수 있는 주체성의 부재라고 보면서, 독립성이 없으면 많은 사람들이 사회와 분위기에 순응하기만 할 뿐 자신의 신념대로 행동하지 못한다고 하고 있다.

오답 풀이

② 4문단에서 '오늘날 우리 사회를 위협하고 있는 근원적 원인은 바로 이 같은 가치 전도'라고 하고 있으나, 가치 전도 현상이 현대 사회로 오면서 나타나기 시작했는지는 알 수 없다.

③ 1문단에서 "성찰되지 않은 인생은 살 가치가 없다."라는 소크라테스의 말을 소개한 뒤 인간의 삶에서는 성찰하는 태도가 필요함을 언급하고 있다. 그러나 이를 통해 소크라테스가 성찰을 통해 자아가 실현될 수 있음을 강조했다고 볼 수는 없다.

④ 5문단에서 우리 사회에서는 많은 사람들이 자신의 신념대로 행동하지 못하고 다른 사람의 눈치만 살피고 있다고 지적하고 있을 뿐, 신념을 좇는 삶이 다른 사람과의 갈등을 초래하기 쉬운지는 알 수 없다.

⑤ 2문단에서 자아실현의 성패를 좌우하는 것은 가치관과 독립성이라고 하였는데, 4, 5문단에 따르면 오늘날 우리 사회에는 가치 전도로 올바른 가치관이 수립되어 있지 못하며, 독립성의 결여라는 문제도 가지고 있으므로 자아를 실현하기 위해 노력하는 사람들이 늘어나고 있다고 볼 수는 없다.

2 정답 ④   ◇ 글쓴이의 의도 추리하기

정답 풀이 글쓴이는 우리 사회가 자아실현의 두 가지 요인인 '가치관'과 '독립성'이라는 측면에서 살펴볼 때 가치의 올바른 질서가 전도되어 있고 독립성이 결여되어 있다는 점을 진단한 뒤, 그 해결책으로 올바른 가치관의 수립과 주체적 독립성의 회복이 필요하다는 점을 제시하였다.

오답 풀이

① 개인과 사회의 올바른 관계를 살피거나 둘 사이의 조화를 주장하고 있는 것은 아니다.

② 바람직한 사회를 위해 필요한 것을 제시하고 있으나 모범적인 사례를 분석하고 있지는 않다.

③ 우리 사회가 장차 직면할 문제 상황이 아니라 오늘날의 문제 상황을 제시하였다.

⑤ 우리 사회에 잘못 알려진 통념을 언급하고 있지는 않다.

3 정답 ②   ◇ 정보의 관련성 추론하기

정답 풀이 2문단에서 가치관은 가치의 올바른 위계질서를, 독립성은 인격의 주체적 독립성을 말한다고 하였는데, 〈보기〉의 욕구는 가치와 연결되는 개념으로 독립성과 연결 짓기는 어렵다. 따라서 독립성을 유지하기 위해서 생존적 욕구보다 초생존적 욕구를 우선시해야 한다고 볼 수는 없다.

① 〈보기〉의 '생존적 욕구'는 식욕, 수면욕 등이므로 인간의 생존을 유지하는 토대인 '물질적 가치'와 통하고, '초생존적 욕구'는 심미적 욕구와 사랑, 자유, 창조에 대한 욕구 등으로 인간의 실존을 위해 필요하므로 '정신적 가치'와 통한다.

③ 4문단에서 정신적 가치는 인간의 실존을 확보해 주는 토대가 된다고 하였으므로, 인간이 실존적 삶을 영위하려면 정신적 가치에 해당하는 초생존적 욕구를 충족시키기 위해 노력해야 한다고 할 수 있다.

④ 3문단에서 질서가 거꾸로 될 때 개인의 삶은 불행해지고, 사회와 문화는 타락하고 부패하게 된다고 하였다. 따라서 물질적 가치에 해당하는 생존적 욕구를 추구하는 데만 전념하면 질서가 거꾸로 되어 개인의 삶뿐만 아니라 사회 전체도 불행에 빠지게 된다고 할 수 있다.

⑤ 3문단에서 두 가치가 올바른 질서를 유지할 때 인간다운 삶을 영위할 수 있다고 하였으며, 4문단에서 가치의 올바른 위계질서란 정신적 가치가 상위를 차지하고 물질적 가치가 그 밑에 속하는 질서라고 하였다.

4 정답 | 가치 전도

정답 풀이 4문단의 '우리 사회를 위협하고 있는 근원적 원인은 바로 이 같은 가치 전도(顚倒)이며, 그로 인해 초래된 과소비 및 타락과 부패이다.'에서 알 수 있다.

어휘 완성하기

1 (1) 배출 (2) 소신 (3) 병폐 **2** (1) 소수 (2) 반발력 (3) 위계질서 **3** (1) 전환 (2) 순환 (3) 영위 (4) 전도

배경지식으로 사고력 키우기

✐ **논술형 문제** 예 고무 막을 잡아당기면 컵과 고무 막으로 둘러싸인 공간의 부피가 늘어나면서 그 속에 들어 있는 고무풍선의 부피도 같이 늘어나 공기가 고무풍선으로 들어온다. 이것은 들숨일 때 흉강의 부피가 커짐에 따라 폐의 부피가 커져 공기가 폐 속으로 들어가는 것과 유사하다.

정답 풀이 고무 막을 아래로 잡아당길 때 컵 안의 공간과 고무풍선의 부피에 나타나는 변화를 논리적으로 서술하고, 이 과정과 들숨의 공통점을 밝히도록 한다.

채점 기준

• 고무 막을 잡아당겼을 때의 변화를 논리적으로 설명할 것.
• 고무 막을 잡아당겼을 때의 모형 변화와 들숨의 공통점을 명확히 밝힐 것.
• 문장이 자연스럽고 문장 성분의 호응이 적절할 것.

DAY 8 예술 신라 범종의 조형 양식

1 ① **2** ③ **3** ④ **4** 불교

지문 분석

≫ 한 문장으로 요약하기

1 문단	우리나라 범종의 조형 양식은 신라에서 완성되어 후대에 계승되었다.
2 문단	신라 종은 가운데가 불룩하게 튀어나온 모습이며 정상부의 용뉴가 한 마리 용의 모습이다.
3 문단	신라 종은 섬세한 문양이 장식되어 있으며 유곽, 당좌 등이 있다.
4 문단	고려 시대에는 신라 종의 조형 양식이 미약한 변화 속에서 계승되었다.
5 문단	조선 초기에는 신라의 주조 공법 대신 중국 종의 공법이 도입되었다가 16세기에 신라 종의 조형 양식이 다시 나타났다.

• 글의 구조 한눈에 보기

신라 종의 조형 양식과 중국·일본의 종		

신라 종		중국·일본의 종
가운데가 불룩하게 튀어나온 모습	몸체	• 중국: 하부가 팔(八) 자로 벌어짐 • 일본: 수직 원통형
–한 마리 용의 모습 –뒤에 음통이 있음.	용뉴	쌍용 형태
–상대와 하대라는 문양 띠 –사다리꼴의 유곽에 연꽃 봉우리 형상의 유두가 있음. –종의 정점부에 당좌가 있음. –당좌 사이에 천인상이 장식됨.	문양	• 중국: 유두, 유곽 모두 존재하지 않음. • 일본: 단순한 꼭지 형상의 유두와 가로 세로의 띠만 있음.

신라 종 조형 양식의 계승 과정

고려 시대	–신라 종의 조형 양식이 미약한 변화 속에서 계승됨. –범종이 소형화되어 대형 종의 주조 공법이 사라짐.
조선 초기	다시 대형 종이 주조되면서 신라의 주조 공법 대신 중국 종의 공법과 장식들이 도입됨.
16세기	소형 종이 주조되면서 신라 종의 조형 양식이 다시 나타남.

주제 신라 종의 조형 양식과 계승 과정

| 교과 연계 | 중학교 미술 ②_우리나라 미술의 변천

1 정답 ①　　　　　　　　　　　　　　　◦ 세부 내용 파악하기

정답 풀이　4문단에서 '고려 시대에는 신라 종의 조형 양식이 미약한 변화 속에서 계승'되었다고 하였는데, '원나라의 침입 이후 글자 문양 등의 장식이 나타난다.'고 한 것으로 보아 외국의 영향을 받아 범종에 변화가 나타났음을 알 수 있다.

오답 풀이
② 3문단에서 신라 종의 상부와 하부에는 각각 상대와 하대라고 부르는 같은 크기의 문양 띠가 있으며 불교적 상징물이 장식되어 있다고 하였다.
③ 5문단에서 조선 시대의 종에는 당좌가 사라지고 신라 종의 장식 대신 중국 종의 장식들이 나타났다고 하였다.
④ 1문단에서 '범종은 불교가 중국에 유입되면서 나타나 우리나라와 일본으로 퍼져 나갔다.'고 하였다.
⑤ 1문단에서 신라에서는 대형 종을 주조하였는데, 이는 중국이나 일본에서는 만들기 어려운 것이었다고 하였다.

2 정답 ③　　　　　　　　　　　　　　　◦ 이유 추리하기

정답 풀이　4문단에서 고려 시대 때는 신라 종의 조형 양식이 미약한 변화 속에서 계승된 한편, 범종이 소형화되면서 대형 종의 주조 공법은 사라지게 되었다고 하였다. 그런데 5문단에서 조선 초기에 다시 대형 종이 주조되면서 신라의 주조 공법 대신 중국 종의 공법을 도입하고, 신라 종의 조형 양식 대신 중국 종의 조형 양식을 따랐다고 하였다. 이로 보아 조선 초기에 우리나라 종의 조형 양식에 '큰 변화'가 나타난 것은 이때 대형 종을 주조하면서 신라 종의 주조 공법과 양식 대신 중국 종의 주조 공법과 양식을 따랐기 때문이다.

오답 풀이
① 조선 시대에 불교 억제 정책에 따라 범종 제작이 통제된 것은 중국 종의 주조 공법과 양식에 따라 종을 주조하던 변화 이후에 나타난 상황이다.
② 고려 시대 때는 범종이 소형화되면서 대형 종의 주조 공법은 사라지게 되었으나, 신라 종의 조형 양식은 변화 속에서 계승되었다.

3 정답 ④　　　　　　　　　　　　　　　◦ 세부 내용 파악하기

정답 풀이　3문단에서 '당좌 사이에는 천인상이 장식되어 있어 가로세로의 띠만 있는 일본 종과 차이가 있다.'라고 한 것으로 보아, 일본 종에는 천인상이 없으므로 천인상인 ⓓ 주변에 가로 세로의 띠가 있다는 것은 적절하지 않다.

오답 풀이
① 2문단에서 '신라 종의 용뉴는 쌍용 형태인 중국 종이나 일본 종과 달리 한 마리 용의 모습을 하고 있다.'고 하였다.
② ⓑ는 ⓐ의 용뉴 뒤에 위치하는 것으로 보아 음통이다. 2문단에서 '우리나라의 범종에만 용뉴 뒤에 음통이 있다.'고 하였다.
③ ⓒ는 사다리꼴의 유곽 안에 장식된 연꽃 봉오리 형상의 유두이다. 3문단에서 이는 '단순한 꼭지 형상의 유두가 있는 일본 종이나 유두

와 유곽 모두 존재하지 않는 중국 종과 차이를 보인다.'고 하였다.
⑤ 2문단에서 신라 종의 몸체는 가운데가 불룩하게 튀어나온 모습인데, '중국 종은 몸체의 하부가 팔(八) 자로 벌어져 있으며, 일본 종은 수직 원통형으로 되어 있다.'고 하였다.

4 정답 | 불교

정답 풀이　신라의 종에는 불교적 상징물이 장식되어 있고, 고려의 종에는 삼존불과 같은 불교적인 장식이 추가되었다.

DAY 8　사회　집단 지성의 발현

1 ⑤　　2 ④　　3 ⑤　　4 대중의 경험을 바탕으로 생성되고 수정과 보완이 가능한 유연한 지식까지 포함한다.

지문 분석

≫ 한 문장으로 요약하기

1 문단	현대의 지식은 전문가의 지식뿐 아니라 대중의 집단 지성의 지식까지 포함한다.
2 문단	집단 지성은 대중 교육의 확산과 웹을 통한 지식과 정보의 교류가 가능해진 것을 바탕으로 등장했다.
3 문단	현대 사회에서는 개방적 구조 속 집단 지성의 협업을 통해 개인이 능력을 보다 발휘할 수 있다.
4 문단	집단 지성의 발현을 위해서는 참여자 모두 동등한 권력을 가지고 협업할 수 있는 구조가 형성되어야 한다.

• 글의 구조 한눈에 보기

집단 지성	대중이 생활에서 체험한 지식을 서로 공유하면서 지식 생산에 기여하는 것

등장 배경	• 대중 교육의 확산으로 길러진 대중의 지성을 신뢰함. • 웹을 통해 지식과 정보가 자유롭게 소통, 교류될 수 있게 됨.
장점	• 개방적 구조에서 형성된 실제적이고 유용한 지식임. • 일반 대중(개인)이 다양한 능력과 잠재력을 발휘할 수 있게 함.

↓

진정한 집단 지성의 발현을 위해 참여자 모두가 동등한 권력을 가지고 협업할 수 있는 구조가 형성되어야 함.

주제 집단 지성의 등장 배경과 필요성

| 교과 연계 | 중학교 사회 ①_사회의 변동

1 정답 ⑤ ·· ○ 논지 전개 방식 파악하기

정답 풀이 이 글은 1문단에서 집단 지성의 개념을 소개한 뒤 2문단에서 그 등장 배경을 설명하였다. 그리고 3문단에서 집단 지성의 장점과 필요성을 언급한 뒤 4문단에서 집단 지성의 발현을 위해 참여자 모두가 동등한 권력을 가지고 협업할 수 있는 구조가 형성되어야 한다는 견해를 밝히고 있다.

2 정답 ④ ·· ○ 전체적인 내용 평가하기

정답 풀이 이 글에서 글쓴이는 진정한 집단 지성의 발현을 위해 참여자 모두가 동등한 권력을 가지고 협업할 수 있는 구조가 형성되어야 한다고 말하고 있다. 그리고 이러한 견해의 설득력을 높이기 위해 개방적 구조에서 집단 지성을 통해 협업이 가능함을 밝힌 뒤 이를 통해 개인의 능력이 극대화되어 새로운 아이디어와 혁신이 나타날 수 있음을 제시하였다.

오답 풀이

① 이 글에서는 전문가가 생산한 지식의 우수성이 아니라 대중의 경험을 바탕으로 생성된 집단 지성의 장점과 가치를 언급하고 있다.

② 2문단에서 웹 기술이 집단 지성의 등장에 영향을 미쳤음을 언급하고 있을 뿐 웹 기술의 발달 과정을 보여 주고 있는 것은 아니다.

③ 3문단에서 집단 지성을 통한 아이디어 생태계의 발전을 언급하고 있을 뿐 아이디어 생태계의 한계와 전망을 언급하지는 않았다.

3 정답 ⑤ ·· ○ 자료를 바탕으로 비판적으로 평가하기

정답 풀이 〈자료〉에서는 관심이나 가치가 유사한 사람들이 모인 온라인 커뮤니티에서는 그 성향에 따라 의견의 쏠림 현상이 나타나기 쉬움을 지적하고 있으나, 구성원이 새롭게 접한 지식은 공유가 불가능하다고 본 것은 아니다.

오답 풀이

① 〈자료〉에서 관심이나 가치관이 유사한 사람들이 모인 온라인 커뮤니티에서는 감정적 표현이 많이 나타난다고 한 것을 바탕으로 할 때, 2문단에서 대중이 집단 지성에 의해 현명한 판단을 내릴 수 있다고 한 것에 대해 할 수 있는 비판이다.

② 〈자료〉에서 온라인 커뮤니티에서는 객관적 정보에 근거하지 않은 생각이 많이 나타난다고 한 것을 바탕으로 할 때, 2문단에서 대중이 집단 지성에 의해 정확한 판단을 내릴 수 있다고 한 것에 대해 할 수 있는 비판이다.

③, ④ 〈자료〉에서 온라인 커뮤니티의 특성에 따라 생산된 지식은 정확성과 공정성을 보장할 수 없다고 하고 있다. 이를 바탕으로 할 때 2문단에서 대중의 집단 지성을 통해 정보의 부정적 측면이 시정될 수 있고 지식의 정확성과 공정성이 강화된다고 한 것에 대해 할 수 있는 비판이다.

4 정답 | 대중의 경험을 바탕으로 생성되고 수정과 보완이 가능한 유연한 지식까지 포함한다.

정답 풀이 1문단에서 과거의 지식과 다른 현대의 지식의 특성으로, 고정적 지식이 아닌 집단 지성의 성격을 제시하였다.

본문 • 060쪽

어휘 완성하기

1 (1) 고착화 (2) 전형적 (3) 축적 (4) 주조 **2** (1) 혁신 (2) 쇠퇴 (3) 계승 **3** (1) 양식 (2) 간주 (3) 발현

본문 • 061쪽

배경지식으로 사고력 키우기

✐ **논술형 문제** 예 오늘날에는 인터넷과 스마트폰의 발달로 세계 곳곳의 사람들과 쉽게 소통하고 정보를 나눌 수 있으며 다른 나라의 물건도 직접 가지 않고 구할 수 있다. 이는 정보 통신 기술의 발달로 인한 정보화 현상과 세계 여러 나라의 문화를 쉽게 접할 수 있게 된 세계화 현상을 보여 준다.

정답 풀이 사례의 먹방 시청을 통해 인터넷과 스마트폰을 통한 다른 나라 사람들과의 소통 및 정보 습득이라는 측면, 인터넷 쇼핑을 통해 다른 나라의 물건을 편리하게 구매할 수 있게 된 점을 서술하고, 이러한 모습과 정보화, 세계화를 연결 짓도록 한다.

채점 기준

• 세계 곳곳의 사람들과의 소통과 정보 습득, 인터넷 쇼핑 등을 변화된 모습으로 제시할 것.
• 사회 변동 양상으로 정보화 현상과 세계화 현상을 제시할 것.
• 문장 성분의 호응이 적절하고 문장 간의 연결이 자연스러울 것.

본문 • 062~063쪽

DAY 9 인문 정의로운 사회에 대한 견해

1 ⑤ **2** ⑤ **3** ① **4** 재분배 시도는 개인의 소유에 대해 국가가 간섭함으로써 개인의 자유를 침해하는 것이므로, 정의롭지 못하기 때문이다.

🐛 지문 분석

≫ 한 문장으로 요약하기

1 문단	정의로운 사회가 무엇인지에 대해 노직과 롤스는 서로 다른 견해를 보인다.
2 문단	노직은 타인에게 피해를 주지 않은 한 개인의 모든 자유가 보장되는 사회를 정의로운 사회라고 본다.
3 문단	롤스는 개인의 자유를 보장하면서도 사회적 약자를 배려하는 사회가 정의로운 사회라고 보며 정의로운 사회가 되기 위한 세 가지 조건을 제시했다.
4 문단	노직은 불평등의 해결을 개인의 선택에 맡긴 반면 롤스는 불평등을 복지를 통해 보완해야 한다고 주장했다.

● 글의 구조 한눈에 보기

정의로운 사회에 대한 두 견해

노직	롤스
• 타인에게 피해를 주지 않는 한 개인의 모든 자유가 보장되는 사회가 정의로운 사회 • 선천적인 능력의 차이와 사회적 빈부 격차는 당연한 것 • 개인의 소유에 국가가 간섭하는 것은 자유를 침해하는 것이므로 정의롭지 못함. → 복지 제도 등 국가의 부의 재분배 시도 반대. 자발적 기부는 인정	• 개인의 자유를 보장하면서도 사회적 약자를 배려하는 사회가 정의로운 사회 • 정의로운 사회가 되기 위한 세 가지 조건 제시 ① 원칙을 세울 때는 사회 구성원들의 합의가 필요함. ② 사회적 약자의 입장을 고려해야 함. ③ 개인적 이익의 일부는 사회적 약자에게 돌아가야 함. → 기부, 복지 제도 모두 필요
↓	↓
불평등의 해결을 개인의 선택에 맡김.	불평등을 복지를 통해 보완해야 한다고 주장함.

[주제] 정의로운 사회에 대한 노직과 롤스의 견해

| 교과 연계 | 중학교 도덕 ②_정의로운 국가

1 정답 ⑤ ·········· ● 논지 전개 방식 파악하기

[정답 풀이] 1문단에서 '정의로운 사회란 무엇일까?'라는 논점에 대해 노직과 롤스가 서로 다른 견해를 보인다고 밝힌 뒤 2, 3문단에서 노직과 롤스의 견해를 각각 소개하고 마지막 문단에서 두 견해의 공통점과 차이점을 제시하였다.

[오답 풀이]
① 노직과 롤스의 상반된 견해가 제시되어 있으나 그에 대한 절충적 대안은 나타나 있지 않다.

2 정답 ⑤ ·········· ● 관점에 따라 비판하기

[정답 풀이] 3문단에서 롤스는 출생, 신체, 지위 등에는 우연의 요소가 많이 개입되고, 누구나 우연에 의해 사회적 약자가 될 수 있기 때문에 사회적 약자를 차별하는 것은 정당하지 못하다고 보았음을 알 수 있다. 따라서 이러한 관점에서 〈보기〉의 걸인에 대한 관점에 대해 비판한다면, 걸인이 된 것은 우연일 수도 있으며 그들을 차별하지 않아야 정의로운 것이라고 할 수 있다.

[오답 풀이]
① 〈보기〉의 벤담은 다수의 최대 행복이 보장되는 것이 정의롭다고 보았는데, 롤스는 다수의 처지가 아니라 사회적 약자를 배려해야 한다고 보았다.
② 불평등의 해결을 개인의 선택에 맡겨야 한다고 본 것은 노직의 관점으로, 롤스는 복지 등을 통해 불평등을 해결해야 한다고 보았다.

3 정답 ① ·········· ● 구체적 사례에 적용하기

[정답 풀이] 2문단에서 노직은 '빈부 격차를 해소하기 위한 사람들의 자발적 기부에 대해서는 인정'한다고 하였으므로, 기부하는 행동 자체를 반대하지는 않을 것이다.

[오답 풀이]
② 2문단에서 노직은 '복지 제도나 누진세 등과 같은 국가의 간섭에 의한 재분배 시도에 대해서는 강력하게 반대'한다고 했으므로, 복지법 제정에는 반대할 것이다.
③ 5문단에서 롤스는 '자연적·사회적 불평등을 복지를 통해 보완해야 한다고 주장'한다고 했으므로, 정의로운 사회를 위해 복지법을 제정해야 한다고 볼 것이다.
④ 3문단에서 롤스는 '자발적 기부나 사회적 제도를 통해 사회적 약자의 처지를 최대한 배려하는 것이 공정하고 정의로운 것'이라고 보았음을 알 수 있다.
⑤ 4문단에서 '노직과 롤스는 이윤 추구나 자유 경쟁 등을 허용한다'고 했으므로, 둘 다 ○○○ 선수가 다승왕 상금을 받은 것은 자유 경쟁을 통해 얻은 결과라고 보고 인정할 것이다.

4 정답 | 재분배 시도는 개인의 소유에 대해 국가가 간섭함으로써 개인의 자유를 침해하는 것이므로, 정의롭지 못하기 때문이다.

[정답 풀이] 노직은 개인이 정당하게 얻은 결과를 온전히 소유할 수 있도록 자유를 보장하는 것이 정의이며, 따라서 개인의 소유에 대해 국가가 간섭하는 것은 자유의 침해라고 보았다.

본문 • 064~065쪽

DAY 9 예술 **디지털 아트**

1 ②   2 ④   3 ②   4 개인 컴퓨터와 다양한 디지털 매체, 디지털 문화

지문 분석

>> 한 문장으로 요약하기

❶ 문단	개인 컴퓨터와 다양한 디지털 매체의 보급으로 디지털 문화가 형성되었다.
❷ 문단	예술가들은 과학 기술 또는 매체 자체를 이용하여 새로운 장르의 예술을 탄생시키고 있다.
❸ 문단	현대의 예술가는 디지털 기술을 바탕으로 작업하고 완성한 작품을 사진 또는 영상으로 기록해 사이버 공간에서 전시, 관리한다.
❹ 문단	디지털 아트는 새로운 과학 기술을 기반으로 한 디지털 문화 속에서 형성되었으며 이로 인해 감상자의 범위가 확대되고 역할이 달라졌다.

● 글의 구조 한눈에 보기

개인 컴퓨터, 다양한 디지털 매체의 보급 → 디지털 문화 형성

↓

디지털 아트

• 새로운 과학 기술, 매체를 기반으로 한 새로운 예술
• 예술가는 다양한 기술을 바탕으로 작품 활동을 하고, 인터넷상에서 작품을 전시, 관리함.

• 예술 작품을 감상하는 대상이 인터넷상의 모든 관객으로 확대됨.
• 감상자가 작품 창작에 적극적으로 참여하는 작가이기를 요구받음.

주제 **디지털 아트의 형성 배경과 의의**

| 교과 연계 | 중학교 미술 ①_미디어 예술

1 정답 ② ·· ○ 세부 내용 파악하기

정답 풀이 4문단에서 '디지털 아트는 예술 작품을 감상하는 대상을 미술관을 찾는 일부 계층에서 인터넷상의 모든 관객으로 확대'하였고, '감상자가 단순 감상자에 머무는 것이 아니라 작품 창작에 적극적으로 참여하'기를 요구받는다고 한 것을 통해 알 수 있다.

오답 풀이

① 2문단에서 예술가들은 디지털 문화가 형성된 것에 영향을 받아 과학 기술을 이용하여 자신이 상상해 낸 것을 구체화했다고 하고 있다. 이를 통해 예술은 대중의 변화된 삶의 모습과 새로운 기술을 반영함을 알 수 있다.

③ 3문단에서 '디지털 아트는 예술 작품을 감상하는 대상을 미술관을 찾는 일부 계층에서 인터넷상의 모든 관객으로 확대'했다고 한 것은, 디지털 아트 작품을 미술관뿐만 아니라 인터넷을 통해서도 감상할 수 있음을 의미한다.

④ 2문단에서 '오늘날에는 과학 기술 또는 매체의 명칭을 앞에 붙인 다양한 장르의 예술이 생겨나고 있다'고 한 것은 과학 기술과 매체를 활용해 다양한 장르의 예술이 생겨나고 있다는 것이지 과학 기술이 있어야만 예술의 세분화가 가능하다는 것은 아니다.

⑤ 디지털 아트는 감상자를 작품 창작에 적극적으로 참여하도록 요구한다고 했을 뿐, 디지털 아트의 수준이 관객의 감상 수준과 비례한다고 한 것은 아니다.

2 정답 ④ ·· ○ 관점에 따라 이해하기

정답 풀이 〈보기〉의 밑줄 친 말은 예술 작품의 창작과 과학은 무관하다는 시각이 드러나므로, 명작은 기술과 미학이 만나는 점에서 탄생한다는 의미로 볼 수 없다.

오답 풀이

②, ⑤ 예술과 기술의 관련성을 고려하지 않은 인식이 나타나므로, 이 글에서 다루고 있는 현대의 디지털 아트가 탄생되기 이전의

미술관을 보여 준다. 따라서 디지털 아트가 활발해진 최근의 경향을 바탕으로 할 때 비판받을 수 있다.

3 정답 ② ·· ○ 구체적 사례에 적용하기

정답 풀이 〈보기〉는 감상자의 참여와 체험이 바탕이 된 작품이므로 대량 생산의 과정을 통해 제작되어 감상자에게 제공된 것은 아니다.

오답 풀이

① 스크린 기술이 작품 창작의 일차적인 재료로 쓰인 사례이다.

③ 관람객이 스크린에 입김을 부는 능동적인 행위를 통해 작품과 접하게 되는 것을 보여 준다.

④ 스크린의 민들레 꽃씨는 관람객의 입김에 따라 흩어지므로 고정된 것이 아니라 움직이는 미술이라고 할 수 있다.

⑤ 스크린에 있는 민들레 꽃씨가 관람객의 참여로 흩어진 것이 작품의 일부이므로 예술가만이 예술 작품을 창조하는 것이 아니라 감상자도 작품 창작에 참여한 것으로 볼 수 있다.

4 정답 | 개인 컴퓨터와 다양한 디지털 매체, 디지털 문화

정답 풀이 1문단에서 '1990년대 후반부터 빠른 속도로 보급된 개인 컴퓨터와 다양한 디지털 매체'가 디지털 문화 형성에 결정적인 역할을 했다고 하였다.

본문 • 066쪽

어휘 완성하기

1 (1) 격차 (2) 다분히 (3) 자발적   **2** (1) 보장 (2) 전담 (3) 연마 (4) 불특정   **3** (1) 장르 (2) 간섭 (3) 선천

본문 • 067쪽

배경지식으로 사고력 키우기

✏ 논술형 문제 예 나는 B의 의견이 정의로운 국가를 만드는 데 더 가깝다고 생각한다. 왜냐하면, 정의로운 국가는 모든 사람이 사람답게 살기 위한 인권을 기본적으로 보장해야 하며, 최소한의 인간다운 삶을 누릴 수 있도록 복지를 추구해야 하기 때문이다. 개인이 정당하게 얻은 재산일지라도 그 이익의 일부가 사회로 환원되어 사회적 약자의 처지를 개선하는 데 도움이 된다면 진정으로 평등한 국가, 정의로운 국가가 될 수 있을 것이라고 생각한다.

정답 풀이 정의로운 국가를 만드는 것과 더 가깝다고 보는 토론 참가자의 의견을 밝힌 뒤, 정의로운 국가의 조건을 바탕으로 근거를 제시한다. 즉 정의로운 국가의 보편적 가치와 제도적 측면을 누진세, 복지 제도와 자연스럽게 연결해 근거를 제시하도록 한다.

채점 기준

• 정의로운 국가를 만드는 것과 더 가깝다고 보는 의견을 밝히고 그 이유를 쓸 것.
• 정의로운 국가의 조건을 바탕으로 근거를 제시할 것.
• 문장과 문장 사이의 관계가 유기적이고 문장이 자연스러울 것.

본문 • 068~069쪽

DAY 10 기술 무선 ID 기술

1 ⑤   2 ④   3 ③   4 무선 ID는 반도체 칩을 이용하기 때문에 훨씬 많은 양의 정보를 저장할 수 있고 저장된 정보의 훼손 가능성이 적다.

지문 분석

» 한 문장으로 요약하기

❶ 문단	신용 카드에 마그네틱 선을 이용한 방식은 정보의 저장 용량이 적고 정보가 지워지기 쉽다.
❷ 문단	반도체 칩을 이용하여 많은 양의 정보를 저장할 수 있는 스마트카드에는 접촉식과 비접촉식이 있으며 비접촉식 카드를 무선 ID라고 한다.
❸ 문단	무선 ID는 카드와 카드 판독기 사이의 쌍방향 무선 통신으로 작동하며, 대표적인 예로 교통 카드가 있다.
❹ 문단	무선 ID는 각종 출입증으로 쓰이거나 마트 등의 상품에 붙여 도난 방지용으로 쓰인다.
❺ 문단	무선 ID 기술은 앞으로 더 많은 곳에 활용될 전망이다.

● 글의 구조 한눈에 보기

스마트카드	• 자석 대신 반도체 칩을 이용하여 정보를 기록함으로써 많은 양의 정보를 저장함. • 접촉식과 비접촉식이 있음.

무선 ID(비접촉식 스마트카드)	
장점	• 비접촉식이므로 사용이 편리함. • 저장된 정보의 훼손 가능성이 적음. • 반응 속도가 빠르고 위조가 거의 불가능함.
작동 원리	카드와 카드 판독기 사이의 쌍방향 무선 통신으로 작동함: 카드 판독기의 무선 전파가 카드에 내장된 유도 코일을 감응시켜 전기를 발생시킴으로써 통신함.
활용 현황	교통 카드, 사원증, 각종 출입증, 마트 등의 상품 도난 방지용 등

주제 **무선 ID의 작동 원리와 장점 및 활용**

| 교과 연계 | 중학교 기술·가정 ②_정보 통신 기술 시스템의 발달

1 정답 ⑤ ⬥ 세부 정보 파악하기

정답 풀이 5문단에서 무선 ID 기술은 현재 인간의 생활을 크게 바꿔 놓고 있으며, 앞으로 모든 상품에 초소형 무선 ID 칩이 부착될 것이라고 한 것을 통해 무선 ID는 앞으로 우리 생활에서 더 많이 활용될 전망임을 알 수 있다.

오답 풀이

① 5문단에서 무선 ID 기술은 '1970년대 말 동물에게 꼬리표를 붙여

개체 인식을 하기 위한 수단으로 쓰이기 시작'했음을 알 수 있을 뿐, 처음에 영리적 목적으로 개발되었는지는 알 수 없다.

② 2문단에서 스마트카드는 정보의 저장 용량이 적은 마그네틱 카드의 단점을 해결한 것으로 그보다 훨씬 많은 양의 정보를 저장할 수 있다고 하고 있다.

③ 2문단에 스마트카드는 접촉 방식을 기준으로 접촉식 스마트카드와 비접촉식 스마트카드인 무선 ID로 구분됨이 제시되어 있을 뿐 접촉식 스마트카드가 무선 ID에 비해 구입 비용이 비싼지는 알 수 없다.

④ 4문단에서 도난을 방지하는 데 이용되는 것은 비접촉식 스마트카드인 무선 ID임을 알 수 있다.

2 정답 ④ ⬥ 정보 간의 관계 파악하기

정답 풀이 ⓐ~ⓓ는 무선 ID의 작동 과정에 해당하는 단계들로 ⓐ는 카드 판독기에서 무선 전파를 발사하고 있는 단계이고 ⓑ는 카드 판독기와 가까워진 카드의 유도 코일이 전파에 감응하여 전기를 생산한 단계이다. 그리고 ⓒ는 카드 정보가 컴퓨터에 보내진 단계, ⓓ는 컴퓨터가 무선 ID에서 수신한 정보로 판단하여 내린 결정 사항에 해당하는 단계이다. ㉠은 무선 ID가 제거되지 않은 상품을 들고 나갈 때 무선 ID의 정보가 컴퓨터에 보내진 결과, 즉 컴퓨터가 무선 ID에서 수신한 정보로 판단하여 내린 결정 사항에 해당하는 단계로 볼 수 있으므로 이에 해당하는 것은 ⓓ이다.

3 정답 ③ ⬥ 세부 내용 이해하기

정답 풀이 ㉮는 '카드에 내장된 메모리 칩', ㉯는 '유도 코일', ㉰는 '카드 판독기', ㉱는 '개찰구의 컴퓨터'이다. 4문단에서 카드 판독기는 무선 전파를 항상 발사하고 있다고 했으므로 ㉯가 카드를 인식하는 것과 동시에 전파를 내보낸다는 것은 적절하지 않다.

오답 풀이

①, ② 3문단에서 무선 ID 카드에는 자가 발전 장치가 내장되어 있음을 알 수 있고, 4문단에서 카드 판독기의 전파가 내장된 유도 코일을 감응시키면 전기가 발생해 유도 코일의 울타리 안에 있는 메모리 칩의 신용 카드 번호 정보를 컴퓨터에 보내게 됨을 알 수 있다.

④, ⑤ 4문단에서 카드가 메모리 칩의 정보를 컴퓨터로 보내면, 이 정보를 수신한 개찰구의 컴퓨터가 장치의 개폐를 판단하여 문을 열어 줌을 알 수 있다.

4 정답 | 무선 ID는 반도체 칩을 이용하기 때문에 훨씬 많은 양의 정보를 저장할 수 있고 저장된 정보의 훼손 가능성이 적다.

정답 풀이 [A]에는 저장할 수 있는 정보의 양이 적고, 다른 자석 등에 의해 정보가 지워지는 마그네틱 카드의 단점이 제시되어 있다. 이와 달리 스마트카드인 무선 ID는 많은 정보를 저장할 수 있고 정보의 훼손 가능성도 적다.

DAY 10 사회 저작권의 개념과 규정

1 ② 　2 ④ 　3 ② 　4 무방식주의를 따르고 있으므로, 저작권 보호의 대상이 되기 위해서 아무런 절차 또는 표시가 필요하지 않다.

지문 분석

≫ 한 문장으로 요약하기

❶ 문단	저작권은 저작자가 창작물에 대해 갖는 권리로 우리나라는 무방식주의를 따른다.
❷ 문단	저작 재산권은 저작자가 저작물에 대해 갖는 재산적인 권리이다.
❸ 문단	저작 재산권은 양도나 상속이 가능하나 보호 기간이 한정되어 있다.
❹ 문단	저작 인격권은 저작자가 저작물에 대해 갖는 정신적, 인격적 이익을 보호받는 권리로 공표권, 성명 표시권, 동일성 유지권이 있다.
❺ 문단	저작 인격권은 다른 사람에게 넘겨줄 수 없다.

• 글의 구조 한눈에 보기

저작권	저작자가 자신의 창작물에 대해 갖는 권리 → 무방식주의의 적용을 받음.

저작 재산권	저작 인격권
• 저작자가 저작물에 대해 갖는 재산인 권리 • 복제권, 공연권, 대여권 등 일곱 가지 권리로 규정 • 타인에게 양도, 상속 가능 • 보호 기간이 한정되어 있음.	• 저작자가 자신의 저작물에 대해 갖는 정신적, 인격적 이익을 보호받는 권리 • 공표권, 성명 표시권, 동일성 유지권으로 구성 • 타인에게 양도 불가능 • 저작자가 사망한 후에도 침해해서는 안 됨.

주제 저작권의 개념과 구성 및 법률상 특징

| 교과 연계 | 중학교 사회 ①_일상생활과 법

1 정답 ② ⸻⸻⸻⸻⸻◦ 정보 비교 이해하기

정답 풀이 5문단에서 '저작 인격권은 저작 재산권과 달리 다른 사람에게 넘겨줄 수 없다.'고 한 것으로 보아 저작 인격권은 가족에게도 넘겨줄 수 없다.

오답 풀이

① 저작 재산권은 저작권의 일부로, 1문단에서 '우리나라는 저작권 발생과 관련하여 무방식주의를 따르고 있다.'고 하고 있다.

③ 2문단에서 저작 재산권에는 복제권, 공연권, 대여권 등 일곱 가지

권리가 있음을, 4문단에서 저작 인격권은 '공표권, 성명 표시권, 동일성 유지권'의 세 가지로 구성됨을 알 수 있다.

④ 3문단에서 저작 재산권은 다른 사람에게 넘겨주거나 상속하는 것이 가능하다고 한 반면, 5문단에서 저작 인격권은 저작 재산권과 달리 다른 사람에게 넘겨줄 수 없다고 하고 있다. 즉 저작 재산권을 상속받은 사람이라도 저작 인격권까지 넘겨받은 것은 아니므로 상황에 따라 동일한 창작물에 대해서도 소유한 사람이 다를 수 있다.

⑤ 2문단에서 '저작 재산권은 저작자가 저작물에 대해 갖는 재산적인 권리'임을, 4문단에서 '저작 인격권은 저작자가 자신의 저작물에 대해 갖는 정신적, 인격적 이익을 보호받는 권리'임을 알 수 있다.

2 정답 ④ ⸻⸻⸻⸻⸻◦ 다른 사례에 적용하기

정답 풀이 4문단에서 저작자가 공개하지 않은 저작물을 저작자의 허락 없이 공개하면 공표권의 침해가 된다고 하였으므로, 공표권을 고려하면 발표되지 않은 미술 작품을 소개하기 위해서는 반드시 저작자에게 공개해도 될지 허락을 받아야 한다.

오답 풀이

①, ③ 4문단에서 동일성 유지권은 저작자가 만들어 낸 작품의 내용이나 형식 등을 처음 만든 대로 유지할 수 있는 권리라고 하였다. 따라서 논문의 자료를 수정하여 이용하려면 저작자의 허락을 받아야 하고, 번역 시에도 원작의 내용을 훼손하지 않도록 주의해야 한다.

②, ⑤ 4문단에서 성명 표시권은 저작자가 자신이 저작자임을 표시할 수 있는 권리로, 그 표시는 저작자가 결정한 바에 따른다고 하였다. 따라서 저작자인 작곡가는 자신의 뜻대로 저작자의 이름을 밝히지 않을 수 있으며, 성명 표시권을 침해하지 않으려면 가명으로 공개한 보고서를 이용할 때 실명을 밝히지 말아야 한다.

3 정답 ② ⸻⸻⸻⸻⸻◦ 구체적 사례에 적용하기

정답 풀이 3문단에서 '일반적인 저작 재산권 보호 기간의 원칙은 작품이 발표된 때로부터 그 저작자가 살아 있는 동안과 사망한 후 50년 동안'이라고 하였으므로, 작가가 30세 때 발표한 A 작품은 저작자가 살아 있는 동안인 40년간과 사망한 후 50년간을 합친 총 90년간 저작 재산권을 보호받을 수 있다.

오답 풀이

① 저작 재산권을 보호받기 시작하는 시점은 작품이 발표된 때부터이므로 A 작품은 발표한 30세 때부터 보호받기 시작한다.

③ 저작 재산권 보호 기간이 끝나는 시점은 저작자가 사망하고 50년이 지난 후이다.

④, ⑤ 저작 재산권의 보호 기간이 시작하는 시점은 작품이 발표된 때부터이고, 끝나는 시점은 저작자가 사망하고 50년이 지난 후이다. 따라서 먼저 발표된 A 작품이 B 작품보다 저작 재산권을 보호받을 수 있는 기간이 더 길다. 또한 같은 작가가 쓴 두 작품의 저작 재산권 보호 기간이 끝나는 시점은 동일하다.

4 정답 | 무방식주의를 따르고 있으므로, 저작권 보호의 대상이 되기 위해서 아무런 절차 또는 표시가 필요하지 않다.

정답 풀이 1문단에서 저작권 발생과 관련하여 무방식주의를 따른다고 하였으므로, 발표한 창작물의 저작권을 보호받기 위해 어떤 행동을 하거나 절차를 밟아야 하는 것은 아니다.

본문 • 072쪽

어휘 완성하기

1 (1) 감응 (2) 개체 (3) 침해   **2** (1) 배열 (2) 자가 (3) 독점적

3 (1) 판독 (2) 공표 (3) 저작 (4) 한정

본문 • 073쪽

배경지식으로 사고력 키우기

🖋 **논술형 문제** 예 정보 통신 기술이 발전하면서 인터넷을 이용한 사이버 범죄 또한 증가하고 있다. 따라서 이러한 문제를 해결하기 위해서는 정보를 안전하게 보호할 수 있는 네트워크 보안 기술이 필요하다.

정답 풀이 정보 통신 기술이 발전하면서 인터넷 발달과 관련하여 사이버 범죄 또한 늘고 있음을 부정적인 측면으로 제시하고, 이 문제를 해결하기 위해서는 암호화 기술, 생체 인식 기술, 방화벽 등의 네트워크 보안 기술이 필요함을 밝히도록 한다.

채점 기준

• 부정적인 측면으로 사이버 범죄의 증가를 제시할 것.
• 사이버 범죄와 관련하여 보안 기술이 필요함을 제시할 것.
• 문장이 자연스럽고 문장 성분의 호응이 적절할 것.

본문 • 074~075쪽

DAY 11 사회 정상재와 열등재

1 ④   **2** ③   **3** ④   **4** 증가, 작기, 필수재

지문 분석

≫ 한 문장으로 요약하기

❶ 문단 상품의 가격이 변하지 않는데도 다른 요인으로 인하여 그 상품의 수요량이 변하는 현상을 '수요의 변화'라고 한다.

❷ 문단 소비자의 소득 증가에 따라 수요량이 증가하는 재화를 '정상재', 반대로 수요량이 감소하는 재화를 '열등재'라고 한다.

❸ 문단 수요의 소득 탄력성이 양수인 재화는 정상재, 음수인 재화는 열등재이며 정상재에는 사치재와 필수재가 있다.

❹ 문단 수요 변화는 재화의 가격뿐 아니라 다른 재화의 가격, 소득, 취향, 장래 예상 등 여러 요인에 의해 결정된다.

• 글의 구조 한눈에 보기

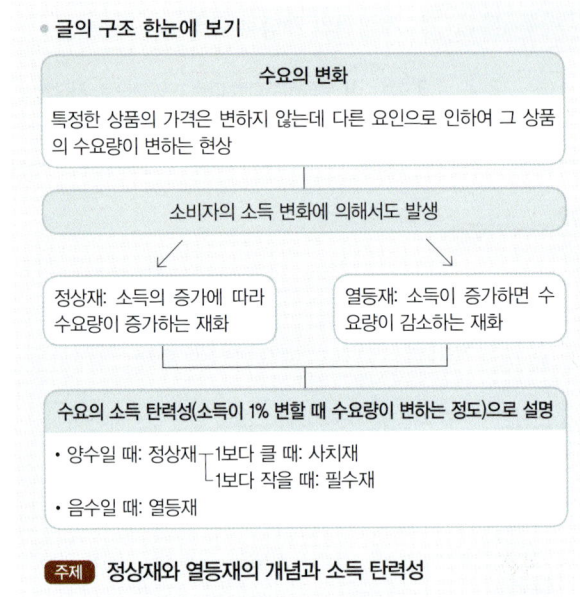

주제 정상재와 열등재의 개념과 소득 탄력성

| 교과 연계 | 중학교 사회 ②_시장 가격의 변화

1 정답 ④ ·· 세부 내용 파악하기

정답 풀이 3문단에서 수요의 소득 탄력성으로 볼 때 사치재와 필수재가 무엇인지 밝히고 있을 뿐 그 예를 제시한 부분은 찾을 수 없다.

오답 풀이
① 1문단의 '특정한 상품의 ~ 수요의 변화'라고 한다.'에서 알 수 있다.
② 2문단의 '소득의 증가에 ~ 열등재'라고 한다.'에서 알 수 있다.
③ 4문단에서 수요의 변화는 재화의 가격뿐만 아니라 그 재화를 대체하거나 보완하는 다른 재화의 가격, 소비자의 소득, 취향, 장래에 대한 예상 등의 여러 요인에 의하여 결정된다고 하고 있다.
⑤ 3문단에서 정상재이면서 소득 탄력성이 1보다 큰 경우를 사치재라고 함을 알 수 있다.

2 정답 ③ ·· 자료를 활용하여 이해하기

정답 풀이 3문단에서 수요의 소득 탄력성으로 정상재와 열등재를 설명하면, 수요의 소득 탄력성이 양수인 재화는 소득이 증가할 때 수요량도 증가하므로 정상재(ⓑ)이고, 수요의 소득 탄력성이 음수인 재화는 소득이 증가할 때 수요량이 감소하므로 열등재(ⓓ)라고 하였다. 또한 정상재이면서 소득 탄력성이 1보다 큰, 즉 소득이 증가하는 것보다 수요량이 더 크게 증가하는 경우는 사치재(ⓐ), 반면에 소득 탄력성이 1보다 작은 경우에 해당하는 재화는 필수재(ⓒ)라고 한다. 즉 ⓒ는 소득 탄력성이 1보다 작은 재화이다.

오답 풀이
⑤ 수요의 소득 탄력성은 소득이 1% 변할 때 수요량이 변하는 정도로, 소득 탄력성이 양수인 것은 정상재와 정상재에 속하는 사치재, 필수재가 있다.

3 정답 ④ ··· ○ 구체적 사례에 적용하기

정답 풀이 〈보기〉에서 갑은 지하철 요금이 1,000원일 때 용돈이 20,000원이면 지하철을 20번 타고 용돈이 40,000원이면 지하철을 40번 탔다. 그런데 용돈이 20,000원일 때 지하철 요금이 500원으로 내려서 지하철을 40번 탈 수 있게 되었다고 했으므로 지하철 요금의 인하는 갑의 용돈이 증가했을 때와 같은 효과를 유발한 것이다.

오답 풀이
① 2문단에서 소득이 증가하면 오히려 수요가 감소하는 재화가 열등재라고 하였다. 〈보기〉에서 갑의 소득이 증가했을 때 지하철을 적게 탄 것은 아니므로 정상재에서 열등재가 되었다고 볼 수는 없다.
② 〈보기〉에서 지하철에 대한 갑의 선호도는 알 수 없다.
③ 〈보기〉에서는 용돈이 20,000원에서 40,000원으로 늘었을 때와 지하철 요금이 500원으로 내렸을 때 모두 지하철을 40번 타게 되었으므로 수요의 소득 탄력성이 변화했다고 볼 수 없다.
⑤ 4문단에 수요의 변화는 재화의 가격뿐만 아니라 그 재화를 대체하거나 보완하는 다른 재화의 가격, 소비자의 소득, 취향, 장래에 대한 예상 등의 여러 요인에 의하여 결정된다고 제시되어 있다. 〈보기〉는 재화의 가격이 인하되어 수요가 증가한 것이 나타난다.

4 정답 | 증가, 작기, 필수재

정답 풀이 3문단에서 수요의 소득 탄력성이 양수인 재화는 소득이 증가할 때 수요량도 증가하므로 정상재이고, 정상재이면서 소득 탄력성이 1보다 작은 재화는 필수재라고 하였다.

본문 • 076~077쪽

DAY 11 과학 **평면거울과 구면 거울**

1 ④ **2** ⑤ **3** ③ **4** 오목 거울은 중심 부분이 오목하게 파여 구의 안쪽을 반사면으로 하고, 볼록 거울은 중심 부분이 볼록하게 튀어나와 구의 바깥쪽을 반사면으로 한다.

지문 분석

>> **한 문장으로 요약하기**

1문단	거울을 볼 때 거울을 향해 들어오는 빛을 입사 광선, 표면에서 반사되어 나가는 빛을 반사 광선이라고 한다.
2문단	거울에는 평면거울과 구면 거울이 있는데 구면 거울은 다시 오목 거울과 볼록 거울로 나눌 수 있다.
3문단	구면 거울은 물체와 거울로부터 떨어져 있는 위치에 따라 만들어지는 상의 크기와 형태가 다르다.
4문단	오목 거울은 자동차의 헤드라이트에 쓰여 빛을 먼 곳까지 비춰 주게 해 준다.

● **글의 구조 한눈에 보기**

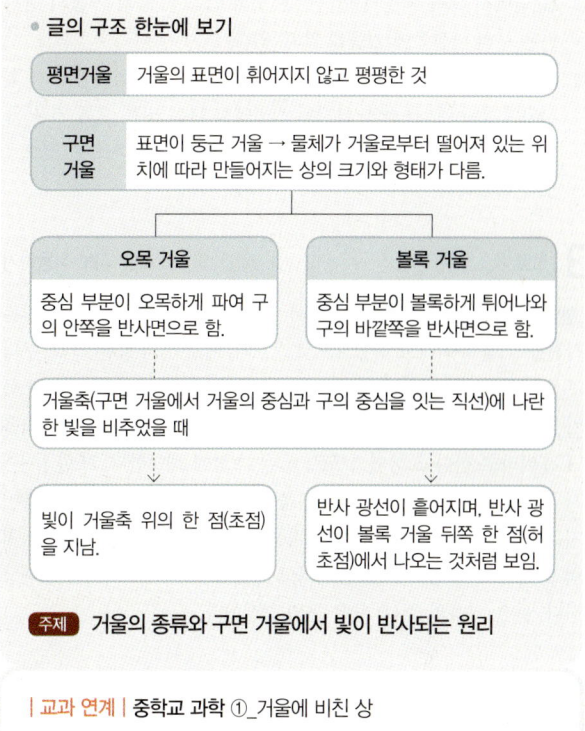

| 평면거울 | 거울의 표면이 휘어지지 않고 평평한 것 |
| 구면 거울 | 표면이 둥근 거울 → 물체가 거울로부터 떨어져 있는 위치에 따라 만들어지는 상의 크기와 형태가 다름. |

| **오목 거울** | **볼록 거울** |
| 중심 부분이 오목하게 파여 구의 안쪽을 반사면으로 함. | 중심 부분이 볼록하게 튀어나와 구의 바깥쪽을 반사면으로 함. |

거울축(구면 거울에서 거울의 중심과 구의 중심을 잇는 직선)에 나란한 빛을 비추었을 때

| 빛이 거울축 위의 한 점(초점)을 지남. | 반사 광선이 흩어지며, 반사 광선이 볼록 거울 뒤쪽 한 점(허초점)에서 나오는 것처럼 보임. |

주제 **거울의 종류와 구면 거울에서 빛이 반사되는 원리**

| 교과 연계 | **중학교 과학 ①_거울에 비친 상**

1 정답 ④ ··· ○ 서술 전략 파악하기

정답 풀이 이 글은 거울의 종류와 구면 거울에서 빛이 반사되는 원리를 설명하고 있을 뿐, 친숙한 사물에 빗대어 추상적인 원리를 설명하는 방식을 활용하고 있지는 않다.

오답 풀이
① 1문단에서 매일 거울을 볼 때의 생활 속 경험을 언급하고 있다.
② 1~3문단에서 입사 광선, 반사 광선, 오목 거울, 볼록 거울, 거울축, 초점, 허초점 등의 개념을 설명하였다.
③ 2, 3문단에서 오목 거울과 볼록 거울을 대비시켜 설명하였다.
⑤ 4문단에서 오목 거울이 헤드라이트에 활용됨을 언급하고 있다.

2 정답 ⑤ ··· ○ 반응의 적절성 판단하기

정답 풀이 4문단에 오목 거울이 자동차의 헤드라이트로 쓰인다는 점이 제시되어 있는데, 볼록 거울의 활용에 대해서는 따로 제시되어 있지 않으므로 이 글을 읽고 볼록 거울의 실용성과 효용이 더 크다고 반응하는 것은 적절하지 않다.

오답 풀이
① 1문단에서 거울 속에 비친 모습을 볼 수 있는 것은 '나에게서 반사되어 나오는 빛이 거울에 반사된 후 우리 눈에 들어오기 때문'으로, 거울을 향해 들어가는 빛은 입사 광선, 거울 표면에서 반사되어 나가는 빛은 반사 광선이라고 한 것으로 보아 적절하다.
② 2문단에서 '평면거울은 거울의 표면이 휘어지지 않고 평평한 것으로, 우리가 매일 들여다보는 거울이 바로 평면거울'이라고 하였다.

③ 2문단에서 오목 거울의 반사면은 구의 안쪽에, 볼록 거울의 반사면은 구의 바깥쪽에 있음을 알 수 있다.

④ 4문단에서 자동차의 헤드라이트는 오목 거울의 초점에 전구가 설치되어 있는데, 초점에 설치된 전구에서 나온 빛은 오목 거울 표면에서 모두 평행하게 나아가며 먼 곳까지 비춰 준다고 한 것으로 보아 적절하다.

3 정답 ③   세부 정보 적용하기

정답 풀이 [A]에서 구면 거울에서 거울의 중심과 구의 중심을 잇는 직선을 '거울축'이라고 하였으므로, 〈보기〉에서 ㉠과 ㉢은 각각 '구의 중심'과 '거울의 중심'에 해당한다. 한편 거울축에 나란한 빛을 오목 거울에 입사시키면 반사된 후 거울축 위의 한 점을 지나는데 이 점을 '초점'이라고 한다고 하였으므로, ㉡은 초점에 해당한다. 또한 [A]에서 거울축에 나란한 빛을 볼록 거울에 입사시키면 반사 광선이 흩어지는데, 이때 반사 광선은 볼록 거울의 뒤쪽 한 점에서 나오는 것처럼 보이며 이 초점이 '허초점'이라고 하였으므로 ㉤이 허초점에 해당한다. ㉣은 거울의 중심, ㉥은 구의 중심이다.

4 정답 | 오목 거울은 중심 부분이 오목하게 파여 구의 안쪽을 반사면으로 하고, 볼록 거울은 중심 부분이 볼록하게 튀어나와 구의 바깥쪽을 반사면으로 한다.

정답 풀이 2문단에서 구면 거울에는 중심 부분이 오목한 오목 거울과 볼록하게 튀어나온 볼록 거울이 있음을 알 수 있다.

                                                          본문 • 078쪽

어휘 완성하기

1 (1) 반사 (2) 초점 (3) 재화 (4) 입사   **2** (1) 일반 (2) 변동 (3) 요인   **3** (1) 수요 (2) 대체 (3) 형태

                                                          본문 • 079쪽

배경지식으로 사고력 키우기

✏️ **논술형** 문제 ⑩ 기존 스마트폰 수요는 미래 가격에 대한 예상으로 인해 감소할 것이다. 이에 따라 균형 가격이 하락하고 균형 거래량도 감소하여 수요 곡선이 왼쪽으로 이동할 것이다.

정답 풀이 A가 지금 사려던 스마트폰 구매를 미룬 이유는 다음 달에 출시될 스마트폰 때문이므로, 기존 스마트폰 수요에 영향을 미치는 요소가 미래 가격에 대한 예상임을 파악한다. 그리고 수요 감소가 균형 가격 하락, 균형 거래량 감소를 이끈다는 것을 밝히고, 이 경우 수요 곡선이 왼쪽으로 이동함을 제시해야 한다.

채점 기준

• 미래 가격에 대한 예상, 수요 감소, 균형 가격 하락, 균형 거래량 감소, 수요 곡선의 이동 방향을 언급할 것.
• 제시된 요소들의 인과 관계가 정확할 것.
• 문장의 연결이 자연스럽고 문장 성분의 호응이 적절할 것.

                                                          본문 • 080~081쪽

DAY 12 인문 조선 사회의 신분 규범

1 ⑤ **2** ① **3** ③   **4** ⓐ에서 평민은 '양'에 속했고, ⓑ에서는 '상'에 속했다.

🍇 **지문 분석**

≫ 한 문장으로 요약하기

1 문단	조선 왕조 초 국역 정책의 기본 방향은 양인을 더 많이 확보하는 것이었다.
2 문단	양인과 천인은 의무 면에서 군역에 차등이 있었다.
3 문단	양인과 천인은 권리 면에서 기본권 보장과 관직 진출권에 차이가 있었다.
4 문단	양·천의 법적 구분 아래 실제 사회 구성은 더 세분화되었다.
5 문단	반상의 구분은 신분을 지배자와 피지배자로 나눈 것이었다.
6 문단	조선 사회가 발전하면서 신분 구조는 양천제에서 사회 통념상 신분 규범이 자리 잡는 방향으로 변화했다.

• **글의 구조 한눈에 보기**

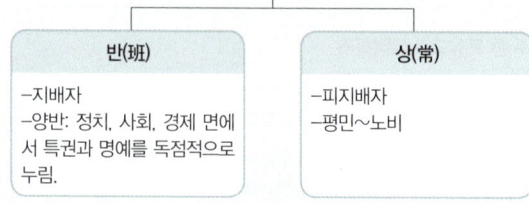

조선 초 법제적 신분 구조
양인 계층의 폭을 넓히려 함. → 양천제: 모든 사회 구성원을 양인과 천인으로 나눔.

양인		**천인**
양인 남자는 군역과 요역의 의무가 있음.	의무 면	천인은 군역에서 철저히 배제됨.
−기본권을 공권력으로 보장받음. −관직 진출권이 있음.	권리 면	−매매, 상속, 양도, 증여의 대상이 되며 사는 곳을 옮길 자유가 없음. −관직에 진출하려면 양인이 되는 절차를 먼저 밟아야 함.

↓

사회 통념상 구분
양반 계층, 중인 계층, 평민 계층, 천민 계층으로 나뉨. → 반상제

반(班)	**상(常)**
−지배자 −양반: 정치, 사회, 경제 면에서 특권과 명예를 독점적으로 누림.	−피지배자 −평민~노비

주제 조선 전기 사회의 신분 제도의 성격과 특징

| **교과 연계** | 중학교 역사 ②_조선 시대의 문화와 사회 발달

1 정답 ⑤ ◦───────────────◦ 세부 정보 파악하기

정답 풀이 1문단에 따르면 조선의 국역 정책의 기본 방향은 '노비가 꼭 있어야 하더라도 되도록 양인을 더 많이 확보하는 것'이었다.

오답 풀이
① 5문단에서 반상의 반(班)에는 중인이 들어가지 않았다고 하였다.
② 4문단에서 '양인 중 수가 가장 많았던 평민 계층'이라고 하였다.
③ 4문단에서 조선 사회의 구성원은 사회 통념상 양반 계층, 중인 계층, 평민 계층, 천민 계층의 네 계층으로 나뉘었다고 하였다.
④ 6문단에서 조선 사회의 신분 구조는 양천제에서 반상제로 변화했는데, 이는 지주제의 확대와 발전과 관련이 있다고 하였다.

2 정답 ① ◦───────────────◦ 정보 비교 이해하기

정답 풀이 2문단에서 의무 면에서 양인 남자는 군역과 요역의 의무가 있었지만, 천인은 군역에서 철저히 배제되었다고 하였다.

오답 풀이
② 3문단에서 양인과 천인은 관직 진출권에서 큰 차이가 있었는데, 양인은 기본적으로 관직 진출권이 있었다고 한 것에서 알 수 있다.
③ 3문단에서 노비가 국가에 큰 공로를 세워 관직을 받을 때는 양인이 되는 절차를 먼저 밟아야 했다고 한 것을 통해 알 수 있다.
④ 권리 면에서 양인은 인간의 기본권을 공권력으로 보장받을 수 있었지만 천인은 재산으로 보았으며, 노비와 양인이 싸우면 노비가 더 무거운 벌을 받았다는 것을 통해 알 수 있다.
⑤ 3문단에서 '천인인 노비는 재산으로 보아 ~ 사는 곳을 옮길 자유가 없었다.'고 한 것을 통해 알 수 있다.

3 정답 ③ ◦───────────────◦ 관점 이해하기

정답 풀이 '채수'는 의관, 역관과 같은 중인을 양반에 발탁하려는 명령에 반대하며 그들은 사대부 반열에 낄 수 없다고 말하고 있다. 이는 사회 통념상 신분 구조인 반상제의 시각에 따른 것으로, 양반의 지배자적 위치를 돋보이게 하려는 의식과 연결된다고 볼 수 있다.

오답 풀이
①, ② 사회 구성원을 양인과 천인을 나누는 것은 양천제로, 채수는 양천제가 아닌 반상제에 따라 중인을 바라보고 있다.
④ 채수는 양반이 독점해 오던 권력을 중인과 나누게 되는 것에 우려를 드러낸 것이지 양반들의 권력이 중인에게 집중될까 봐 불만을 표시했다고 볼 수는 없다.
⑤ '신분에 따라 공권력으로 인간의 기본권을 보장받을 수 있는 범위'는 양천제에서 양인과 천인의 구분이다.

4 정답 | ⓐ에서 평민은 '양'에 속했고, ⓑ에서는 '상'에 속했다.

정답 풀이 ⓐ는 사회 구성원을 '양인'과 '천인'으로 나눈 것으로 이때 평민은 양인에 속했고, ⓑ는 구성원을 '반'과 '상'으로 나눈 것으로 이때 평민은 '상'에 속했다.

DAY 12 [기술] 유전자 치료 연구

1 ②   **2** ③   **3** ④   **4** 질병 유발의 우려가 거의 없고 벡터에 실리는 유전자 크기에 제한이 없다.

지문 분석

≫ 한 문장으로 요약하기

1문단	유전자 치료는 유전자 이상으로 손상된 세포 안에 치료용 유전자를 넣어 질병을 치료하는 방법이다.
2문단	벡터는 치료용 유전자를 핵까지 안전하게 운반하는 전달체로 바이러스성과 비바이러스성이 있다.
3문단	바이러스성 벡터는 유전자의 발현 효율이 매우 높지만 질병을 일으킬 가능성이 남아 있다.
4문단	비바이러스성 벡터는 고분자를 사용하여 작게 압축되어 세포막을 통과한 뒤 핵에 도달한다.
5문단	비바이러스성 벡터는 유전자 발현 효율이 낮지만 부작용과 질병 유발의 우려가 거의 없다.

● 글의 구조 한눈에 보기

유전자 치료	유전자 이상으로 손상된 세포 안에 치료용 유전자를 넣어 질병을 치료하는 방법

↓

치료용 유전자를 핵까지 안전하게 운반하는 전달체로 벡터 활용

바이러스성 벡터		비바이러스성 벡터
바이러스를 이용	재료	고분자 등의 화학 물질 이용
세포막과 잘 결합하고, 치료용 유전자를 핵까지 쉽게 전달할 수 있음. → 유전자의 발현 효율이 매우 높음.	장점	−비교적 제조 방법이 간단 −벡터에 실리는 유전자 크기에 제한이 없음. −독성으로 인한 부작용과 질병 유발의 우려가 거의 없음.
−바이러스가 질병을 일으킬 가능성이 남아 있음. −삽입할 수 있는 치료용 유전자의 크기에 제한이 있음.	단점	−바이러스성 벡터에 비해 유전자 발현 효율이 낮음.

주제 유전자 치료에 활용되는 벡터의 종류와 장단점

| **교과 연계** 중학교 기술·가정 ②_생명 기술 시스템의 발달

1 정답 ② ◦───────────────◦ 문단별 중심 내용 파악하기

정답 풀이 (나)에서는 유전자 치료에 쓰이는 벡터가 유전자 치료용 유전자를 핵까지 안전하게 운반하는 역할을 하며, 그 종류에는 바이러스성 벡터와 비바이러스성 벡터가 있음을 밝히고 있다.

 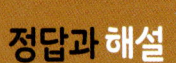

오답 풀이

① (가)는 유전자 치료의 개념을 제시하였다.

③ (다)는 바이러스성 벡터의 장단점을 제시하였다.

④ (라)는 비바이러스성 벡터가 치료용 유전자를 핵으로 전달하는 과정을 밝히고 있다.

⑤ (마)는 비바이러스성 벡터의 장단점을 제시하였다.

2 정답 ③   세부 내용 파악하기

정답 풀이 (다)에서 '바이러스성 벡터에 삽입할 수 있는 치료용 유전자의 크기에 제한이 있다.'라고 하였다.

3 정답 ④   세부 내용 파악하기

정답 풀이 (라)를 통해 세포막 주머니에서 나온 벡터는 핵으로 이동함을 알 수 있을 뿐, 벡터가 세포막과 쉽게 결합할 수 있는지는 알 수 없다.

오답 풀이

① (라)에서 비바이러스성 벡터는 '고분자를 벡터로 주로 사용하는데, 고분자가 치료용 유전자를 작게 압축할 수 있는 물질이기 때문'이라고 한 것으로 보아 적절하다.

② ⓑ는 세포막으로, (라)에서 '작게 압축된 비바이러스성 벡터는 세포막을 통과하면서 세포막 주머니에 싸'이게 된다고 하였다.

③ (라)에서 비바이러스성 벡터는 리소좀에 의해 분해되기 전에 세포막 주머니로부터 나와야 한다고 하였다.

⑤ ⓔ는 바이러스성 벡터가 핵 안에 들어가는 단계로, 핵 안에 들어간 치료용 유전자가 유전자 발현을 일으킴으로써 질병이 치료된다.

4 정답 | 질병 유발의 우려가 거의 없고 벡터에 실리는 유전자 크기에 제한이 없다.

정답 풀이 ⓛ은 바이러스성 벡터가 질병을 일으킬 가능성이 남아 있고 크기가 매우 작아 삽입할 수 있는 치료용 유전자의 크기에 제한이 있다는 것이다. 이에 비해 비바이러스성 벡터는 질병 유발의 우려가 거의 없고 벡터에 실리는 유전자 크기에도 제한이 없다.

본문 • 084쪽

어휘 완성하기

1 (1) 주류 (2) 법제적 (3) 신흥   **2** (1) 분해 (2) 유발 (3) 관료 (4) 통념   **3** (1) 효율 (2) 완수 (3) 손상

본문 • 085쪽

배경지식으로 사고력 키우기

✏ **논술형 문제** 예 조선 후기에는 가난하고 몰락한 양반들과 경제 활동으로 부유해진 평민들이 생겨났다. 부유해진 평민들이 돈으로 양반 신분을 얻으면서 양반의 수가 늘어났고 이에 따라 양반 중심의 신분제가 흔들리게 되었다.

정답 풀이 소설 내용에서 가난하고 몰락한 양반과 부유해진 평민이 나타났으며, 평민이 양반 신분을 사기도 했음을 파악한다. 그리고 이것이 양반 중심의 신분제에 혼란을 가져왔음을 논리적으로 서술한다.

채점 기준

• 몰락한 양반과 부유해진 평민의 등장을 제시할 것.

• 양반 신분의 매매로 신분제에 혼란이 나타났음을 서술할 것.

• 문장이 자연스럽고 문장 사이의 관계가 유기적일 것.

본문 • 086~087쪽

수능형 어휘 TEST

1 ③   **2** ①   **3** ⑤   **4** ⑤

1 정답 ③

정답 풀이 ㉠의 '전도'는 '차례, 위치, 이치, 가치관 따위가 뒤바뀌어 원래와 달리 거꾸로 됨.'의 의미로, ③의 '전도'도 이 의미로 쓰였다.

오답 풀이

① '열 또는 전기가 물체 속을 이동하는 일.'이라는 의미로 쓰인 예이다.

② '앞으로의 가능성이나 전망.'이라는 의미로 쓰인 예이다.

④ '기독교의 교리를 세상에 널리 전하여 믿지 아니하는 사람에게 신앙을 가지도록 인도함.'의 의미로 쓰인 예이다.

⑤ '전하여 옮김.'의 의미로 쓰인 예이다.

2 정답 ①

정답 풀이 '유지(維持)하다'는 '어떤 상태나 상황을 그대로 보존하거나 변함없이 계속하여 지탱하다.'라는 의미이므로, ⓐ를 '갖추다'로 바꿔 쓰는 것은 적절하지 않다.

오답 풀이

② '영위하다'는 '일을 꾸려 나가다.'라는 의미이므로 적절하다.

③ '망각되다'는 '어떤 사실이 잊히다.'라는 의미이므로 적절하다.

④ '초래되다'는 '일의 결과로서 어떤 현상이 생겨나게 되다.'라는 의미이므로 적절하다.

⑤ '순응하다'는 '환경이나 변화에 적응하여 익숙하여지거나 체계, 명령 따위에 적응하여 따르다.'라는 의미이므로 적절하다.

3 정답 ⑤

정답 풀이 ㉠과 ㉡은 서로 상대되는 의미의 반의 관계로, 이와 같은 의미 관계인 것은 ⑤의 '생성'과 '소멸'이다.

4 정답 ⑤

정답 풀이 ⓔ의 '구축(構築)하다'는 '체제, 체계 따위의 기초를 닦아 세우다.'라는 의미이다. '어떤 세력 따위를 몰아서 쫓아내다.'는 '구축(驅逐)하다'의 의미로, '사치 풍조를 구축하다.'와 같이 쓰인다.

DAY 13 사회 탄소세 부과

1 ⑤   **2** ③   **3** ⑤   **4** 온실가스 배출을 줄이기 위해서

지문 분석

▶▶ 한 문장으로 요약하기

❶ 문단	이산화 탄소가 포함된 온실가스의 감축 방안으로 탄소세 도입이 제기되고 있다.
❷ 문단	화석 연료에 함유된 탄소 성분의 정도에 따라 부과되는 탄소세의 도입으로 온실가스 배출 감소를 기대할 수 있다.
❸ 문단	우리나라는 화석 연료 의존도가 높기 때문에 탄소세의 즉각 도입은 기업과 가계에 경제적 부담이 될 수 있다는 우려가 있다.
❹ 문단	화석 연료에 의존하는 산업은 타격을 피할 수 없으므로 탄소세를 도입하여 그 세금을 친환경 부문과 에너지 복지에 투입해야 한다.
❺ 문단	탄소세를 도입하여 온실가스를 줄이는 데 기여하고 경제 상황에 효과적으로 대처해야 한다.

● 글의 구조 한눈에 보기

탄소세	화석 연료에 함유된 탄소 성분의 정도에 따라 세율을 달리하여 부과하는 조세

↓   ↓

즉각 도입 주장	신중 도입 주장
• 탄소가 함유된 에너지의 가격 인상 → 소비 억제 • 대체 에너지 개발 노력 촉진 ⇒ 온실가스 배출 감소	• 우리나라는 화석 연료 의존도가 높아 기업과 가계에 경제적 부담이 됨. • 간접세이므로 저소득층에게 세금 부담이 큼.

↔

↓

가능한 한 빨리 탄소세를 도입해야 함.
• 탄소 배출이 많은 무역 상품에는 징벌적 관세가 부과될 것임.
  → 화석 연료 의존도가 높은 산업은 경제적 타격이 불가피함.
• 탄소세로 거둬들인 세금을 친환경 부문과 에너지 복지 부문에 투입해야 함.

주제 탄소세의 쟁점과 즉각 도입의 필요성

| 교과 연계 | 중학교 사회 ②_기후 변화

1 정답 ⑤ ·········· ○ 내용 전개 방식 파악하기

정답 풀이 2문단에서 탄소세의 개념을 정의한 뒤, 2, 3문단에서 탄소세를 즉각 도입하자는 입장과 우리나라의 여건을 고려하여 신중하게 도입하자는 입장을 각각 소개하고 4, 5문단에서 탄소세를 가능한 한 빨리 도입해야 한다는 글쓴이의 견해를 밝히고 있다.

2 정답 ③ ·········· ○ 전제 파악하기

정답 풀이 수입이나 소득에 비례하여 과세되는 직접세와 달리, 탄소세는 구입하는 물건에 포함되어 부과되는 간접세이다. 따라서 소득이 많건 적건 똑같은 세액을 부담하게 되고, 이에 따라 저소득층일수록 고소득층에 비해 세금에 대한 부담이 상대적으로 커질 수 있다는 문제가 있다. 즉 ㉠에서 이를 문제로 제기한 것에는 고소득층에 비해 저소득층의 세금 부담이 크면 안 된다는 전제가 깔려 있다.

오답 풀이

①, ② 탄소세는 화석 연료에 함유된 탄소 성분의 정도에 따라 세율을 달리하여 부과되는 것으로, ㉠은 탄소세가 간접세라는 점에서 문제가 되는 점을 지적한 것이지 에너지 사용량이나 종류와 관련하여 문제를 지적한 것은 아니다.

3 정답 ⑤ ·········· ○ 자료를 근거로 비판하기

정답 풀이 〈자료〉는 탄소세를 도입하고 있는 나라가 몇 나라에 불과하며 정작 세계 이산화 탄소 배출량의 상당한 비중을 차지하는 나라들이 아직 탄소세를 도입하지 않고 있다는 내용이다. 따라서 이를 근거로 온실가스 배출 감소를 위해 탄소세를 즉각 도입해야 한다는 ㉮를 비판한다면, 온실가스 감축의 실효성을 높이기 위해서는 우리나라에 탄소세를 즉각 도입하기에 앞서 국제적인 공조를 해야 한다는 점을 지적하는 것이 적절하다.

오답 풀이

① ㉮는 탄소세의 즉각 도입으로 화석 연료를 대체하는 에너지를 개발하려는 노력이 촉진된다고 보고 있으므로 이에 대한 비판이 될 수 없으며 〈자료〉의 내용과도 관련이 없다.

②, ③ ㉮에 대한 비판으로 보기 어려우며 〈자료〉의 내용과도 관련이 없다.

④ ㉮는 이산화 탄소 배출을 감축할 수 있는 방안이므로 이에 대한 비판이 될 수 없으며 〈자료〉의 내용과도 관련이 없다.

4 정답 | 온실가스 배출을 줄이기 위해서

정답 풀이 탄소세는 이산화 탄소가 포함된 온실가스를 감축하기 위한 방안 중 하나로, 글쓴이는 탄소세를 도입하여 온실가스를 줄이는 데 기여하자고 주장하고 있다.

DAY 13 기술 지역난방의 원리

1 ①   **2** ⑤   **3** ①   **4** 난방을 위해 별도의 연료를 사용하는 것이 아니라 전기를 생산하거나 쓰레기를 소각하는 과정에서 발생하는 열을 이용하기 때문이다.

 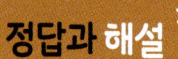

지문 분석

▶▶ 한 문장으로 요약하기

❶ 문단 대단지 아파트는 지역난방 방식을 이용하고 있다.

❷ 문단 지역난방은 열 병합 발전소 등 열을 생산하는 시설에서 만든 중온수를 이용하여 난방하는 방식이다.

❸ 문단 중온수를 통해 아파트를 순환하는 물이 데워져, 각 세대에 제공된다.

❹ 문단 각 세대에서는 온도 조절기를 통해 설정 온도대로 온수가 공급되고 난방 계량기를 통해 온수 사용량이 측정된다.

❺ 문단 열 교환을 마친 중온수와 온도가 낮아진 난방수는 각각 회수된 후 재가열되어 사용된다.

❻ 문단 지역난방에 활용되는 열은 경제적이면서 친환경적이고, 시설 또한 안전하고 편리하다.

● 글의 구조 한눈에 보기

지역난방
열 병합 발전소나 쓰레기 소각장 등 열을 생산하는 시설에서 만든 중온수를 이용하여 난방하는 방식

과정	열 병합 발전소에서 중온수를 공급함. → 중온수가 아파트 내 기계실에 있는 판형 열 교환기를 통과하면서 아파트 각 세대를 난방하기 위해 순환하는 물을 데움. → 아파트를 순환하는 물이 데워져 아파트 온수관을 통해 각 세대에 제공됨. → 공급된 물이 온수 분배기를 거쳐 난방이 필요한 방을 데움.: 온도 조절기를 통해 설정된 온도에 따라 온수 공급, 난방 계량기를 통해 요금 부과 → 열 교환을 마치고 온도가 낮아진 중온수는 열 병합 발전소로 돌아가고, 난방수로 쓰이면서 온도가 낮아진 아파트의 물은 아파트 기계실로 돌아간 뒤 재사용됨.

↓

장점	• 전기를 생산하거나 쓰레기를 소각하는 과정에서 발생하는 열을 이용하므로 경제적, 친환경적임. • 개별 난방 시설을 따로 설치할 필요가 없어 안전하고 편리함.

주제 지역난방의 원리와 과정 및 장점

| 교과 연계 | 중학교 과학 ③_에너지 전환과 보존

1 정답 ① ⋯⋯⋯⋯⋯⋯⋯⋯⋯⋯⋯ ◈ 중심 내용 파악하기

정답 풀이 이 글에서는 지역난방의 원리와 과정을 밝힌 뒤 마지막 문단에서 지역난방의 장점으로 별도의 연료를 사용하지 않고 전기를 생산하거나 쓰레기를 소각하는 과정에서 발생하는 열을 이용하기에 경제적, 친환경적이라는 점을 제시하고 있다. 따라서 이를 반영한 부제로는 ①의 '효율적인 에너지 활용이 가능해져'가 가장 적절하다.

오답 풀이
② 4문단에 지역난방의 온도 조절 방식이 제시되어 있으나 온도 조절이 획기적으로 편리해졌는지는 알 수 없다.
③ 대단지 아파트에서 이용하는 지역난방 방식을 소개하고 있을 뿐 지역난방이 다양한 분야에 널리 활용되고 있다는 내용은 나타나 있지 않다.
④ 중온수와 아파트를 순환하는 물의 열 교환에 판형 열 교환기가 이용됨을 알 수 있을 뿐 그 개선이 필요하다는 내용은 나타나 있지 않다.
⑤ 최근 많은 대단지 아파트는 지역난방의 방식을 이용하고 있다고 하였으므로 이미 일상적으로 쓰이고 있는 것이며, 상용화를 위한 기반 시설을 마련해야 한다는 내용은 나타나 있지 않다.

2 정답 ⑤ ⋯⋯⋯⋯⋯⋯⋯⋯⋯⋯⋯ ◈ 세부 내용 파악하기

정답 풀이 이 글에서 판형 열 교환기 내부에 있는 전열판의 구조는 제시하지 않았으므로 ⑤는 심화 학습을 위한 질문으로 적절하다.

오답 풀이
① 2문단에서 '중온수는 높은 압력에서 100℃ 이상의 온도를 유지하는 물'이라고 제시되어 있다.
② 4문단에서 '세대에서 사용한 온수가 난방 계량기를 통과하면 흘러간 물의 양이 자동으로 측정되어 사용한 양만큼 요금이 부과'됨을 알 수 있다.
③ 4문단에서 아파트의 각 세대에는 온도 조절기가 설치되어 있으며 세대에서 설정한 온도에 따라 센서가 이를 감지하여 온수의 공급을 조절함으로써 난방 온도를 조절함을 알 수 있다.
④ 2문단에 열 병합 발전소에서 아파트에 중온수를 공급할 때 '열 손실을 최소화하기 위해 도로, 하천 등에 묻혀 있는 이중 보온관을 이용한다.'고 제시되어 있다.

3 정답 ① ⋯⋯⋯⋯⋯⋯⋯⋯⋯⋯⋯ ◈ 정보 추론적으로 이해하기

정답 풀이 ㉠은 열 병합 발전소에서 아파트로 보내는 115℃의 중온수가 통과하는 지점이다. 2문단에서 이 중온수는 아파트 기계실에 있는 '판형 열 교환기'의 전열판을 통과하면서 아파트를 순환하는 물을 데운다고 하였으며, 5문단에서 열 교환을 마친 중온수는 65℃ 정도로 온도가 낮아진다고 하였다. 이를 통해 판형 열 교환기를 통과하면서 열 교환을 한 중온수는 온도가 낮아짐을 알 수 있다.

오답 풀이
② 3문단에서 '아파트를 순환하고 온 45℃ 정도의 물은 온도가 60℃까지 높아져 아파트 온수관을 통해 세대에 제공'된다고 한 것으로 보아, ㉡은 물이 판형 열 교환기에서 데워진 후 각 세대로 이동하는 지점으로 60℃ 정도의 물이 흐르고 있을 것이다.
③ 5문단에서 '열 교환을 마친 중온수는 열을 빼앗겨 65℃ 정도로 온도가 낮아진다. 이 물은 회수관을 통해 열 병합 발전소로 돌아가고'라고 한 것으로 보아, ㉢은 판형 열 교환기를 통과하면서 열

을 손실한 65℃ 정도의 중온수가 흐르는 지점으로 볼 수 있다.

④ 5문단에서 '각 세대의 난방수로 쓰이면서 온도가 낮아진 아파트의 물은 환수관을 통하여 아파트 기계실로 돌아오고'라고 한 것으로 보아, ㉣ 지점에는 난방수로 사용되어 온도가 낮아진 아파트를 순환하는 물이 흐르고 있을 것이다.

⑤ ㉠ 지점을 통과하는 물은 115℃의 중온수이고, ㉣ 지점을 통과하는 물은 난방수로 사용되어 온도가 낮아진 아파트를 순환하는 물이다. 5문단에서 아파트 환수관을 통하여 기계실로 돌아온 물은 '판형 열 교환기 내의 전열판을 거치면서 데워지는 과정을 반복' 한다고 하였으므로, ㉠ 지점을 통과하는 물은 ㉣ 지점을 통과하는 물이 열을 얻는 데 영향을 끼친다는 것은 적절하다.

4 정답 | 난방을 위해 별도의 연료를 사용하는 것이 아니라 전기를 생산하거나 쓰레기를 소각하는 과정에서 발생하는 열을 이용하기 때문이다.

정답 풀이 마지막 문단에 지역난방이 경제적, 친환경적인 이유가 제시되어 있다.

본문 • 094쪽

어휘 완성하기

1 (1) ㉠ (2) ㉡ (3) ㉢   **2** (1) 궁극적 (2) 별도 (3) 개별 (4) 감축   **3** (1) 촉진 (2) 대두 (3) 부과

본문 • 095쪽

배경지식으로 사고력 키우기

✏️ **논술형 문제** 예 기후 변화에 따른 피해는 이산화 탄소를 많이 배출하는 지역에서만이 아니라 전 지구적으로 나타난다. 따라서 국제 사회는 서로 협력하여 다 함께 온실가스 배출량을 감축하기 위해 노력해야 하며, 특히 현재 지구 온난화에 상당한 책임이 있는 선진국이 더 많은 의무를 지고 온실가스 배출량 감축을 위해 노력하면서 개발 도상국을 지원해야 한다.

정답 풀이 기후 변화에 따른 피해가 전 지구적으로 나타난다는 것을 밝혀야 한다. 그리고 이 점을 고려하여 국제 사회의 대처 방안은 어떠해야 하는지 자신의 입장을 논리적으로 서술한다.

채점 기준

• 기후 변화에 따른 피해가 전 지구적임을 밝힐 것.
• 온실가스 배출량 감축을 위해 국제 사회에 필요한 자세를 논리적으로 제시할 것.
• 문장이 자연스럽고 문장 사이의 관계가 유기적일 것.

본문 • 096~097쪽

DAY 14 예술 진경산수화

1 ①   **2** ③   **3** ①   **4** 과감한 생략과 과장, 생략이나 과장과 꾸밈

>> **한 문장으로 요약하기**

❶ 문단	18세기 조선에서는 우리나라의 산하를 직접 답사하고 화폭에 담은 진경산수화가 유행하였다.
❷ 문단	겸재 정선은 남종 문인화 기법을 바탕으로 우리 산하를 주체적으로 그렸다.
❸ 문단	「구룡폭도」는 재구성, 변형, 과장, 생략을 활용하여 폭포를 묘사하면서 양과 음의 기운을 담아냈다.
❹ 문단	단원 김홍도는 대상의 완벽한 재현으로 자연에서 느낀 감흥을 충실하게 표현하였다.
❺ 문단	「구룡연」은 금강산의 구룡 폭포를 생략이나 과장, 꾸밈이 없이 그대로, 입체감 있게 그렸다.
❻ 문단	진경산수화는 우리 국토에 대한 애정과 우리 문화에 대한 자긍심이 담겨 있는 소중한 전통이다.

• **글의 구조 한눈에 보기**

진경산수화

우리나라의 산하를 직접 답사하고 화폭에 담은 산수화
→ 대상의 겉모습만을 묘사하지 않고, 대상의 본질을 표현함.

겸재 정선	**단원 김홍도**
• 남종 문인화 기법을 바탕으로 우리 산하를 주체적으로 그림. • 재구성과 변형, 즉 과감한 생략과 과장으로 학문적 이상과 우리의 산하에 대한 감흥을 표현함. • 음과 양의 조화를 화폭에 담음. 예 「구룡폭도」	• 대상의 완벽한 재현으로 자연에서 느낀 감흥을 충실하게 표현함. • 중국을 거쳐 들어온 서양화법 중 원근법, 투시법을 수용해 사실적인 경치를 그림. 예 「구룡연」(폭포의 모습을 생략, 과장, 꾸밈없이 그대로 그리면서 입체감 있게 표현)

우리나라의 산천이 진경이라는, 우리 국토에 대한 애정과 우리 문화에 대한 자긍심이 담겨 있음.

주제 정선과 김홍도의 그림에 나타난 진경산수화의 특징과 진경산수화의 의의

| **교과 연계** | **중학교 미술** ②_우리나라 미술

1 정답 ① ·· ◉ 서술 방식 파악하기

정답 풀이 2문단과 4문단에서 18세기 진경산수화의 대표적 작가인 겸재 정선과 단원 김홍도의 작품 세계를 소개한 뒤, 3문단과 5문단에서 각각의 대표적인 작품인 「구룡폭도」와 「구룡연」을 예로 들어 구체적으로 설명하고 있다.

2 정답 ③ .... ○ 세부 내용 파악하기

정답 풀이 2문단에서 겸재 정선은 중국의 화법인 남종 문인화 기법을 바탕으로 그림을 그렸다고 하였고, 4문단에서 단원 김홍도는 중국을 거쳐 들어온 서양 화법 중 원근법, 투시법 등을 수용했다고 하였다.

오답 풀이
① 2문단에서 겸재는 성리학에 대한 깊은 이해를 가지고 있었으며 학문적 이상을 그림에 담았음을 알 수 있다.
② 5문단에서 단원의 「구룡연」은 금강산의 구룡 폭포를 찾아가 그 모습을 생략, 과장, 꾸밈없이 사실대로 그린 것이라고 하였다.
④ 6문단에서 '진경산수화는 우리나라의 산천이 곧 진경이라는 당시 사람들의 생각을 담고 있는 소중한 전통'이라고 하였다.
⑤ 3문단에서 겸재는 「구룡폭도」에서 강한 필선과 먹의 번짐을 바탕으로 한 묵법을 통해 절벽과 절벽의 나무를 표현했다고 하였고, 5문단에서 단원 역시 「구룡연」에서 선의 굵기와 농담에 변화를 주어 절벽 바위를 입체감 있게 표현했다고 하였다.

3 정답 ① .... ○ 다른 대상과 비교하여 이해하기

정답 풀이 3문단에서 「구룡폭도」는 '물줄기가 내 눈 앞에서 쏟아지는 듯한 감흥'을 표현한 것이라고 하였다. 한편 〈보기〉의 「박연 폭포」는 '박연 폭포가 제 아무리 깊다 해도 우리네 양인(兩人)의 정만 못하리라.'라고 한 것에서 드러나듯 박연 폭포를 소재로 하여 자신들의 사랑을 표현하고 있다.

오답 풀이
② 3문단에서 「구룡폭도」에서 겸재는 '앞, 위, 아래에서 본 것을 모두 한 그림에 담아냈다.'라고 하였으므로, 한 방향에서 바라본 폭포가 아니라 여러 방향에서 바라본 폭포를 표현한 것이다. 한편 〈보기〉에는 여러 방향에서 바라본 폭포의 모습이 나타나 있지 않다.
③ 3문단에서 「구룡폭도」는 '그림을 보는 이들이 폭포수의 감흥에 집중할 수 있도록 실재하는 폭포 너머의 봉우리를 과감히 생략했다'고 하였다. 그러나 〈보기〉에서는 폭포와 '우리네 양인의 정'을 비교한 것을 통해 폭포수가 아니라 두 사람의 사랑에 집중하도록 하고 있다.
④ 「구룡폭도」에 원근법이 활용되었다고 볼 수는 없다. 원근법을 수용한 것은 단원 김홍도이다. 또한 〈보기〉에서 폭포가 입체감 있게 표현된 것도 아니다.
⑤ 3문단에서 「구룡폭도」는 '먹의 번짐을 바탕으로 한 묵법을 통해 음의 기운을 그려냈다.'라고 하였다. 그러나 〈보기〉에서 자연물에 비유하여 음양의 원리를 표현한 것은 아니다.

4 정답 | 과감한 생략과 과장, 생략이나 과장과 꾸밈

정답 풀이 2문단에서 겸재는 '재구성과 변형, 즉 과감한 생략과 과장으로 학문적 이상과 우리의 산하에 대한 감흥을 표현'했다고 하였고, 5문단에서 단원은 구룡 폭포를 그릴 때 생략이나 과장, 꾸밈 없이 보이는 그대로 그렸음을 알 수 있다.

DAY 14 인문 종교적 인식의 틀

1 ①   2 ⑤   3 ②   4 내적 논리 구조 측면에서 특정한 (개인에게 발생하는) 사건이 우연이 아닌 필연에 기초하고 있음을 전제로 한다.

지문 분석

》 한 문장으로 요약하기

1 문단	아잔데족의 '마력'에 관한 믿음 체계에서 소규모 단순 사회에서 작용하는 초자연적 힘에 기초한 '종교적 인식의 틀'을 살펴볼 수 있다.
2 문단	과학적인 인식의 틀이라는 전제를 버리면 아잔데인의 믿음 체계에 일관성과 합리성이 있다고 볼 수 있다.
3 문단	아잔데인의 믿음 체계는 특정한 사건이 우연이 아닌 필연에 의해 발생한다는 내적 논리 구조를 전제하고 있다는 점에서 세계 종교와 동일하다.
4 문단	종교적 설명 양식은 내적인 논리 구조를 지니고 있다는 점에서 과학적 인식의 틀과 함께 유효한 가치를 지니고 있다.

● 글의 구조 한눈에 보기

아잔데족의 '마력'에 대한 믿음 체계

사람은 모두 초자연적 마력을 갖고 태어나며, 마력은 보이지 않는 방식으로 일상생활 전반에 작용한다고 봄.
→ 소규모 단순 사회에서 초자연적 힘에 기초한 '종교적 인식의 틀'이 작용하는 사례임.

↓

• '과학적 인식의 틀'에 따라 보지 않고 '인식의 틀'이 다르다는 점을 인정하면 일관성과 합리성이 있는 믿음 체계임.
• 특정한 사건이 우연이 아닌 필연에 의해 발생한다는 내적 논리 구조를 전제한다는 점에서 세계 종교와 동일함.

↓

종교적 설명 양식은 비과학적으로 보이더라도 내적인 논리 구조를 지니고 있다는 점에서 과학적 인식의 틀과 함께 유효한 가치를 지님.

주제 현대 사회에도 유효한 종교적 인식의 틀

| 교과 연계 | 중학교 도덕 ①_문화의 다양성

1 정답 ① .... ○ 서술 방식 파악하기

정답 풀이 이 글은 소규모 단순 사회에서 초자연적 힘에 기초한 종교적 인식의 틀이 어떻게 작용하는지를 '중앙아프리카 아잔데족의 '마력'에 관한 믿음 체계'를 사례로 들어 구체화하여 설명하고 있다.

오답 풀이
③ 아잔데족의 '마력'에 관한 믿음 체계와 '종교적 인식의 틀', '과학적 인식의 틀' 사이에 인과 관계가 있다고 보고 설명하고 있는 것은 아니다.

---

2 정답 ⑤ .... ○ 세부 정보 파악하기

정답 풀이 4문단에서 '종교적 설명 양식은 비과학적으로 보인다고 할지라도 내적인 논리 구조를 지니고 있다는 점에서 과학적 인식의 틀과 함께 여전히 유효한 가치를 지니고 있다.'라고 한 것을 통해, 현대 사회에서 종교적 인식의 틀은 여전히 유효하다는 것을 알 수 있다.

오답 풀이
① 초자연적 힘에 대한 아잔데인의 믿음을 알 수 있을 뿐, 그러한 힘이 실제로 존재하는지는 알 수 없다.
② 3문단에서 세계 종교의 내적 논리 구조에 대해 언급했을 뿐, 그 진정한 의미가 무엇인지는 알 수 없다.
③ 원시 사회에서 초자연적 힘에 기초한 '종교적 인식의 틀'이 어떻게 작용하는지 설명하고 있을 뿐, 원시 사회에서의 종교의 역할에 대해서는 알 수 없다.
④ 4문단에서 현대 사회에서 종교적 인식의 틀은 여전히 유효한 가치를 지니고 있다고 언급하고 있을 뿐, 현대 사회에서 가장 중요한 가치가 무엇인지는 알 수 없다.

3 정답 ② .... ○ 구체적 상황에 적용하기

정답 풀이 1문단에서 '아잔데족은 사람은 모두 타인에게 해를 끼칠 수 있는 초자연적인 마력을 갖고 태어난다'고 믿으며, 이러한 '마력은 보이지 않는 방식으로 일상생활 전반에 걸쳐 작용한다'고 보았음을 알 수 있다. 이러한 인식의 틀에서 볼 때 〈보기〉에서 남의 일에 참견하기 좋아하는 사람이 혼자만 배탈이 나서 쓰러진 사건의 원인은 누군가가 그 사람에게 마력을 사용하였기 때문이라고 여겨질 것이다.

4 정답 | 내적 논리 구조 측면에서 특정한(개인에게 발생하는) 사건이 우연이 아닌 필연에 기초하고 있음을 전제로 한다.

정답 풀이 3문단에서 아잔데인의 믿음 체계는 '특정한 사건이 우연이 아닌 필연에 의해 발생한다.'는 내적 논리 구조 측면에서 보면 세계 종교와 동일하다고 볼 수 있다고 하였다.

본문 • 100쪽

어휘 완성하기

1 (1) 가시적 (2) 초자연적 (3) 주체적 (4) 실증적 **2** (1) 속단 (2) 감흥 (3) 전기 **3** (1) 전제 (2) 박진감 (3) 재현

본문 • 101쪽

배경지식으로 사고력 키우기

✏️ **논술형 문제 예** 두 작품은 모두 금강산의 만폭동을 형상화하고 있다. (가)는 폭포의 물줄기와 그 주변 경관을 필묵과 화법을 조절하여 생생하게 표현하였고, (나)는 폭포의 모습과 소리를 다양한 비유적 표현을 활용하여 역동적으로 표현하였다. 즉 두 작품 모두 만폭동의 경관을 생생하고 역동적으로 묘사하여 경관이 주는 감흥을 효과적으로 전달하고 있다.

정답 풀이 (가)의 「금강산만폭동도」와 (나)의 「관동별곡」이 모두 '만폭동'을 소재로 하고 있으며, 각각 진경산수화의 기법과 다양한 비유적 표현으로 대상을 생생하게 형상화했음을 파악하도록 한다.

채점 기준
• 두 작품이 '만폭동'을 소재로 했다는 것을 밝힐 것.
• 두 작품의 표현 기법과 공통된 특징을 제시할 것.
• 문장과 문장 사이의 관계가 유기적이고 자연스러울 것.

본문 • 102~103쪽

DAY 15 | 과학 | 모래시계의 비밀

1 ③ **2** ① **3** ⑤ **4** 줄어든다, 약한, 느려지지

지문 분석

>> **한 문장으로 요약하기**

❶ 문단	모래시계 윗부분의 모래는 중력에 의해 아래로 떨어지며 모래시계가 1회 모래를 떨어뜨리는 시간을 이용하여 일정 단위의 시간을 측정할 수 있다.
❷ 문단	모래시계에서 계속 일정한 양의 모래가 흘러내리는 것은 마찰력 때문이다.
❸ 문단	모래가 유출되는 구멍의 단면적과 모래의 양을 조절하여 다양한 주기의 모래시계를 만들 수 있다.

● **글의 구조 한눈에 보기**

모래시계

	모래가 떨어지는 시간이 일정하도록 조절해 놓음. → 1회 모래를 떨어뜨리는 시간을 이용하여 일정 단위의 시간을 측정

원리	• 중력: 중력에 의해 윗부분에 있는 모래가 아래로 떨어짐. → 모래가 단위 시간 동안 일정량만큼 떨어지면 중력의 크기도 일정하게 줄어듦. • 마찰력: 모래가 떨어질 때 벽면에 붙어 있는 마찰력이 약한 모래층만 흘러내림. → 계속 일정한 양이 흘러나오게 됨.
주기 조절 방법	모래시계 안에서 모래의 유출 속도는 일정함. → 유출되는 구멍의 단면적과 모래의 양을 조절하여 다양한 주기의 모래시계를 만들 수 있음. ┌ 구멍의 단면적이 클수록: 주기가 짧아짐. └ 모래의 양이 많을수록: 주기가 길어짐.

주제 모래시계에 작용하는 중력과 마찰력 및 모래시계의 주기 조절 방법

| **교과 연계** | 중학교 과학 ③_물체의 운동

 정답과 해설

1 정답 ③ · · · · · · · · · · · · · · · · · 세부 정보 파악하기

정답 풀이 1문단에서 '모래가 단위 시간 동안에 일정량만큼 떨어지면 ~ 중력(F)의 크기도 일정하게 줄어든다.'고 한 것으로 보아 모래시계 윗부분에 있는 모래의 양과 중력의 크기는 비례함을 알 수 있다.

오답 풀이

① 2문단에서 '모래시계에서 모래가 떨어질 때, 모래시계 벽면에 붙어 있는 마찰력이 약한 모래층만 흘러내'린다고 하였다.

② 3문단에서 모래시계의 정확도를 위해 모래 대신에 일정한 크기의 고분자 물질을 사용했다고 한 것으로 보아, 모래 알갱이의 크기가 일정할수록 모래시계의 정확도는 높아질 것이다.

④ 1문단에서 '모래시계는 모래가 다 떨어지는 데 걸리는 시간이 항상 같다.'고 하였다.

⑤ 2문단에서 '모래시계에서 모래가 떨어지는 속도는 윗부분 모래들이 누르는 압력과 관계가 없다.'고 하였다.

2 정답 ① · · · · · · · · · · · · · · · · · 세부 내용 추론하기

정답 풀이 3문단에서 '모래시계의 주기를 늘이려면 유출되는 구멍의 크기를 줄이고 모래의 양을 늘려 주면 된다.'고 했으므로, 주기가 가장 긴 것은 모래의 양이 더 많고, 유출되는 구멍의 단면적이 가장 작은 것이다. 따라서 모래의 양이 '50'인 것 중, 모래 유출 구멍의 면적이 '2'로 가장 작은 ①이 주기가 가장 길 것이다.

3 정답 ⑤ · · · · · · · · · · · · · · · · · 다른 사례와 비교 이해하기

정답 풀이 2문단에서 모래시계에서 계속 일정한 양의 모래가 흘러나와 정확한 시간을 측정할 수 있는 것은 마찰력 때문임을 알 수 있다. 그리고 〈보기〉에서 패러독스 모래시계 안에는 기름 성분의 액체와 그 액체보다 밀도가 낮은 고분자 물질이 들어 있어, 고분자 알갱이가 아래쪽으로 가도록 시계를 세워 놓으면 고분자 알갱이가 뜨게 된다고 하였다. 즉 패러독스 모래시계는 밀도가 무거운 것은 아래로, 밀도가 가벼운 것은 위로 올라가는 물질의 밀도 차를 이용한 것이다.

오답 풀이

① 〈보기〉에서 패러독스 모래시계는 밀도가 낮은 고분자 알갱이가 아래쪽으로 가도록 세워 놓으면 고분자 알갱이가 뜨게 되므로 입자 알갱이가 중력의 반대 방향으로 움직이는 것임을 알 수 있다. 즉 일정 시간 동안 입자 알갱이가 중력이 반대 방향으로 움직이는 것이지, 모래시계에 중력이 작용하지 않는 것은 아니다.

② 3문단에서 모래 대신 일정한 크기의 고분자 물질을 사용하면 모래시계의 정확도를 높일 수 있음을 알 수 있다. 따라서 모래를 사용한 일반 모래시계가 고분자 물질을 사용한 패러독스 모래시계보다 시간의 정확도가 더 높을 것이라고 볼 수는 없다.

③ 3문단에서 모래시계의 주기는 유출되는 구멍의 단면적과 모래의 양에 따라 조절된다고 했으므로, 동일한 조건이라면 일반 모래시계와 패러독스 모래시계의 주기가 같을 것이다.

④ 일반 모래시계는 모래를, 패러독스 모래시계는 모래가 아니라 밀도가 낮은 고분자 물질을 사용했다.

4 정답 | 줄어든다, 약한, 느려지지

정답 풀이 모래시계에서 모래가 빠져 나갈수록 중력이 줄어들어 속도가 느려져야 하지만, 모래가 떨어질 때 모래시계 벽면에 붙어 있는 마찰력이 약한 모래층만 흘러내리고 그 외의 부분은 고정된 것과 마찬가지이므로 모래가 떨어지는 속도는 느려지지 않는다.

본문 · 104~105쪽

DAY 15 인문 육식의 윤리적 문제

1 ② 2 ④ 3 ④ 4 동물은 주체적인 생명을 영위해야 할 권리가 있는 존재이고, 쾌락과 고통을 느끼는 개별 생명체이다.

지문 분석

≫ 한 문장으로 요약하기

❶ 문단	윤리적 채식주의는 육식에 윤리적 문제를 제시하며 채식을 선택하는 경향이다.
❷ 문단	개체론적 관점에서 볼 때 동물도 고유한 권리를 가진 존재이므로 동물을 음식 재료로 여기는 인간 중심주의적 시각은 문제가 있다.
❸ 문단	생태론적 관점에서 볼 때 육식은 지구 생명체에 부정적인 영향을 끼치므로 윤리적으로 문제가 있다.
❹ 문단	육식의 윤리적 문제점은 인간을 둘러싼 환경과 생명을 새로운 시각으로 바라볼 것을 요구하고 있다.

● **글의 구조 한눈에 보기**

┌─────────────────────────────┐
│ **윤리적 채식주의** │
│ 육식에 대해 윤리적 문제를 제기하며 채식을 선택하는 경향 │
└─────────────────────────────┘
↓
┌─────────────────────────────┐
│ **육식의 윤리적 문제점** │
└─────────────────────────────┘

개체론적 관점	**생태론적 관점**
인간과 동물은 모두 존중받아야 할 독립적 개체임. → 동물을 단순히 음식 재료로 여기는 인간 중심주의적인 시각은 윤리적으로 문제가 있음.	유기체로서의 지구 생명체에 대한 유익성 여부에 따라 도덕성을 판단해야 함. → 공장제 축산업은 환경을 오염시켜 지구 생명체를 위협하므로 윤리적으로 문제가 있음.

주제 윤리적 채식주의의 관점에서 본 육식의 윤리적 문제점

| 교과 연계 | 중학교 도덕 ②_인간과 자연의 관계

1 정답 ② ··○ 중심 내용 파악하기

정답 풀이 1문단에서 '윤리적 채식주의 관점에서 볼 때, 육식의 윤리적 문제점은 무엇인가?'라고 화제를 제시한 뒤 2, 3문단에서 육식의 윤리적 문제점을 개체론적 관점과 생태론적 관점에서 각각 밝히고 있다.

오답 풀이
① 1문단에서 윤리적 채식이 무엇인지 밝혔을 뿐 그 기원은 제시하지 않았다.
③ 3문단에서 공장제 축산업이 환경을 오염시킨다는 점을 언급하였을 뿐 지구 환경 오염의 실상을 밝히고 있는 것은 아니다.
④ 윤리적 채식주의자의 권리에 대해서 언급된 바는 없다.
⑤ 2문단에서 동물도 독립적 개체라는 점을 언급했을 뿐 독립적 개체로서의 동물의 특징을 다루지는 않았다.

2 정답 ④ ··○ 논지 전개 방식 파악하기

정답 풀이 육식의 윤리적 문제점을 개체론적 관점과 생태론적 관점으로 나누어 살펴봄으로써 육식이 동물에게든 지구 생명체에든 위해를 가한다면 윤리적이지 않기 때문에 문제가 있다는 주장을 논리적으로 제시하고 있다.

3 정답 ④ ··○ 관점 이해하고 적용하기

정답 풀이 '생태론적 관점'은 개체로서의 생명체가 아니라 유기체로서의 지구 생명체에 대한 유익성 여부가 인간 행위의 도덕성을 판단하는 기준이 되어야 한다고 본다. 〈자료〉에서 바이오 연료는 신재생 에너지로 주목받고 있지만, 그 생산 과정에서 여러 환경 문제를 발생시키는 한편 식량 보급에도 문제를 발생시켰음을 알 수 있다. 따라서 생태론적 관점에서는 이러한 문제를 발생시킨 바이오 연료에 대해 지구 생명체에 유해한 것이라고 볼 것이다.

오답 풀이
① 생태론적 관점은 인간이 아니라 지구 생명체에 대한 유익성 여부가 도덕성 판단 기준이 되어야 한다고 보므로, 인간에게 이익이 되는 일이라면 가치가 있다는 것은 이 관점의 반응으로 볼 수 없다.
② 바이오 연료가 대체 에너지 자원이 될 수는 있지만, 생태론적 관점에서는 바이오 연료가 지구 생명체에 끼치는 문제점을 고려하여 이를 적극 활용해야 한다고 보지는 않을 것이다.
③ 〈자료〉에 따르면 바이오 연료는 신재생 에너지로 주목받고 있지만 그 생산 과정에서 여러 환경 문제를 발생시키므로 환경 문제를 해결하는 데에 효과적이라고 볼 수 없다.
⑤ 〈자료〉에 따르면 바이오 연료는 식량 자원을 연료로 사용함으로써 식량 보급에 문제를 발생시키므로 바이오 연료의 생산이 인류 전체의 식량 문제를 해결할 수 있다고 볼 수 없다.

4 정답 | 동물은 주체적인 생명을 영위해야 할 권리가 있는 존재이고, 쾌락과 고통을 느끼는 개별 생명체이다.

정답 풀이 2문단에 개체론적 관점에서 볼 때 동물도 인간처럼 주체적인 생명을 영위해야 할 권리가 있는 존재이고, 쾌락과 고통을 느끼는 개별 생명체라는 시각이 드러나 있다.

본문 • 106쪽

어휘 완성하기

1 (1) 유출 (2) 불가결 (3) 위해 **2** (1) 측정 (2) 주기 (3) 단면적 (4) 유기적 **3** (1) 정밀 (2) 수반 (3) 재고

본문 • 107쪽

배경지식으로 사고력 키우기

✎ **논술형 문제** 예 공이 더 빨리 떨어지는 곳은 지구이다. 동일한 공은 지구와 달에서 질량이 같지만 중력은 지구가 달보다 6배가 더 크게 작용한다. 따라서 물체가 자유 낙하 할 때 지구에서는 1초마다 속력이 9.8 m/s 씩 증가하는데, 이에 비할 때 달에서는 1/6배씩 더 적게 증가한다. 따라서 달보다 지구에서 공이 더 빠르게 떨어질 것이다.

정답 풀이 지구가 달보다 중력이 6배 더 크다는 점을 바탕으로 물체가 자유 낙하 할 때 지구에서 나타나는 속력 증가가 달에서는 더 적게 나타난다는 점을 논리적으로 제시하고, 따라서 지구에서 공이 더 빠르게 떨어진다는 점을 밝혀야 한다.

채점 기준
• 더 빠르게 물체가 떨어지는 곳이 '지구'라는 점을 밝힐 것.
• 지구와 달의 중력 차이를 바탕으로 근거를 논리적으로 밝힐 것.
• 문장과 문장 사이의 관계가 유기적이고 자연스러울 것.

본문 • 108~109쪽

DAY 16 예술 음악은 언어다

1 ② **2** ③ **3** ④ **4** 특정한 정서가 그것을 연상시키는 음정, 화성, 선율, 리듬과 템포 등을 통해 재현될 수 있다고 보았다.

지문 분석

>> 한 문장으로 요약하기

① 문단	음악이 언어라고 할 때 음악은 감정을 표현하는 언어라는 측면이 부각되었다.
② 문단	16세기 르네상스 시대에 들어서면서 음악이 지닌 감정적 효과에 대한 관심은 가사를 통해 감정이나 사물을 묘사하려는 시도로 나타났다.
③ 문단	17세기 바로크 시대에 음악이 감정을 표현한다는 생각은 감정 이론으로 체계화되었다.
④ 문단	18세기 중반에 이르러 음악의 감정 표현은 표출 원리로 변하였다.

● 글의 구조 한눈에 보기

음악의 감정 표현

16세기 르네상스 시대	• 음악이 지닌 감정적 효과에 대한 관심 → 언어, 즉 가사를 통해 감정이나 사물을 묘사하려는 시도로 나타남. • 피렌체의 카메라타: 연극과 음악이 결합된 예술을 지향, 가사를 잘 전달할 수 있는 단선율 노래인 모노디 양식 고안

↓

17세기 바로크 시대	음악이 감정을 표현한다는 생각이 감정 이론으로 체계화됨. – 특정한 정서가 그것을 연상시키는 음정, 화성, 선율, 리듬과 템포 등을 통해 재현될 수 있다고 믿음. – 음악에서 묘사되는 감정은 공동체를 기반으로 한 유형화된 감정임.

↓

18세기 중반	• 음악의 감정 표현이 '서술 원리'에서 '표출 원리'로 변함. • 헤겔: 음악의 본질적 특성을 주관적 내면성으로 봄.

[주제] 음악의 감정 표현에 대한 관점의 변천

| 교과 연계 | 중학교 음악 ②_서양 음악의 역사

1 정답 ② ·· ◎ 세부 내용 파악하기

정답 풀이 2문단에서 음악이 가사의 내용을 잘 전달할 수 있어야 한다고 본 카메라타는 다성 음악 양식은 그에 적합하지 않다고 여기며 단선율 노래인 모노디 양식을 고안하였다고 하고 있다.

오답 풀이
① 1문단에서 음악은 소리로써 무언가를 표현하는 언어에 비유되며, 감정을 표현하는 언어라는 측면이 부각되었다고 하였다.
③ 2문단의 '고대 그리스 철학자들이 중시했던 음악의 도덕적 작용'에서 알 수 있다.
④ 2문단에서 르네상스 시대에 들어서면서 음악이 지닌 감정적 효과에 관심을 가지기 시작한 것은 가사를 통해 사람의 마음 등을 잘 묘사하려는 시도들로 나타났다고 하였다.
⑤ 2문단의 '고대 그리스 비극에서처럼 연극과 음악이 결합된 예술'에서 알 수 있다.

2 정답 ③ ·· ◎ 문맥에 따라 내용 추론하기

정답 풀이 3문단에서 17세기 바로크 시대의 감정 이론에 따르면 음악에서 묘사되는 감정은 개인적이고 주관적인 감정이 아니라 공동체를 기반으로 한 유형화된 감정이라고 하였다. 그리고 4문단에서 18세기 중반에 그 영향력이 점차 약화된 결과 감정 표현은 '서술 원리'에서 '표출 원리'로 변하였다고 하면서, 헤겔은 음악의 본질적 특성이 주관적 내면성이라고 보았음을 제시하였다. 따라서 '표출 원리'는 음악이 자신의 내면과 관련된 개인적, 주관적인 감정을 표현하는 것을 의미하는 것으로 볼 수 있다.

오답 풀이
①, ② 음악에서 묘사되는 감정이 공동체를 기반으로 한 유형화된 감정이라는 관점의 영향력이 약화되면서 감정 표현이 '표출 원리'가 되었다고 하였으므로 표출 원리가 인간의 보편적인 감정의 표현이라거나 유형화된 감정의 표현이라는 것은 적절하지 않다.
④ 18세기 중반의 철학자 헤겔에 따르면 기악이 만들어 내는 추상성은 언어로 보완될 필요가 있었다.
⑤ 표출 원리는 음악의 감정 표현에 대한 것이므로 내용과는 무관한 형식 자체의 아름다움을 표현하는 것이라고 볼 수 없다.

3 정답 ④ ·· ◎ 다른 관점의 근거 파악하기

정답 풀이 〈보기〉는 감정 표현을 위한 언어가 음악과 합치되지 않고 음악과 대립한 사례를 보여 준다. ④는 춤이 감정 표현에 있어 몸동작과 표정에 치중하고 춤이 가지고 있던 율동성을 버림으로써 나타나는 부작용을 보여 주고 있으므로 〈보기〉의 밑줄 친 부분을 뒷받침할 수 있는 사례로 적절하다.

4 정답 | 특정한 정서가 그것을 연상시키는 음정, 화성, 선율, 리듬과 템포 등을 통해 재현될 수 있다고 보았다.

정답 풀이 3문단의 '우리의 마음 상태를 ~ 믿는 것이다.'에 감정 이론의 음악의 감정 표현에 대한 관점이 나타나 있다.

본문 • 110~111쪽

DAY 16 [인문] **화이론의 개념과 의식 변화**

1 ②   2 ③   3 ⑤   4 조선 지식인들 사이에서 중화 문화를 실현했다는 자신감이 생겼다. / 소중화에 대한 사고의 전환을 촉구하는 진지한 비판이 나타났다.

지문 분석

>> 한 문장으로 요약하기

❶ 문단	화이론은 세계를 문명인 중화와 야만인 오랑캐로 나누어 보는 세계관이다.
❷ 문단	예악을 갖추면 오랑캐도 중화가 될 수 있다는 논리에 따라 우리나라는 소중화를 칭하며 유교 문화를 자부했다.
❸ 문단	병자호란과 명의 멸망으로 조선에서는 소중화 의식이 질적으로 비약했다.
❹ 문단	18세기에 조선 지식인들 사이에서는 중화 문화를 실현했다는 자신감으로 소중화 의식에 변화가 나타났다.
❺ 문단	소중화에 대한 사고 전환을 촉구하는 비판도 일어나 홍대용은 모든 사물의 상호 인식은 상대적인 것임을 강조했다.

● 글의 구조 한눈에 보기

화이론	세계를 문명인 중화와 야만인 오랑캐로 나누어 보는 세계관 → 유교 문화가 유지되는 곳은 중화, 그렇지 않은 곳은 야만이라고 봄.

↓

우리나라의 소중화 의식	
	공자의 논리(예악을 갖춘다면 오랑캐도 중화가 될 수 있음.)에 따라 우리의 문화가 중국에 버금간다고 자부하며 '소중화'를 칭함.

17세기	병자호란과 명의 멸망으로 소중화 의식이 질적으로 비약함. → 조선 지식인들은 유교의 명맥을 지켜야 한다는 책임감으로 유교 문화(중화)를 구현하고자 함.
18세기	• 조선 지식인들 사이에 중화 문화를 실현했다는 자신감이 생김. → 조선의 문화가 유교 문화의 정수라고 자부하는 것으로 발전함. • 소중화에 대한 사고의 전환을 진지하게 촉구함. – 홍대용: 모든 사물의 상호 인식은 상대적인 것이며, 모든 사물, 문화는 나름의 가치를 지녔음을 강조함.

주제 화이론의 개념과 우리나라에서의 전개 양상

| 교과 연계 | 중학교 역사 ②_조선 사회의 변동

1 정답 ② ·········· ○ 세부 내용 파악하기

정답 풀이 2문단의 '우리나라도 고려 시대 이래 '소중화'를 칭하며', '유교 국가를 표방한 조선에서 그 의식이 더 강해졌다.'를 통해 소중화 의식은 고려 시대 때 도입된 후 조선에서 강해졌음을 알 수 있다. 3문단에서 병자호란은 소중화 의식이 질적으로 비약한 계기임을 알 수 있다.

오답 풀이

① 2문단에서 공자는 "군자가 사는 곳에 어찌 비루함이 있겠는가."라고 말했는데, 이는 '예악(禮樂)'을 갖춘다면 오랑캐도 중화가 될 수 있다는 논리'라고 하였다.
③ 2문단에서 '우리나라도 고려 시대 이래 '소중화(小中華)'를 칭하며 우리의 문화가 중국에 버금간다고 자부했다.'고 하였다.
④ 5문단에서 '홍대용은 모든 사물의 상호 인식은 상대적임을 설파'하며 '중화'조차도 상대적인 기준의 적용이라고 보았다고 하였다.
⑤ 3문단에서 17세기 전반 우리나라에서는 유교 문화, 곧 중화를 구현하기 위한 수많은 주장과 논쟁이 활발히 벌어졌다고 하였다.

2 정답 ③ ·········· ○ 관점에 따라 이해하기

정답 풀이 화이론은 세계를 문명인 중화와 야만인 오랑캐로 나누어 보는 세계관으로, 세계를 이분법적 사고로 재단하는 시각이다. 서구 문화는 문명, 그 이외의 것은 야만으로 보는 것은 이러한 화이론의 현대판이라고 할 수 있다.

3 정답 ⑤ ·········· ○ 구체적 사례에 적용하기

정답 풀이 〈보기〉에서 박지원은 청나라를 오랑캐라며 무조건 배척하는 당시 지식인의 태도에 대해 바람직하지 않다고 봄을 알 수 있다. 즉 청나라가 '중화'가 아니라고 보고 배척하는 것을 비판적으로 보고 있으므로 박지원은 자기중심적으로 중화를 판단하는 것은 옳지 않다는 생각을 드러냈다고 볼 수 있다.

오답 풀이

① 청나라가 중화가 아니라고 보고 배척하는 것에 비판적인 입장을 보이고 있으므로 조선이 유일한 중화라는 입장이라고 볼 수 없다.
② 조선이 소중화라는 생각을 버려야 한다는 입장은 이끌어 낼 수 없다.
③ 유교 문화와 중화의 관련성에 대해 비판적인 입장은 이끌어 낼 수 없다.
④ 청나라가 중화가 아니라고 보고 배척하는 것에 비판적인 것이지 중화가 어느 곳에서도 실현될 수 없다는 입장은 드러내지 않았다.

4 정답 | 조선 지식인들 사이에서 중화 문화를 실현했다는 자신감이 생겼다. / 소중화에 대한 사고의 전환을 촉구하는 진지한 비판이 나타났다.

정답 풀이 4문단에서 18세기에 접어들면서 나타난 가장 큰 변화는 '조선 지식인들 사이에서 중화 문화를 실현했다는 자신감이 생긴 일'이라고 하였으며, 이어진 5문단에서 '소중화에 대한 사고의 전환을 촉구하는 진지한 비판'도 나타났음을 알 수 있다.

본문 • 112쪽

어휘 완성하기

1 (1) 표출 (2) 고안 (3) 부각 **2** (1) 표상 (2) 경종 (3) 기반 (4) 풍미 **3** (1) 발흥 (2) 표방 (3) 명맥

본문 • 113쪽

배경지식으로 사고력 키우기

✎ **논술형** 문제 **예** 내가 왕이라면 '현실'의 의견을 받아들였을 것이다. 왜냐하면 명은 이미 쇠퇴하였고 청이 세력을 키운 상태였기 때문에 명과의 의리만을 생각할 수는 없다고 보기 때문이다. 먼저 청과 화친을 맺어 나라와 백성을 지키고, 청과 대등한 교류를 맺을 수 있도록 나라의 힘을 키우려 했을 것이다.

정답 풀이 두 입장 중 하나를 고르고 선택의 이유를 명확히 밝히도록 한다. 이때 명과 청의 세력 관계, 선택한 입장과 관련한 전망이나 대책을 논리적으로 밝힌다.

채점 기준

• '원칙'과 '현실'의 입장 중 자신의 입장을 명확히 밝힐 것.
• 입장을 선택한 이유를 밝히고 그 입장과 관련한 전망이나 대책을 논리적으로 서술할 것.
• 문장과 문장 사이의 관계가 유기적이고 자연스러울 것.

본문 • 114~115쪽

DAY 17 예술 **인상파 회화**

1 ⑤ 2 ② 3 ① 4 빛과 대상의 색, 그리고 대상이 주는 느낌

 **지문 분석**

≫ 한 문장으로 요약하기

1 문단 인상파 이전의 19세기 화가들에게 인상파의 그림은 거칠고 주제를 알 수 없는 것이었다.

2 문단 인상파 화가들은 빛을 주제로 삼아 대상의 색과 대상에 대한 인상을 그림으로 표현했다.

3 문단 인상파 화가들은 시간에 따라 달라지는 빛을 표현하기 위해 새로운 기법으로 그림을 그렸다.

4 문단 인상파 화가들은 그림이 다룰 수 있는 대상의 폭을 넓히고 배경지식 없이 그림을 눈으로 보고 느낄 수 있게 했다.

● 글의 구조 한눈에 보기

인상파 이전 19세기 화가들
• 배경지식 없이는 이해하기 힘든 사건, 인물, 사상 등을 주제로 삼음.
• 주제를 잘 드러내는 대상을 잘 짜인 구도 속에 배치함.
• 정교한 채색과 뚜렷한 윤곽선을 중시함.

↓

인상파
• 그림의 주제: 빛과, 빛과 대기의 상태에 따라 달라지는 대상의 색과 대상이 주는 느낌
• 그림의 내용: 주변에서 보이는 일상적인 풍경과 평범한 사람들의 모습 → 이해하는 데 배경지식이 필요하지 않음.
• 활용한 기법
– 무지개의 일곱 가지 기본색과 무채색만으로 모든 색을 표현함.
– 물감을 섞는 대신 캔버스 위에 원색을 직접 칠함.
– 대상의 순간적인 인상을 빠르게 그려 짧고 거친 붓자국이 나타남.
– 대상의 윤곽선이 주변이 색과 섞여 흐릿하게 표현됨.

주제 **인상파 회화의 주제와 기법 및 의의**

| 교과 연계 | 중학교 미술 ②_19세기 미술

1 정답 ⑤ ○ 세부 내용 파악하기

정답 풀이 1문단에서 '인상파'라는 명칭이 비아냥거리는 의미로 붙여졌음을 알 수 있으나, 이 명칭에 대한 인상파 화가들의 반응은 이 글에서 알 수 없다.

오답 풀이
① 1문단에서 모네가 「인상, 해돋이」라는 작품을 발표했을 때 '비평가 루이 르루아는 비아냥거리는 의미로 모네의 작품명에서 명칭을 따와 모네와 그의 동료들을 인상파라고 불렀다.'고 하였다.
② 4문단에서 인상파 화가들의 그림은 그림이 다룰 수 있는 대상의

폭을 넓혔으며, 그림을 그저 느낄 수 있는 것으로 만들었다는 의의가 있음을 알 수 있다.
③ 1문단에서 인상파 이전의 화가들에게, 인상파 화가들의 그림은 대상을 눈에 보이는 대로 거칠게 그린 듯하고, 주제를 알 수 없는 미완성품처럼 보였음을 알 수 있다.
④ 3문단에서 인상파 화가들은 '자연광을 이루는 무지개의 일곱 가지 기본색과 무채색만을 사용하여 모든 색을 표현'하였고, '물감을 섞는 대신 캔버스 위에 원색을 직접 칠'했음을 알 수 있다.

2 정답 ② ○ 정보 비교 이해하기

정답 풀이 1문단에서 '인상파 이전의 19세기 화가들(ⓐ)'은 '배경지식 없이는 이해하기 힘든 특별한 사건이나 인물, 사상 등을 주제로 하여 그림을 그렸다.'고 하였는데, 4문단에서 '인상파 화가들(ⓑ)'의 그림은 '주제를 이해하기 위한 배경지식을 더 이상 필요로 하지 않았다.'고 한 것으로 보아 적절하다.

오답 풀이
① 3문단에서 인상파 화가들에게 대상의 고유한 색은 부정되었다고 하였으므로 적절하지 않다.
③ 일상적인 풍경과 평범한 사람들을 주로 그린 것은 인상파이다.
④ 3문단으로 보아 자연광을 이루는 기본색과 무채색만으로 그림을 채색한 것은 인상파이다.
⑤ 인상파 이전의 화가들은 정교한 채색을 중시했다. 그러나 인상파 화가들의 그림에는 짧고 거친 붓자국이 나타났고, 대상의 윤곽선 역시 주변의 색와 섞여 흐릿하게 표현되었다고 하였다.

3 정답 ① ○ 구체적 사례 이해하기

정답 풀이 1문단에서 인상파 화가들의 그림은 '대상을 의도적인 배치 없이 눈에 보이는 대로 거칠게 그린 듯'했다고 한 것이나, 3문단에서 '대상의 순간적인 인상을 표현하기 위해 빠른 속도로 그려 나갔'다고 한 것을 고려할 때 〈보기〉의 그림에서 모네가 그림 속의 인물들을 의도적으로 배치했을 것이라는 감상은 적절하지 않다.

오답 풀이
② 2문단에서 인상파 화가들이 '햇빛과 대기의 상태에 따라 대상의 색과 대상에 대한 인상이 달라진다는 사실에 주목'하여 그림을 그렸다고 한 것을 바탕으로 할 때 적절한 감상이다.
③ 4문단에서 인상파 화가들은 '빛과 대상의 색, 그리고 대상이 주는 느낌'을 그림의 주제로 삼았다고 한 것을 바탕으로 할 때 적절한 감상이다.
④ 3문단에서 인상파 화가들은 빛의 느낌을 자연스럽게 표현하기 해 서로 다른 색을 캔버스 위에 흩어 놓았다는 것을 바탕으로 할 때 적절한 감상이다.
⑤ 3문단에서 인상파 화가들은 대상의 윤곽선을 주변의 색과 섞어 흐릿하게 표현하여 시시각각 다르게 보이는 대상의 미묘한 변화를 표현했다는 것을 바탕으로 할 때 적절한 감상이다.

4 정답 | 빛과 대상의 색, 그리고 대상이 주는 느낌

정답 풀이 4문단에서 '인상파 화가들은 빛과 대상의 색, 그리고 대상이 주는 느낌을 그림의 주제로 삼았다고 밝히고 있다.

본문 • 116~117쪽

DAY 17 과학 바이러스의 특성

1 ①   2 ②   3 ①   4 ⓐ: 곰팡이, 박테리아 ⓑ: 바이러스 ⓒ: 살균제와 항생제

지문 분석

▶▶ 한 문장으로 요약하기

1 문단	바이러스는 다른 미생물과 달리 스스로 양분을 먹거나 생장, 대사, 생리 작용을 하지 않고 핵 대신 핵산 분자만을 갖고 있지만 증식 능력이 있다.
2 문단	바이러스는 숙주만 있다면 생물처럼 증식할 수 있고 세포 안에서 기생한다.
3 문단	병원균은 숙주 내에서 증식하여 병을 일으키는데 그중 곰팡이와 박테리아는 쉽게 죽일 수 있지만 바이러스를 직접 죽일 수 있는 약은 거의 없다.
4 문단	바이러스가 일으키는 병을 예방하기 위해 항체를 형성해 주는 백신을 맞는다.

● 글의 구조 한눈에 보기

미생물
눈으로 볼 수 없는 아주 작은 크기의 생물

곰팡이, 박테리아	바이러스
스스로 양분을 섭취하고, 이를 소화시켜 에너지를 얻으며 생장과 증식, 변이를 일으킴.	스스로 양분을 먹거나 생장, 대사, 생리 작용을 하지 않고 핵 대신 핵산 분자만을 갖고 있지만 증식 능력이 있음.

병원균 – 우리 몸에 들어와 '증식'을 통해 병을 일으킴.

살균제, 항생제로 직접 죽일 수 있음.	직접 죽일 수 있는 약이 거의 없으며, 백신을 통해 몸에 항체를 생성하여 예방함.

주제 다른 미생물과 바이러스의 차이점

| 교과 연계 | 중학교 과학 ①_생물과 미생물

1 정답 ① .... ○ 세부 정보 파악하기

정답 풀이 4문단에서 '아주 약한 바이러스나 병을 일으키지 못하는 바이러스 종류를 백신으로 삼아 미리 몸에 주사하면 항체가 생겨 어느 정도 병을 예방할 수 있다'고 한 것으로 보아, 백신은 아주 약한 바이러스나 병을 일으키지 못하는 바이러스로서 우리 몸에 항체를 만들도록 유도하는 것이지 항체의 한 종류는 아님을 알 수 있다.

오답 풀이

② 1문단에서 미생물은 눈으로 볼 수 없는 아주 작은 크기이며, 미생물에는 곰팡이, 박테리아, 바이러스 등이 있다고 하였다.

③, ⑤ 1문단에서 바이러스는 유전 정보를 간직한 DNA나 RNA와 같은 핵산 분자를 가지고 있으며, DNA나 RNA를 보호하는 단백질 분자가 합쳐진 아주 간단한 모습이라고 하였다.

④ 3문단에서 '병원균이 우리 몸에 들어와 병을 일으킬 때에는 반드시 '증식'이라는 한 가지 조건을 충족시켜야 한다.'고 하였다.

2 정답 ② .... ○ 세부 정보 비교 이해하기

정답 풀이 1문단에서 바이러스는 스스로 생장하지도 않고 대사 작용과 생리 작용도 하지 않는다고 하였다.

오답 풀이

① 바이러스는 다른 모든 생물들이 가지고 있는 핵을 갖고 있지 않다.

③ 1문단에서 곰팡이는 '생장과 증식 그리고 변이를 일으킨다.'고 하였고, 4문단에서 '바이러스는 어떻게 해서든지 살아남으려고 변이를 일으'킨다고 하였다.

④, ⑤ 바이러스는 다른 미생물과 달리 완전한 세포 구조를 가지고 있지 않으므로, 스스로 양분을 먹지도 않는다.

3 정답 ① .... ○ 세부 정보 파악하기

정답 풀이 ㄱ. 4문단에서 바이러스는 어떻게 해서든지 살아남으려고 변이를 일으키기 때문에 새로운 병이 자꾸 나타난다고 하였다.

ㄴ. 3문단에서 바이러스는 숙주의 세포 안에 살고 있어서 바이러스를 죽이려면 숙주 세포도 함께 피해를 입기 때문에 바이러스를 직접 죽일 수 있는 약은 거의 없다고 하였다.

오답 풀이

ㄷ. 일부 바이러스는 숙주 세포 없이도 증식할 수 있는지는 이 글을 통해 알 수 없다.

ㄹ. 우리 몸이 한 번 경험한 병원균에 대해 항체를 만드는 것은 백신을 통해 바이러스를 예방할 수 있는 바탕이지, 바이러스로 인한 질병을 치료하기 어려운 이유라고 볼 수 없다.

4 정답 | ⓐ: 곰팡이, 박테리아 ⓑ: 바이러스 ⓒ: 살균제와 항생제

정답 풀이 3문단에서 '곰팡이, 박테리아, 바이러스 등의 미생물들이 병을 일으키는 병원균'이며, '곰팡이와 박테리아는 살균제와 항생제로 직접 죽일 수 있'음을 알 수 있다.

본문 • 118쪽

어휘 완성하기

1 (1) 대사 (2) 증식 (3) 변이 (4) 생리 **2** (1) 생장 (2) 기법 (3) 혹평 **3** (1) 배치 (2) 일색 (3) 의도적

본문 • 119쪽

배경지식으로 사고력 키우기

✎ 논술형 문제 예) 산호는 동물이다. 왜냐하면 산호는 세포에 핵이 있는 다세포 생물이고, 산호의 유생은 운동성이 있으며, 다른 생물을 먹이로 삼아 양분을 얻기 때문이다.

정답 풀이 산호가 동물이라는 점을 밝히고 선생님의 설명에 나타난 산호의 특성이 동물계에 속한다는 점을 근거를 연결하여 구체적으로 설명해야 한다.

채점 기준
• '산호'가 동물이라는 점을 밝힐 것.
• 다세포 생물, 운동성, 다른 생물을 먹이로 삼는다는 점을 근거로 제시할 것.
• 문장 성분의 호응이 적절하고 문장의 연결이 자연스러울 것.

본문 • 120~121쪽

DAY 18 사회 정치 문화 유형

1 ① **2** ② **3** ① **4** 전통적인 원시 사회는 투입과 산출에 대한 개념이 모두 없는 편협형 정치 문화로 적극적 참여자로서의 자아와 정치 체계에 대한 인식이 존재하지 않는다.

지문 분석

≫ 한 문장으로 요약하기

❶ 문단	문화주의자들은 정치학에서 제도의 정비를 중시하는 제도주의자와 달리 문화가 더 중요하다고 주장한다.
❷ 문단	문화주의자들은 투입과 산출을 기반으로 정치 문화를 편협형, 신민형, 참여형으로 유형화하였다.
❸ 문단	편협형 정치 문화는 적극적 참여자로서의 자아와 정치 체계에 대한 인식이 존재할 수 없는 사회이다.
❹ 문단	신민형 정치 문화는 국민이 정치 체계에 대한 최소한의 인식은 있으나 정부에 복종하는 성향이 강하다.
❺ 문단	참여형 정치 문화는 적극적 참여자들로 형성된 정치 체계가 존재하는 사회이다.
❻ 문단	문화주의자들의 정치 문화 유형 연구는 민주주의 구현을 위해 필요한 것이 무엇인지에 대한 답을 제시한다.

● 글의 구조 한눈에 보기

정치 문화 유형 연구
문화: 정치적 행동과 행위를 특정한 방향으로 움직여 일정한 행동 양식을 만들어 내는 것
┌ 투입: 국민이 정부에 하는 정치적 요구 └ 산출: 정부가 생산하는 정책

편협형 정치 문화	신민형 정치 문화	참여형 정치 문화
• 투입과 산출에 대한 개념 모두 × • 적극적 참여자로서의 자아 ×, 정치 체계에 대한 인식 ×	• 투입 ×, 산출은 있음. • 적극적 참여자로서의 자아 형성 ×, 정치 체계에 대한 최소한의 인식 있음.	• 투입과 그에 따른 산출이 있음. • 적극적 참여자로서의 자아 형성됨. 이들로 형성된 정치 체계 존재함.
샤머니즘에 의한 부족 사회 등 전통적 원시 사회	독재 국가의 정치 체계	선진 민주주의 사회

주제 문화주의자의 정치 문화 유형 분류와 그 의미

| 교과 연계 | 중학교 사회 ①_정치 문화 형태

1 정답 ① ◯ 집필 의도 파악하기

정답 풀이 6문단에 따르면 정치 문화 유형 연구는 '어떤 사회가 민주주의를 제대로 구현하기 위해서 우선적으로 필요한 것이 무엇인가'에 대한 답을 제시한다. 정치 문화 유형 연구는 국민이 정부에 하는 정치적 요구인 '투입'과 정부가 생산하는 정책인 '산출'을 기반으로 국민들이 적극적 참여자로서의 자아가 형성되어 있으며, 그러한 적극적 참여자들로 형성된 정치 체계가 존재하는 사회인 참여형 정치 문화가 현대의 바람직한 민주주의 사회상이라고 본다. 따라서 글쓴이는 이를 통해 정치 발전을 위해서는 국민이 적극적으로 정치에 참여해야 한다는 점을 말하고자 한 것으로 볼 수 있다.

2 정답 ② ◯ 세부 내용 파악하기

정답 풀이 4문단에서 신민형 정치 문화는 투입이 존재하지 않으나(투입: −) 산출은 있고(산출: +), 국민들은 적극적 참여자로서의 자아가 형성되지 못했으나(적극적 참여자: −) 정치 체계에 대한 최소한의 인식은 있는 상태(정치 체계 인식: +)라고 하고 있다.

3 정답 ① ◯ 구체적 사례에 적용하기

정답 풀이 2문단에서 '투입'은 국민이 정부에게 하는 정치적 요구이고, '산출'은 정부가 생산하는 정책이라고 하고 있다. 〈보기〉에서는 갑국의 시민 단체가 정부에 절대 다수 대표제를 채택하자고 요구하였는데 정부가 아직 이 요구를 검토하지 않고 있다고 하였으므로, 산출이 투입보다 활성화되어 있다고 볼 수 없다.

② 갑국은 종교별 투표 성향이 강한 나라이고, 대통령 선거에서 한 표라도 많으면 당선되는 단순 다수 대표제를 실시하였는데 그 결과 ○○교의 지지를 받은 A가 유효 투표수의 1/3을 득표하여 당선되었다고 하였으므로 A는 투표 성향과 투표 제도 때문에 당선되었다고 볼 수 있다.

③ 갑국은 독재 국가에서 선거 혁명을 통해 민주주의를 이루어 간다고 하였으므로, 독재 국가의 정치 체계인 신민형에서 선진 민주주의 사회인 참여형으로 정치 문화가 변하고 있다고 볼 수 있다.

④ 정책 결정과 시행 과정에서 국민적 합의가 잘 이루어지지 않는 문제 상황에서, 시민 단체들은 차기 대통령 선거를 앞두고 절대 다수 대표제를 채택하자고 요구하고 있다. 따라서 이는 정치적 현상을 제도 개선으로 해결하려는 모습으로 볼 수 있다.

⑤ 1문단에서 문화주의자들은 문화가 제도의 정비보다 중요하다고 본다고 하였으므로, 문화주의자들은 문제 해결 방법을 제도주의자들과는 다르게 제시할 것이다.

4 정답 | 전통적인 원시 사회는 투입과 산출에 대한 개념이 모두 없는 편협형 정치 문화로 적극적 참여자로서의 자아와 정치 체계에 대한 인식이 존재하지 않는다.

정답 풀이 3문단에서 샤머니즘에 의한 정치, 부족 또는 지역 사회 등 전통적인 원시 사회는 편협형 정치 문화 유형에 해당한다고 하였다.

본문 • 122~123쪽

DAY 18 인문 장자의 조언

1 ①　**2** ①　**3** ③　**4** 성심에 따라 타자를 나로 인식하고자 할 때 타자와의 소통은 원천적으로 막힐 뿐 아니라 조화로운 관계도 어그러진다.

지문 분석

≫ 한 문장으로 요약하기

❶ 문단	장자는 타인과의 소통을 위해서는 타자와 만날 수 있는 공간인 '낯섦'에 머물러야 한다고 조언한다.
❷ 문단	성심은 치우친 마음으로 자기의 입장을 극대화하여 고정된 자기 관점을 고집하는 것이다.
❸ 문단	노나라 임금이 바닷새를 데려와 대접하였는데 바닷새가 슬퍼하다가 죽고 만 이야기는 성심의 문제점을 보여 준다.
❹ 문단	성심에 따라 타자를 나로 인식하고자 하면 소통이 막히고 조화로운 관계도 불가능하다.
❺ 문단	성심을 따르는 자기중심적 생각을 비워 타자와의 다름을 인정할 때 실질적인 소통이 가능하다.

• 글의 구조 한눈에 보기

'타자와의 소통'에 대한 장자의 조언
자신에게 낯선 공간이야말로 타자와 만날 수 있는 공간이므로 '낯섦'에 머물러야 함.

↓

성심	치우친 마음으로 자기의 입장을 극대화하여 고정된 자기 관점을 고집하는 것 → 타자와의 소통과 조화를 방해함.

바닷새 이야기(예화)
노나라 임금이 바닷새를 데려와 대접하였는데 바닷새가 슬퍼하다가 죽고 맒. → 노나라 임금이 자신의 성심에 따라 '새'라는 타자와 관계를 맺고자 했기 때문임. → 성심에 따라 타자를 나로 인식하고자 할 때 타자와의 소통이 막히고 조화로운 관계도 어그러짐.

↓

성심을 따르는 자기중심적인 생각을 비움으로써 타자와의 다름을 인정할 때 타자와의 실질적인 소통이 가능할 수 있음.

주제　타자와의 소통에 대한 장자의 철학

| **교과 연계** | 중학교 도덕 ②_갈등의 원인과 해결

1 정답 ① ⋯⋯⋯⋯⋯⋯⋯⋯⋯⋯⋯⋯⋯⋯ 서술 방식 파악하기

정답 풀이 ㄱ. 1문단에서는 '송나라 상인 이야기'라는 예화를 인용하여 '낯섦'이라는 개념에 대해 설명하였으며, 3문단에서는 '바닷새 이야기'라는 예화를 인용하여 '성심'이 어떤 문제를 일으키는지에 대한 이해를 돕고 있다.

ㄴ. 2문단의 '장자가 이렇게 조언한 이유는 무엇일까?', 3문단의 '타자와 만났을 때, 이러한 성심은 어떤 문제를 일으키는가?'에서 질문하는 방식을 활용하여 독자의 주의를 환기하고 있다.

ㄷ. 타인과의 소통에 '성심'이 문제가 되는 이유에 대해 설명하고 진정한 소통을 위해 필요한 자세를 밝히고 있을 뿐 핵심 쟁점에 대해 상반된 두 관점은 나타나 있지 않다.

ㄹ. '성심'으로 타인과의 소통이 이루어지지 않는 상황이 문제로 제시되어 있으나 그 변화 과정을 개괄하고 있는 것은 아니다.

2 정답 ① ⋯⋯⋯⋯⋯⋯⋯⋯⋯⋯⋯⋯ 중심 개념 비교 이해하기

정답 풀이 노나라 임금이 바닷새를 데려와 사람을 대하듯 대접하였는데, 바닷새가 슬퍼하다가 죽고 만 이유는 노나라 임금이 자신의 성심에 따라 새를 대했기 때문이다. 즉 ㉠은 노나라 임금이 자신의 성심에 따라 새를 길렀다는 것이므로 성심을 버리지 못한 행위를 의미하고, ㉡은 자신의 성심이 아닌 새에게 맞는 방법으로 새를 기르는 것이므로 성심에서 벗어난 행위를 의미한다.

 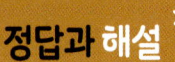
오답 풀이

② ㉠은 자신의 관점을 절대적 기준으로 삼은 것이므로 상대적 관점에 의한 행위라고 볼 수 없으며, ㉡은 새의 입장에 맞춘 것이므로 절대적 관점에 의한 행위라고 볼 수 없다.

③ ㉠은 성심을 버리지 못한 태도인데 성심은 타자와의 소통과 조화를 방해하는 것이므로 적절하지 않다.

④ ㉠은 새라는 사물을 있는 그대로 보지 않고 자기 기준에 맞춘 태도이고, ㉡은 사물을 있는 그대로 보고 대하는 태도이다.

⑤ ㉠은 고정된 자기 관점인 성심을 버리지 못한 태도라고 할 수 있다. 그러나 ㉡은 성심을 버리고 새를 나와는 다른 존재로 대하는 태도이지 확고한 신념을 만들지 못한 태도인 것은 아니다.

3 정답 ③ ◦ 구체적 사례에 적용하기

정답 풀이 〈보기〉에서 학생은 부모님과 대화가 통하지 않아 답답하고 부모님을 이해하지 못하는 상황이다. ㉢에는 실질적인 소통을 위해서는 자기중심적인 생각을 비우고 타자와의 다름을 인정해야 한다는 관점이 나타나 있다. 따라서 이를 바탕으로 조언한다면 자기중심적 생각을 버리고 열린 마음으로 다가가라는 내용이 적절하다.

오답 풀이

① 대화를 시도하지 않는 것은 상황을 피하는 태도일 뿐 자기중심적 생각을 버리고 타자와의 다름을 인정하는 태도로 볼 수 없다.

② 대화를 중재할 수 있는 사람을 통해 소통을 시도하라는 것은 ㉢의 관점과 관련이 없다.

④ 자신의 상황을 부모님께 이해시키려 하는 것은 자기중심적 생각을 비우는 것과 거리가 먼 태도이다.

⑤ 무조건 부모님이 시키는 대로 따르는 자세가 필요하다는 것은 타자와의 다름을 인정하여 소통하는 것과는 거리가 멀다.

4 정답 | 성심에 따라 타자를 나로 인식하고자 할 때 타자와의 소통은 원천적으로 막힐 뿐 아니라 조화로운 관계도 어그러진다.

정답 풀이 4문단의 마지막 구절에 '바닷새 이야기'를 통해 알 수 있는 성심으로 타인을 대할 때의 문제점이 제시되어 있다.

본문 • 124쪽

어휘 완성하기

1 (1) 원천적 (2) 보편적 (3) 운용 **2** (1) 실질적 (2) 편협 (3) 독재 (4) 기성 **3** (1) 타자 (2) 분별 (3) 총체

본문 • 125쪽

배경지식으로 사고력 키우기

✏ 논술형 문제 예 국가 원수의 독재가 더 쉬운 구조는 대통령제이다. 왜냐하면 대통령제는 투표를 통해 뽑힌 대통령이 입법부와 독립된 행정부의 실권을 가지는 동시에 국가 원수로서의 권한도 갖고 있기 때문이다. 따라서 국가 원수와 행정부의 수반이 다른 의원 내각제에 비해 독재가 보다 쉬울 수 있다.

정답 풀이 독재가 상대적으로 더 쉬운 체제는 대통령제임을 밝혀야 한다. 그리고 의원 내각제와 비교하여 대통령제는 행정부 수반이 국가의 실질적 원수이기 때문에 권력의 분산이 이루어지지 않는다는 점을 근거로 제시하도록 한다.

채점 기준

• 대통령제가 보다 독재가 쉬운 체제임을 언급할 것.
• 대통령제에서는 행정부 수반과 국가 원수가 분리되지 않는다는 점을 근거로 밝힐 것.
• 문장과 문장 사이의 관계가 유기적이고 자연스러울 것.

본문 • 126~127쪽

수능형 어휘 TEST

1 ② 2 ① 3 ① 4 ②

1 정답 ②

정답 풀이 ㉠의 '나타내다'는 '생각이나 느낌 따위를 글, 그림, 음악 따위로 드러내다.'라는 의미로 쓰인 것으로, ②의 '나타내다' 또한 이 의미로 쓰인 예이다.

오답 풀이

①, ③ '내면적인 심리 현상을 얼굴, 몸, 행동 따위로 드러내다.'의 의미로 쓰인 예이다.

④ '어떤 일의 결과나 징후를 겉으로 드러내다.'의 의미로 쓰였다.

⑤ '보이지 아니하던 어떤 대상이 모습을 드러내다.'의 의미로 쓰였다.

2 정답 ①

정답 풀이 ⓐ의 사전적 의미는 '전환점이 되는 기회나 시기.'이다. '전기와 후기'라고 할 때 '전기(前期)'는 '일정 기간을 몇 개로 나눈 첫 시기.'를 의미한다.

오답 풀이

② ⓑ는 '지나간 시대.'를 의미하므로 적절하다.

③ ⓒ는 '다시 나타냄.'을 의미하므로 적절하다.

④ ⓓ는 '색깔이나 명암 따위의 짙음과 옅음.'을 의미하므로 적절하다.

⑤ ⓔ는 '산과 내라는 뜻으로, '자연'을 이르는 말.'이므로 적절하다.

3 정답 ①

정답 풀이 ㉠의 '보위하다'는 '보호하고 방위하다.'라는 뜻으로, 문맥상 유교의 명맥을 '지켜야' 한다는 의미로 쓰였다.

4 정답 ②

정답 풀이 ⓑ의 '버금가다'의 사전적 의미는 '으뜸의 바로 아래가 되다.'이다. '많은 것 가운데서 첫째가 되다.'는 '으뜸가다'의 의미이다.

DAY 19 예술 창의성에 대한 견해

1 ①   2 ⑤   3 ②   4 ⓐ: 무의식적 ⓑ: 현장 ⓒ: 영역

지문 분석

≫ 한 문장으로 요약하기

❶ 문단	칙센트미하이는 창의성은 무의식적 사고를 통해 생긴 아이디어가 사회적 인정을 받아 영향력을 발휘할 때 만들어진다고 보았다.
❷ 문단	새로운 아이디어를 떠올릴 때는 반드시 무의식적 사고 과정을 거친다.
❸ 문단	개인이 만들어 낸 아이디어가 현장과 영역의 상호 작용을 거쳐 영향력을 발휘함으로써 창의성이 형성된다.
❹ 문단	아이디어를 만들기 위해서는 전문가 집단과 교류하거나 지식 체계를 이해하기 위해 노력하는 한편 무의식적 사고를 활성화해야 한다.

● 글의 구조 한눈에 보기

'창의성'에 대한 칙센트미하이의 견해 (창의성이 형성되는 과정)

무의식적 사고 과정을 거쳐 새로운 아이디어를 떠올림.	→	개인이 만들어 낸 아이디어가 현장의 평가를 받아 영역으로 편입되어 영역을 새롭게 함.	→	새로운 영역이 개인과 사회 구성원들에게 영향을 미치는 과정을 거쳐 창의성이 형성됨.

현장의 인정을 받는 아이디어를 만들기 위한 노력

• 현장의 전문가 집단과 교류하거나 지식 체계를 이해하려고 노력하기
• 무의식적 사고 활성화하기

주제 창의성에 대한 칙센트미하이의 견해와 아이디어를 만드는 방법

| 교과 연계 | 중학교 미술 ②_발상과 상상

1 정답 ① ··········· 핵심 내용 파악하기

정답 풀이 이 글에서는 창의성이 어떻게 만들어지는지에 대한 칙센트미하이의 견해를 설명하고 있다. 즉 무의식적 사고를 통해 새로운 아이디어가 생기고, 이 아이디어가 '현장'과 '영역'의 상호 작용을 거쳐 사회적 인정을 받음으로써 영향력을 발휘할 때 창의성이 만들어짐을 설명한 뒤, 마지막 문단에서 창의성의 바탕이 되는 아이디어를 만드는 방법을 제시하고 있다. 따라서 '창의성 형성의 과정과 방법'이 이러한 내용을 포괄하는 제목으로 적절하다.

2 정답 ⑤ ··········· 세부 내용 이해하기

정답 풀이 마지막 문단에 따르면 ㉠ '무의식적 사고의 활성화'는 의식적 작업을 최소화하여 고정된 관점을 버리는 것으로, 이를 위해서는 문제 해결이 어려울 때 그 일에 전념하기보다는 일을 잠시 내버려 둔 채 다른 일을 하거나 한가하게 지내는 것이 도움이 된다.

오답 풀이
① 2문단에서 의식하지 못하는 사이에 머릿속에서 다양한 정보들이 조합을 이루다가 잘 들어맞는 조합이 생기면 깨달음을 얻어 새로운 아이디어가 생긴다고 하였다.

②, ③ 무의식적 사고는 여러 줄기의 정보들을 동시에 처리하므로 정보를 하나씩 일렬로 처리하는 것이나 정보의 논리적 관계를 따지는 것이 무의식적 사고의 활성화라고 볼 수는 없다.

④ 4문단에서 무의식적 사고를 활성화하는 것은 의식적 사고를 최소화하여 고정된 관점을 버리는 것이라고 하였으므로 적절하지 않다.

3 정답 ② ··········· 구체적 사례에 적용하기

정답 풀이 3문단에 따르면 칙센트미하이는 개인이 만들어 낸 아이디어가 각 분야의 전문가들로 구성된 사회인 현장의 평가를 받게 되고, 현장은 그중 가치 있는 것을 선택하여 세상에 알린다고 하였다. 그리고 선택된 아이디어는 영역으로 편입되어 영역을 새롭게 하고, 이 새로운 영역이 개인과 사회 구성원들에게 영향을 미친다고 보았다. 이를 바탕으로 할 때 〈보기〉에서 '건축가 A'가 완성한 노벨라 대성당의 돔이 많은 건축가에게 영감을 준 것은 아이디어가 현장의 인정을 받아 영역에 편입되는 과정을 거쳐 만들어진 새로운 영역이 개인과 사회 구성원들에게 영향을 미친 것으로 볼 수 있다.

오답 풀이
① 3문단에서 '영역'은 상징적 지식 체계라고 하였고, 4문단에서 아이디어를 만들기 위해 지식 체계를 이해하려고 노력하고, 영역에 대해 호기심을 가지면 새로운 문제 제기도 가능해진다고 하였다. 이를 바탕으로 할 때 〈보기〉에서 '건축가 A'가 로마 양식에 호기심을 갖고 연구한 결과 돔 설계안을 고안해 낸 것은 '영역'에 대한 호기심을 통해 새로운 문제 제기를 한 결과라고 볼 수 있다.

④ 3문단에 따르면 칙센트미하이는 개인이 만들어 낸 아이디어가 아무리 새로워도 현장의 인정을 받아 영역에 편입되지 못하면 창의성이 형성되지 않았다고 보았다. 이를 바탕으로 할 때 〈보기〉에서 '건축가 A'의 설계안이 감독 위원회의 인정을 받아 돔을 만들 수 있었던 것은 창의성의 형성에 '현장'의 역할이 필요하다는 점을 보여 준다고 할 수 있다.

4 정답 | ⓐ: 무의식적 ⓑ: 현장 ⓒ: 영역

정답 풀이 칙센트미하이는 개인이 만들어 낸 아이디어만으로는 창의성이 형성된 것으로 볼 수 없다고 하며, '현장', '영역'과의 상호 작용을 거쳐야만 창의성이 형성된다고 말했다.

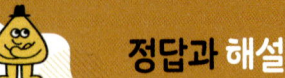

본문 • 132~133쪽

DAY 19 기술 클라우드에 대한 이해

1 ③   2 ②   3 ⑤   4 데이터(문서나 파일)를 저장하고 다수의 사람과 공유

지문 분석

≫ 한 문장으로 요약하기

1 문단 클라우드는 인터넷 서버를 통해 데이터를 저장하고, 네트워크로 콘텐츠를 사용할 수 있는 컴퓨팅 환경이다.

2 문단 클라우드는 인터넷 파일 관리 시스템인 동시에 저장된 정보를 사용자가 보유한 각종 단말기에서 이용할 수 있는 시스템이다.

3 문단 클라우드는 무형의 형태로 존재하는 컴퓨팅 자원을 이용하고 사용 요금을 지급하는 방식이다.

4 문단 클라우드는 남는 서버를 활용하며, 저장 공간을 제공하여 개인 컴퓨터의 가용률을 높인다.

5 문단 서버의 해킹이나 장애 발생 시에 대비하여 안전한 클라우드 사용 환경을 마련해야 한다.

● 글의 구조 한눈에 보기

클라우드	
개념	인터넷상의 서버를 통해 데이터를 저장하고 이를 네트워크로 연결하여 콘텐츠를 사용할 수 있는 컴퓨팅 환경
특징	• 인터넷 파일 관리 시스템인 웹하드의 장점을 수용함. • 저장된 정보를 사용자가 보유한 각종 단말기의 동기화 절차를 거쳐 언제 어디서든 이용할 수 있음. • 무형으로 존재하는 컴퓨팅 자원을 빌려 쓰고 사용 요금을 지급하게 하는 방식의 서비스임.
장점	• 남는 서버를 활용하기에 운영자에게 유용함. • 사용자에게 저장 공간을 제공하여 개인 컴퓨터의 가용률을 높임.

↓

해결 과제	• 서버가 해킹당할 경우 개인 정보가 유출될 수 있음. • 서버 장애가 발생하면 자료 이용이 불가능함.

주제 클라우드의 개념과 구성 기술 및 장점

| 교과 연계 | 중학교 기술·가정 ②_정보 통신 기술

1 정답 ③ .... 핵심 정보 파악하기

정답 풀이 2문단에서 웹하드와의 차이점을 언급하며 클라우드가 웹하드의 장점을 수용했다고 하고 있을 뿐 클라우드의 변천 과정은 언급하지 않았다.

오답 풀이
① 1문단의 '클라우드란 ~ 환경을 말한다.'에 개념이 나타나 있다.

② 4문단에 사용자에게 저장 공간을 제공하여 개인의 컴퓨터 가용률이 높아진다는 점이 장점으로 제시되어 있다.
④ 5문단의 '서버가 해킹당할 ~ 단점도 있다.'에 해결 과제가 나타나 있다.
⑤ 4문단에서 클라우드는 '가상화 기술과 분산 처리 기술로 서버의 자원을 묶거나 분할'한다고 밝히고 있다.

2 정답 ② .... 이유 파악하기

정답 풀이 클라우드는 운영자 입장에서는 평소에 남는 서버를 활용하여 컴퓨팅 환경을 제공하는 것(ㄱ)이고, 사용자 입장에서는 저장 공간을 제공받아 개인 컴퓨터 가용률을 높일 수 있으므로(ㄹ), 자원을 유용하게 활용하는 '그린 IT 전략'이라고 할 수 있다.

오답 풀이
ㄴ. 컴퓨팅 자원을 빌려 쓴 만큼 요금을 낸다는 점이 자원을 유용하게 활용하는 면이라고 볼 수는 없다.
ㄷ. 5문단에서 클라우드는 서버의 해킹이나 장애 발생 등의 단점이 있으므로 이에 대한 대책을 마련하여 사용자들이 안전한 환경에서 서비스를 이용할 수 있도록 해야 한다고 하였다.

3 정답 ⑤ .... 구체적 사례에 적용하기

정답 풀이 3문단에서 클라우드는 '서로 다른 물리적인 위치에 존재하는 컴퓨팅 자원을 가상화 기술로 통합해 제공하는 기술'을 활용하여 서비스를 제공함을 알 수 있다. 즉 가상화 기술은 서버의 자원을 통합하여 제공하는 기술일 뿐 이를 통해 사원들의 업무 처리 과정을 실시간으로 살펴볼 수 있는 것은 아니다.

오답 풀이
① 2문단에서 클라우드는 다수의 사람과 파일을 공유할 수 있는 인터넷 파일 관리 시스템인 웹하드의 장점을 수용했다고 했는데, 이러한 인터넷 파일 관리 시스템으로서의 클라우드 서비스를 이용한 예로 적절하다.
② 저장된 정보를 개인 PC나 스마트폰 등 각종 IT 기기를 통하여 이용할 수 있는 클라우드 서비스의 사례로 적절하다.
③ 클라우드는 콘텐츠를 사용하기 위한 소프트웨어까지 함께 제공한다는 점을 보여 주는 사례로 볼 수 있다.
④ 클라우드는 인터넷상의 서버를 통해 데이터를 저장하는 것이므로 과제 파일이 PC에서 삭제되더라도 클라우드에 저장되어 있으면 그 파일을 이용할 수 있다.

4 정답 | 데이터(문서나 파일)를 저장하고 다수의 사람과 공유

정답 풀이 웹하드는 문서나 파일을 저장, 열람, 편집하고 다수의 사람과 파일을 공유할 수 있는 인터넷 파일 관리 시스템이고, 이러한 웹하드의 장점을 수용한 클라우드는 인터넷상의 서버를 통해 데이터를 저장하고 이를 네트워크로 연결하여 콘텐츠를 사용할 수 있는 컴퓨팅 환경이다.

본문 • 134쪽

1 (1) 분할 (2) 전념 (3) 자질 **2** (1) 활성화 (2) 용량 (3) 동기화 (4) 편입 **3** (1) 전략 (2) 가상 (3) 발휘

배경지식으로 사고력 키우기

본문 • 135쪽

✐ **논술형 문제 ⑩** 학생의 햄스터 모양 무선 마우스는 특허를 받을 수 없다. 특허를 받기 위해서는 기존의 기술보다 진보된 것이어야 하고 이전에 없던 새로운 것이어야 한다. 그러나 학생의 햄스터 모양 무선 마우스는 이미 있는 기술을 그대로 활용한 것일 뿐 기존의 기술보다 진보된 면이 없고, 다른 동물 모양 마우스를 본뜬 것이므로 이전에 없던 새로운 형태도 아니다.

정답 풀이 학생이 만든 햄스터 모양 무선 마우스가 특허를 받을 수 없다는 것을 밝혀야 한다. 그리고 선생님의 설명에서 근거를 찾아 학생의 마우스가 기존의 디자인을 본뜬 것이며, 무선 마우스 기술 또한 새로운 것이 아님을 제시해야 한다.

채점 기준

- 학생의 마우스가 '특허를 받을 수 없음.'을 밝힐 것.
- 설명을 바탕으로 특허를 얻을 수 없는 이유를 구체적으로 제시할 것.
- 문장과 문장 사이의 관계가 유기적이고 자연스러울 것.

본문 • 136~137쪽

DAY 20 사회 실업과 완전 고용

1 ③ **2** ⑤ **3** ② **4** ⊙: 고용주들에게 고용 규모를 줄이는 현상을 초래하기 때문이다. ⓒ: 실업 보험을 받는 실업자는 직장을 찾는 데 소극적일 수 있기 때문이다.

지문 분석

≫ 한 문장으로 요약하기

① 문단	실업은 일을 하고 싶어도 일자리가 없어 하지 못하는 상태로 실업률은 세 가지 형태의 실업의 합이다.
② 문단	마찰적 실업은 근로자가 일자리를 찾지 못해 발생하고, 구조적 실업은 산업 구조가 변화할 때 나타나며, 경기적 실업은 경기 침체 기간에 발생한다.
③ 문단	정부는 완전 고용을 정책 목표로 삼는데 사실상 경기적 실업이 사라지는 것을 완전 고용 상태로 본다.
④ 문단	정부와 국민의 인식 차가 있기 때문에 정부에서 실업률을 낮춰도 국민들은 완전 고용이라고 느끼지 못한다.
⑤ 문단	경기 침체 외에도 최저 임금제나 실업 보험도 완전 고용에 영향을 미친다.

● 글의 구조 한눈에 보기

실업	일을 하고 싶어도 일자리가 없어 하지 못하는 상태 – 실업률: 세 가지 실업의 합

마찰적 실업	구조적 실업	경기적 실업
근로자들이 정보 부족 등으로 일자리를 찾지 못해 발생	경제가 발전하면서 산업 구조가 변화할 때 발생	경기 침체 기간에 일자리가 줄어 발생

↓

완전 고용

현행의 실질 임금 수준에서 노동의 수요와 공급이 일치하는 상태 –자발적 실업을 포함하며, 비자발적 실업 중에서도 마찰적 실업과 구조적 실업은 존재할 수밖에 없음. → 경기적 실업이 사라지는 것을 완전 고용 상태로 봄.

↓

- 실업률을 완전 고용 수준으로 낮추더라도, 실업 통계의 현실성과 정부와 국민의 인식 차 때문에 완전 고용으로 느끼기 어려움.
- 최저 임금제, 실업 보험과 같은 변수들이 완전 고용에 영향을 미침.

주제 실업의 유형과 완전 고용의 어려움

| 교과 연계 | 중학교 사회 ②_물가와 실업

1 정답 ③ ···········○ 세부 내용 파악하기

정답 풀이 3문단에서 정부는 완전 고용을 경제 정책의 목표로 삼고 있는데 경기적 실업이 사라지는 것을 사실상 완전 고용 상태로 본다고 하였으므로, 근로자를 적재적소에 배치하는 것이 국가 고용 정책의 목표라는 것은 적절하지 않다.

오답 풀이

② 3문단에서 '근로자 스스로 일자리를 그만두거나 취업을 거부하는 '자발적 실업'이 항상 존재'한다고 하였다.

④ 2문단에서 근로자들의 정보 부족으로 마찰적 실업이, 산업 구조의 변화로 구조적 실업이 발생함을 알 수 있다.

⑤ 5문단에서 근로자와 실업자를 위한 사회 제도인 최저 임금제와 실업 보험이 오히려 실업 문제를 가져오기도 함을 알 수 있다.

2 정답 ⑤ ···········○ 구체적 사례에 적용하기

정답 풀이

ㄱ, ㄹ. 석탄의 수요가 줄어들어 탄광이 문을 닫은 것이나 새로운 재단 기술이 나타나 기존 방식이 밀려나게 된 것은 산업 구조의 변화 때문이므로 구조적 실업에 해당한다.

ㄴ. IMF는 경기 침체로 인한 것이므로 이로 인해 명예퇴직을 하게 된 것은 경기적 실업에 해당한다.

ㄷ. 자신에게 맞는 회사를 찾지 못해 실업 상태가 된 것이므로 마찰적 실업에 해당한다.

3 정답 ② ....◇ 핵심 내용 이해하기

정답 풀이 3문단에서 근로자 스스로 일자리를 그만두거나 취업을 거부하는 '자발적 실업'이 항상 존재하기 때문에, 완전 고용에서는 '자발적 실업'을 포함하고 있다고 하였다. 따라서 완전 고용을 실현하기 위해서 자발적 실업자를 줄여야 하는 것은 아니다.

오답 풀이

① 4문단에서 정부에서 실업률을 완전 고용 상태인 3.5% 정도로 낮추더라도 국민들은 완전 고용이라고 느끼지 못하는데, 이는 고용 수준에 대한 정부와 국민의 인식 차 때문이라고 하였다.

③, ⑤ 3문단에서 '자발적 실업'은 항상 존재하고 있으며 비자발적 실업 중에서도 현실적으로 마찰적 실업과 구조적 실업은 존재할 수밖에 없다고 하였다. 따라서 완전 고용은 실업자가 한 명도 없는 상태를 의미하지는 않는다.

④ 3문단에서 정부는 완전 고용을 경제 정책의 목표로 삼으며, 경기적 실업이 사라지는 것을 사실상 완전 고용 상태로 본다고 하였다.

4 정답 | ㉠: 고용주들에게 고용 규모를 줄이는 현상을 초래하기 때문이다.
　　　　㉡: 실업 보험을 받는 실업자는 직장을 찾는 데 소극적일 수 있기 때문이다.

정답 풀이 5문단에서 최저 임금제는 '고용주들에게 고용 규모를 줄이는 현상을 초래'하기도 하고, 실업 보험의 경우 '실업 보험을 받는 실업자는 아무래도 직장을 찾는 데 소극적이 될 수밖에 없기 때문'에 실업률을 높이는 요인이 될 수 있다고 하였다.

본문 • 138~139쪽

DAY 20 과학 키메라 성형을 이용한 백신

1 ③　　2 ④　　3 ⑤　　**4** 외래 유전자, 식물체, 동물 세포

지문 분석

≫ 한 문장으로 요약하기

❶ 문단	예방 백신의 발전으로 음식물로 섭취할 수 있는 식물체 예방 백신이 상용화될 것으로 기대된다.
❷ 문단	백신 조달이 어려운 제3 세계 국가들의 여건상 식물에 병원체를 주입하여 길러 낸 식물체 백신이 주목받고 있다.
❸ 문단	식물에 외래 유전자를 주입하는 방법 대신 키메라 성형에 대한 관심이 커지고 있다.
❹ 문단	키메라 성형은 DNA 가닥을 늘려 RNA와 결합시킴으로써 유전자를 원하는 대로 바꾸는 방법으로 다양한 활용이 기대된다.
❺ 문단	식물체 백신의 상용화를 위해서는 시간과 비용, 안전성 문제 등을 해결해야 한다.

• 글의 구조 한눈에 보기

	음식물로 섭취할 수 있는 식물체 예방 백신

외래 유전자 주입 방법	식물에 병원체를 주입하여 길러 냄. • 기대 효과: 백신의 조달과 보관, 접종이 어려운 제3 세계 국가에 도움이 됨. • 한계: 생태계 질서 파괴, 부작용

↓ 단점 보완

키메라 성형	식물 자체에 있는 유전자를 바꿈.: DNA 가닥을 늘려 RNA와 결합시킴으로써 유전자를 원하는 대로 바꿈. • 기대 효과: 부작용 없이 안정적인 식물체 백신을 생산할 수 있고 효과적인 형질 변환이 가능함. • 장점: 동물 세포에서 배양하는 백신에 비해 바이러스 감염 위험이 적고 정제 과정도 단순함.

과제

• 백신의 적정 주입량과 면역 유도 반응을 높이는 방법에 대한 연구가 필요함.
• 상업화에 시간과 비용이 많이 듦.
• 안전성과 효과성에 대한 비판을 해결해야 함.

주제 식물체 예방 백신의 현황과 전망 및 과제

| **교과 연계** | 중학교 기술·가정 ②_생명 기술 시스템의 발달

1 정답 ③ ....◇ 세부 내용 파악하기

정답 풀이 5문단의 '키메라 성형을 이용한 백신은 동물 세포에서 배양하는 백신에 비해 ~ 정제 과정도 훨씬 단순하다.'로 보아, 식물체 백신이 동물체 백신보다 제조 과정이 까다롭다고 볼 수는 없다.

오답 풀이

① 2문단에서 아프리카, 동남아 등 제3 세계 국가들은 백신을 만들 수 있는 여건이 부족함을 짐작할 수 있다.

② 5문단에서 '키메라 성형을 이용한 백신은 동물 세포에서 배양하는 백신에 비해 바이러스 감염 위험이 적'다고 한 것을 통해 알 수 있다.

④ 4문단에서 키메라 성형은 DNA의 가닥을 늘려 RNA와 결합시킴으로써 유전자를 원하는 대로 바꾸는 방법이라고 하였다.

⑤ 유전자의 형질을 변환하여 만든 백신은 키메라 성형을 통해 만들어진 백신으로, 4문단에서 현재 담배와 옥수수로 만든 백신이 임상 실험을 통해 성과를 거두었다고 하였다.

2 정답 ④ ....◇ 세부 내용 파악하기

정답 풀이 4문단에서 '키메라 성형을 이용하면 외래 유전자가 주입된 식물이 가져올 수 있는 부작용 없이 안정적인 식물체 백신을 생산할 수 있음은 물론, 효과적인 형질 변환을 기대'할 수 있을 것이라고 하였는데, 이를 통해 키메라 성형을 활용한 식물체 백신이 실용화되면 원인을 알 수 없는 모든 질병에 대한 백신을 개발할 수 있다고 볼 수는 없다.

3 정답 ⑤ ····· ○ 반응의 적절성 판단하기

정답 풀이 〈보기〉는 식물체 백신을 개발하는 과정에서 외래 유전자를 식물에 주입하는 방식이 생태계에 악영향을 끼치거나 예기치 않은 부작용을 초래할 수 있음을 지적하고 있다. 3문단에서 이러한 우려와 관련하여 외래 유전자를 주입하지 않고 식물 자체에 있는 유전자를 바꾸어 백신으로 활용하려는 키메라 성형에 대한 관심이 커지고 있다고 하였으므로, 외래 유전자 주입에 따른 부작용을 줄이기 위해 키메라 성형이 등장한 것이라는 반응은 적절하다.

오답 풀이

② 〈보기〉에서 키메라 성형이 등장한 배경을 알 수 있을 뿐 이를 통해 키메라 성형의 효과가 크지 않을 것이라고 짐작할 수는 없다.

③ 5문단에서 키메라 성형을 이용한 백신은 동물 세포에서 배양하는 백신에 비해 바이러스 감염 위험이 적다고 하였으므로 〈보기〉와 관련하여 백신 개발에 식물을 활용하는 것보다 동물을 활용하는 것이 효율적이라고 볼 수는 없다.

4 정답 | 외래 유전자, 식물체, 동물 세포

정답 풀이 4문단에서 키메라 성형을 이용하면 외래 유전자가 주입된 식물이 가져올 수 있는 부작용 없이 안정적인 식물체 백신을 생산할 수 있다고 하였고, 5문단에서 키메라 성형을 이용한 백신은 동물 세포에서 배양하는 백신에 비해 바이러스 감염 위험이 적다고 하였다.

어휘 완성하기

1 (1) 획기적 (2) 부양 (3) 상용화 (4) 현행 **2** (1) 조달 (2) 침체 (3) 효능 **3** (1) 초래 (2) 변수 (3) 적정

배경지식으로 사고력 키우기

🖊 **논술형 문제** 예 우리나라의 전체 실업률에 비해 청년층 실업률은 높게 나타나며 크게 줄어들지 않고 있다. 이를 통해 우리 사회에 청년 실업 문제가 심각함을 알 수 있다. 청년 실업 문제를 해결하기 위해서는 정부와 기업이 청년들이 얻을 수 있는 양질의 일자리를 확충하는 한편, 정부에서 청년들을 위한 직업 교육을 진행하고 구직 활동을 지원하는 등의 대책을 실행해야 한다.

정답 풀이 그래프의 전체 실업률과 비교할 때 청년층 실업률이 높으며 줄어들지 않고 있는 것을 통해 청년 실업 문제가 심각함을 밝혀야 한다. 그리고 〈자료〉에 나타난 문제의 원인과 배경지식의 내용을 토대로 청년 실업의 해결 방안을 제시하도록 한다.

채점 기준

• 청년층 실업률이 높음을 바탕으로 청년 실업 문제를 제시할 것.
• 청년 실업 문제를 해결하기 위한 방안을 구체적으로 제시할 것.
• 문장과 문장 사이의 관계가 유기적이고 논리적일 것.

DAY 21 인문 **인간과 동물의 관계**

1 ⑤ **2** ⑤ **3** ③ **4** ⓐ: 문화 ⓑ: 자연 ⓒ: 문명 ⓓ: 야만

🐶 지문 분석

≫ 한 문장으로 요약하기

❶ 문단	신화에서 세계를 구성하는 존재들 사이에는 대칭적인 관계가 구축되어 있었다.
❷ 문단	대칭성 사회에서 인간은 문화를 가지고, 동물은 자연 상태 그대로 살아가는 것으로 생각되었다.
❸ 문단	인간은 문화가 자연의 우위에 있다고 생각하지 않고, 동물이 쥐고 있는 '자연의 힘'의 비밀에 접근하고자 했다.
❹ 문단	국가가 형성되면서 대칭성의 관계가 깨지고 동물에 대한 인간의 지배를 자연의 섭리로 여기게 되었다.
❺ 문단	신화적 사고는 비대칭적 사고에서 벗어난 새로운 사고로의 인식 전환이 필요함을 보여 준다.

● **글의 구조 한눈에 보기**

대칭성 사회		비대칭성 사회
• 신화적 사고: 세계를 구성하는 존재들 사이에 대칭적인 관계가 구축되어 있음. • 인간은 '문화'를 가지고 살아가며 동물은 '자연' 상태 그대로 살아감. → 문화가 자연의 우위에 있다고 보지 않고, 동물이 인간이 접할 수 없는 '자연의 힘'의 비밀을 쥐고 있다고 생각함.	↔	• 국가 체제: 국가가 형성되면서 대칭성의 관계가 깨짐. • '문명'과 '야만'을 차별적으로 인식하게 되고, '비대칭'과 '차별'이 '문명'을 가져왔다고 여김. → 동물에 대한 인간의 지배를 자연의 섭리로 생각함.

신화적 사고 – 비대칭적 사고에서 벗어나 새로운 사고로의 인식 전환을 위한 계기 마련

주제 신화적 사고에 나타난 인간과 동물의 대칭적 관계

| 교과 연계 | 중학교 도덕 ②_인간과 자연의 관계

1 정답 ⑤ ····· ○ 세부 내용 추론하기

정답 풀이 3문단에서 '인간은 신화나 제의를 통해서 동물과의 유대 관계를 회복·유지하면서 '자연의 힘'의 비밀에 접근하고자 했다.'라고 한 것을 통해 대칭성 사회에서 제의는 동물과의 유대 관계를 회복·유지하는 역할을 했음을 알 수 있다. 힘의 우위를 따지고 경쟁을 벌이는 것은 비대칭성 사회의 특징이다.

오답 풀이

① 1문단에서 '신화에는 세계를 구성하는 존재들 사이에 '대칭'적인

관계가 구축되어 있었다.'라고 한 것과, 2문단에서 대칭성 사회에서는 '신화'를 가지고 있었다고 한 것을 통해 알 수 있다.

② 4문단에서 국가가 형성되면서 대칭성의 관계가 깨진 이후, 인간은 '자연의 힘'의 비밀마저도 가지려 했다고 하였다.

③ 2문단에서 대칭성 사회에서 인간은 '문화' 덕택에 욕망을 억누르고 절제된 행동을 하며 살 수 있었다고 하였다.

④ 4문단에서 비대칭성 사회에서는 '문명'과 '야만'을 차별적으로 인식하게 되면서 '비대칭'과 '차별'이 인류의 '문명'을 가져왔다고 여겼다고 한 것을 통해 알 수 있다.

2 정답 ⑤ ·········· 세부 내용 추론하기

정답 풀이 ㉠은 신화가 국가 체제를 갖추지 않은 사회에서 발생하여 발달해 왔다는 것이다. 신화를 가지고 있는 대칭성 사회에서 인간은 동물의 우위에 있다고 여기지 않고 동물과 더불어 살며 유대 관계를 유지하려고 했다. 즉 서로의 존재로 인해 조화로운 삶을 지향한 것이다. 반면 국가 체제에서는 대칭성의 관계가 깨어져 '비대칭'과 '차별'을 인정하며 인류의 '문명'이 '자연'보다 우위에 있다고 여겼다. 즉 인간과 동물이 힘의 우위를 따지며 경쟁 관계에 있게 된 것이다. 따라서 이를 통해 국가가 지향하는 것과 신화가 지향하는 것은 다르다는 점을 이끌어 낼 수 있다.

3 정답 ③ ·········· 구체적 사례에 적용하기

정답 풀이 〈보기〉에서는 동물인 곰이 여자가 되어 환웅과 결혼한다. 이는 동물이 인간이 되어 신의 아들과 결혼한 것으로 1문단에서 '신화에는 세계를 구성하는 존재들 사이에 '대칭'적인 관계가 구축되어' 있다고 한 것을 보여 준다.

오답 풀이

① 〈보기〉에서 곰과 호랑이가 대립하고 있는 것은 아니며 따라서 〈보기〉에 동물 간의 비대칭적 구조가 나타난다고 볼 수도 없다.

② 3문단에서 대칭성 사회에서 인간은 이 세계의 진정한 권력을 쥐고 있는 것은 동물이라고 생각했다고 하였다. 따라서 곰이 인간이 된 것이 진정한 권력을 획득하게 된 것이라고 볼 수는 없다.

④ 〈보기〉에는 환인의 아들 환웅이 땅에 내려와 인간처럼 행동하는 모습이 나타날 뿐 환인이 초월적 권력을 지닌 모습은 나타나지 않는다.

⑤ 환웅과 곰 사이에서 아들이 태어난 것은 신과 동물이 인간처럼 행동했고, 인간의 말을 사용했으며, 그들은 서로 결혼할 수도 있었던 신화 속 대칭성 사회의 모습이라고 볼 수 있다.

4 정답 | ⓐ: 문화 ⓑ: 자연 ⓒ: 문명 ⓓ: 야만

정답 풀이 대칭성 사회에서 인간은 '문화'를 가지고 살아가며 동물은 '자연' 상태 그대로 살아가는 것으로 생각되었다. 그러나 비대칭성 사회, 즉 국가 체제에서는 '문화'가 균형을 상실한 '문명'으로 변하고 말았고, '문명'과 '야만'을 차별적으로 인식하게 되었다.

DAY 21 기술 제습기의 원리

1 ⑤　**2** ②　**3** ③　**4** 공기 중의 습기를 제거하기 위해 화학 물질인 흡습제를 이용하여 공기 중의 습기를 직접 흡수하거나 흡착시킨다.

지문 분석

≫ 한 문장으로 요약하기

① 문단 제습기는 공기 중의 습기를 직접 제거해 상대 습도를 낮춘다.

② 문단 건조식 제습기는 화학 물질인 흡습제를 이용하여 습기를 직접 흡수하거나 흡착시킨다.

③ 문단 냉각식 제습기는 냉매를 이용하여 공기 중의 수증기를 물로 응축시켜 습기를 조절한다.

④ 문단 전자식 제습은 펠티에 효과를 이용한 열전 냉각 방식으로 작동한다.

• 글의 구조 한눈에 보기

상대 습도	현재 온도의 포화 수증기량에 대한 대기 중의 수증기량을 백분위로 나타낸 것 → 포화 수증기량이 많아지거나 대기 중 수증기량이 적어질수록 낮아짐.

↓

제습기
공기 중의 습기를 직접 제거하여 상대 습도를 낮춤.

건조식	냉각식	전자식
화학 물질인 흡습제를 이용하여 공기 중의 습기를 직접 흡수하거나 흡착	팬으로 습한 공기를 빨아들인 뒤 냉매를 이용한 냉각 장치로 통과시켜 공기 중의 수증기를 물로 응축	펠티에 효과를 이용한 열전 냉각 방식으로 작동

주제 제습기의 유형과 작동 원리

| 교과 연계 | 중학교 기술·가정 ①_안전한 생활문화

1 정답 ⑤ ·········· 세부 내용 파악하기

정답 풀이 4문단에서 전자식 제습은 펠티에 효과를 이용한 열전 냉각 방식으로 작동하는데, 펠티에 효과는 발열과 냉각이 동시에 일어나는 현상이라고 하였다. 그러나 3문단에서 냉각식 제습기는 습한 공기를 냉각 장치로 통과시켜 수증기를 물로 응축시킨 뒤 습기가 제거된 건조한 공기를 데워서 실내로 방출함을 알 수 있다. 즉 냉각식 제습기에서는 냉각과 발열이 순차적으로 일어나므로 동시에 일어난다는 것은 적절하지 않다.

오답 풀이

① 1문단에서 '포화 수증기량이 많아지거나 대기 중 수증기량이 적어질수록 상대 습도는 낮아진다.'라고 하였다.

② 불쾌지수는 날씨에 따라서 사람이 불쾌감을 느끼는 정도를 기온과 습도를 이용하여 나타내는 수치이다. 1문단에서 '일기 예보에서 말하는 습도는 상대 습도'이고, '쾌적한 실내를 위해서는 상대 습도를 40~60%로 유지하는 것이 좋다.'라고 하였으므로, 일기 예보에서 말하는 습도는 불쾌지수와 관련이 있다고 볼 수 있다.

③ 4문단에서 '전자식 제습기는 소음이 없고 소형화가 가능해 정밀 기기를 보관하는 제습함에 이용된다.'라고 하였다.

④ 2문단에서 건조식 제습기는 '밀폐된 공간에서 소량의 수분을 제거하는 데 유용하다.'라고 하였다.

2 정답 ② .... 세부 내용 이해하기

정답 풀이 1문단에서 공기를 가열하면 포화 수증기량을 늘릴 수 있다고 하였고, 3문단에서 냉각 장치를 통과하면 공기의 온도가 낮아진다고 하였다. 따라서 ⓑ에서 냉각 장치를 통과하면 온도가 낮아져 포화 수증기량이 적어질 것이다.

오답 풀이

① 1문단에서 '절대 습도는 말 그대로 일정한 부피의 공기 중에 포함되어 있는 수증기의 양이라고 하였다. 〈보기〉의 ⓐ~ⓓ의 과정에서는 제습기가 습한 공기를 유입하여 습기를 제거한 후 건조한 공기를 배출시키므로 실내의 절대 습도는 낮아질 것이다.

③ 3문단에서 냉각식 제습기의 냉각 장치에는 냉매를 이용한다고 하였다.

④ 3문단에서 습한 공기가 냉각 장치를 통과하면 공기의 온도가 낮아지고, 공기가 이슬점에 도달해 수증기가 물로 변한다고 하였다.

⑤ 3문단에서 습기가 제거된 건조한 공기는 응축기를 거쳐 다시 데워진 후에 실내로 방출된다고 하였다.

3 정답 ③ .... 유사한 사례 파악하기

정답 풀이 ⓐ~ⓒ 과정에 나타난 현상은 기체인 수증기가 냉각 장치를 통과한 뒤 물로 변하는 과정이다. 추운 겨울에 따뜻한 집 안으로 들어오면 안경에 김이 서리는 것은 습기를 많이 포함한 집 안의 공기가 안경의 차가운 표면과 만나 온도가 떨어지고, 그로 인해 포화 수증기량이 낮아지면서 공기 중의 수증기가 물(김)로 응결되기 때문이므로 이는 ⓐ~ⓒ에 나타난 현상과 유사하다.

오답 풀이

①, ④ 액체가 기체로 변하는 현상이다.

② 고체가 액체로 변하는 현상이다.

⑤ 물기가 증발하면서 기체 상태로 변하는 현상이다.

4 정답 | 공기 중의 습기를 제거하기 위해 화학 물질인 흡습제를 이용하여 공기 중의 습기를 직접 흡수하거나 흡착시킨다.

정답 풀이 1문단에서 상대 습도를 낮추기 위해서는 공기를 가열해 포화 수증기량을 늘리거나 공기 중의 습기를 직접 제거할 수 있는데, 제습기는 공기 중의 습기를 제거하는 방식을 이용한다고 하였다.

본문 • 146쪽

어휘 완성하기

1 (1) 구축 (2) 우위 (3) 흡착 **2** (1) 방출 (2) 섭리 (3) 냉매 (4) 상대적 **3** (1) 강압 (2) 직면 (3) 응축

본문 • 147쪽

배경지식으로 사고력 키우기

✏ 논술형 문제 예 나는 '나무사랑'의 입장에 동의한다. 왜냐하면 생태 중심주의적 자연관에서 볼 때 나무는 그 자체로 소중하고 보호받아야 하는 존재인데 아파트 재건축이라는 인간의 이익과 편리를 위해 수백 그루의 나무를 베는 것은 인간의 관점에서 자연을 도구로 삼는 것이라는 점에서 문제가 있기 때문이다.

정답 풀이 '나무사랑'과 '똘이아빠'의 입장 중 하나를 선택하고, 그 의견에 동의하는 이유를 생태 중심주의적 자연관 또는 인간 중심주의적 자연관에 근거하여 제시하도록 한다.

채점 기준

• 자신이 동의하는 입장을 명확히 밝힐 것.
• 생태 중심주의적 자연관 또는 인간 중심주의적 자연관에 근거하여 동의하는 이유를 제시할 것.
• 문장 성분의 호응이 적절하고 문장의 연결이 자연스러울 것.

본문 • 148~149쪽

DAY 22 예술 해학에 담긴 의미

1 ④ **2** ① **3** ④ **4** 익살과 풍류로서의 해학은 반지식적, 반문명적 의미를 앞세우며, 민화나 화가 신윤복 그림에서 볼 수 있다.

지문 분석

≫ 한 문장으로 요약하기

❶ 문단	'해학'은 익살스럽고 멋이 있는 말이나 짓으로, 해학미에는 유희 본능, 익살과 풍류, 부조리 탈출을 위한 것이 있다.
❷ 문단	유희 본능으로서의 해학은 반복이 유희적으로 진행되다가 일탈 행위가 벌어질 때의 생동감에서 나타난다.
❸ 문단	익살과 풍류로서의 해학은 반지식적, 반문명적 의미를 앞세운다.
❹ 문단	사회 부조리에 대한 반발로서의 풍자적 해학은 전통적인 미적 정의의 허구성을 풍자, 조롱한다.
❺ 문단	해학에는 저항과 기지, 웃음과 화해가 있다.

● 글의 구조 한눈에 보기

해학
익살스럽고 멋이 있는 말이나 짓 –웃음과 여유, 반전이나 과장에서 오는 쾌감, 엉뚱함이 있음. –우리 문화의 미적 요소 중 하나

유희 본능으로서의 해학	익살과 풍류로서의 해학	부조리 탈출을 위한 해학
형식과 관련된 것. 반복이 유희적으로 진행되다가 일탈 행위가 벌어질 때 발산되는 생동감에서 나타남. → 수묵화의 선묘	반지식적. 반문명적 의미를 앞세움. → 민화. 화가 신윤복	사회 부조리에 대한 반발로서의 풍자적 해학으로, 전통적인 미적 정의의 허구성을 풍자하거나 조롱함.

주제 **우리 미술에 나타난 해학미의 세 가지 유형과 특징**

| 교과 연계 | 중학교 미술 ②_다양한 주제 표현

1 정답 ④   ◯ 내용 전개 방식 파악하기

정답 풀이 이 글은 해학의 개념을 밝힌 뒤 우리 미술에 나타난 해학을 '유희 본능으로서의 해학, 익살과 풍류로서의 해학, 부조리 탈출을 위한 해학'으로 유형화하여 설명하면서 그 특징과 사례를 제시하고 있을 뿐 해학미의 부정적 측면을 다루고 있지는 않다.

2 정답 ①   구체적 사례에 적용하기

정답 풀이 ㉠은 수묵화의 붓 사용법에서 발달한 '선묘의 해학'의 특징으로, 때로는 굵게 때로는 가늘게 나타나는 변화 있는 두께와 유연한 리듬의 선을 제시하고 있다. ①은 김명국의 「달마도」로 인물을 이루는 선이 때로는 굵게 때로는 가늘게 나타났으며 유연한 리듬을 보여 주므로 ㉠을 잘 보여 준다고 할 수 있다.

3 정답 ④   ◯ 구체적 사례 이해하기

정답 풀이 ㉡은 지적이고 관념적인 풍자로, 전통적인 미적 정의의 허구성을 풍자하거나 조롱하면서 해학의 개념을 도입한다고 하였다. 〈보기〉에서 백남준은 충격적인 퍼포먼스를 통해 기성 예술을 공격했고, 기존의 미학적 가치에 대한 반예술적 도전을 보였다고 하였으므로 기존의 미적 가치나 기준에 대한 조롱을 보인다는 점에서 ㉡의 예로 적절하다.

4 정답 | 익살과 풍류로서의 해학은 반지식적. 반문명적 의미를 앞세우며, 민화나 화가 신윤복 그림에서 볼 수 있다.

정답 풀이 3문단에 익살과 풍류로서의 해학의 특징과 그 사례가 나타나 있다.

DAY 22 과학   무아레 무늬

1 ④   2 ⑤   3 ⑤   4 파장이 비슷한 무늬가 겹쳐질 때 나타난다.

지문 분석

≫ 한 문장으로 요약하기

❶ 문단	주기적인 무늬가 겹쳐서 원래의 주기보다 큰 무늬를 만드는 현상을 무아레 간섭이라 하고 이 무늬를 무아레 무늬라 한다.
❷ 문단	무아레 무늬는 빛의 간섭 현상과 관련이 있어 파장이 비슷한 무늬가 겹쳐질 때 나타난다.
❸ 문단	무아레 무늬는 텔레비전 모니터와 디지털 카메라에서도 나타난다.
❹ 문단	무아레 무늬는 측정이 필요한 여러 분야에 쓰인다.

● 글의 구조 한눈에 보기

무아레 무늬
주기적인 무늬가 겹쳐서 원래의 주기보다 큰 무늬를 만드는 현상(무아레 간섭)에서 만들어지는 무늬

원리	빛의 간섭 현상에 따라 나타남. –파장이 비슷한 무늬가 겹쳐질 때 나타나며, 겹치는 두 줄무늬의 파장 크기가 크게 차이 나거나 각도가 일정 범위를 벗어나면 나타나지 않음.
사례	텔레비전 모니터, 디지털 카메라에서 나타남.
쓰임새	측정이 필요한 여러 분야에 쓰임. –짧은 길이 측정. 입체적인 물체의 편평도 측정

주제 **무아레 무늬가 나타나는 원리와 이를 이용한 측정**

| 교과 연계 | 중학교 과학 ①_파동

1 정답 ④   ◯ 세부 내용 파악하기

정답 풀이 2문단에서 겹치는 두 줄무늬의 파장 크기가 크게 차이가 날 때 무아레 무늬가 나타나지 않는다고 하였다.

오답 풀이

① 2문단에서 무아레 무늬는 빛의 간섭 현상과 관련이 있다고 하였으므로, 빛이 없는 곳에서는 나타나기 어려울 것이다.

②, ③ 4문단에 무아레 무늬의 주기를 이용하여 짧은 길이를 측정하는 방법과, 무아레 무늬로 비행기 양 날개의 좌우 대칭을 알아보는 방법이 나타나 있다.

⑤ 2문단에서 무아레 무늬는 겹치는 두 줄무늬의 각도가 일정 범위를 벗어나면 나타나지 않는다고 하였다.

2 정답 ⑤ ⟶○ 설명 방식 파악하기

정답 풀이 1문단에서 햇빛이 비칠 때 모기장이 겹쳐 있는 부위에서 나타나는 얼룩무늬의 예를 들어 무아레 무늬가 어떤 것인지 제시한 뒤, 3문단에서 무아레 무늬가 나타나는 사례로 텔레비전 모니터와 디지털 카메라를 제시하여 무아레 무늬에 대한 이해를 돕고 있다.

3 정답 ⑤ ⟶○ 고쳐쓰기 방안 검토하기

정답 풀이 ⓜ 뒤에는 무아레 무늬가 활용되는 다른 사례가 제시되어 있으므로 ⓜ에는 '이 밖에'를 쓰는 것이 자연스럽다. '요컨대'는 '중요한 점을 말하자면'이라는 의미로, 뒤에 예가 아니라 핵심 내용을 요약하여 제시할 때 사용한다.

오답 풀이
① '유용하다'는 '쓸모가 있다.'라는 의미이므로 '쓸모가 있고 유용하며'는 의미가 중복된 표현이다.
② ⓛ의 '사용되어집니다'는 '−되다'와 '−어지다'라는 피동 표현이 중복되었으므로 '사용됩니다'로 고쳐 쓰는 것이 적절하다.
③ ⓒ '촘촘이'는 '촘촘히'의 잘못된 표기이다.
④ 무아레 무늬가 유용한 사례를 제시하고 있으므로 무아레 무늬가 문제가 되는 경우인 ⓔ은 삭제하는 것이 자연스럽다.

4 정답 | 파장이 비슷한 무늬가 겹쳐질 때 나타난다.

정답 풀이 2문단에서 무아레 무늬가 나타나는 원리는 빛의 간섭 현상과 관련 있으며, 파장이 비슷한 무늬가 겹쳐질 때 나타난다고 하였다.

어휘 완성하기

1 (1) 유희 (2) 부조리 (3) 왜곡 **2** (1) 파장 (2) 모순 (3) 격자 (4) 화소 **3** (1) 대칭 (2) 반전 (3) 풍류

배경지식으로 사고력 키우기

✏ 논술형 문제 ⑩ 용수철을 좌우로 흔들 때는 파동의 진행 방향과 매질의 진동 방향이 서로 수직이므로 횡파이며, 앞뒤로 흔들 때는 파동의 진행 방향과 매질의 진동 방향이 서로 나란하므로 종파이다.

정답 풀이 용수철을 좌우로 흔들 때와 앞뒤로 흔들 때 각각 횡파와 종파가 나타남을, 횡파일 때와 종파일 때 파동의 진행 방향과 매질의 진동 방향을 근거로 들어 서술하도록 한다.

채점 기준
• 용수철을 좌우로 흔들 때는 횡파, 앞뒤로 흔들 때는 종파임을 분명히 밝힐 것.
• 각각 횡파와 종파로 판단한 근거를 적절히 서술할 것.
• 문장 성분의 호응이 적절하고 문장이 자연스러울 것.

DAY 23 과학 번개가 발생하는 원리

1 ① **2** ③ **3** ① **4** 번개는 대기 중에서 전기의 방전이 일어나 번쩍이는 불꽃인데, 벼락은 구름과 지표 사이에서 발생하는 방전만을 말한다.

지문 분석

≫ 한 문장으로 요약하기

❶ 문단	번개는 대기 중에서 전기의 방전이 일어나 번쩍이는 불꽃이다.
❷ 문단	대전된 물체는 중성 상태로 돌아가려 하는데 그 힘이 매우 강하면 도선이 없어도 전기가 흐를 수 있다.
❸ 문단	적란운의 상층부는 양전하로 대전된 입자가, 하층부는 음전하로 대전된 입자가 쌓이는데, 입자가 많이 쌓일 때 순간적으로 전기가 흐르며 번개가 발생한다.
❹ 문단	구름과 지표 사이의 번개는 구름 밑 공기 기둥의 음전하와 지표의 양전하가 가까워져 방전이 발생할 때 내려오던 음전하들이 구름 쪽으로 되돌아가면서 발생한다.
❺ 문단	벼락은 구름과 지표 사이에서 발생하는 방전만을 말한다.

• 글의 구조 한눈에 보기

번개
대기 중에서 전기의 방전이 일어나 번쩍이는 불꽃

발생 원리	전하량이 균형을 이루지 못할 때 전자가 이탈된 물체는 양전하, 전자를 얻은 물체는 음전하로 대전됨. → 대전된 물체는 다시 중성 상태로 돌아가려 함. → 중성 상태로 돌아가려는 힘이 매우 강하면 도선이 없어도 전기가 흐를 수 있음.
구름 속 번개	적란운 상층부는 양전하로 대전된 입자가, 하층부는 음전하로 대전된 입자가 쌓임. → 대전된 입자가 많이 쌓이면 순간적으로 전기가 흐르는 방전 현상이 나타나며 발생하는 빛이 번개
구름과 지표 사이의 번개	적란운 밑에서 음전하를 띤 공기 기둥은 지표 가까이 내려오면 지표가 양전하를 띠도록 함. → 공기 기둥의 음전하가 지표의 양전하와 가까워져 서로를 끌어당기는 힘이 일정 수준을 넘으면 방전이 나타남. → 지표로 내려오던 음전하들이 지표의 양전하와 만나 구름 쪽으로 되돌아가면서 번개 발생 = 벼락(전체 번개 중 10% 정도)

주제 번개가 발생하는 원리와 과정

| 교과 연계 | 중학교 과학 ③_구름과 강수의 원리

1 정답 ① ○ 핵심 내용 파악하기

정답 풀이 이 글은 1문단에서 번개가 방전 때문에 일어나는 것임을 밝힌 뒤 2문단에서는 방전 현상이 왜 일어나는지 설명하고, 3문단에서는 구름 속에서 번개가 발생하는 원리를, 4문단에서는 구름과 지표 사이에서 번개가 발생하는 원리를 방전 현상이 일어나는 과정을 통해 설명하고 있다. 따라서 표제는 '번개의 발생 원리', 부제는 '방전 현상이 일어나는 과정을 중심으로'로 정리할 수 있다.

오답 풀이

② 구름 내부와 구름과 지표 사이에 번개가 발생하는 이유를 설명한 것이지 번개와 구름의 관계를 밝힌 것은 아니다.

③ 3문단에서 번개가 발생하는 조건과 적란운 내부 상태의 변화를 다루고 있으나 전체적인 제목으로는 적절하지 않다.

④ 구름 내부의 번개와 구름과 지표 사이의 번개 발생 과정을 각각 설명하고 있으나 구름의 종류와 위치를 중심으로 한 것은 아니다.

⑤ 번개의 피해를 막는 방법은 다루고 있지 않다.

2 정답 ③ ○ 이유 파악하기

정답 풀이 2문단에서 대전된 물체는 다시 중성 상태로 돌아가려는 특성이 있는데 각각 다른 전하로 대전된 두 물체가 중성 상태로 돌아가기 위해 전하가 이동할 때 전기가 흐르며, 중성 상태로 돌아가려는 힘이 매우 강하면 도선이 없어도 전기가 흐른다고 하고 있다.

오답 풀이

① 전기는 구리선처럼 전기가 잘 흐르는 도선을 따라 흐르는데 기체에서도 전기가 흐르는 경우가 있는 것이지, 전기가 도선보다 기체에서 더 잘 흐르는지는 알 수 없다.

② 물체는 보통의 경우 양전하와 음전하의 전하량이 같은 중성 상태인데 외부에서 힘이 가해지면 물체의 전자들이 다른 물체로 이동하여 대전되는 것이지 시간이 지나면 저절로 대전 현상이 일어나는 것은 아니다.

④ 4문단에서 '공기 기둥의 음전하가 지표의 양전하에 가까워져 서로를 끌어당기는 힘이 일정 수준을 넘으면 방전이 나타난다.'라고 한 것을 통해 양전하와 음전하는 서로 끄는 힘이 있음을 확인할 수 있다.

⑤ 2문단에 따르면, 물체는 보통의 경우 양전하와 음전하의 전하량이 같은 중성 상태라고 하였으므로 기체 또한 외부의 힘이 가해지지 않으면 중성 상태일 것이다.

3 정답 ① ○ 세부 내용 이해하기

정답 풀이 5문단에서 구름과 지표 사이에서 발생하는 방전만을 벼락이라고 하는데, 벼락은 전체 번개 중 10% 정도에 불과하다고 하였다. 따라서 ㉮와 ㉯ 사이보다 ㉯와 ㉰ 사이에서 발생하는 번개의 빈도가 더 높은 것은 아니다.

오답 풀이

② 3문단에서 ㉮의 적란운 상층부에는 양전하로 대전된 입자가, ㉯

의 적란운 하층부에는 음전하로 대전된 입자가 쌓이는데 그 입자가 많이 쌓이면 순간적으로 전기가 흐르는 방전 현상이 나타난다고 하였다.

③, ④ 4문단에서 대전된 물체를 중성 물체에 가까이 대면 대전된 물체와 가까운 쪽에 있는 중성 물체의 표면은 대전된 물체와 반대되는 전하를 띤다고 하였는데, 이로 보아 ㉯의 적란운 하층부 밑에서 음전하를 띤 공기 기둥이 지표 가까이 내려옴에 따라 ㉰의 지표가 양전하로 대전된다고 할 수 있다. 그리고 ㉰의 음전하가 ㉯의 양전하와 가까워져 서로를 끌어당기는 힘이 일정 수준을 넘을 때 방전이 나타나므로 ㉯에 음전하로 대전된 입자가 쌓여 있어야 ㉯와 ㉰ 사이에 번개가 발생할 수 있다고 볼 수 있다.

⑤ 4문단에서 구름과 지표 사이의 번개는 지표로 내려오던 공기 기둥에 있는 음전하가 다시 구름으로 돌아갈 때 발생한다고 하였다.

4 정답 | 번개는 대기 중에서 전기의 방전이 일어나 번쩍이는 불꽃인데, 벼락은 구름과 지표 사이에서 발생하는 방전만을 말한다.

정답 풀이 1문단에서 번개는 대기 중에서 전기의 방전이 일어나 번쩍이는 불꽃임을 밝힌 뒤 3문단과 4문단에서 구름 내부에서 발생하는 번개와 구름과 지표 사이에서 발생하는 번개를 설명하고 있다. 그리고 5문단에서 구름과 지표 사이에서 발생하는 방전만을 벼락이라고 한다고 하였다.

본문 • 156~157쪽

DAY 23 인문 **조선 성리학자들의 가치관**

1 ② 2 ③ 3 ④ 4 다르다, 절대성, 같다, 상대적

지문 분석

》 한 문장으로 요약하기

1 문단	조선 성리학자들은 성선을 절대적인 가치관으로 받아들였다.
2 문단	17세기 말 시작된 호락논쟁은 상대주의적 가치관에 대한 대응이면서 심각한 내부 논쟁이었다.
3 문단	호론은 성선의 절대성 약화를 우려하며 성선의 회복을 주창하였다.
4 문단	낙론은 상대적 가치를 인정했고 이에 따라 고유한 가치를 지닌 모든 사물을 새롭게 이해하려는 태도가 대두하였다.
5 문단	19세기의 조선 성리학자들에게 낙론의 주장은 사물에 대한 관심을 불러일으켰고 근대의 상대주의적 가치관이 자리 잡을 수 있는 토대를 마련하게 하였다.

조선 전기 성리학자들
인간의 본성이 착하다는 성선을 절대적인 가치관으로 받아들임. → 불교와 양명학의 의심과 관련한 상대주의적 가치관에 대응

↓

호락논쟁
17세기 말 시작, 상대주의적 가치관에 대한 대응이자 내부 논쟁

호론		낙론
인물성이론: 인간의 본성인 인성과 타 존재의 본성인 물성은 다르다. 성선의 절대성 약화 우려, 성선의 회복 주창	↔	인물성동론: 근본적으로 서로의 본성은 같다. 욕망을 인간 본성의 다른 모습으로 인정함으로써 사물마다 고유한 각각의 가치가 있음(상대적 가치)을 인정

↓ 영향

19세기 조선 성리학자들
낙론의 주장이 사물에 대한 관심을 불러일으켜 사물에 대한 탐구와 과학적, 합리적 서양 학문에 대한 관심이 나타남. → 근대의 상대주의적 가치관이 자리 잡을 수 있는 토대 마련까지 나아감.

주제 호락논쟁의 배경과 주요 입장 및 영향

| 교과 연계 | 중학교 역사 ②_조선 시대의 문화와 사회 발달

1 정답 ② ·········· ○ 세부 내용 추론하기

정답 풀이 1문단에서 조선 성리학자들은 성선(性善)을 절대적인 가치관으로 삼았다고 하였고, 3문단에서 호론은 성선의 절대성 약화를 우려하였다고 하였다. 따라서 호론의 본성관은 조선 전기의 성리학자들의 태도와 일치함을 알 수 있다.

오답 풀이

① 1문단에서 불교와 양명학이 성리학의 성선이라는 인간관에 대해 의심을 품었고, 이에 조선 성리학자들은 상대주의적 가치관에 대한 대응을 중요한 문제로 삼았다고 한 것을 통해 알 수 있다.

③ 1문단에서 성선의 가치관이 파기된다면 선악 판단이 불가능한 혼란으로 떨어지게 될 것이기 때문에 조선 성리학자들에게 상대주의적 가치관에 대한 대응은 중요한 문제였다고 하였는데, 2문단에서 호락논쟁은 상대주의적 가치관에 대한 대응이라고 하였다.

④ 5문단에서 낙론의 주장은 19세기 조선 성리학자들에게 사물에 대한 관심을 불러일으켰다고 한 것을 통해 알 수 있다.

⑤ 5문단에서 조선 성리학자들은 근대의 상대주의적 가치관으로 봉건적 사고에서 벗어나고자 했으나 일본의 강점으로 역사적 학문적 단절을 맞게 됨으로써 이러한 노력이 중단되었다고 하였다.

2 정답 ③ ·········· ○ 개념 사례에 적용하기

정답 풀이 ㉠은 '하늘이 인간에게 준 본성이 착하다는 성선'의 절대적인 가치관이다. 따라서 이러한 가치관을 본질적으로 따른다면 인륜을 어긴 범죄자에 대해 천성인 성선을 회복해야 한다고 볼 것이다.

3 정답 ④ ·········· ○ 중심 내용 적용하기

정답 풀이 〈보기〉에서 당대의 지배층은 청나라를 오랑캐로 규정했다고 하였으므로 청인을 조선인과 같은 성선의 본성을 지닌 인간으로 보지 않았다고 이해할 수 있다.

오답 풀이

① 〈보기〉에서 허생은 청나라를 오랑캐로 규정한 북벌론으로 기득권을 유지하던 지배층을 공격했다고 하였으므로 청인의 본성이 조선인과 같다고 보는 인물성동론의 태도로 청인을 인식했을 것이다.

② 호론은 인간의 본성인 인성과 타 존재의 본성인 물성이 다르다고 주장했다. 〈보기〉에서 북벌론은 청나라를 오랑캐로 규정했다고 하였으므로 호론의 입장에 근거한 것으로 볼 수 있다.

③ 지배층은 청나라를 오랑캐로 규정한 북벌론을 주장한 반면 북학파는 청나라의 선진 문물을 수용하자고 주장했다고 하였으므로 사회적 문제 해결의 관점이 달랐음을 알 수 있다.

⑤ 4문단에서 낙론의 김창협은 욕망을 인간 본성의 또 다른 모습으로 인정했다고 하였다. 박지원은 낙론의 관점을 보이므로 인간의 욕망에 대해 긍정적으로 인식했을 것이라고 볼 수 있다.

4 정답 | 다르다, 절대성, 같다, 상대적

정답 풀이 2문단에서 호론은 인간의 본성인 인성과 타 존재의 본성인 물성이 다르다고 주장했고, 낙론은 근본적으로 서로의 본성은 같다고 주장했음을 알 수 있다. 이에 따라 호론은 성선의 절대성 약화를 우려하였고, 낙론은 사물의 상대적 가치를 인정하였다.

본문 • 158쪽

어휘 완성하기

1 (1) 원자 (2) 방전 (3) 도선 (4) 봉건적　**2** (1) 지표 (2) 토대 (3) 수양　**3** (1) 파기 (2) 이탈 (3) 주창

본문 • 159쪽

배경지식으로 사고력 키우기

✏ **논술형 문제** ⓔ 구름이 만들어지기 위해서는 공기가 상승해야 한다. 즉 지표면의 공기 덩어리가 상승하면서 수증기가 응결함에 따라 물방울이 되어 높이 떠 있는 것이 구름이다. 안개도 수증기의 응결로 발생하지만 높이 떠 있는 것이 아니라 지면 근처의 대기 중에 발생한다는 점에서 구름과 다르다.

정답 풀이 구름과 안개는 모두 수증기의 응결로 만들어지지만, 안개는 구름과 달리 지표 부근에서 응결이 일어난다는 것을 설명한다.

본문 • 160~161쪽

DAY 24 예술 브레히트의 서사극 이론

1 ④   2 ⑤   3 ①   4 인간 해방

지문 분석

≫ 한 문장으로 요약하기

❶ 문단	아리스토텔레스는 관객의 감정 이입이 보다 잘 이루어지기 위해서는 극이 현실처럼 보여야 한다고 했다.
❷ 문단	브레히트는 '서사극 이론'을 통해 관객에게 연극이 실제가 아니라는 인식을 갖게 해야 한다고 주장했다.
❸ 문단	브레히트는 소외 효과의 여러 기법으로 관객들이 극에 감정 이입하지 않도록 만들었다.
❹ 문단	브레히트의 서사극은 구체적인 현실 인식을 가능하게 해 주므로 실천적인 측면에서 인간 해방의 기능을 갖는다.

• 글의 구조 한눈에 보기

아리스토텔레스: 극중 행동과 사건이 관객의 감정으로 전이되는 것은 감정 이입을 통해 가능하며, 이것이 보다 원활히 이루어지기 위해서는 극이 현실처럼 보여야 함.

브레히트의 서사극 이론

관객이 극의 사건을 생소한 것으로 느끼게 함으로써 관객에게 연극이 실제가 아니라는 인식을 갖게 해야 한다고 주장함.

소외 효과	무대 위에서 제시된 사건들을 낯설게 만듦으로써 현실 비판을 위한 사실적 인식 획득에 기여하는 과정 – 여러 장면을 병렬적으로 나열하면서 그 사이에 해설, 설명, 노래, 영화 장면 등을 삽입 – 각 장마다 그에 대해 미리 설명 – 무대 장치, 연기 배제 – 무대 음악의 감정적 영향 최소화 → 허구의 현실에 몰입하는 것을 파괴하고 무대 위의 사건을 설명이 필요한 것으로 만듦.

관객에게 구체적인 현실 인식을 가능하게 해 줌.
→ 실천적인 측면에서 인간 해방의 기능을 함.

주제 브레히트의 서사극 이론의 기법과 의의

| 교과 연계 | 중학교 음악 ②_다양한 예술의 만남

---

1 정답 ④   ○ 세부 내용 파악하기

정답 풀이 관객으로 하여금 부조리한 현실의 지배 법칙에 대해 비판적인 인식을 갖도록 하는 기법을 활용한 것은 브레히트로, 아리스토텔레스가 그러한 비판을 원했는지는 이 글을 통해 알 수 없다.

오답 풀이
① 1문단에서 아리스토텔레스는 관객이 극에 보다 원활하게 감정 이입하기 위해서는 극이 현실처럼 보여야 한다고 했음을 알 수 있다.
② 3문단에서 브레히트는 소외 효과를 위한 기법 중 하나로 환상을 일으키는 무대 장치를 배제했음을 알 수 있다.
③ 2문단에서 브레히트의 서사극 이론에는 극을 통해 사회를 변화시키고자 하는 의도가 담겨 있다고 하였다.
⑤ 3문단에서 브레히트는 소외 효과를 위한 기법 중 하나로 무대 음악을 무대 위의 사건이 허구임을 드러내는 수단으로 활용했음을 알 수 있다.

2 정답 ⑤   ○ 세부 내용 파악하기

정답 풀이 3문단에서 소외 효과의 기법 중 하나로 각 장마다 그 장에 대해 미리 설명하는 방식을 사용하여 극중 사건에 대한 관객의 호기심을 최소화하는 방법을 제시하였다. 브레히트의 소외 효과는 다양한 기법을 사용하여 무대 위에서 제시된 사건들을 낯설게 만드는 것이므로 설명을 통해 배우가 보여 주는 상황에 관객이 잘 몰입할 수 있도록 하는 것은 이와 거리가 멀다.

오답 풀이
① 3문단에서 소외 효과는 여러 기법을 통해 관객으로 하여금 무대 위의 사건을 설명이 필요한 것으로 만들어 사회적 관점에서 생산적인 비판이 가능하도록 만들었다고 하였다.
② 3문단에서 브레히트의 서사극에서는 소외 효과에 따라 한 가지 사실을 다양하게 보여 주는 기법으로 관객이 사실을 다양한 시각에서 볼 수 있는 가능성을 만들었다고 하였다.
③ 3문단에서 소외 효과란 무대 위에서 제시된 사건들을 낯설게 만듦으로써 현실 비판을 위한 사실적 인식 획득에 기여하는 과정이라고 하였다.
④ 3문단에서 소외 효과를 통해 사건 자체만을 전달하는 데 집중했고, 무대 위의 사건이 허구임을 드러내려 했음을 알 수 있다.

3 정답 ①   ○ 관점 비교 이해하기

정답 풀이 〈보기〉에서 바그너는 무대 위 요소들이 완벽한 조화를 이루어 배우의 내면이 관객에게 온전히 전달되어 교화의 기능을 수행해야 한다고 보았음을 알 수 있다. 2문단에서 브레히트는 감정 이입이 된 상태에서 관객은 현실을 감추는 환상을 얻게 되어, 이성적이고 비판적인 관람 태도를 갖는 것이 불가능해진다고 보았다고 하였다. 따라서 브레히트는 관객의 감정 이입을 유도하고자 한 바그너의 오페라를 관객들이 이성적이고 비판적인 태도로 관람하는 것이 불가능하다고 볼 것이다.

② 바그너는 배우의 내면이 관객에게 온전히 전달되는 것을 추구했으므로 극중 상황이 관객의 감정으로 전이되는 것을 긍정적으로 평가할 수 있으나 브레히트는 이를 부정적으로 평가하였다.

③ 브레히트는 소외 효과를 활용하여 무대 위에서 제시된 사건들을 낯설게 만들고자 하였으므로 연극적 요소의 인과적 연관성을 중요시했다고 볼 수 없다. 이와 달리 바그너는 오페라의 모든 요소가 하나의 집합체를 이루어 극으로 실현되도록 해야 한다고 하였으므로 연극적 요소의 긴밀한 인과적 연관성을 중요하게 생각했다고 볼 수 있다.

④ 바그너는 배우의 내면이 관객에게 온전히 전달될 때 교화의 기능을 수행할 수 있다고 보았으므로 배우의 연기를 통한 감정 이입을 배제하는 브레히트의 서사극이 관객의 정신을 교화시키는 데 효과적이라고 보지 않았을 것이다.

⑤ 극중 사건에 대한 관객의 객관적 인식을 중시한 것은 브레히트이다.

4 정답 | 인간 해방

정답 풀이 4문단에서 브레히트의 서사극은 실천적인 측면에서 인간 해방의 기능을 갖는다고 하였다.

본문 • 162~163쪽

DAY 24 기술 바이오 베이스 플라스틱

1 ② 2 ④ 3 ② **4** 생분해성 플라스틱은 미생물에 의해 자연 분해되며 분해 과정에서 유해 물질이 방출되지 않고 탄소 배출량도 적어 친환경적이다.

지문 분석

▶▶ 한 문장으로 요약하기

❶ 문단	석유로 플라스틱을 만드는 과정은 환경 오염을 유발하므로 플라스틱 제품에 대한 규제가 강화되고 있다.
❷ 문단	바이오 플라스틱은 식물체를 가공한 바이오매스를 원료로 만든 친환경 플라스틱으로 생분해성과 바이오 베이스로 구분된다.
❸ 문단	생분해성 플라스틱은 시간이 경과하면 완전 분해되고 친환경적이지만 내열성과 가공성이 취약하고 생산 비용이 많이 든다.
❹ 문단	바이오 베이스 플라스틱은 식물 유래의 원료와 일반 플라스틱을 결합한 것으로 이산화 탄소 저감에 중점을 두고 개발되고 있다.
❺ 문단	바이오 베이스 플라스틱은 내열성 및 가공성이 우수하고 분해 기간 조절이 가능하나 환경 친화적 대체재로 보기는 어렵다.

• 글의 구조 한눈에 보기

플라스틱	석유로 만드는 과정과 폐기 과정에서 온실가스가 많이 배출되어 환경 오염의 원인이 됨.

↓

바이오 플라스틱
식물체를 가공한 바이오매스를 원료로 만든 친환경 플라스틱

생분해성 플라스틱
– 바이오매스 50% 이상
– 일정한 조건하 시간의 경과에 따라 자연 분해
– 분해 과정에서 유해 물질이 방출되지 않으며 탄소 배출량도 적어 친환경적
– 내열성, 가공성이 취약하고 생산 비용이 많이 듦.

바이오 베이스 플라스틱
– 바이오매스 25% 이상
– 바이오매스와 석유 화학 유래 물질(일반 플라스틱)을 결합하여 생산
– 배합되는 원료들이 완전 분해되지는 않아 환경 친화적 대체재로 보기 어려움.
– 내열성, 가공성이 우수하고 분해 기간 조절이 가능 → 다양한 산업 용품 개발에 활용되며 적용 분야 확대 중

주제 바이오 베이스 플라스틱의 유용성과 과제

| 교과 연계 | 중학교 기술·가정 ②_신재생 에너지

1 정답 ② ○━ 세부 내용 이해하기

정답 풀이 ㉠의 '환경 문제'는 '이산화 탄소를 기준'으로 한 것인데 이것이 문제가 되지 않는 이유는 플라스틱을 폐기할 때 화학 분해가 되어도 그 플라스틱의 식물성 원료가 이산화 탄소를 흡수하며 성장했기 때문이라고 하였다. 즉 바이오 베이스 플라스틱은 폐기 시 이산화 탄소의 총량이 증가하는 환경 문제가 있지만 그 원료가 이산화 탄소를 흡수하며 성장했다는 점을 고려하면 총량을 기준으로 볼 때는 문제가 되지 않는 것이다.

㉡의 '비판'은 바이오매스 원료로 옥수수 전분을 사용한 것에 대한 것으로 이에 따라 비식용 부산물을 원료로 사용하는 기술이 발전하고 있다고 하였다. 따라서 비판의 내용은 식용 자원을 원료로 사용한다는 것임을 추측할 수 있다.

2 정답 ④ ○━ 대상 비교 이해하기

정답 풀이 〈보기〉에는 '내열성'과 '가공성'이라는 용어의 뜻을 이해하며 글을 읽은 과정이 나타나 있다. '내열성'과 '가공성'이라는 용어와 관련하여 5문단에서 바이오 베이스 플라스틱은 생분해성 플라스틱보다 내열성 및 가공성이 우수하기 때문에 다양한 산업 용품 개발에 활용되고 있고 근래에는 적용 분야가 확대되는 추세라고 하였다. 따라서 '내열성'과 '가공성'의 의미를 이해하고 읽었을 경우 이러한 점에 대해 보다 잘 이해할 수 있을 것이다.

3 정답 ② ‥‥‥‥‥‥‥‥‥‥‥‥‥‥‥‥ 사례의 적절성 평가하기

정답 풀이 4문단에서 식물 유래의 원료와 일반 플라스틱을 결합하는 방식으로 생산되는 것은 바이오 베이스 플라스틱임을 알 수 있는데, 5문단에서 바이오 베이스 플라스틱은 배합되는 원료들이 완전히 분해되지는 않으므로 진정한 의미의 환경 친화적 대체재라고 볼 수는 없다고 하였다. 따라서 〈자료〉에서 ‘일반 플라스틱 수지와 전분’을 사용하여 만들었는데 ‘100% 생분해’된다고 한 것은 제품의 친환경성에 대해 과장된 정보를 전달한 것이라고 평가할 수 있다.

오답 풀이

① ‘인정받는 친환경 제품’이라고 제시되어 있을 뿐 제품의 인지도에 대해 구체적으로 밝히고 있는 것은 아니다.

③ ‘만족도 높은 자동차 시트’라고 제시되어 있을 뿐 만족도에 대한 객관적인 기준을 제시하고 있는 것은 아니다.

④ ‘지구를 구하는’, ‘인정받는 친환경 제품’과 같은 표현이 있을 뿐 제품의 친환경성 평가의 통계적 근거가 제시된 것은 아니다.

⑤ ‘내구성’은 ‘물질이 원래의 상태에서 변질되거나 변형됨이 없이 오래 견디는 성질’을 말하는데, 〈자료〉에서 제품의 내구성에 대한 언급은 찾을 수 없다.

4 정답 | 생분해성 플라스틱은 미생물에 의해 자연 분해되며 분해 과정에서 유해 물질이 방출되지 않고 탄소 배출량도 적어 친환경적이다.

정답 풀이 바이오 베이스 플라스틱은 배합되는 원료들이 완전 분해되지 않아 환경 친화적이라고 보기 어렵다. 이에 비해 생분해성 플라스틱은 자연 분해되며 분해 과정도 친환경적이다.

어휘 완성하기
본문 • 164쪽

1 (1) 매립 (2) 취약 (3) 전이 **2** (1) 병렬 (2) 자명 (3) 강화

3 (1) 몰입 (2) 변혁 (3) 추세 (4) 함유

배경지식으로 사고력 키우기
본문 • 165쪽

✏️ **논술형 문제** 예 (가)를 보면 우리나라는 에너지 수입 의존도가 매우 높음을 알 수 있는데, (나)를 보면 전 세계적으로 앞으로 신재생 에너지 산업이 성장할 것임을 예측할 수 있다. 따라서 우리나라도 에너지의 수입 의존도를 낮추고 자체적으로 신재생 에너지 산업을 활성화하도록 생산 기술을 확보해야 한다.

정답 풀이 (가)에서 우리나라의 에너지 수입 의존도가 높다는 것을 발견하고 (나)에서 신재생 에너지 산업의 성장 가능성을 찾아야 한다. 그리고 이 두 자료를 바탕으로 우리나라가 에너지 수입 의존도를 낮추고 자체 에너지를 개발하기 위해 신재생 에너지 산업을 활성화할 필요가 있다는 것을 서술해야 한다.

채점 기준

• 우리나라 에너지 산업의 문제점으로 ‘에너지 수입 의존도’가 높다는 점을 언급할 것.

• 에너지 수입 의존도를 낮추고 ‘신재생 에너지 산업’을 활성화해야 함을 제시할 것.

• 문장과 문장 사이의 관계가 유기적이고 논리적일 것.

본문 • 166~167쪽

수능형 어휘 TEST 🌷

1 ⑤ **2** ② **3** ① **4** ⑤

1 정답 ⑤

정답 풀이 ㉠의 ‘쥐다’는 ‘제 뜻대로 다루거나 움직일 수 있는 상태에 두다.’라는 의미로, ⑤의 ‘쥐다’ 또한 이 의미로 쓰인 예이다.

오답 풀이

①, ③ ‘어떤 물건을 손바닥에 들게 하거나 손가락 사이에 낀 채로 손가락을 오므려 힘 있게 잡다.’의 의미로 쓰인 예이다.

② ‘손가락을 다 오므려 엄지손가락과 다른 네 손가락을 겹쳐지게 하다.’의 의미로 쓰인 예이다.

④ ‘재물 따위를 벌거나 가지다.’의 의미로 쓰인 예이다.

2 정답 ②

정답 풀이 ⓑ의 ‘경계(警戒)’는 ‘뜻밖의 사고가 생기지 않도록 조심하여 단속함.’을 뜻한다. ‘사물이 어떠한 기준에 의하여 분간되는 한계.’는 ‘꿈과 현실의 경계’와 같이 쓰이는 ‘경계(境界)’의 사전적 의미이다.

3 정답 ①

정답 풀이 ㉠의 ‘자리 잡다’는 문맥상 ‘새로운 문화 현상, 학설 따위가 당연한 것으로 사회에 받아들여지다.’를 뜻하는 ‘정착하다’와 의미가 통한다.

4 정답 ⑤

정답 풀이 ⓔ의 ‘단절’은 ‘흐름이 연속되지 아니함.’을 의미하므로 문맥상 계속된 패배로 침체 분위기에서 ‘단절’되었다는 것은 적절하지 않다.

오답 풀이

① ⓐ의 ‘선조’는 ‘먼 윗대의 조상.’을 의미하므로 적절한 예이다.

② ⓑ의 ‘질식’은 ‘숨을 쉴 수 없게 됨.’을 의미하므로 적절한 예이다.

③ ⓒ의 ‘엄연하다’는 ‘어떠한 사실이나 현상이 부인할 수 없을 만큼 뚜렷하다.’를 의미하므로 적절한 예이다.

④ ⓓ의 ‘대두’는 ‘어떤 세력이나 현상이 새롭게 나타남.’을 의미하므로 적절한 예이다.

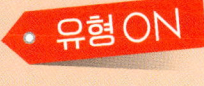

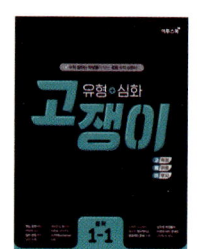
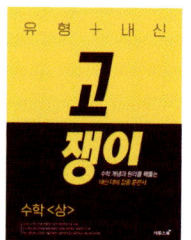